Treasures for Scholars Worldwide

国家社会科学基金青年项目
“哈佛大学馆藏中国相关古地图的整理、编目与研究”
（18CTQ005）资助

哈佛燕京图书馆书目丛刊第21种
Harvard-Yenching Library Bibliographical Series, No. 21

美国哈佛大学图书馆藏中国古旧地图提要

An annotated bibliography of the Chinese maps in the Harvard University Library

陈 熙 / 编著

GUANGXI NORMAL UNIVERSITY PRESS
广西师范大学出版社
·桂林·

MEIGUO HAFO DAXUE TUSHUGUAN CANG ZHONGGUO GUJIU DITU TIYAO

图书在版编目（CIP）数据

美国哈佛大学图书馆藏中国古旧地图提要 / 陈熙编著. —桂林：广西师范大学出版社，2022.4
ISBN 978-7-5598-4809-3

Ⅰ. ①美… Ⅱ. ①陈… Ⅲ. ①哈佛大学－院校图书馆－历史地图－内容提要－中国－近代 Ⅳ. ①Z89；K992

中国版本图书馆 CIP 数据核字（2022）第 043013 号

广西师范大学出版社出版发行
（广西桂林市五里店路 9 号 邮政编码：541004
网址：http://www.bbtpress.com）
出版人：黄轩庄
全国新华书店经销
广西广大印务有限责任公司印刷
（桂林市临桂区秧塘工业园西城大道北侧广西师范大学出版社集团有限公司创意产业园内 邮政编码：541199）
开本：787 mm × 1 092 mm 1/16
印张：30.75 字数：520 千字
2022 年 4 月第 1 版 2022 年 4 月第 1 次印刷
定价：188. 00 元

前　言

美国哈佛大学是海外汉学研究重镇，拥有极为丰富的中国研究资料，其中古旧地图的收藏亦可谓琳琅满目，既有传统中国舆图，也有众多15世纪以来西方发行的与中国相关的地图，这些古旧地图此前并未进行过系统的整理和研究，可以说仍是一座尚待挖掘的宝藏。2018年，笔者遵哈佛燕京图书馆郑炯文馆长嘱，对哈佛大学图书馆藏中国古旧地图进行系统的梳理和研究，整理的对象是1949年以前的与中国相关的古旧地图，其中既包括中国的传统舆图，也包括西方出版的与中国相关的地图。在此基础上，逐一为古旧地图编撰了提要。提要主要包括地图的内容、历史背景及价值、地图的基本数据等方面。编撰此提要主要目的，是希望通过介绍各地图的主要内容，挖掘地图相关的历史背景与研究价值，向学术界推介哈佛大学的中国古旧地图收藏，为相关学者的研究提供参考与便利。经一年多的梳理和查验，共录得古旧地图信息1218条。以下就哈佛大学图书馆藏中国古旧地图的基本情况、特色及代表性地图进行介绍。

一、地图收藏概貌

哈佛大学图书馆藏的中国古旧地图散布于大学下属各图书馆中，其中主要集中于哈佛地图馆（Harvard Map Collection）和哈佛燕京图书馆（Harvard Yenching Library），按照图书馆电子检索系统的条目信息统计，两馆馆藏数分别为726条和456条，分别占馆藏中国相关古旧地图总数的59.61％和37.43％，另外哈佛大学主图书馆、植物学图书馆、艺术图书馆、法学院图书馆等其他馆馆藏共有58条，占4.76％[①]。每个条目下所包含的地图数量不一，有些是单幅地图，有些是地图集，有些条目下所包含的

① 对于一种地图同时在不同馆藏有副本的情况，分别计入该馆藏图数，因而此处各馆合计数略大于100％。

图幅数众多，如军事地图往往一个条目下包括几十、几百甚至上千幅地图。因此，如果按图幅数统计，那么全校馆藏32284幅，其中地图馆22628幅，占70.09%；燕京图书馆9246幅，占28.64%；其他馆861幅，占2.67%。地图馆在数量占比方面的优势主要归因于其所藏的海量近代军用地图。

就地图语种来说，全校馆藏中国古旧地图以中文居多，占41.21%；其次为英文，占36.78%；再次为日文，占21.18%；其他的还有法文、荷兰文、德文、拉丁文、俄文、意大利文等[①]。19世纪以前荷兰和法国是欧洲的制图中心，因而早期西方发行的中国地图多以荷兰文和法文绘制。燕京图书馆和地图馆在所藏中国古旧地图的类型上各有所侧重。简单来说，燕京图书馆以收藏中文和日文地图为主，传统舆图绝大多数在燕京图书馆；而地图馆则以收藏西文地图居多，近代及以前西方出版的中国地图大多藏于地图馆。不过这种划分仅仅是相对的、粗略的，目的是让读者对两馆的特色有个初步的印象。具体而言，燕京图书馆藏地图中文占70.39%，日文占25.00%，英文占5.04%，其他语种占0.66%；而地图馆则48.07%为英文地图，14.19%为其他西文地图，21.21%为中文地图，16.53%为日文地图。这种差别，与两馆的历史传承及各自的使命密切相关。燕京图书馆原为哈佛燕京学社汉和图书馆，致力于收藏东亚传统人文研究资料，因而中国印行的传统舆图大多集中于此；而地图馆则包罗万象，收集世界各地的不同时期出版的地图，而又以西方出版的地图居多，因而与中国相关的西文地图多在地图馆。其实，地图馆和燕京图书馆的关系密切且源远流长，今天燕京图书馆所在的大楼即是以前哈佛地理系所在地，楼内至今还保留着地理系相关的铭文和浮雕，而我们也可以在地图馆看到一些盖着哈佛燕京印章的地图。

从地图成图时间看，年代越晚，地图的数量也就越多，反之年代越早，所藏地图数量自然也就越少，这也符合一般的藏书规律。具体而言，76.05%的地图成图于20世纪上半期，即1900—1949年。这一时期，现代制图技术已经十分成熟，出版了大量的现代地图，更重要的是，军事地图大量涌现，国民政府、日军、美军、俄军等都曾测绘发行了大量的与中国相关军用地图，使得这一时期地图数量出现井喷式增长。其次为19世纪的地图，占总数的13.86%，18世纪的地图占5.90%，17世纪及以前只占3.45%。不过年代越早的地图越稀有，通常也会显得相对珍贵，此毋庸赘言。

---

① 对于一种地图同时有多种语言的情况，分别计入该语种图数，因而各语种比例合计略大于100%，以下同。

馆藏地图涉及内容多样，根据相近主图地图的数量，大体可以分为以下七大类：行政区划图、军事战争图、城市地图、河道海岸图、地形图、交通邮政图以及其他专题地图，其中以军事战争图和行政区划图数量居多。行政区划图共336条，主要为行政区或特定区域的综合性地图，通常包含国界、省界或县界等行政区边界，或是地形、河流、城镇、交通线路等要素；军事战争图则以军用地形图为主体，这些军用地形图多绘制于20世纪上半期，常常以固定的长宽或经纬度等间距绘制，图幅较多，比例尺通常较大，如五万分之一、二万五千分之一甚至有五千分之一等，因而多可以清晰反映当时特定地区的详细地表情况；也有部分是反映特定战争形态，如《日俄战争双方形势图》等，此部分共354条；城市地图则主要是以某个城市为主体的地图，多反映该城市外部轮廓及内部城市空间结构等，共114条；河道海岸图是专门以河流和近海海岸为主题的地图，共78条；地形图以绘制中国相关地形要素为主题，共83条；交通邮政图则是以铁路、公路、航空、航运、邮路等为主题的专题地图，这些对于研究近代以来的中国交通邮政史具有重要的参考价值，共86条；除了上述几类地图之外，其他的地图鉴于数量不足以单独分类，因而合并在一起，归为专题地图类，其中又可细分为宗教地图（12条）、人口地图（10条）、工商业地图（17条）、语言地图（6条）、古迹地图（17条）、历史地图（31条）、探险地图（39条）、气象地图（9条）、物产地图（12条）和农业地图（15条）10个小类。这些专题地图往往在某一方面有着独特的魅力和价值。如40幅的探险地图中，有详细绘制斯坦因1900—1915年间三次在西北地区考察的路线，也有详细标注发现和窃取黑水城西夏文书的俄国探险家科兹洛夫在蒙古和青藏高原东部的探测路线，这些探险图有助于我们重新了解19世纪末20世纪初期西方探险家对中国内地和中亚地区的地理探测和寻宝行动。再如宗教地图详细绘制了19世纪末基督教在中国建立传教站的分布情况，对于了解和研究基督教在华传播情况很有帮助。

需要指出的是，上述的分类是根据一幅地图的主题或核心要素进行的，以便于对地图进行梳理，但实际上不少地图往往同时具备多种要素，主题相互交叉，如行政区划图往往配有地形底图；某些军事地图也会详细绘制特定地区的河道状况，因而也可以看作是河道海岸图；某些大比例尺的军事地图已经详细标绘大城市的内部结构，因而也可以视为是城市地图；反映内河航运的交通地图当然也必须绘制较为详细的河道特征，因而将之归为河道海岸图也不无道理；探险地图除了绘制探险路线外，最重要的当然是探险家所绘制的地形，因而大多数的探险图也是地形图，诸如此类，不一而足。总的来说，一些地图在内容上是同时具备多项主题的，但为了便于梳理，只能选定一幅地图最突出的特征或主题进行归类。

以上为哈佛大学图书馆藏中国古旧地图的概貌，下面将分别就传统舆图、西文地图和数量庞大的近代军事地图进行介绍，最后简要论述如何应用数字人文方法对地图信息进行挖掘和利用。

二、传统舆图

中国传统舆图的发展自成体系，在制图理念、技术、形态、目的等诸多方面都与西方地图有着明显的不同。对传统舆图的研究有助于了解古人对世界的观念和认知。哈佛大学的中国传统舆图大多藏于燕京图书馆，从地图信息看，最早的是宋代石刻地图《华夷图》和《禹迹图》，不过这都是清末民初的拓片。从版本上看，燕京图书馆藏最有价值的舆图当属嘉靖本《广舆图》无疑。在中国地图学史上，《广舆图》是对后世影响最大的地图之一。该图集是罗洪先依据元朱思本的《舆地图》经十余年修订增补而成。罗洪先对朱思本《舆地图》运用的“计里画方”十分推崇，认为“其图有计里画方之法而形实自是可据，从而分合东西相侔，不至背舛”。朱思本的《舆地图》重振了唐代贾耽创立的“计里画方”绘图法，经罗洪先《广舆图》推广后，明清时期大量采用这种绘图技术。罗洪先在序言按语称“朱图长广七尺，不便卷舒，今据画方，易以编简”，根据计里画方改编成二卷本。内有总图、两京十三省舆图、九边图、河图和周边地区舆图。《广舆图》最早刊刻于明嘉靖三十四年(1555)，后多次翻刻，燕京图书馆藏为嘉靖四十五年(1566)韩君恩、杜思刊本，翻印自胡松元。笔者认为，衡量一幅古地图的价值，主要从以下三个方面:学术价值、版本价值和美学价值。学术价值主要指地图所承载的地理信息所反映的古人对世界的认识及其在地图学史上的作用和影响;版本价值主要考虑该图的版本和年代，大体而言，稀见版本、原刻原版、年代久远的舆图通常会显得更为珍贵;美学价值则侧重于地图的艺术性，舆图不同于一般的古籍，除了对知识的传承外，通常还具有很强的可观赏性，给人带来审美上的愉悦，因此，对古地图的价值判断，还需考虑该图在构图、绘制、配色、刻印以及品相等方面的综合水平。燕京图书馆藏《广舆图》的价值主要体现在学术价值和版本价值上，同时其刻印和品相也是值得称道的，因此《广舆图》应是哈佛大学馆藏最有价值的中国传统舆图。

与《广舆图》处于同一时期的是嘉靖三十六年(1557)张天复的《皇舆考》。该书以闽本廖世昭《志略》为底本，参考桂萼《舆地图志》、罗洪先《广舆图》、许论《九边论》等进行增删修订而成，主要目的为匡正《大明一统志》的疏漏。该书于清乾隆四十四年

(1779)被禁，现世流传以明万历十六年(1588)张象贤遐寿堂刻本较为常见。按《美国哈佛大学哈佛燕京图书馆藏中文善本书志》载，此本目录页后刻有“武昌府学教授廖恕学生李元敬教正”字样，而万历朱琏刻本序言中载“书始播于武昌”，因而认为此本是嘉靖原刻本。如果这个判断无误，那么《皇舆考》虽然在学术价值上不如《广舆图》，但其版本价值似乎更胜一筹。而后由张天复后人张元忭等修订的明天启六年(1626)本《广皇舆考》在版本方面同样具有相当高的价值。

绘制于明万历年间的《边城御虏图说》是燕京图书馆藏的一幅精品舆图。原图无题，该题名系后人所拟。该图刻画了明代九边之宣府镇下辖自下竿岭口至石榴嘴口等116处边城关隘形势，分为上下两栏，上栏为文字解说，详细描述了各关口建立时间、城墙规格、修复时间、守军数量、管辖范围、堡垒御敌能力等；下栏为各关隘形势图，以山水画的方法绘制各关口附近山势和城墙，用红色题签标注关口名。这本万历年间的边关舆图，写绘精美，品相完好，堪称善品。

明天启四年(1624)重刻本《筹海图编》也是值得称道的军事图籍。该图共十三卷，是胡宗宪在浙江督军抗倭时，出于防御倭寇的实际需要，聘请郑若曾、邵芳等编撰的沿海军事图籍。绘制了东部各省沿海山沙图，各图上为海，下为陆，将海岸线拉平绘制，海面绘波涛纹，陆地重点标绘沿岸的卫所和烽堠，同时标绘县城、巡检司、村落、山峰、海岛、河流等。后有倭寇入侵路线图及各省分府图等。该图的绘制是出于明代抗倭斗争的实际需要，内容详备，对研究明代海防、卫所、抗倭、海上交通等诸多问题有重要参考价值。

除上述舆图外，燕京图书馆仍有许多明代舆图堪称精品，不一一列举。

清代舆图的编修较明代有大幅度的增加，保存也多。燕京图书馆藏大量官绘舆图以及基于官绘舆图改绘的各类舆图，如光绪会典舆图系列等。除此之外，另有一些值得一提的舆图，如清嘉庆年间刻印的《大清万年一统地理全图》，该图原是浙江余姚黄千人在其祖父黄宗羲旧刻舆图的基础上重订而成，并于乾隆三十二年(1767)付梓，最初题为《大清万年一统天下全图》。黄千人制图之时，大小金川、新疆、西藏等尚未平定，河口海岸也有所偏差，此版修订反映乾隆至嘉庆年间的新变化。其空间范围西起帕米尔，东至朝鲜，南抵中国南海，北达中国黑龙江。陆地部分为蓝底白字，海水则绘制碧波纹，图幅广大，壮阔明朗，全图分为八条屏幅印制，以便于旅途携带，供“博雅君子悬壁纵观天下之广”，除了地理信息上的学术价值外，该图主要胜在美学价值。

《七省沿海全图》是清代代表性的海图之一，自清雍正年间陈伦炯绘制《沿海全图》

及《海国闻见录》后，后人不断地在其基础上重绘，形成多个题名相近的彩绘长卷本，散布于海内外多个馆藏机构。哈佛大学藏有两个版本，一是地图馆藏的《七省沿海全图》，为费正清捐赠；另一为燕京图书馆藏《海防图卷》本，燕京本无图题，“海防图卷”为后人所加。该图上为陆、下为海，将东部海岸线拉直绘于长卷轴之上，自右向左铺展，包括《环海全图》(拟)、《七省沿海全图》(拟)①、《琼州图》、《澎湖图》、《台湾图》、《台湾后山图》6 个部分，以《七省沿海全图》为主，绘制了北起鸭绿江，经辽东半岛、山东半岛、东部沿海各省至北部湾等沿海海岸线，以及沿海岛礁、滩涂、河口、府县、卫所、堡垒、村镇、桥梁等要素，并在紧要口岸文字标注港口停泊情况、海防形势及防范匪患要义等，沿海山脉绘制具有较强的山水画色彩。地图馆藏本色彩较为鲜艳，成图时间在 1787—1820 年，但内容上尚缺少《琼州图》《澎湖图》《台湾图》《台湾后山图》部分。燕京本色彩较淡，绘制于咸同年间，年代稍晚于地图馆藏本，但内容完整。两个版本各有所长，皆为清代精品海图。

太平天国运动后期，为了筹措军费，清军在长江中下游地区设立厘卡，对过往商品收取厘金，这种战争期间临时性的税收在战后逐渐固定并推广开来。燕京图书馆藏《光绪水道图》即是反映厘卡制度的源文件资料。该系列图虽题为水道图，但实际上是长江中下游地区厘卡图及相关档案，其中又以江西地区图居多，兼及浙江嘉兴、台湾等地。光绪三十年(1904)，江西省牙厘茶盐总局要求各县将各自辖区内厘卡所在方位及相距里程等信息制图上报。该系列图详细绘制了各县所辖厘卡的具体位置以及相应的道路、河流、里程等，部分标注了来往货物情况、盗匪出没情况等，根据这些图可以准确地复原清末江西厘卡的空间分布，是研究清末厘金和厘卡制度的重要依据。根据图中官文批条判断，该系列图在性质上应属于原始官书。

光绪《南阳县图》是燕京图书馆藏晚清珍品地图之一，据徐建平考证，该图绘制于光绪十八至二十一年(1892—1895)间，是光绪年间测绘会典舆图的产物。尽管会典图最终只收录府级地图，但许多地方已完成了县级地图测绘，南阳县在上报会典馆所需舆图之外，另行绘制了此图。该图绘制了南阳县形态、山川河流、集镇村庄、道路桥梁、庙宇教堂、厘税墩卡等要素，其中村镇 1906 个，按照村庄户数多寡分为 7 个等级标注，据此可知这一时期南阳县村级人口分布状况。该图广大且绘制精细，在县级地图中实属罕见。该图兼具传统舆图与现代地图的特征，如西北和东北部的山地是以传统山水

---

① 前两幅图名缺，系本书编者根据类似图自拟。

画法绘制，地名的标注和书写方式以及计里画方等都带着浓厚的传统舆图色彩，与此同时，该图又采用了等深线、比例尺、经纬网等现代地图要素，可以认为该图是近代中国传统舆图向现代地图转变的中间结果。此图除燕京图书馆藏外，仅见台北“故宫博物院”收藏，版本珍稀。

除了中国绘制的舆图外，燕京图书馆还藏有日本和朝鲜绘制的中国相关舆图，如日本著名地图学家长久保赤水 1835 年出版的《古今沿革地图》以及李氏朝鲜时期的《天下图》等。

三、西文地图

哈佛大学图书馆藏的西文地图基本涵盖西方绘制中国地图的演变历程。西方最早的中国地图是由巴布达(Luis Jorge de Barbuda，约 1564—1613 年)绘制、奥特利乌斯(Abraham Ortelius，1527—1598)于 1584 年出版的《中国新图》(*Chinae olim Sinarum Regionis, nova descriptio*)，该图的信息大体来自于传闻，如马可波罗游记等，因而存在较大偏差，东部海岸线基本上是平直的，北部以长城、星宿海和未知名山脉为界，将中国大体绘成长方形，黄河长江两大水系尚未分开。该图出版后，很快成为欧洲绘制中国地图的基本模版，其他的图大体上都是基于该图进行翻刻或改绘。如哈佛大学图书馆藏的约翰·斯比德(John Speed)1626 发行的《中华帝国》(*The Kingdome of China*)，以及威廉·布劳(Willem Janszoon Blaeu)1635 年发行的《中国地图》(*China veteribus Sinarum Regio nunc incolis Tame dicta*)等大体如此。约翰·斯比德 1626 年的中国地图略有改进，如增加了渤海湾等，但基本信息并未改变，仍停留于传闻阶段。一个明显的例证是该图周边的人物插图。该图周边绘制了中国男人和女人、日本男人和女人等多幅肖像画，但很明显是西方人的面孔。该图插画还绘制了执行死刑的方式，也是按照西方的方式——将人钉在十字架上，并用长矛戳肋下，这表明在缺乏足够地理信息来源的情况下，绘图师只能根据西方社会的状况进行想象。尽管如此，这些早期的西文中国地图在地图学史上仍具有重要的学术价值。

意大利传教士卫匡国(Martino Martini，1614—1661)绘制的《中国新图志》(*Novus Atlas Sinensis*)让西方绘制中国地图进入一个新阶段。卫匡国是明清之际进入中国的传教士，在中西方文明交流史上曾发挥重要作用。他在明朝灭亡的前一年到了中国，之后在中国生活了很长时间，足迹遍布广东、江西、浙江、福建、南直隶、北直隶、山东等地。其间接触了大量的中国舆图并对部分地区进行了实地测绘，其对中国的认识水平较此前已有了明显的提高。因此,《中国新图志》出版后迅速在欧洲传播开来,取代了奥特利乌斯地图成为当时欧洲绘制中国地图的新范式,大幅度提高了欧洲关于中国地图的绘制精度,推动欧洲中国地图绘制进入一个全新阶段。如馆藏乔纳斯·范·隆(Johannes Van Loon)1657—1687年出版的《中华帝国新图》(*Imperii Sinarum Nova Description*)等大体都是遵从卫匡国模式。哈佛藏本为铜板印制,但未着彩色,图版为拉丁文,文字解说为德文。在哈佛大学图书馆藏的西文中国地图中,此应是价值最高的一本。

西方绘制中国地图的又一次重大变革来自于法国制图师唐维尔(Jean Baptiste Bourguignon d' Anville,1697—1782)于1737年出版的《中国新地图集》(*Nouvel Atlas de la Chine*)。唐维尔是法国路易十四的皇家绘图师,他的地图集之所以能推动西方对中国地图绘制的根本性变化,主要归功于他所获得的当时最准确的地理信息来源——康熙《皇舆全览图》。康熙《皇舆全览图》是由康熙皇帝下令组织,以西方传教士为主体的全国性地理大测绘的成果,因而该图的精度要远高于之前的中国传统舆图。康熙《皇舆全览图》在测绘过程中,即由耶稣会士雷孝思等人陆续送回法国,献给法王路易十四。法国皇家绘图师唐维尔据此绘制了一套全新的《中国地图集》。唐维尔的新图随后被杜赫德(Jean Baptiste Du Halde,1697—1782)收入到其1735年出版的《中华帝国全志》(*Description géographique, historique, chronologique, politique et physique de l'empire de la Chine et de la Tartarie chinoise*)中,之后便随着后者在欧洲的广泛发行而传播开来。1737年,这套图在荷兰海牙重新刻版,发行了单行本的《中国新地图集》,广受欢迎,并被翻译成多种文字,成为当时欧洲对中国地理认知最新的知识来源,进而彻底改变了欧洲古地图上中国的地理轮廓形貌。在这之后,欧洲绘制的中国地图基本来源于唐维尔的新地图集。如哈佛大学图书馆藏的德国人哈斯(Hase, Johann Matthias,1684—1742)约于1738年绘制的《中华帝国与中国本土地图》(*Regni Sinae vel Sinae propriae mappa et descriptio geographica*)、雅克·尼古拉·贝林(Jacques Nicolas Bellin)1749年出版的《中国、朝鲜及蒙古地区:来自耶稣会传教士1708—1717年的地图》(*La Chine avec la Korée et les Parties de la Tartarie les plus Voisines: tirées des Cartes que les Jesuites Missionaires ont levées les Années* 1708 *jusqu'en* 1717)、塞缪尔·尼尔(Samuel John Neele)于1808年出版的《中国》(*China*)等皆是如此。哈佛藏本为铜版黑白本,品相完好。

总体而言,哈佛的西文中国古旧地图馆藏大体可以完整反映西方对中国地图测绘的演变历程。19世纪中期以后,随着西方对中国沿海和内地探测的不断深入,涌现各类航海地图、探险地图、商业地图、教会地图等,对中国地图的绘制也越来越精确。

四、军事地图

近代军事地图是一座尚待发掘的宝藏。哈佛的军事地图主要藏于地图馆,尽管条目数只有354条,占29.06%,但其每条记录下图幅数众多,各条合计有22426幅,占总数的近70%,数量巨大,单从数量角度来说,军事地图实际上构成哈佛馆藏中国地图的主体。这些军事地图除了少数是古代军事防卫相关舆图外,绝大多数是近代军用地形图,其中测绘的主体是日本参谋本部陆地测量部和民国参谋本部陆地测量总局,美军在二战时期也绘制和翻印了一批。二战结束后,美军占领了日本,并从日本军部缴获了大量军用地图,经过复制后运回美国,藏于美国陆军制图局,后陆续分散到公共图书馆和大学图书馆。在所缴获地图的背面,通常盖有"Captured Maps"的字样。

明治维新不久,日本即着手对中国进行军事地图的测绘。此时日本军方测绘的中国地图已完全采用西方现代地图测绘方法,测绘精度也完全可与西方媲美。如哈佛地图馆藏的兵部省陆军参谋本部1875年绘制的《亚细亚东部舆地图》,其对中国东部海岸线的绘制已有很高的准确度,明显高于同时代日本民间测绘地图,类似的还有日本参谋本部1878—1887年绘制的《中国五省地图》。后来日军测绘的军事地图绝大多数采用等间距分幅绘制,而不是以行政区为单位绘制。馆藏明治十七年(1884)参谋本部绘制的《清国山东省》可以说是这类军事地图最早的雏形之一。该图按经差1°、纬差40′,分15幅图绘制山东半岛的城镇、村庄、交通线路、地形等要素。尽管同样有绘制行政边界,但作为军事地图,显然政区界线并不是最重要的因素。同时,《清国山东省》一个明显的特征是仅仅绘制了交通沿线地形及沿海地形,非交通沿线地区则留下大片空白,这也反映了此时日军对中国的测绘还处于起步阶段,只能测绘城镇和交通线路等重点要素,而后期的军事地图内容则越来越详细。尽管如此,明治时期《清国山东省》之类的军事地图已经奠定了后来日军军事地图的基本形态。

日本军事地图的测绘与其对中国的侵略步伐是密切配合的。甲午战争后,日本侵占台湾,立即着手对台湾进行测绘,并于明治二十八至三十七年(1895—1904)间绘制了《台湾五万分一图》,详细绘制台湾岛及澎湖列岛等高线地形。1904—1905年日俄战争时期,日军则绘制了《五千分一旅顺要塞近傍图》和《南山近傍》,以五千分之一的大比例尺详细绘制了战场地形和各类军事设施。1932年,日军发动"一·二八"事变,为配合对上海的侵略，日本参谋本部陆地测量部、上海派遣军司令部对上海周边地区进行了航拍测绘，绘制成《二万五千分一空中写真测图上海近傍》。总体上，在 1937 年之前，日军测绘的重点区域是东北和台湾，而全面侵华之后，测绘范围则覆盖全国，包括全国或特定区域的各种尺度的军事地图，如十万分之一、五万分之一、二万五千分之一甚至更大的比例尺。

特别值得一提的是，馆藏有大量的东北地区军事地图。东北地区历来是日军对华测绘的重心所在。馆藏 1937 年以前的日军测图绝大部分都是围绕东北地区展开，而全面侵华之后，尽管测绘范围覆盖全国，但对东北的测绘依然强度不减，而由于东北地区面临苏俄的军事威胁，因而中俄边境地带更是日军测绘的重中之重。这些图详细标注东北各地地形、植被状况、水文条件、城镇村庄、军事设施，甚至标注了山间农舍，其中突出强调了行军相关的要素，如道路宽度、森林密度和沼泽湿地情况，机动车、炮车、步兵是否可以通行，各地水文条件、饮用水水量、水质状况，村庄人口及承载能力等，以满足行军作战需要。日军测绘的东北地区军事地图数量庞大、绘制精细，不仅有助于我们重新梳理和研究这段军事战争史，而且对于了解当时东北的历史地理、自然环境、社会经济状况等方面也有着重要的参考价值。另外，燕京图书馆前些年收购的一大批伪满洲国的历史资料，其中包含地图 95 幅，主体部分为东北地区的单幅地图，部分为战争形势图，也有不少伪满洲国行政区划图、城市图、交通图等。

中国测绘的军事地图，明清时期主要为边防和海防舆图。现代意义上的军事地图测绘则始于清末新政。清末编练新军，随后也开始了军用地形图的测绘。馆藏有光绪三十二年（1906）北洋陆军参谋处绘制的《黑龙江省》《奉天省》《胶州》《对马岛》等几幅地形图，即是最早的一批清末新军绘制的军用地形图。北洋政府时期，各省陆军测量局陆续测绘了一批军事地图。1927 年以后，民国参谋本部陆地测量总局、军事委员会军令部陆地测量总局以及各省陆军测量局等机构测绘了大量的军用地形图。民国军方测绘的军事地图在形态和样式上，与日军地图一致，也是采用等间距长方格切分绘制。民国军事地图常有被日军窃取或缴获后翻印的情况。

美军在珍珠港事件后正式参战，随后对东亚和中国进行军事地图的绘制。但美军绘制的军事地图绝大多数是在中国和日本测绘地图的基础上进行改绘和增订。如 1944 年 3 月，美军参谋长联席会议敲定代号“Causeway”的从高屏登陆的攻台计划，为此美军地图服务部紧急利用日军 20 世纪 20 年代绘制的台湾地形图改绘出版了 AMS—1 版的台湾地形图，5 月起陆续出版，至 11 月，又利用新的航拍图修订出版 AMS—2

版台湾地形图。总体上看，近代军用地图主要以中国和日本测绘地图为主，美军绘制的地图数量相对有限，且以翻印中国或日本测绘地图为主。

近代军事地图除了本身的军事和战争研究价值外，对于今天的人文社科研究而言，最大的价值在于其所记载的各类社会经济、自然环境等信息。尽管这些信息对于当时的军事目的而言可能并非最重要的，但却可以使得这些军用地图成为当前人文社科研究重要的数据来源。军用地形图大多采用固定长宽，将特定地区切分为众多的方块绘制，比例尺多在十万分之一、五万分之一、二万五千分之一等，甚至有些为五千分之一，因而对一地区的绘制往往十分详尽。内容上通常包括详密等高线地形、河流、行政边界、村镇、道路、军事设施、寺庙、植被类型等，所载内容详细，对于这些信息的重新挖掘，可以成为研究近代军事、战争、行政区划复原、河道海岸变迁、寺庙空间分布、城市格局演变、地表植被变迁等众多问题的新资料。比如，部分军用地图中对寺庙的绘制十分详细，如能将地图上的寺庙信息提取出来，则可以构建一套完整的近代寺庙空间分布数据，成为近代寺庙空间分布研究的新数据，而且这些寺庙是带有准确的空间定位的，这也是相较于传统地方志等文献所无可比拟的优势。再有，由于军事地图对村落城镇的绘制十分完备，因而可以据此开展近代中国城镇村落空间结构的研究，如能将地图中的居民点信息数据化，便可计算彼此之间的空间距离和分布格局，进而对近代城市空间格局理论提出新的看法。再有，出于航行的实际需求，军事地图中对河口海岸的标注和绘制往往具有很高的精度，从中我们可以观察到近代各大河口海岸的实际状况，了解近代以来河口海岸的变化情况，这显然比采用地方志等传统文献记载要精确得多。通过对军事地图所载信息的充分挖掘，可以为近代政治、经济、文化、社会、环境变迁等许多问题的研究提供新资料。

由于军用地图体量巨大，对它的有效利用面临着一个实际的问题，即如何快速有效地提取研究所需的图层信息。传统人工判读的方式效率太低，无法对数以万计的军用地图展开有效利用。近年来兴起的数字人文研究是一个可选的途径，数字人文的核心，是以计算机来取代传统人文研究中必不可少的却又是大量的、机械性的资料整理工作，以大幅度提高研究效率。目前的数字人文技术在文字挖掘等方面已有较大的进展，但尚未见有专门针对古地图利用相关的技术应用。对军事地图的信息挖掘，迫切需要能高效、准确地将纸质文本信息提取为电子图层信息的相关技术，以实现对军事地图的数字化转化。如此，则不仅哈佛大学图书馆藏的军事地图能得以利用，世界各地收藏的旧地图都能得以有效利用，一座新的近代人文研究的宝藏将被打开。

需要注意的是，本书仅收录刊发于1949年以前的中国相关古旧地图，今人重新整理、影印和发行的古地图并未纳入。对于专注于古地图内容本身，而不是版本研究的学者而言，高清晰度的古地图影印图集已可以满足大部分的研究需要。如吴松弟整理的《美国哈佛大学图书馆藏未刊中国旧海关史料(1860—1949)》(广西师范大学出版社，2014—2016)，其中收录大量近代彩色地图，大多是经过科学测绘、所载信息丰富的近代全国或区域地图，对中国近代史的研究具有重要参考价值。对于近些年海内外大量影印发行的中国古地图，哈佛大学图书馆亦广泛收录，这些资料对于地图史的研究同样是十分重要的。

凡　例

一、收录对象

1. 本书主要收录哈佛大学图书馆所藏刊印于1949年以前的中国相关古旧地图，其中“中国”的范围，参照谭其骧主编的《中国历史地图集》先例，以嘉庆二十五年(1820)清朝国界为依据，凡主体部分在此范围内且主题与中国紧密相关的地图，皆是本书收录对象。

2. 收录对象以馆藏纸质地图为主，购买的电子版地图或地图数据库等不收。

3. 传统中国地方志中存有大量舆图，但因哈佛燕京图书馆此前已整理出版了《美国哈佛大学哈佛燕京图书馆藏中国旧方志目录》(广西师范大学出版社，2013)，故本书未将方志舆图收入。

二、编排顺序

1. 根据地图主题及同一主题馆藏数量的多寡，分为“行政区划图”“军事战争图”“城市地图”“河道海岸图”“地形图”“交通邮政图”及“其他专题图”等7大类，其中“其他专题图”指数量不足以单独分类的专题地图，其下细分为“宗教地图”“人口地图”“工商业地图”“语言地图”“古迹地图”“历史地图”“探险地图”“气象地图”“物产地图”和“农业地图”等10个小类，各类之间参考中图分类法进行排序。

2. 在各大类内部，根据地图所涉及地区，按先全国、后地区、再各省、市县列于该省之后的顺序排列，其中地区和省市县的顺序依照中华人民共和国民政部行政区划顺序编排，鉴于台湾在历史上与福建关系密切，为方便读者，将台湾地图编在福建之后。

3. 同一区域内则按成图时间先后顺序排列。

4. 同一地图的修订本或翻印本按时间顺序排在一起，以便于读者相互参考。

5. 河道海岸类中的海岸图、黄河图和长江图按绘制时间顺序排列，其他河道图则按所在地区分类排列。

三、提要内容

主要包括以下5个模块：

1. 图名项

(1)图名原则上遵照原图标题著录，若原图无标题，则根据地图内容或哈佛大学图书馆 Hollis 检索系统所设定的标题拟定，并加标[]。

(2)西文地图在原图名之后附中文译名，鉴于早期西文地图图名过于繁复，且存在图名与内容不相符的情况，本书所附译名在尊重西文图名的基础上，以简洁明了且能反映地图内容为主要原则，并对中文译名加标[]。

(3)对于日文地图，若全由汉字组成，且阅读无碍，则不加中文译名；若有假名或仅凭字面存在阅读困难的，则附加中文译名。

2. 出版信息项

(1)成图时间：中文地图时间以年号标注，并在括号内加注公元纪年；外文地图则直接标注公元纪年。

(2)制图者：对于中国制图者，在制图者前加注所属朝代(民国时期不加)；对于外国制图者，在前面加注所属国籍；若制图者是特定部门，且该部门已冠有国名，则不再重复加注国籍。

(3)出版发行机构：一般按照“地点：机构名”的样式著录，若为外国地图，则在出版发行地前加注所属国名。

(4)对于外国人名、制图和出版机构，采用中文译名在前、外文名加注括号在后的形式著录，译名优先选用历史人物或机构自取的中文名或约定俗成的称谓，其他则参照《世界人名翻译大辞典》(中国对外翻译出版公司，2007)进行翻译。

3. 主要内容

介绍地图所表现的主题、涵盖的空间范围、主要的绘制要素、地图的时代背景或相关历史事件、成图年代的简要考证、地图信息的来源、地图性质的判断、地图的研究价值和意义等。

4. 外观信息

这部分主要介绍地图的外在形态特征，按顺序著录以下内容：

(1)图数：记录该条目下所包含的地图图幅数。

(2)颜色:主要区分黑白和彩色,若只有一种色彩则直接注明。

(3)制图方式:记录该图的制图方式,如墨刻本、石印本、手绘、蓝图等。

(4)语种:记录地图所用语种,若图上有多语种,则按照图中语种的主次顺序排列。

(5)尺寸:采用图幅纵线长度乘以横线长度并以厘米为单位标注。对于有图廓的地图,以廓线作为测量标准;若无图廓则以图纸作为测量标准;对于地图册,则记录单页图册长宽。

(6)比例尺:一般采用数值比例尺记录,对于采用计里画方法绘制的舆图则标注每方里数。

(7)经纬度范围:根据地图所涵盖的空间范围,按经度范围/纬度范围的样式著录。

以上信息依次排列,并用逗号分开,若缺则省略不注。

5. 馆藏地索书号和 Hollis Number

(1)馆藏地索书号:这是实地调阅地图所需的索书号信息,其中“|”之前是指该图所在分馆,Harvard Yenching Library 指哈佛燕京图书馆,Harvard Map Collection 指哈佛地图馆,“|”之后部分是具体馆藏位置和索书号。

(2)Hollis Number 是哈佛大学图书馆所藏文献的唯一身份识别码。哈佛大学图书馆于 2018 年更新图书检索系统,更新后的 Hollis Number 从原来的 9 位数变成了 18 位数,但原有的 9 位数 Hollis Number 仍然有效,为方便读者使用,本书仍著录原有 9 位数的 Hollis Number。

(3)在线检索和浏览所需地图最快捷的方式是在哈佛大学图书馆网页(https://hollis.harvard.edu/)输入该图的 Hollis Number。

目　录

行政区划图

西南地区 ······ 116

西北地区 ······ 121

军事战争图

城市地图

东北地区 …… 247

河道海岸图

地形图

华南地区

西南地区

交通邮政图

东北地区

其他专题图

古迹地图

历史地图

行政区划图

世　界

0001 天下图

约 1630—1650 年，李氏朝鲜

该图集为李氏朝鲜时期舆图，内有《天下图》《中国图》《倭国图》《朝鲜国》及朝鲜所属八道图《京畿图》《全罗图》《庆尚图》《平安图》《忠清图》《黄海图》《咸镜图》《江源图》。

《天下图》反映朝鲜半岛受中国影响的天下观。中国居中，外围一圈为大海，海中散布各岛国，再往外一圈为环形陆地，天地轮廓与浑天说相近。该图地名多数来自《山海经》，如西北的鸟鼠山以及中国外围的肃慎国、交胫国、不死国、奇肱国、大人国、女子国、岐舌国、长臂国、深目国、毛民国、劳民国、一目国、三首国、贯匈国等。此外，西域还加入了大宛、乌孙、月支等汉代地名。中国部分绘制了黄河、长江、明长城及华、恒、泰、衡、嵩五岳。《中国图》绘制明朝两京十三省，用红色圆圈标注部分古代地名。

12 图，彩绘，中文，32 cm×31 cm

Harvard Map Collection | MAP-LC | G2330. K6 1630，Hollis Number：005833853

0002 天下舆地图

明清时期，李氏朝鲜

该图集为李氏朝鲜时期舆图，前有《天下图》和《中国图》各一幅，后为朝鲜八道图及日本图。封面题有"玄黓执徐腊下瀚"，可能是壬辰年十二月下旬，但具体年份未知。内容与形态基本与前图(条目 0290)相同，《天下图》反映中国传统天下观，中国居中，周围岛国取自《山海经》。《中国图》绘制明朝两京十三省。

1 图，彩绘，中文，27.8 cm×34.3 cm

Harvard Yenching Library | Rare Book | TK 3490.7 1174，Hollis Number：009140732

0003 天下九边万国人迹路程全图

康熙二年(1663)，姑苏王君甫刻

此图主体部分刻绘了明朝两京十三省及府、州、县、边镇卫所等，图东北方绘制了大东洋和美洲(加拿太国和古巴岛等),东南方绘制了日本国、毛人国、女人国、川心国等,该图对南方的绘制方位变形很大,如福建已到图的下方,该方位的海面有琉球国、三首国、三身国、金齿国等;图西南方向则有大食、槟榔、吕蒙等以及黄河源头昆仑山附近的葫芦形湖泊“星宿海”;图西北方则为大西洋、非洲和欧洲,标注了泥禄河、地中海、佛沙国等;北部则标注了鞑靼等地。这反映明清之际人们对世界的认识。全图由八块刻板拼印而成,拼接痕迹较为明显。

图上方为题记,左侧罗列外国名称及简介,右侧罗列边疆重要卫所和关隘,下方是题为《天下京省九边外国府州县路程图》的各省文字解说,内容包括两京十三省的地理方位、历史沿革、户口数、米麦、绢丝棉麻、盐自变量等数据,同时附有两京十三省下辖府县数及到其他省份的里程。

图上府用正方形,着红色;县用椭圆形,着黄色;州及西南土州、土府、长官司等用长方形,着深褐色;卫所用菱形,着浅褐色。大洋、河流、湖泊等水域绘有波纹。

此图为民间私刻,内容和形制上与万历二十一年(1593)梁辀镌刻的《乾坤万国全图古今人物事迹》、明末季名台刻印的《九州分野舆图古今人物事迹》、崇祯十七年(1644)曹君义刻印的《天下九边分野人迹路程全图》等图相似,应有较强的传承关系。在本图成图之后,日本帝畿书坊梅村弥白曾翻刻了王君甫的这张图,将图题和图下解说中的“天下”改为“大明”,称为《大明九边万国人迹路程全图》,除此以外,内容完全一致。

1图,刻本,彩色,中文,125.0 cm×122.5 cm

Harvard Yenching Library | Rare Book | T 3080/4643, Hollis Number:008690193

0004 大明九边万国人迹路程全图

日本:帝畿书坊梅村弥白

此图翻刻自康熙二年(1663)王君甫的《天下九边万国人迹路程全图》,内容一致,只是将图题和图下解说中的“天下”改为“大明”,未着色。内容参见条目0003。

1图,墨刻本,中文,122.5 cm×122.8 cm

Harvard Yenching Library | Rare Book | TJ 3080 4643 FOLIO, Hollis Number:008628419

0005 历代分野之图古今人物事迹

1750年,日本江户:须原屋茂兵卫

此图由日本须原屋茂兵卫于宽延庚午(三年,1750)冬十月翻刻自清康熙十八年(1679)北京吕郡翰刻印的《历代分野之图古今人物事迹》。图中反映了明朝两京十三省分野位置，标注所属府、州、县、卫、所、王府等数目，户、口数目，以及每年应缴税粮、丝棉、绢布、马草、盐、钞等数目。此图标注了日本、东南亚、南亚、西亚等若干国名。封面题签为“历代事迹图”。

1图，和刻本，中文，185 cm×156 cm

Harvard Yenching Library | Rare Book | T 3080/6614，Hollis Number：014592641

0006 瀛环考略

道光二十四年(1844)，(清)徐继畬

徐继畬编撰的世界地图集，绘有世界各大洲与欧美主要国家地图。徐继畬在厦门商办通商事宜期间，从美国传教士雅裨理(D. Abeel)处获得一份世界地图册，见其绘制精细，于是勾摹其图，并加以注说，编成《瀛环考略》。该书是后来徐继畬编撰《瀛环志略》的雏形。内有东西半球略图和《地球东半图》、《地球西半图》、《地球上半图》、《地球下半图》、《亚细亚东洋图》、《亚细亚南洋图》、《亚细亚澳大利亚图》、《亚细亚五印度图》、《亚细亚印度以西各回部图》、《亚细亚极西各国图》、《亚非利加图》、《欧罗巴各国全图》、《欧罗巴地中海图》、《欧罗巴俄罗斯图》、《欧罗巴北欧各国图》、《专漫尼图》(即今德国)、《欧罗巴西特尔济额里士图》(即今希腊)、《欧罗巴意大理亚图》、《欧罗巴荷兰密尔闰图》、《欧罗巴佛郎西图》、《欧罗巴西班呀葡萄呀图》、《欧罗巴英吉利图》、《北亚墨利加图》、《南亚墨利加图》及《米利坚二十八部图》等。

26图，微缩胶卷，中文，25.3 cm×26.7 cm

Harvard Yenching Library | Microfilm | FC3502，Hollis Number：008569142

0007 海国图志：[50卷]

道光二十四年(1844)，(清)魏源，扬州：古微堂

魏源在林则徐主持编译的《四洲志》的基础上，编撰成《海国图志》50卷，系统地介绍海外各国历史地理和社会经济状况，并论述了应对西方的策略，以求开启民智、救亡图存、师夷长技以制夷。内有圆形东西半球图、《亚细亚洲图》、《利未亚洲》、《欧罗巴洲图》、《东南洋各国沿革图》、《西南洋五印度沿革图》、《小西洋利未亚洲沿革图》、《大西洋欧罗巴各国沿革图》、《汉西域沿革图》、《北魏书西域沿革图》、《唐西域沿革图》、《元代西北疆域沿革图》、《元经世大典地图》、《日本图一》、《日本图二》(取自《武备志》)、《安南图》、《荷兰所属南海葛留巴岛图》、《英吉利国图》、《弥利坚国图》和《沿海全图》等，其中《沿海全图》应取自《七省沿海全图》。

20图，微缩胶卷，中文，约20 cm×30 cm

Harvard Yenching Library | Microfilm | FC9934，Hollis Number：011451688

0008 海国图志:[60 卷]

道光二十七年(1847),(清)魏源,扬州:古微堂

魏源将 50 卷本《海国图志》增补扩充为 60 卷本,但舆图部分并未增减,仍用原版印制。内容见前图(条目 0007)。

20 图,墨刻本,中文,约 20 cm×30 cm

Harvard Yenching Library | 2370 2139A,Hollis Number:004997545

0009 海国图志:[100 卷]

咸丰二年(1852),(清)魏源,扬州:古微堂

相较于 50 卷本和 60 卷本,100 卷本在世界各国地图方面有了大幅度的扩充和增补,地图的精度也明显提高,各图编排条缕清晰,使之成为较为系统的世界地图集。

因世界各国图增补完备,故将沿革图前置,后面按大洲排列各国地图,使得全书各图编排井然有序。沿革图部分基本相同,仍包括《东南洋各国沿革图》《西南洋五印度沿革图》《小西洋利未亚洲沿革图》《大西洋欧罗巴各国沿革图》《汉西域沿革图》《北魏书西域沿革图》《唐西域沿革图》《元代西北疆域沿革图》等。

沿革图之后为《地球正背面全图》,该图对各大洲的绘制精度较 60 卷本有明显提高。

之后为亚细亚洲各国图系列,包括《亚细亚洲全图》《朝鲜国北界图》《朝鲜国中界图》《朝鲜国南界图》《安南国图》《东南洋沿海各国图》《中南两印度国合图》《东印度图》《五印度国》《五印度国旧图》《西域各回部图》《西域押安比路治三国图》《白耳西亚国图》《亚拉比亚国图》《土耳其国全图》《南土耳其国图》《俄罗斯国全图》《亚细亚州内俄罗斯国图》《日本国东界图》《日本国西界图》《东南洋各岛图》《荷兰国所属葛留巴岛图》《奥大利亚及各岛图》《奥大利洲专图》《奥大利亚内新瓦里士图》及《地面岛图》。

之后为利未亚州(即非洲)各国图系列,包括《利未亚州全图》《麦西国图》《利未亚北方各国图》及《英吉利所属利未亚州南方各地图》。

之后为欧罗巴州各国图系列,包括《欧罗巴州全图》《大吕宋葡萄亚两国合图》《瀛环志略大吕宋葡萄亚合图》《佛兰西国全图》《佛兰西图》《荷兰北义两国合图》《意大里国全图》《瑞士国图》《大尼国图》《日耳曼破路斯奥地利三国图》《普鲁社国专图》《奥地利国专图》《北土耳其国图》《希腊国图》《瑞丁那威两国合图》《欧罗巴州属俄罗斯国图》《瀛环志略俄罗斯西境图》《异域录俄罗斯国图》《英吉利本国三岛国合图》《四州志英吉利国分部图》《瀛环志略英吉利图》《苏各兰图》及《伊耳兰岛图》。

之后为亚墨利加州(即美洲)各国图系列,包括《北亚墨利加州全图》《英吉利所属加拿他国东边各部图》《弥利坚国全图》《麦西哥国全图》《危亚地马拉国全图》《北默利加内英俄二国属地图》《亚墨利加州各岛图》《南亚墨利加州全图》《可伦比国全图》《巴

悉国图》《北路破利威两国图》及《利加州南方五国合图》。无论是地图的数量还是精度，100 卷本较 60 卷本都有大幅度的提高。

74 图，墨刻本，中文，约 21 cm×30 cm

Harvard Yenching Library | Offsite Storage (HD) | 2370 2139，Hollis Number：004989924

0010 海国图志：[100 卷]

光绪二年(1876)，(清)魏源，平庆：泾固道署重刊

此为光绪二年重刊本，内容与前图咸丰二年(1852)100 卷本(条目 0009)一致，前有左宗棠序。

74 图，重刻本，黑白，中文，约 21 cm×28 cm

Harvard Yenching Library | Offsite Storage (HD) | 2370 2139B，Hollis Number：004980949

0011 海国图志征实

光绪二十八年(1902)，(清)孙灏，上海：敦记石印

此书是为了匡正六十年前魏源《海国图志》的错误而编，补充了《海国图志》之后对西方的新认识，删去了《海国图志》中战争相关文字，增加了和约信息。

该书所录的地图包括世界地图、中国新疆地图、东亚地图、欧洲及各国地图、非洲地图、美洲地图等。所录地图来源不一，精度差异也很大，世界地图、东亚地图、欧洲各国及其他大洲地图的绘制已相当精确，海岸国界与现代地图无异，应取自当时欧洲最新的测绘地图，每个国家配有彩色国旗，但同时也采用了不少传统舆图，如大清全图和新疆地区地图都是传统舆图，体例不一。

59 图，黑白，石印本，中文，约 17 cm×24 cm

Harvard Yenching Library | Offsite Storage (HD) | 2370 2139.1，Hollis Number：004980953

0012 *Di-gyiu Du*，*Ng Da-tsiu Di-du*[地舆图、五大洲地图]

1853 年，(美)丁韪良(Martin，W. A. P.)

美国长老会传教士丁韪良用罗马拼音标注宁波方言编写的世界地理著作，对地球和各大洲进行介绍。内有东西半球图、亚洲图、欧洲图、非洲图、北美洲图、南美洲图、地中海附近图、清内地十八省图、浙江省图、宁波附近图等。

10 图，墨刻本，罗马拼音标注宁波方言，约 39.0 cm×49.5 cm

Harvard Yenching Library | Rare Book | TA 2370 92，Hollis Number：

008156153

0013 地球全图

咸丰五年(1855),(清)德臣制、陈修堂注

东西半球图,绘制亚细亚、欧罗巴、亚非利加洲、亚美里加四大洲及世界各国国界范围,其大洲轮廓与现代地图已十分相近,但清朝国界绘制相对粗略。该图应是根据当时西方最新的世界地图翻译而来。

图下方记载中国出口丝、茶数量,以及中、日、俄、英、法、德等世界主要国家人口数。

1 图,彩色,中文,93 cm×170 cm

Harvard Yenching Library | Rare Book | T 2380/3186 Oversize, Hollis Number:009406281

0014 地球说略

咸丰六年(1856),(美)祎理哲(Richard Quarterman Way),宁波:华花圣经书房

美国传教士祎理哲编写的世界地理著作,对各大洲和各主要国家国情进行介绍。内有东西半球图、亚洲、欧洲、非洲、北美洲和南美洲地图。

6 图,墨刻本,中文,19.6 cm×20.8 cm

Harvard Yenching Library | Rare Book | TA 2370 92, Hollis Number:008156111

0015 坤舆全图

咸丰十年(1860),(比)南怀仁(Ferdinand Verbiest)

比利时传教士南怀仁(1623—1688)绘制的世界地图,原图刊于康熙甲寅年(1674),此为咸丰年间重印本。分为乾、坤两幅,乾为东半球、坤为西半球,经纬网以北京为中经线,东、西半球线连续标度。绘制“亚细亚”(亚洲)、“欧逻巴”(欧洲)、“利未亚”(非洲)、“北亚墨利加”(北美)、“南亚墨利加”(南美)、“墨瓦蜡尼加”(南极洲)等六大洲以及“新阿兰地亚”(澳大利亚)等。图中多文字解说,介绍各地风俗民情,配有各地珍奇动物插画数十种,四周记述雨、云、风、气行、或问潮汐之为、海之潮汐、海水之动等地理知识。乾图左侧记“咸丰庚申降娄海东重刊”,坤图右侧记“治理历法极西南怀仁立法”。

1 图 2 幅,墨刻本,中文,150 cm×154 cm,1∶16000000

Harvard Yenching Library | Rare Book | T 2380/9027 , Hollis Number:008869996

0016 坤舆全图

咸丰十年(1860),(比)南怀仁(Ferdinand Verbiest)

与前图(条目 0015)出于同一刻板,内容完全相同,但在形制上分为 6 条幅装。

1 图 6 幅,墨刻本,中文,150 cm×154 cm,1∶16000000

Harvard Yenching Library | Rare Book | T 2380/9027. C2, Hollis Number: 008869996

0017 万国通鉴

光绪八年(1882),(美)谢卫楼(Devello Zelotos Sheffield),上海:美国长老会出版社(Shanghai: American Presbyterian Press)

美国传教士谢卫楼(1841—1913)撰写的向中国人介绍世界地理概况的著作,后有世界地图册 1 份,共 13 幅世界、大洲和区域地图,其中有一幅题为《中国地图》的清朝内地地图。

13 图,彩色,中文,22.3 cm×26.0 cm

Harvard Yenching Library | Rare Book | TA 2330 80, Hollis Number: 008154145

0018 地理志略

1903 年,艾丽斯·帕克(Alice S. Parker)

此为用厦门闽南方言表述、罗马拼音书写的世界地理介绍性著作,介绍了清朝地理和世界六大洲地理概况。内有《大清国》图和《十八省》图,分别为全清和内地省级行政区划图。

2 图,彩色,厦门方言、罗马拼音,19.8 cm×22.8 cm

Harvard Yenching Library | Rare Book | TA 2380 68. 1, Hollis Number: 008161903

0019 利玛窦坤舆万国全图

民国二十五年(1936),北平:禹贡学会

禹贡学会据《坤舆万国全图》万历三十年(1602)本复制,为《禹贡》半月刊附赠品。

18 幅,黑白,中文,单幅 29 cm×36 cm

Harvard Yenching Library | Rare Book | T 2380/273, Hollis Number: 008081737

亚 洲

0020 *Asia with the Islands Adioyning Described, the Atire of the People, & Townes of Importance, all of Them Newly Augmented by I.S. Ano Dom: 1626*［亚洲全图］

1626—1627 年，（英）约翰·斯皮德（John Speed），英国伦敦（London）

该图为亚洲全图，约翰·斯皮德曾于 1626 年出版题为 *The Kingdome of China* 的中国地图（参见条目 0880），与本图的中国部分基本一致，同源于奥特利乌斯（A. Ortelius）和巴布达（Luiz Jorge de Barbuda）1584 年的中国新图。

1 图，淡彩色，英文，35 cm×43 cm，25°00′E—168°21′W/12°56′S—81°40′N

Harvard Map Collection | MAP-LC | G7400 1626. S6, Hollis Number: 013897277

0021 *Asia*［亚洲］

1754—1755 年，（法）唐维尔（Jean Baptiste Bourguignon d' Anville），（英）博尔顿（Mr. Bolton）修订，R. W.西尔（R.W. Seale）刻版，英国伦敦：J. & P. 纳普顿（J. & P. Knapton）

唐维尔铜版印制的亚洲地图，内含 8 幅，分别为：1. *The South East Part*，为印度次大陆；2. *Japan, Corea, the Monguls, and Part of China*，为中国东部、朝鲜半岛和日本；3. *The Philippin, Carolin, Molucka, and Spice Islands*，为菲律宾和马来群岛东部；4. *Including the Turkish Dominions with Most of Perfia*，为土耳其、波斯等西亚地区；5. *Part of India, Persia, Tibet, and Tartary*，为中亚地区；6. *Part of China, Tibet and Tartary*，为中国西部地区；7. *South Arabia*，为红海及阿拉伯半岛南部；8. *The East Peninsula of India*，为中南半岛和苏门答来岛。其中 2、3、6、8 拼合为亚洲东部地区，1、4、5、7 拼合为亚洲西部地图。

8 图，彩色、铜版，英文，62 cm×60 cm，1∶7350000，25°—145°E/10°S—50°N

Harvard Map Collection | MAP-LC | G7400 1754. A6, Hollis Number: 014762841

0022 *Asia, Drawn from the Best Authorities: for the Elucidation of Lavoisne's Genealogical, Historical, Chronological, & Geographical Atlas*［亚洲地图］

1813 年，（英）杰霍沙法特·阿斯平（Jehoshaphat Aspin），英国伦敦：J.巴菲尔德（London：J. Barfield）

亚太地区图，包括澳洲在内。该图将长城以南、青藏高原以东的中国内地标注为China，并绘制边界，而西藏地区、蒙古和东北地区则绘成独立区域而另外着色。另外，将鞑靼（Tartary）分为三部分：一是中国鞑靼（Chinese Tartary），包括中国蒙古、东北和朝鲜半岛；二是独立鞑靼（Independent Tartary），包括中国新疆和中亚地区；三是俄罗斯鞑靼（Russian Tartary），包括整个西伯利亚地区。该图反映 19 世纪初欧洲人对亚洲和中国的观念与认知。

1 图，彩色，英文，31×32 cm，1∶26000000，10°—180°E/14°—80°S

Harvard Map Collection ｜ MAP-LC ｜ G7400 1813. A7，Hollis Number：012034037

0023 *Tartaria sive Magni Chami Imperiorum*［鞑靼和中华帝国］

约 1646 年，（德）马托伊斯·梅里安（Matthaeus Merian），德国法兰克福（Frankfurt am Main）

长城以北的蒙古、中亚和西伯利亚地区图，长城以内绘制简略。该图翻刻自布劳的鞑靼地图，地理信息主要来自马可波罗和传教士，从长城弧形轮廓及其连接的长条形星宿海看，该图沿袭了奥特利乌斯（A. Ortelius）和巴布达（Luiz Jorge de Barbuda）1584 年的中国新图。

1 图，黑白，拉丁文，25 cm×33 cm，1∶14000000，35°—160°E/30°—70°N

Harvard Map Collection ｜ MAP-LC ｜ G7000 1646. M4，Hollis Number：014510237

0024 *Tartaria sive Magni Chami Imperium*［鞑靼和中华帝国］

1649 年，（荷）亨德里克·洪迪厄斯（Hendrik Hondius），荷兰阿姆斯特丹：约翰·詹森纽姆（Amstelodami：Joannem Janssonium）

该图在内容和形式上与前图（条目 0023）基本相同，但尺寸略大，且左右下方的装饰画着彩色。该图出自约翰·詹森纽姆出版的《新世界图集：包含亚洲、非洲和美洲》（*Nouvel Atlas, ou Theâtre du Monde, contenant les regions de l'Asie, Afrique, Amerique*），阿姆斯特丹，1649 年，第 3 卷。

1 图，彩色，拉丁文，37 cm×49 cm，1∶10500000，35°—160°E/30°—70°N

Harvard Map Collection | MAP-LC | G7270 1649. H6, Hollis Number: 012008436

0025 *Tartaria sive Magni Chami Imperium*［鞑靼与中华帝国］

约 1657 年,荷兰阿姆斯特丹:约翰·詹森纽姆(Amsterdam: Joannem Janssonium)

该图在内容和形式上与前图(条目 0024)基本相同。

1 图,彩色,拉丁文,37 cm×49 cm,1∶10500000,约 45°—150°E/30°—80°N

Harvard Map Collection | MAP-LC | G7270 1657. J3, Hollis Number: 014510562

0026 *Tabula Tartariae et Majoris Parti Regni Chinae*［鞑靼和中国地图］

约 1660—1669 年,(荷)弗雷德里克·威特(Frederick de Wit)、J.卢里尔(J. Luillier),荷兰阿姆斯特丹(Amsterdam)

空间范围为北回归线以北至北冰洋的整个亚洲地区以及部分东欧地区。该图参照卫匡国 1655 年出版的《中国新图志》绘制。

1 图,彩色,拉丁文,42 cm×54 cm,1∶15000000,40°—160°E/20°—75°N

Harvard Map Collection | MAP-LC | G7000 1660. W5, Hollis Number: 014510592

0027 *La Gran Tartaria Divisa nelle sue Parti Principali*［大鞑靼分区地图］

1693 年,(意)贾科莫·坎泰利(Giacomo Cantelli)、乔瓦尼·坎泰利·罗西(Giovanni Giacomo de Rossi),意大利罗马(Rome)

主体部分为长江以北至北冰洋的整个亚洲北部,绘制区域分界、地形、河流等。

1 图,彩色,意大利文,42 cm×54 cm,1∶15000000,44°E— 168°W/27°—80°N

Harvard Map Collection | MAP-LC | G7000 1693. C3, Hollis Number: 014510809

0028 *Carte de Tartarie*［鞑靼地图］

约 1706 年,(法)纪尧姆·德利勒(Guillaume de L'Isle),法国巴黎(Paris)

空间范围涵盖长江以北至蒙古、西伯利亚地区,对河道系统标注较为详细,对西伯利亚东部的海岸线绘制偏差较大。

注:绘画者纪尧姆·德利勒(1675—1726)是法国著名地图师,曾被法国国王路易十五授予"国王首席地理学家"称号。

1 图，彩色，法文，49 cm×64 cm，1∶10500000，30°—155°E/26°—66°N

Harvard Map Collection | MAP-LC | G7000 1706. L5, Hollis Number: 011895419

0029 *Carte de Tartarie*［鞑靼地图］

约 1710—1718 年，(法)纪尧姆·德利勒(Guillaume de L'Isle)，法国巴黎(Paris)

空间范围涵盖长江以北至蒙古、西伯利亚地区，应是在 1706 年同名版本上修订而成，参考前图(条目 0028)。

1 图，彩色，法文，49 cm×67 cm，1∶10500000，30°—155°E/26°—66°N

Harvard Map Collection | MAP-LC | G7000 1710. L5, Hollis Number: 014510917

0030 *Carte de Tartarie*［鞑靼地图］

约 1725—1750 年，(法)纪尧姆·德利勒(Guillaume de L'Isle)，荷兰阿姆斯特丹：科文斯和莫蒂尔公司(Amsterdam: J. Cóvens et C. Mortier)

空间范围涵盖长江以北至蒙古、西伯利亚地区，应是在 1706 年同名版本上修订而成，参考前图(条目 0028)。

1 图，彩色，法文，49 cm×67 cm，1∶10500000，30°—155°E/26°—66°N

Harvard Map Collection | MAP-LC | G7000 1725. L5, Hollis Number: 014510942

0031 *Magnæ Tartariæ, Magni Mogolis Imperii, Iaponiæ et Chinæ: Nova Descriptio ex Tabula*［蒙古、日本及中国新图］

约 1725 年，(荷)弗雷德里克·威特(Frederik de Wit)，D. N. 维森(D. N. Witsen)，荷兰阿姆斯特丹：科文斯和莫蒂尔公司(Amstelodami: I. Covens et C. Mortier)

空间范围包括珠江口以北至北冰洋的整个东亚、中亚和西伯利亚的广大区域。中国部分黄河、长江两大水系基本准确。从沿海轮廓和内河水系看，该图的中国部分应参考了卫匡国的《中国新图志》。

该图出自《世界新地图集》第 8 卷第 108 幅(*Atlas nouveau contenant toutes les parties du monde, où sont exactement marqués les empires, monarchies, royaumes, états républiques &c; le tout recueilli par les meilleurs géographes.* [1683—1761]. Vol. 8, map no.108)。

1 图，彩色，拉丁文，41 cm×52 cm，1∶11000000，45°—150°E/20°—80°N

Harvard Map Collection | MAP-LC | G7400 1725. W5, Hollis Number:

011971814

0032 *Nieuwe Kaart van Tartarie*［鞑靼新地图］

1732 年，荷兰阿姆斯特丹：伊萨克・提里奥（Amsterdam：Isaak Tirion）

蒙古、中亚及西伯利亚地区行政区划图，空间范围包括长城以北至北冰洋、里海以东至日本海，在贝加尔湖一带绘有蒙古和西伯利亚分界线。该图绘制时间较早，欧洲对这一地区的地理认知仍较为有限，地图准确度不高。

1 图，彩色，荷兰文，27 cm×33 cm，1∶20000000，45°—155°E/35°—80°N

Harvard Map Collection | MAP-LC | G7270 1732. T5，Hollis Number：011971752

0033 *Neue Charte von der Tartarey*［鞑靼新地图］

1747 年，德国阿尔托纳：格布吕德・科尔特（Altona：Gebrüdern Korte）

此图内容与前图（条目 0032）相同，但此版为德文，未上色。绘制长城以北的蒙古、西伯利亚和中亚地区。

1 图，黑白，德文，28 cm×34 cm，1∶20000000，45°—155°E/35°—80°N

Harvard Map Collection | MAP-LC | G7000 1747. G4，Hollis Number：014511401

0034 *Imperii Russici et Tatariae Universae tam Majoris et Asiaticae，quam Minoris et Europaeae Tabula*［俄罗斯帝国、鞑靼、整个亚洲及部分欧洲地图］

约 1739 年，（德）约翰・哈斯（Hase，Johann Matthias），德国纽伦堡：霍曼尼奥鲁姆・赫雷杜姆（Norimbergae：Impensis Homanniorum Heredum）

德国制图师哈斯绘制的鞑靼地图，主要依据唐维尔的《中国新图集》（*Nouvel Atlas de la Chine*）绘制。空间范围包括雷州半岛以北的整个东亚、中亚、俄罗斯等，彩色标绘长城以北的鞑靼地区、西伯利亚、西藏和新疆等地。图左上方绘有地图出版时俄国女皇安娜・伊凡诺芙娜像。

1 图，彩色，拉丁文，47 cm×54 cm，1∶17000000，22°E— 166°W/20°—80°N

Harvard Map Collection | MAP-LC | G7000 1739. H4，Hollis Number：011989675

0035 *Imperii Russici et Tatariae Universae tam Majoris et Asiaticae, quam Minoris et Europaeae Tabula*[俄罗斯帝国、鞑靼、整个亚洲及部分欧洲地图]

约 1739 年,(德)约翰·哈斯(Hase, Johann Matthias),德国纽伦堡:霍曼尼奥鲁姆·赫雷杜姆(Norimbergae: Impensis Homanniorum Heredum)

该图与前图(条目 0328)相同。

1 图,彩色,拉丁文,47 cm×54 cm,1∶17000000,22°E— 166°W/20°—80°N

Harvard Map Collection | MAP-LC | G7000 1739. H32, Hollis Number: 014549964

0036 *Tartariae Maioris sive Asiaticae Tabula*[鞑靼主体与亚洲地图]

约 1784 年,(德)约翰·哈斯(Hase, Johann Matthias),德国纽伦堡:霍曼尼奥鲁姆·赫雷杜姆(Nürnberg: Impensis Homanniorum Heredum)

该图在 1739 年版基础上修订,内容参见前图(条目 0328)。

1 图,彩色,拉丁文,47 cm×54 cm,1∶17000000,22°E— 166°W/20°—80°N

Harvard Map Collection | MAP-LC | G7000 1784. H3, Hollis Number: 014508823

0037 *Siberia and Chinese Tartary*[西伯利亚和中国鞑靼]

1853 年 1 月 1 日,英国伦敦:乔治·考克斯公司(London: George Cox)

空间范围包括蒙古、东北和西伯利亚地区,以晕滃法绘制山脉,标注河流湖泊、重要地名及交通线等。该图翻印自 1838 年由英国实用知识传播协会(Society for the Diffusion of Useful Knowledge, Great Britain)出版的同名地图,反映 19 世纪前期西方对中国北方、蒙古及西伯利亚地区的地理认识。

1 图,黑白,英文,36 cm×43 cm,1∶10750000,81°29′—145°40′E/33°47′—63°03′N

Harvard Map Collection | MAP-LC | G7800 1853. C4, Hollis Number: 014516469

0038 *Carte des Isles du Japon et la Presqu'île de Corée, Avec les Costes de la Chine, Depuis Pekin jusqua Canton*[日本列岛、朝鲜半岛以及中国北京到广州海岸线图]

1749 年,(法)雅克·尼古拉·贝林(Jacques Nicolas Bellin),荷兰海牙:皮埃尔·德·洪特(Hague: Pierre de Hondt)

日本、朝鲜半岛和中国东部海岸轮廓图,简要标注海岸附近河流和城市。

该图出自(法)安东尼·普雷沃:《旅行通史》,海牙,皮埃尔·德·洪特,1747—1767,卷7第39页(Antoine François Prévost. *L'Histoire Générale des Voyages*, Hague: Pierre de Hondt, 1747—1767, v. 7, p39)。

1图,黑白,法文、荷兰文,20 cm×27 cm,1∶11250000,112°—145°E/22°—42°N

Harvard Map Collection | MAP-LC | G7960 1747. B4, Hollis Number: 012579719

0039 ***Suite de L'Ocean Oriental*: *Contenant les Isles de la Sonde*, *les Costes de Tunquin et de la Chine*, *les Isles du Japon*, *les Philippines*, *Moluques*[远东海图:包含巽他群岛、东京湾、中国、日本列岛、菲律宾、摩鹿加]**

1749年,(法)雅克·尼古拉·贝林(Jacques Nicolas Bellin),荷兰海牙:皮埃尔·德·洪特(Hague: Pierre de Hondt)

东亚和东南亚海岸轮廓图,简要标注海岸附近河流和城市。

该图出自(法)安东尼·普雷沃:《旅行通史》,海牙:皮埃尔·德·洪特,1747—1767年(Antoine François Prévost. *L'Histoire Générale des Voyages*, Hague: Pierre de Hondt, 1747—1767)。

1图,黑白,法文、荷兰文,28 cm×29 cm,1∶30000000,100°—150°E/22°—42°N

Harvard Map Collection | MAP-LC | G8000 1747. B4, Hollis Number: 014493040

0040 ***Northeastern Asia*[东北亚简图]**

约1750年,(法)唐维尔(Jean Baptiste Bourguignon d'Anville)

唐维尔绘制的东北亚地形简图,主要为日本、朝鲜、东西伯利亚、中国东北、东部等地,以绘制海岸线为主,简要标注主要地名、山脉和河流。

1图,黑白,法文,21.5 cm×17.8 cm,1∶20800000,102°19′—166°03′E/21°17′—63°10′N

Harvard Map Collection | MAP-LC | G7800 1750. A5, Hollis Number: 013822770

0041 ***Seconde Partie de la Carte d'Asie*: *Contenant la Chine*, *et Partie de la Tartarie*, *l'Inde au delà du Gange*, *les isles Sumatra*, *Java*, *Borneo*, *Moluques*, *Philippines et du Japon*[亚洲地图第二部分:中国、鞑靼、南亚、东南亚及日本等地]**

1752年,(法)唐维尔(Jean Baptiste Bourguignon d' Anville),法国巴黎(Paris)

唐维尔绘制的亚洲地图系列图，主体部分为中国、东南亚、印度和日本部分地区。中国部分主要来自1737年出版的《中国新地图集》，而《中国新地图集》主要依据康熙《皇舆全览图》绘制。也正因如此，该图与康熙《皇舆全览图》相似，在蒙、疆、藏等边疆地区留下许多空白。

1图，黑白，法文，55.2 cm×81.8 cm，1∶7100000，90°—145°E/20°—50°N

Harvard Map Collection | MAP-LC | G7810 1752. A6，Hollis Number：013809607

0042 琉球三省並三十六嶋の圖［琉球三省并三十六岛之图］

1785年之后，（日）林子平原绘

主要绘制琉球诸岛、中国台湾岛、中国钓鱼岛、日本南部及中国东部沿海，是日本林子平所著《三国通览图说》中的一图。该图说在1785年完稿，翌年由须原屋市兵卫刊刻。该书曾一度被禁，因而刻本留存有限，但后世抄绘本流传较多。馆藏图属于抄绘本，图上未标注天明五年字样。相对于其他抄绘本而言，此本色彩较浅。该图原由什蒂安(E.G.Stian)私人收藏，1937年赠予哈佛大学。

除本图外，馆藏另有《三国通览图说》中的《虾夷国全图》。

1图，彩绘，日文，49 cm×71 cm

Harvard Map Collection | MAP-LC | G7962.R9 1785. H3，Hollis Number：012544732

0043［三国通览舆地路程全图］

约1801年，（日）林子平原绘，中込政富抄绘

此为林子平《三国通览舆地路程全图》的抄绘本，见载于《三国通览图说》，由中込政富抄绘。该图绘制中国东部沿海、东北及东西伯利亚、日本、朝鲜半岛、中国台湾岛、中国钓鱼岛、琉球等。

1图，彩绘，日文，68 cm×47 cm

Harvard Map Collection | MAP-LC | G7960 1801. N35，Hollis Number：012559179

0044 *Carte des Trois Royaumes*［三国通览舆地路程全图］

1832年，（日）林子平原绘，法国巴黎：大不列颠及爱尔兰东方翻译基金会(Paris：Oriental Translation Fund of Great Britain and Ireland)

此图是林子平《三国通览舆地路程全图》的翻译彩绘本，将原图日文改为法文，删去部分注释和山地图案，除此之外，其他形制与原图基本一致。

1 图，彩色，法文，69 cm×47 cm

Harvard Map Collection | MAP-LC | G7960 1832. C3, Hollis Number: 012580801

0045 *China and the Birman Empire: with Parts of Cochin-China and Siam* [中国和缅甸帝国，兼及部分交趾和暹罗]

1853 年 1 月 1 日，英国实用知识传播协会（Society for the Diffusion of Useful Knowledge, Great Britain），J. & C. Walker，英国伦敦：乔治·考克斯（London: George Cox）

清代中国内地十八省以及中南半岛北部，包括印度东北部、缅甸以及泰国、老挝和越南的北部地区。其中国内地部分与前图（条目 0089）一致。

1 图，彩色，英文，36 cm×43 cm，1∶10300000，73°29′—134°46′E/18°09′—53°33′N

Harvard Map Collection | MAP-LC | G7820 1853. S61, Hollis Number: 013822098

0046 亚细亚东部舆地图

1875 年，日本陆军参谋局

日本陆军绘制的日本、朝鲜、伪满洲国和清朝内地十八省图。在精确度方面，相比于同一时期日本民间绘制的中国地图，如燕京图书馆藏明治七年（1874）宫崎柳条的《“支那”全图》等，这张图明显要准确得多，如台湾岛、海南岛及沿海的海岸线、省界、河流等要素的绘制已基本准确。不过，此图已将伪满洲国单独划出，与中国内地、朝鲜和日本并列绘制。底图绘制省界，无省内政区界线，地名标注至县级，部分乡镇名，以晕滃法绘制山脉。以穿过东京的经线为中经线绘制经纬网。

附插图 6 幅，为东京、京都、大阪、北京、上海、广东等城市略图。

1 图，铜版彩印，日文，95 cm×137 cm，1∶3000000，98°—142°E/18°—43°N

Harvard Yenching Library | J 2410 7320，Hollis Number：012164799

0047 亚细亚东部舆地图

光绪二年（1876），申报馆主人（英）美查，日本东京：雕刻会社

此图由申报馆根据前图（条目 0046）改绘而成，并在东京以铜版刻印。空间范围为清朝内地十八省、日本及朝鲜半岛。以晕滃法绘制山脉，并标注河流、交通线路、全国府县及部分乡镇地名。各省着淡彩色区分。经纬网改以穿过北京的经线为中经线绘制。

该图落款“申报馆主人美查”为英国商人安纳斯脱·美查(Ernest Major),是《申报》创办人。

附插图6幅:《北京略图》《上海略图》《日本西京略图》《日本东京略图》《广东略图》及《天下全图》,对比前图,插图仅将大阪图替换为东西半球的《天下全图》,其他图幅基本相同。

1图,铜版彩印,中文,90 cm×132 cm,1∶3200000,98°—142°E/18°—43°N

Harvard Map Collection | MAP-LC | G7800 1876. Y3, Hollis Number: 013645019

0048 中俄交界全图

光绪十六年(1890),(清)洪钧译制

此为中俄边界图。原图是俄国于1884年绘制,清朝外交官洪钧将此图带回,并于光绪十六年翻译为中文。原图过长,改绘时,横七竖五将其分为35页,并用金木水火土和一二三四五六七标序各页。图上经纬网以穿过俄国圣彼得堡的经线为中经线。范围覆盖东起鸭绿江中朝边界,往北往西至乌苏里江、黑龙江、蒙古到巴勒哈什湖(巴尔喀什湖)、帕米尔等整个漫长的中俄边界及周边地区,中国界内也涉及北纬35°以北地区,包括山东半岛、华北平原、陕甘地区、新疆及青藏高原部分地区。以晕滃法绘制山脉,对边境地区的地名与河流的绘制十分精细。主体部分为黑白,水域着浅蓝、边界着红黄。

35图,彩色,石印,中文,单幅42 cm×53 cm,全图169 cm×315 cm,1∶1800000,57°—145°E/35°—62°N

Harvard Yenching Library | Offsite Storage C (HD) | M 3032 3882, Hollis Number:012091367

0049 *Indexed Atlas of the World: Map of China, Indo-China, and Part of Malaysia*[世界地图集:中国、中南半岛及部分马来西亚]

1892年,美国纽约:兰德·麦克纳利公司(New York: Rand McNally and Company)

中国内地及南海周边地区图。中国部分为清末内地省级行政区划图,分省着色。

1图,彩色,英文,49 cm×32 cm,1∶10000000,95°—130°E/0°—40°N

Harvard Map Collection | MAP-LC | G7820 1892. R2 vf, Hollis Number: 012524140

0050 最新大亚细亚地图

1937年1月1日,(日)渊田忠良,日本东京:大日本雄辨会讲谈社亚洲地图，标注日本在亚洲各国日侨人数、中苏军力、日本与欧美各国海军在东亚海域舰船数量等军事相关要素。

附插图 4 幅：《中华民国四邻の诸势力》《世界现势地图》《亚细亚诸国との我贸易》和《亚细亚主要国面积・人口比较》。

1 图，彩色，日文，110 cm×80 cm，1∶10000000，20°—180°E/15°S—75°N

Harvard Yenching Library | Manchuguo J-0842，Hollis Number：014628107

0051 *Japan*，"*Manchuria*"，*and Adjacent Regions*［日本、中国东北和临近地区简图］

1942 年 4 月 22 日，美军情报协调局地理处（Office of Coordinator of Information，Geographic Division）

日本本土及日据中国东北、朝鲜和中国台湾，绘制省界，但无文字标注。兰伯特投影。

1 图，黑白，英文，47 cm×56 cm，1∶7000000，114°—158°E/30°—60°N

Harvard Map Collection | MAP-LC | G7960 1942. U5，Hollis Number：014140797

0052 *The Far East and Adjoining Areas*［远东及周边地区］

1945 年，（美）罗伯特・温斯洛（Robert Winslow）、兰德・梅纳德（Rand Maynard），美国费城：大卫・麦凯公司（Philadelphia：David McKay Co.）

1939 年的东亚、东南亚和南亚地区时局图，以晕渲法绘制地形，标注了主要地名和交通线。此图由私人绘制，将伪满洲国、蒙古、中国西藏用国界线与中国内地分开。

1 图，彩色，英文，80 cm×106 cm，1∶12000000，50°E—160°W/20°—70°S

Harvard Map Collection | MAP-LC | G7800 1945. W5，Hollis Number：013295941

全国

0053 大明一统志

天顺五年（1461），（明）李贤等奉敕修，内府刻本

明代官修全国地理总志，卷首有全国图和两京十三省图，分别为：《大明一统之图》《京师畿内地理之图》《南京畿内地理之图》《山西地理之图》《山东地理之图》《河南地理

之图》《陕西地理之图》《浙江地理之图》《江西地理之图》《湖广地理之图》《四川地理之图》《福建地理之图》《广东地理之图》《广西地理之图》《云南地理之图》及《贵州地理之图》。地图信息较为简略，全国图仅标注省名，省图仅标注府名，虽绘有山河，但基本未注名。

16 图，墨刻本，中文，26.4 cm×35.0 cm

Harvard Yenching Library | Rare Book | T 3027/4478c, Hollis Number: 008094477

0054 大明一统志

弘治十八年(1505)，(明)李贤等奉敕修，建阳：慎独斋

明代天顺年间官修全国地理总志，此为翻刻本，内容与天顺内府本相同，有全国图和两京十三省图，不过在编排顺序上将省图置于各省分卷之前，内容参见条目 0053。

16 图，重刻本，中文，19.6 cm×25.6 cm

Harvard Yenching Library | Rare Book | T 3027/4478b, Hollis Number: 007760836

0055 大明一统志

万历十六年(1588)，(明)李贤等奉敕修，归仁斋杨氏重刻本

明代天顺年间官修全国地理总志，此为重刻本，内容与天顺内府本相同，有全国图和两京十三省图，开卷有手钞《四库提要》著录全文以及退舟周氏民国六年(1917)朱笔题识，内容参见条目 0053。

16 图，重刻本，中文，19.3 cm×24.6 cm

Harvard Yenching Library | Rare Book | TNC 3027/4478d, Hollis Number: 008103464

0056 皇舆考

嘉靖三十六年(1557)，(明)张天复撰

《皇舆考》以闽本廖世昭《志略》为底本，参考桂萼《舆地图志》、罗洪先《广舆图》、许论《九边论》等进行增删修订而成，主要目的是为匡正《大明一统志》的疏漏。全书分十卷，包括《皇明一统总图》《北直隶图》《畿内郡县》《南直隶图》《南京郡县》《山东图》《山东郡县》《山西图》《山西郡县》《河南图》《河南郡县》《陕西图》《陕西郡县》《浙江图》《浙江郡县》《江西图》《江西郡县》《湖广图》《湖广郡县》《四川图》《四川郡县》《福建图》《福建郡县》《广东图》《广东郡县》《广西图》《广西郡县》《云南图》《云南郡县》《贵州图》《贵州郡县》《九边总图一》《辽东边图一》《蓟州边图一》《蓟州边图二》《内三关边图一》《宣

府边图一》《大同外三关边图一》《榆林边图一》《宁夏固兰边图一》《庄宁凉永边图一》《甘肃山丹边图一》《洮河边图一》《黄河图一》《黄河图二》《黄河图三》《海运图一》《海运图二》《漕运图一》《漕运图二》《漕运图三》《四夷总图》《东南滨海诸夷图》《东北诸夷图》《迤北西番诸夷图》《东南海夷图一》《西南海夷图一》《朔漠图一》及《朔漠图二》等59图。省图内容相对简略，仅标注府县名，九边图、河图和夷图内容较为详细。各图附图说，记载各地所属州县、户口、赋税、卫所、守军数量以及沿革、山川、河流、古迹、物产等。

该书于清乾隆四十四年(1779)被禁，现世流传以明万历十六年(1588)张象贤遐寿堂刻本居多。按《美国哈佛大学哈佛燕京图书馆藏中文善本书志》载，嘉靖本目录页后刻有“武昌府学教授廖恕学生李元敬教正”字样，而万历朱琏刻本序言中载“书始播于武昌”，因而认定此为原刻本。

59图，墨刻本，中文，22 cm×25 cm，计里画方

Harvard Yenching Library|Rare Book|T 3027/1311，Hollis Number:008094473

0057 皇舆考

民国三十年(1941)，(明)张天复著，郑振铎辑

此为十二卷本，舆图与前图(条目0056)相同，是民国年间郑振铎辑《玄览堂丛书》时据明叶均宇重刻本影印。

59图，影印本，中文，14.5 cm×18.0 cm，计里画方

Harvard Yenching Library | 9100 0793 (026—027)，Hollis Number:006548398

0058 广舆图

嘉靖四十五年(1566)，(元)朱思本撰，(明)罗洪先增补，韩君恩、杜思翻刻

《广舆图》是明人罗洪先依据元代朱思本的《舆地图》经十余年修订增补而成。罗洪先(1504—1564)，字达夫，号念庵，江西吉水人，明嘉靖八年(1529)进士。罗洪先对朱思本《舆地图》运用的“计里画方”法十分推崇，认为“其图有计里画方之法而形实自是可据，从而分合东西相侔，不至背舛”。朱思本的《舆地图》重振了唐代贾耽创立的“计里画方”绘图法。这种绘图技术经罗洪先《广舆图》推广后，在明清时期被广泛采用。罗洪先在序言按语称“朱图长广七尺，不便卷舒，今据画方，易以编简”，改编成二卷本。

《广舆图》最早刊刻于明嘉靖三十四年(1555)，后多次翻刻，本图为明嘉靖四十五年韩君恩、杜思刊本，翻印自胡松元。

卷一为总图和两京十三省舆图:《舆地总图》《北直隶舆图》《南直隶舆图》《山东舆图》《山西舆图》《陕西舆图》《河南舆图》《浙江舆图》《江西舆图》《湖广舆图》《四川舆图》

《福建舆图》《广东舆图》《广西舆图》《云南舆图》及《贵州舆图》。图后附说，包括府县数、户口、赋税、漕运、绢丝棉麻等物产、各军政机构人员编制、所属府州县概况、历史沿革、地理形势等。

卷二为九边图、河图和周边地区舆图：《九边总图》《辽东边图》《蓟州边图》《内三关边图》《宣府边图》《大同外三关边图》《榆林边图》《宁夏固兰边图》《庄宁凉永边图》《甘肃山丹边图》《洮河边图》《松潘边图》《建昌图》《麻阳图》《虔镇图》《黄河图》《海运图》《漕运图》《朝鲜图》《东南海夷图》《西南海夷图》《安南图》《西域图》《朔漠图》《琉球图》《日本图》及《四夷图》。图说包括各卫所、堡垒、马步官军、粮草、军饷、历史沿革等。

该图创建了 24 种图例：山、水、界、路、府、州、县、驿、卫、所、屯、堡、城、隘、营、站、关、寨、墩、台、宣慰司、宣抚、安抚、长官等。计里画方和符号系统对之后明清舆图绘制产生深远影响。

2 卷 4 册 43 图，墨刻本，中文，30.0 cm×20.5 cm，计里画方

Harvard Yenching Library | Rare Book | T 3080.7/6132，Hollis Number：008624962

0059 广皇舆考

天启六年(1626)，(明)张天复撰，张元忭增补，张汝霖、张汝懋订

该书是在张天复《皇舆考》的基础上，由张天复之子张元忭增补、孙张汝霖和张汝懋修订而成，内容参考条目 0056。改为每省一卷，增加《皇华考》上下卷等，为二十卷本。但是在舆图方面删除了《皇舆考》中各省郡县图、九边分图、河图、夷图等，仅保留一统图、各省舆图、九边总图和四夷总图。

18 图，墨刻巾箱本，中文，13.5 cm×18.0 cm

Harvard Yenching Library | Rare Book | T 3027/1312，Hollis Number：007760826

0060 月令广义

万历年间，(明)冯应京纂辑，戴任增释，陈邦泰刊

内有《广舆地图》和《山海舆地全图》两幅舆图。《广舆地图》为明朝全国舆图，标注府级地名，计里画方，每方五百里。《山海舆地全图》为圆形世界地图，可能从利玛窦的《坤舆万国全图》改绘而来。钤印“烟杨郇里人家”“勖哉夫子”“吴氏尚桓”。

2 图，墨刻本，中文，22.5 cm×28.6 cm

Harvard Yenching Library | Rare Book | T 4160/3200，Hollis Number：008096777

0061 皇明职方地图

崇祯九年(1636),(明)陈组绶编撰

陈组绶组织兵部职方司在罗洪先《广舆图》、《大明一统志》以及相关的边防、海防论著的基础上,绘制了这套明朝地图集《皇明职方地图》,内分三卷,上卷为总图和两京十三布政使司图,中卷为九边七镇图,下卷为江海漕运和域外图。各图计里画方,标注沿革形势,注重军事相关信息标注,是明末中国传统舆图集大成之作。崇祯九年雕版刊行。

上卷:《皇明大一统地图一》《皇明大一统地图二》《北京地图》《南京地图》《山西地图》《陕西地图》《山东地图》《河南地图》《江西地图》《湖广地图》《四川地图》《浙江地图》《福建地图》《广东地图》《广西地图》《贵州地图》及《云南地图》。

中卷:《蓟镇边图》《内三关图》《全辽边镇图》《大宁边图》《开平兴和边镇图》《宣府镇图》《大同山西边镇图》《榆林边镇图》《宁夏固兰边镇图》《洮河边镇图》《甘肃边镇图》《松潘边图》《建昌图》《麻阳图》及《虔镇图》。

下卷:《江山图》《河岳图》《弱水图》《黑水图》《漕黄治迹图》《海运图》《江防信地营图》《万里海防图》《日本岛夷入寇之图》《太仆牧马总辖地图》《朝鲜地图》《安南地图》《西域图》《朔漠地图》及《皇明朝贡岛夷图》。

47 图,微缩胶片,中文,30.8 cm×43.4 cm

Harvard Yenching Library | Microfilm | FC431,Hollis Number:005504263

0062 皇明职方地图

道光年间,(明)陈组绶编撰

此本为清道光年间据明崇祯九年(1636)刊本《皇明职方地图》(条目 0061)的传抄彩绘本,但图幅不完整,仅取上卷中的北京、南京等两京和山西、陕西、山东、河南、江西、湖广、四川、浙江、福建、广东、广西、贵州、云南等十三布政使司图,各有彩图一幅,合计 15 图。去除崇祯本的计里方格。钤印“武肃王弍十七世孙天树珍藏典籍书画之印”。大开本,绘图精美。

15 图,彩绘本,中文,37 cm×46 cm

Harvard Yenching Library | Rare Book | T 3027/7922a, Hollis Number:008110521

0063 皇明职方地图

近代,(明)陈组绶编撰,日本出版贸易株式会社

此为日本传抄本,内容和形制上与原刊本大体一致,参看条目 0061。

47 图,黑白,传抄本,中文,34 cm×46 cm,计里画方

0064 皇明分野舆图古今人物事迹

崇祯十六年(1643)之后

此图是明清之际一系列的分野图之一,内容以明代两京十三省为主体,并粗略绘制了周边的日本、东南亚、南亚、西亚的若干国家。反映时人以中国为中心的世界观。图中用正方形标注府、椭圆标注县、菱形标注卫所、长方形标注州。图上方为图说,下方为两京十三省图考,记载各省方位、政区、户口、赋税等信息。

此图转绘自季明台刊刻的《皇明分野舆图古今人物事迹》,图左下方牌记"崇祯癸未仲秋日南京季名台选录梓行",季明台刊图时间是崇祯十六年,而本图抄录于季明台刻本,因而成图时间应在崇祯十六年之后。因图上不仅字体手写痕迹明显,而且图中也没有刻板拼接的痕迹,所以认为这是抄绘本而非季明台原刻本。此图在抄录过程中,出现诸多错误,图中有朱笔的批校,从图下方对两京十三省地名做假名标注来看,此批校者可能是日本人。图中文字错漏甚多,如浙江"温州府"的"温"字遗漏,"乐清"的"清"字遗漏,"瑞安"错为"端安","泰顺"错为"奉顺","淳安"错为"浮安",江西"上饶"错为"上飲",福建"瓯宁"脱"瓯"字等等。

1 图,黑白,钞本,中文,139 cm×123 cm

0065 三才图会

崇祯年间,(明)王圻纂辑,王思义续辑,王尔宾重校

明人王圻及其子王思义编纂的类书,共 108 卷,分 14 门,其中第 2 门为《地理图会》,内载地图及图说,共 16 卷。

地理一、二卷为天下图和分省舆图,包括《山海舆地全图》《华夷一统图》《北直隶舆图》《南直隶舆图》《山东舆图》《山西舆图》《陕西舆图》《河南舆图》《浙江舆图》《江西舆图》《湖广舆图》《四川舆图》《福建舆图》《广东舆图》《广西舆图》《云南舆图》及《贵州舆图》。其中《山海舆地全图》来自《月令广义》,而《月令广义》则是从利玛窦绘制的世界地图改绘而来。各省舆图翻刻自《广舆图》,图说来自《皇舆考》。

地理三卷为九边图,包括《九边总图》《辽东边图》《蓟州边图》《内三关边图》《宣府边图》《大同外三关边图》《榆林边图》《宁夏固兰图》《庄宁凉永图》《甘肃山丹图》《洮河图》《松潘图》《建昌图》《麻阳图》及《虔镇图》。

地理四卷为河海图,包括《黄河图》《河源图》《长江图》《漕运图》《广东沿海图》及

《福建沿海图》。

地理五卷为沿海图，包括《浙江沿海总图》及《温州府境图》《台州府境图》《宁波府境图》《绍兴府境图》《杭州府境图》《嘉兴府境图》等浙江所属分府沿海图；《南直隶沿海总图》及《松江府境图》《苏州府境图》《常州府境图》《镇江府境图》《扬州府境图》《淮安府境图》等南直隶所属分府沿海图；《山东沿海总图》及《登州府境图》《莱州府境图》等山东所属分府沿海图；《辽东沿海总图》及《海运图》。

地理六至十二卷除了《顺天京城图》《京都众水图》及《应天京城图》为地图外，其他为若干知名山川楼台风景图。

地理十三卷为域外舆图，包括《朝鲜国图》《日本国图》《西域图》《安南国图》《朔漠图》《东南海夷总图》《琉球国图》《东北夷诸图》及《西北夷诸图》。

地理十四卷为上古至西周历史图，包括《帝喾九州之图》《虞舜十有二州图》《禹贡总图》《禹迹图》《冀州疆界》《冀州贡赋之道》《兖州疆界》《兖州贡赋之道》《青州疆界》《青州贡赋之道》《扬州疆界》《扬州贡赋之道》《荆州疆界》《荆州贡赋之道》《豫州疆界》《豫州贡赋之道》《梁州疆界》《梁州贡赋之道》《雍州疆界》《雍州贡赋之道》《注海注江图》《商九有图》及《周职方图》。

地理卷十五为春秋至唐代历史图，包括《春秋列国之图》《十五国风地理之图》《七国壤地图》《秦郡县天下图》《刘项中分图》《西汉郡国图》《汉异姓八王图》《汉吴楚七国图》《东汉郡国之图》《三国鼎峙图》《西晋郡国图》《东晋中兴江左图》《刘宋南国图》《萧齐南国之图》《萧梁南国之图》《南陈南国之图》《元魏北国之图》《高齐北国之图》《后周北国之图》《隋氏有国图》《唐十道图》《唐十五采访使图》《唐都名图》《李唐藩镇疆界图》及《唐一行山河两戒图》。

地理卷十六为五代十国至宋代历史图及其他，包括《朱梁及十国图》《后唐及五国图》《石晋及七国图》《刘汉及六国图》《郭周及七国图》《宋祖肇造之图》《宋朝太宗统一之图》《宋朝元丰九域图》《宋朝化外州郡图》《天象分野图》《历代帝都之图》《雍州图》《平阳图》《燕山图》《洛邑图》《中国三大干图》等。

原本刊于万历三十七年(1609)，此本为崇祯年间重修本，钤“果亲王府图书记”印。

133 图，墨刻本，中文，21.4 cm×28.0 cm

Harvard Yenching Library | Rare Book | T 9299/114, Hollis Number: 007910143

0066 *Novus Atlas Sinensis*[中国新图志]

1656 年，(意)卫匡国(Martino Martini)，荷兰阿姆斯特丹：约翰·布劳(Amsterdam: Johan Blaeu)

意大利传教士卫匡国(1614—1661)绘制的中国地图集，内有总图 1 幅以及直隶、山西、陕西、山东、河南、四川、湖广、江西、江南、浙江、福建、广东、广西、贵州、云南分省图 15 幅以及日本朝鲜图 1 幅。每图后附详细解说，介绍各省地理环境、风土人情、社会经济等。该图集反映的是明代省级行政区划。

卫匡国是明清之际来华的著名传教士和汉学家，1643 年夏抵达澳门，1661 年 6 月病逝于杭州。卫匡国在绘制《中国新图志》时，主要参考了陆应阳在 1600 年编撰的《广舆记》。《广舆记》删改自《大明一统志》，初版无图，后由阎子仪改编，补入了 16 幅地图，并由凝香阁刊刻。卫匡国正是依据凝香阁刻本《广舆记》所附地图绘制了《中国新图志》，并添加了经纬线网。而凝香阁刻本《广舆记》所附地图实际上也是来自罗洪先《广舆图》（参见林宏：《〈广舆记〉与卫匡国〈中国新图志〉城址经纬度推定过程研究》，《历史地理研究》2021 年第 1 期）。卫匡国的绘图手稿现仍藏于梵蒂冈图书馆。

每幅图的图标处绘制了各省代表性特征的插画，如在湖广绘制农夫在播种水稻和犁田的场景，浙江绘制了妇人缫丝和养蚕，四川绘制了关羽和拿刀的周仓，山东绘制梁山好汉，直隶绘制一品官员坐像，广东绘制莲花塘，云南绘制大象等等，人物形象也基本符合中国人的特征，而此前的地图插图中，多将中国人绘制成欧洲人面孔，相较之下，可以看出卫匡国地图对中国的认识已有了明显的提高。

卫匡国的《中国新图志》在欧洲绘制中国地图的历史上具有里程碑意义。自从 1584 年奥特利乌斯发行了第一幅中国地图后，数十年间欧洲绘制的中国地图基本上延续奥特利乌斯地图的基本形态，形成相对固定的模式，但奥特利乌斯的中国图主要依靠诸如《马可波罗行纪》之类的游记和相关传闻，因而存在相当大的偏差。卫匡国新图的出版，首次系统地向西方介绍中国的地理状况，大幅度提高了中国地图的绘制精度。《中国新图志》出版后迅速在欧洲传播开来，取代了奥特利乌斯地图成为当时欧洲绘制中国地图的新范式，推动欧洲中国地图绘制进入一个全新阶段。

馆藏本为铜板印制，但未着彩色，图版为拉丁文，文字解说为德文。

17 图，铜版，黑白，德文、拉丁文，54.5 cm×71.0 cm

Harvard Map Collection | MAP-LC | MA 17. 60. 6 pf, Hollis Number: 006008348

0067 *Imperii Sinarum Nova Description*［中华帝国新图］

1657—1687 年，（荷）约翰·范隆（Joh. van Loon），荷兰阿姆斯特丹：扬·扬松（Amstelodami: Apud Joannem Janssonium）

中国内地省级行政区划图。该图在海岸轮廓、省界、河道乃至标题等都与卫匡国 1655 年的《中国新图志》中的全国总图一致，只有朝鲜半岛南端、西北湖泊等少数部分有所修正。出自扬·扬松（Jan Janssonius）的《新地图集》（*Nieuwen atlas, Ofte Vverelt-beschrijvinge, vertonende de voornaemste Rijcken ende landen des ghe-*

heelen Aerdt-bodems)，阿姆斯特丹，1657—1687，第 3 卷第 78 图。

1 图，彩色，拉丁文，46 cm×51 cm，1∶6000000

Harvard Map Collection | MAP-LC | G7810 1657. L6, Hollis Number: 012524452

0068 天下山河两戒考

雍正元年(1723)，(清)徐文靖，当涂徐氏刻

此书以论述星象与疆域分野的关系为主，“天下山河之象，存乎两戒，南河南戒，北河北戒，在天成象者也；河源为北戒之首，江源为南戒之首，在地成形也”。“戒者，界也”。内中有 24 幅星象图和分野图，反映明代学者的天文认知和宇宙观念。扉页钤印“御览钦定”。

24 图，墨刻本，中文，20 cm×28 cm

Harvard Yenching Library | Rare Book | T 3024/2900, Hollis Number: 008085921

0069 天下山河两戒考

乾嘉年间，(清)徐文靖，志宁堂藏版

此为志宁堂翻刻《徐位山六种》本，其中舆图与雍正元年刻本相同，参见条目 0018。

24 图，墨刻本，中文，20 cm×28 cm

Harvard Yenching Library | Offsite Storage | 9117 2900 (1—5) ,Hollis Number:008150429

0070 大明都城图

1729 年之后，日本江户：须原茂兵卫藏板

明朝两京十三省图，空间范围是长城以南的中国内地。图中黄河经淮河入海，因而反映的仍是明隆庆之前的情形。钤印“西庄文库”。燕京馆藏 2 副本。

1 图，刻本，彩色，日文，83 cm×101 cm

Harvard Yenching Library | Rare Book | TJ 3080 4664, Hollis Number: 013325180

0071 *Nouvel Atlas de la Chine, de la Tartarie Chinoise et du Thibet*[中国新地图集]

1737 年，(法)布吉尼翁·唐维尔(Jean Baptiste Bourguignon d' Anville)，荷兰海

牙(La Haye)

唐维尔的《中国新地图集》。该图集依据康熙《皇舆全览图》绘制而成。康熙《皇舆全览图》是由康熙皇帝下令组织，以西方传教士为主体，采用当时最先进的三角测量技术开展的全国性地理测绘的成果，因而该图的精度要远高于之前的中国传统舆图。康熙《皇舆全览图》在测绘过程中，即由耶稣会士雷孝思陆续送回法国，辗转献给路易十四。法国皇家绘图师唐维尔(Jean Baptiste Bourguignon d' Anville, 1697—1782)据此绘制了一套新的中国地图集。由于掌握了当时最新的地理信息来源，唐维尔新图的精确度远高于此前欧洲出版的中国地图。唐维尔的新图起初收入在杜赫德(Jean Baptiste Du Halde, 1697—1782)1735 年出版的《中华帝国全志》(*Description Géographique, Historique, Chronologique, Politique et Physique de l'Empire de la Chine et de la Tartarie Chinoise*)中，并随后者在欧洲的广泛发行而迅速传播开来。1737 年，这套图在海牙重新刻板，发行了单行本的《中国新图集》，广受欢迎，并被翻译成多种文字，成为当时欧洲对中国最新的地理认知来源，进而彻底改变了欧洲古地图上中国的地理轮廓与面貌。

该图册包括以下图幅：

1.*Carte la plus generale et qui comprend La Chine, la Tartarie Chinoise et le Tibet dressée sur les cartes particulieres des R.R.P.P. Jesuites*[中国、鞑靼及中国西藏总图：依据在华耶稣会士测绘的地图绘制]，47×69 cm。

2.*Carte generale de la Chine, dressée sur les cartes particulieres que l'Empereur Cang-Hi a fait lever sur les lieux par les R.R.P.P. Jesuites Missioñaires dans cet Empire*[中国总图：依据康熙皇帝主持、在华耶稣会士测绘的地图绘制]，60 cm×51 cm。

3.*Province de Pe-Tchi-Li*[北直隶省]，38 cm×29 cm。

4.*Province de Kiang-nan*[江南省]，37 cm×34 cm。

5.*Province de Kiang-si*[江西省]，34 cm×28 cm。

6.*Province de Fo-kien*[福建省]，38 cm×32 cm。

7.*Province de Tche Kiang*[浙江省]，26 cm×24 cm。

8.*Province de Hou-quang*[湖广省]，49 cm×41 cm。

9.*Province de Ho-nan*[河南省]，32 cm×32 cm。

10.*Province de Chan-tong*[山东省]，24 cm×38 cm。

11.*Province de Chan-si*[山西省]，36 cm×25 cm。

12.*Province de Chen-si*[陕西省]，46 cm×53 cm。

13.*Province de Se-tchuen*[四川省]，41 cm×49 cm。

14.*Province de Quang-tong*[广东省]，44 cm×54 cm。

15.*Province de Quang-si*[广西省],27 cm×41 cm。

16.*Province de d'Yun-nan*[云南省],37 cm×44 cm。

17.*Province de Koei-tcheou*[贵州省],27 cm×31 cm。

18.*Carte generale de la Tartarie Chinoise, dressée sur les cartes particulieres faites sur les lieux par les R.R.P.P. Jesuites et sur les Memoires particulieres du P. Gerbillon*[中国鞑靼总图:依据在华耶稣会士测绘的地图以及张诚神父的回忆绘制],51 cm×80 cm。

19. Ⅰ^{e}. *Feuille de la Tartarie Chinoise contenant le Leao Tong et les environs de Kirin Oula, le païs de Cartchin et autres quartiers des Mongous*[中国鞑靼图一,包含辽东、吉林乌拉和蒙古东部],29 cm×48 cm。

20. Ⅱ^{e}. *Feuille particuliere de la Tartarie Chinoise, contenant environs de Nimgouta, qui est proprement l'ancien païs des Mantcheoux, et l'extremité la plus septentrionale de la Corée* [中国鞑靼图二,包含宁古塔周边的东北和高丽北部地区],29 cm×47 cm。

21. Ⅲ^{e}. *Feuille particuliere de la Tartarie Chinoise, contenantles quartiers occupés par les Mongous au Nord de la Gr. Muraille et le païs d'Ortous, environné de la Riviere Hoang-Ho*[中国鞑靼图三,包含蒙古占领的长城及黄河河套地区],29 cm×48 cm。

22. Ⅳ^{e}. *Feuille particuliere de Chinoise, occupée une partie du Cobi ou Cha-Mo désert sabloneux, jusques a la Ville de Hami*[中国鞑靼图四,包含河套—哈密以北的沙漠地区],29 cm×48 cm。

23. V^{e}. *Feuille de la Tartarie Chinoise, contenant les environs Teitcicar et de Merguen, les païs de Tagouri et des Solons, et l'extremité Orientale du grand Desert de Sable*[中国鞑靼图五,呼伦湖、贝尔湖以东,哈尔滨以北的松花江流域],29 cm×48 cm。

24. Ⅵ^{e}. *Feuille particuliere de la Tartarie Chinoise, contenant le païs des Tartares Yupi et Ilan-Hala. qui est de l'ancien païs Mantcheou*[中国鞑靼图六,三江平原一带],29 cm×48 cm。

25. Ⅶ^{e}. *Feuille particuliere de la Tartarie Chinoise, qui contient la plus grande partie du païs occupé par les Tartares Kalkas*[中国鞑靼图七,包括喀尔喀蒙古所占大部分地区],29 cm×48 cm。

26. Ⅷ^{e}. *Feuille de la Tartarie Chinoise, qui est le commencement du païs des Tartares Eluts, de l'extremité occidentale de celui des Kalkas* [中国鞑靼图八,包括厄鲁特蒙古东部与喀尔喀蒙古西部],29 cm×48 cm。

27.Ⅸ^{e}. *Feuille particuliere de la Tartarie Chinoise, ou ses limites avec la Tartarie Russienne sont exposés*[中国鞑靼图九，黑龙江漠河附近]，29 cm×48 cm。

28.Ⅹ^{e}. *Feuille de la Tartarie Chinoise, contenant le païs de Ke-tching, l'embouchure du Saghalien-Oula dans la Mer Orientale, et la grande Isle qui est au dedans*[中国鞑靼图十，黑龙江入海口及库页岛]，29 cm×58 cm。

29.*Onzième. Feuille particul de la Tartarie Chinoise, qui contient pays dependant de la Russie au couchant de Niptchou*[中国鞑靼图十一，包括尼布楚以西俄国地区]，29 cm×48 cm。

30.Ⅻ^{e}. *et derniere feuille de la Tartarie Chinoise*[中国鞑靼图十二，唐努乌梁海一带]，29 cm×29 cm。

31.*Royaume de Corée*[高丽王国]，54 cm×36 cm。

32.*Carte generale du Thibet ou Bout-tan et des pays de Kashgar et Hami, dressée sur les cartes et memoires des R.R.P.P. Jesuites de la Chine et accordée avec la situation constante de quelques pays voisins*[中国西藏、不丹、中国喀什、中国哈密地图，依据在华耶稣会士测绘的地图以及周边地区信息绘制]，46 cm×60 cm。

33.Ⅰ^{re}. *Feuille comprise dans la carte générale du Thibet, qui contient en particulier l'extremité occidentale du grand Desert de Sable et le pays aux environs de Hami*[西藏图一，大戈壁西端、哈密周边]，29 cm×48 cm。

34.Ⅱ^{e}. *Feuille comprise dans la carte générale du Thibet, et qui contient en particulier le païs qui est au couchant de Tourfan* [西藏图二，包括吐鲁番西南一带]，40 cm×29 cm。

35.Ⅲ^{e}. *Feuille comprise dans la carte générale du Thibet, et qui contient en particulier les environs de Kashgar* [西藏图三，包括喀什周边]，41 cm×29 cm。

36.Ⅳ^{e}. *Feuille comprise dans la carte générale du Thibet, et qui contient en particulier le païs des Tartares de Hoho-Nor*[西藏图四，包括青海湖附近]，29 cm×48 cm。

37.Ⅴ^{e}. *Feuille qui est proprement la premiere du Tibet, et qui contient le Si-Fan et païs limitrophe*[西藏图五，扎陵湖、鄂陵湖东南至四川云南一带]，49 cm×32 cm。

38.Ⅵ^{e}. *Feuille qui est la seconde du Thibet, et qui contient le pays qui est au levant de Lasa* [西藏图六，纳木错、拉萨以东一带]，50 cm×32 cm。

39.Ⅶ^{e}. *Feuille qui est proprement la troisieme du Thibet, et qui contient le païs des environs du Tsanpou au couchant de Lasa*[西藏图七，纳木错、拉萨以西一带]，50 cm×32 cm。

40.Ⅷ^{e}. *Feuille qui est proprement la quatriéme du Thibet, et qui donne l'origine du Tsanpon et du Gange*[西藏图八，西藏西南雅鲁藏布江和恒河发源地]，49 cm×32 cm。

41.Ⅸ^{e}. *et derniere feuille de celles qui sont comprises dans la carte generale du Thibet, et ou se trouve Latac*[西藏图九，拉达克帕米尔高原一带]，50 cm×32 cm。

42.*Carte des pays traversés par le Capne Beerings depuis la ville de Tobolsk jusqu'a Kamtschatka*[白令船长西伯利亚的探险路线：从托博尔斯克至堪察加半岛]，24 cm×54 cm。

42 图，黑白，法文，总图经纬范围 E56°—146°/N18°—55°

Harvard Map Collection | MAP-LC | DS708 .D85 pf *, Hollis Number: 003881729

0072 *Regni Sinae vel Sinae Propriae Mappa et Descriptio Geographica*[中华帝国与中国本土地图]

约 1738 年，(德)约翰·哈斯(Johann Matthias Hase)，R. A.施耐德(R. A. Schneider)，德国纽伦堡：霍曼尼奥鲁姆·赫雷杜姆(Norimbergae: Impensis Homanniorum Heredum)

本图即是依照唐维尔的《中国新地图集》绘制，而唐维尔的地图信息来自康熙《皇舆全览图》。本图的空间范围为长城以南地区及辽东，未包括边疆地区，实际上是中国内地分省图。标绘省级政区并着色，图中江南、湖广、陕西尚未分省。

1 图，彩色，拉丁文，56 cm×50 cm，1∶5250000，95°—125°E/18°—43°N

Harvard Map Collection | MAP-LC | G7820 1738. H3, Hollis Number: 012523087

0073 大清一统志

乾隆九年(1744)，(清)蒋廷锡等奉敕撰，武英殿刻本

清代官修全国地理总志，始修于康熙二十五年(1686)，成于乾隆九年，反映康熙后期的建制沿革和地理概况，分省图幅如下：

直隶：《直隶全图》《顺天府图》《永平府图》《保定府图》《河间府图》《天津府图》《正定府图》《顺德府图》《广平府图》《大名府图》《宣化府图》《易州图》《冀州图》《赵州图》《深州图》《定州图》《承德州图》；

盛京：《盛京全图》《兴京图》《奉天府图》《锦州府图》《宁古塔图》《黑龙江图》；

江南：《江南全图》《江宁府图》《苏州府图》《松江府图》《常州府图》《镇江府图》《淮安府图》《扬州府图》《徐州府图》《太仓州图》《海州图》《通州图》《安庆府图》《徽州府图》

《宁国府图》《池州府图》《太平府图》《庐州府图》《凤阳府图》《颍州府图》《滁州图》《和州图》《广德州图》《六安州图》《泗州图》；

山西：《山西全图》《太原府图》《平阳府图》《潞安府图》《汾州府图》《大同府图》《朔平府图》《宁武府图》《泽州府图》《蒲州府图》《辽州图》《沁州图》《平定州图》《忻州图》《代州图》《保德州图》《解州图》《绛州图》《吉州图》《隰州图》；

山东：《山东全图》《济南府图》《兖州府图》《东昌府图》《青州府图》《登州府图》《莱州府图》《武定府图》《沂州府图》《泰安府图》《曹州府图》；

河南：《河南全图》《开封府图》《陈州府图》《许州府图》《归德府图》《彰德府图》《卫辉府图》《怀庆府图》《河南府图》《南阳府图》《汝宁府图》《陕州图》《光州图》《汝州图》；

陕西：《陕西全图》《西安府图》《延安府图》《凤翔府图》《汉中府图》《榆林府图》《兴安州图》《商州图》《同州图》《华州图》《耀州图》《乾州图》《邠州图》《鄜州图》《绥德州图》《葭州图》；

甘肃：《甘肃全图》《临洮府图》《巩昌府图》《平凉府图》《庆阳府图》《甘州府图》《凉州府图》《宁夏府图》《西宁府图》《秦州图》《阶州图》《肃州图》《安西卫图》《靖逆卫图》；

浙江：《浙江全图》《杭州府图》《嘉兴府图》《湖州府图》《宁波府图》《绍兴府图》《台州府图》《金华府图》《衢州府图》《严州府图》《温州府图》《处州府图》；

江西：《江西全图》《南昌府图》《饶州府图》《广信府图》《南康府图》《九江府图》《建昌府图》《抚州府图》《临江府图》《吉安府图》《瑞州府图》《袁州府图》《赣州府图》《南安府图》；

湖北：《湖北全图》《武昌府图》《汉阳府图》《黄州府图》《安陆府图》《德安府图》《荆州府图》《襄阳府图》《郧阳府图》《宜昌府图》《施南府图》；

湖南：《湖南全图》《长沙府图》《衡州府图》《永州府图》《宝庆府图》《岳州府图》《常德府图》《辰州府图》《永顺府图》《澧州图》《郴州图》《靖州图》《桂阳州图》；

四川：《四川全图》《成都府图》《重庆府图》《保宁府图》《顺庆府图》《叙州府图》《夔州府图》《龙安府图》《宁远府图》《雅州府图》《嘉定府图》《潼川府图》《眉州图》《邛州图》《泸州图》《资州图》《绵州图》《茂州图》《达州图》《忠州图》《黔彭厅图》《叙永厅图》《雷波卫图》；

福建：《福建全图》《福州府图》《兴化府图》《泉州府图》《漳州府图》《延平府图》《建宁府图》《邵武府图》《汀州府图》《福宁府图》《台湾府图》《永春州图》《龙岩州图》；

广东：《广东全图》《广州府图》《韶州府图》《南雄府图》《惠州府图》《潮州府图》《肇庆府图》《高州府图》《廉州府图》《雷州府图》《琼州府图》《罗定州图》《连州图》《嘉应州图》；

广西：《广西全图》《桂林府图》《柳州府图》《庆远府图》《思恩府图》《泗城府图》《平乐府图》《梧州府图》《浔州府图》《南宁府图》《太平府图》《镇安府图》《郁林州图》；

云南:《云南全图》《云南府图》《曲靖府图》《临安府图》《澄江府图》《武定府图》《广西府图》《广南府图》《元江府图》《开化府图》《镇沅府图》《东川府图》《昭通府图》《普洱府图》《大理府图》《楚雄府图》《姚安府图》《永昌府图》《鹤庆府图》《顺宁府图》《永北府图》《丽江府图》《蒙化府图》《景东府图》;

贵州:《贵州全图》《贵阳府图》《安顺府图》《平越府图》《都匀府图》《镇远府图》《思南府图》《石阡府图》《思州府图》《铜仁府图》《黎平府图》《大定府图》《兴义府图》《南笼府图》《遵义府图》;

外藩:《蒙古五十一旗图》《喀尔喀图》《青海图》《西藏图》《哈密西套吐鲁番图》。

280 图,墨刻本,中文,24.5 cm×32.8 cm

Harvard Yenching Library | Rare Book | T 3028/4418, Hollis Number: 008085928

0074 嘉庆重修一统志

民国二十三年(1934),上海:商务印书馆

嘉庆至道光年间重修的《大清一统志》,反映嘉庆二十五年(1820)清代地理状况,是清代重要的地理总志。内有全国总图、省图和府图(含直隶州和直隶厅)。此本为上海涵芬楼据清史馆藏进呈写本影印,收入《四部丛刊续编·史部》。

305 图,影印本,中文,13.5 cm×19.0 cm

Harvard Yenching Library | Offsite Storage (HD) | 3028.4 40, Hollis Number: 003180798

0075 *La Chine*[中国]

1746 年,(法)勒鲁格(Georges-Louis Le Rouge),法国巴黎(Paris)

清初内地分省图。从形态上,该图的海岸线、省界、黄河长江的干流形态等已有很高的准确度,但福建和江西之间、山西和陕西之间的省界未绘,云南未绘完全且未上色。该图的地理信息应来自唐维尔《中国新地图集》。该图出自法国皇家地理学家勒鲁格于 1746 年在巴黎发行的《新式便携地图集》(*Nouveau Atlas Portatif*)。

1 图,彩色,法文,28 cm×21 cm,1∶10000000,95°—123°E/18°—42°N

Harvard Map Collection | MAP-LC | G7820 1746. L4, Hollis Number: 013711436

0076 经天合地大清广舆图:二京十四省四夷境域

1785 年,(日)长久保玄珠(赤水),须原屋伊八、须原屋市兵卫刊刻

日本绘制的清初内地省级行政区图。图幅广大,分省着色,标注省城、府城、州城、

县治、边镇、卫所、关隘、古迹、驿路等信息，绘制各地重要山峰与河流。同时，对省府标注《禹贡》时代的州名、春秋战国时期之所属以及其他重要的地理沿革，对重要地名也多有标注其历史事件，如在陈州西华处标注“孔子绝粮亭”等，因此周振鹤认为这也是一幅历史地图。

图右下角有凡例：“唐土大图行于世者无有善本，今据蔡九霞广舆记图本扩之，以诸书增订之。”《广舆记》是明代陆应阳原著、康熙二十五年(1686)蔡九霞增订的中国地志。据周振鹤与鹤间和幸的研究，该图的绘制参考了《古今图书集成·职方典》、乾隆版《大清一统志》所载地图以及清初游子六所著《天经或问》等资料，这使得该图成为当时日本绘制的最为详尽和精确的中国地图。

关于本图更详尽的研究请参考周振鹤、鹤间和幸：《长久保赤水和他的中国历史地图》，《历史地理》第 11 辑，上海人民出版社，1993 年。

1 图，彩色，日文，185.8 cm×190.9 cm

Harvard Yenching Library | Rare Book | TJ 3080 4307 FOLIO，Hollis Number：008646504

0077 乾隆府厅州县图志

嘉庆八年(1803)，(清)洪亮吉撰绘

乾隆年间清朝分省舆图，一省一图，后为图说，描述沿革、辖区、方位、山川、物产等，舆图较为简略。另有一册论及牧场、新疆、外藩和周边国家，但无图。

20 图，墨刻本，中文，19.5 cm×29.5 cm

Harvard Yenching Library | Offsite Storage (HD) | 3028 3804，Hollis Number：005494293

0078 *China*[中国]

1808 年 1 月，(英)塞缪尔·尼尔(Samuel John Neele)，英国伦敦：朗文公司(London：Longman & Co.)

清代中国内地分省图。虽然该图成图于 1808 年，即嘉庆十三年，但图上信息却明显滞后，仍标注江南省、陕西省、湖广省，而这三个省在康熙六年(1667)已分省，分别分为江苏和安徽、陕西和甘肃、湖北和湖南，从这点看，该图的信息至少滞后 140 年，反映的是康熙六年以前的政区状况。该图在今河北地区标注为北直隶(PETCHELI)，但北直隶是明代对这一地区的称呼，如仅从这几点看，该图应刻画的是明代中国。但是，该图浙江省的范围包括了长江以南的太湖流域地区，与江南省以长江为界，这种分界实际上也不是明代，而是元代江浙行省的北部边界。另外，该图的海岸线轮廓已具有很高的准确度，其信息源可能来自康乾内府舆图，尤其是朝鲜半岛的轮廓与康乾内府舆图尤为相符。从上述几点来看,该图所载地理信息之间多有抵牾之处,绘图之时,可能杂糅了多种不同的地理信息来源。

1 图,彩绘,英文,33 cm×37 cm,1∶9600000,92°—132°E/18°—45°N

Harvard Map Collection | MAP-LC | G7810 1808. L6, Hollis Number: 012524290

0079 [嘉庆]钦定大清会典图

嘉庆十六年(1811),(清)托津、庆桂等奉敕撰,武英殿刻本

嘉庆朝重修大清会典舆图,包括全图、省图和府图,府图一般标注所属州县所在位置,绘制河流,无山地,内容较为简洁。内有《皇舆全图》和《顺天府图》以及各省、府图,分省如下:

直隶:《直隶省全图》、《保定府图》、《承德府图》(3 幅)、《永平府图》、《河间府图》、《天津府图》、《正定府图》、《顺德府图》、《广平府图》、《大名府图》、《宣化府图》、《遵化州图》、《易州图》、《赵州图》、《冀州图》、《深州图》、《定州图》、《北口三厅图》、《察哈尔图》;

盛京:《盛京图》、《奉天府图》(3 幅)、《锦州府图》;

吉林:《吉林伯都讷阿勒楚喀图》《宁古塔城图》《三姓所属海以内图》《三姓所属海以外图》;

黑龙江:《齐齐哈尔墨尔根图》《黑龙江城图》《呼伦贝尔城图》;

山东:《山东省全图》《济南府图》《泰安府图》《武定府图》《兖州府图》《沂州府图》《曹州府图》《东昌府图》《青州府图》《登州府图》《莱州府图》《济宁州图》《临清州图》;

山西:《山西省全图》《太原府图》《平阳府图》《蒲州府图》《潞安府图》《汾州府图》《泽州府图》《大同府图》《宁武府图》《朔平府图》《平定州图》《忻州图》《代州图》《保德州图》《解州图》《绛州图》《隰州图》《沁州图》《辽州图》《霍州图》《归绥五厅图》;

河南:《河南省全图》《开封府图》《陈州府图》《归德府图》《彰德府图》《卫辉府图》《怀庆府图》《河南府图》《南阳府图》《汝宁府图》《许州图》《陕州图》《光州图》《汝州图》;

江苏:《江苏省全图》《江宁府图》《苏州府图》《松江府图》《常州府图》《镇江府图》《淮安府图》《扬州府图》《徐州府图》《海门厅图》《海州图》《通州图》《太仓州图》;

安徽:《安徽省全图》《安庆府图》《徽州府图》《宁国府图》《池州府图》《太平府图》《庐州府图》《凤阳府图》《颍州府图》《广德州图》《滁州图》《和州图》《六安州图》《泗州图》;

江西:《江西省全图》《南昌府图》《饶州府图》《广信府图》《南康府图》《九江府图》《建昌府图》《抚州府图》《临江府图》《瑞州府图》《袁州府图》《吉安府图》《赣州府图》《南安府图》《宁都州图》;

福建:《福建省全图》、《福州府图》、《泉州府图》、《建宁府图》、《延平府图》、《汀州府

图》、《兴化府图》、《邵武府图》、《漳州府图》、《福宁府图》、《台湾府图》(2幅)、《永春州图》、《龙岩州图》;

浙江:《浙江省全图》《杭州府图》《嘉兴府图》《湖州府图》《宁波府图》《绍兴府图》《台州府图》《金华府图》《衢州府图》《严州府图》《温州府图》《处州府图》;

湖北:《湖北省全图》《武昌府图》《汉阳府图》《安陆府图》《襄阳府图》《郧阳府图》《德安府图》《黄州府图》《荆州府图》《宜昌府图》《施南府图》《荆门州图》;

湖南:《湖南省全图》《长沙府图》《岳州府图》《宝庆府图》《衡州府图》《常德府图》《辰州府图》《沅州府图》《永州府图》《永顺府图》《乾州凤凰永绥三厅图》《澧州图》《桂阳州图》《靖州图》《郴州图》;

陕西:《陕西省全图》《西安府图》《同州府图》《凤翔府图》《汉中府图》《兴安府图》《延安府图》《榆林府图》《商州图》《乾州图》《邠州图》《鄜州图》《绥德州图》;

甘肃:《甘肃省全图》(2幅)、《兰州府图》、《平凉府图》、《巩昌府图》、《庆阳府图》、《宁夏府图》、《西宁府图》、《凉州府图》(2幅)、《甘州府图》、《镇西府图》、《泾州图》、《阶州图》、《秦州图》、《肃州图》、《安西州图》、《迪化州图》;

伊犁:《伊犁图》(3幅);

青海:《青海图》;

四川:《四川省全图》、《成都府图》、《宁远府图》(2幅)、《保宁府图》、《顺庆府图》、《叙州府图》、《重庆府图》、《夔州府图》、《绥定府图》、《龙安府图》、《潼川府图》、《嘉定府图》、《雅州府图》(3幅)、《叙永厅图》、《石砫厅图》、《太平厅图》、《松潘厅图》、《杂谷厅图》、《懋功厅图》、《资州图》、《绵州图》、《茂州图》、《酉阳州图》、《忠州图》、《眉州图》、《邛州图》、《泸州图》;

西藏:《西藏图》(2幅);

广东:《广东省全图》《广州府图》《韶州府图》《惠州府图》《潮州府图》《肇庆府图》《高州府图》《廉州府图》《雷州府图》《琼州府图》《理猺厅图》《佛冈厅图》《连州图》《罗定州图》《南雄州图》《嘉应州图》;

广西:《广西全省图》《桂林府图》《柳州府图》《庆远府图》《思恩府图》《泗城府图》《平乐府图》《梧州府图》《浔州府图》《南宁府图》《太平府图》《镇安府图》《郁林州图》;

云南:《云南省全图》、《云南府图》、《大理府图》、《临安府图》、《楚雄府图》、《澄江府图》、《广南府图》、《顺宁府图》(2幅)、《曲靖府图》、《丽江府图》(2幅)、《普洱府图》、《永昌府图》、《开化府图》、《东川府图》、《昭通府图》、《景东厅图》、《蒙化厅图》、《永北厅图》、《广西州图》、《武定州图》、《元江州图》、《镇沅州图》;

贵州:《贵州省全图》《贵阳府图》《思州府图》《思南府图》《镇远府图》《铜仁府图》《黎平府图》《安顺府图》《兴义府图》《都匀府图》《石阡府图》《大定府图》《遵义府图》《松桃厅图》《普安厅图》《仁怀厅图》《平越州图》;

内蒙古:《内蒙古图》(2幅)、《阿拉善额济纳二旗图》;

外蒙古:《喀尔喀土谢图汗部图》《喀尔喀三音诺颜部图》《喀尔喀车臣汗部图》《喀尔喀扎萨克图汗部图》《科布多图》《唐努乌梁海图》。

324图,墨刻本,中文,22.5 cm×33.0 cm

Harvard Yenching Library | Rare Book | T 4687 4.1,Hollis Number:008061269

0080 钦定大清会典图

宣统元年(1909),上海:商务印书馆

为编修光绪大清会典,清廷重开会典馆,并于光绪十五至二十五年(1889—1899)间组织了一次全国性地理测绘。会典馆下设立画图处,主持全国测绘事务,各省则成立相应的舆图局(馆),组织专业测绘队伍、购置测绘仪器进行测绘。测绘完毕之后,各省将所测府级舆图上报会典管。会典馆在此基础上于光绪二十五年(1899)绘编成全国舆图。整个测绘和舆图编定过程耗时十年,是清后期规模最大的全国性测绘,全面、细致地保留了清末各级行政区划信息,成为研究清后期历史地理变迁的重要资料。燕京图书馆藏本为宣统元年上海商务印书馆石印本。

光绪《钦定大清会典图》共有天文图、冠服图、礼图、舆卫图、乐图、武备图、舆地图等7门,共270卷,其中卷一百三十九至二百七十为舆地图,凡132卷。

所载舆图包括全国总图、省图和府图。总图为《大清皇舆全图》,绘制清朝疆域全境,疆域范围以乾隆内府舆图为准,将近代以来割让领土悉数纳入,尤其是东北、西北和东南等地,但未绘制明确的国界线。总图标注了全国府县级地名和部分山河,沿用乾隆内府舆图"尖锥容圆法"投影,同时删去内府舆图的方格,以京师为中经线标绘经纬网。总图图幅115 cm×182 cm,彩印。

省图与府图在功能和内容上各有所侧重:省图内容相对简略,只绘制名山大川、府县名称、驻官处所、电报线路等,以提举全省舆地纲要;府图则详细标注山川、村镇、驿站、卡伦、海口、岛屿等要素,并绘制各县分界线,"省图求要,府图求详"。分省如下:

京师:《顺天府图》;

直隶:《直隶省全图》及《保定府图》《承德府图》《永平府图》《河间府图》《天津府图》《正定府图》《顺德府图》《广平府图》《大名府图》《宣化府图》《遵化州图》《易州图》《赵州图》《冀州图》《深州图》《定州图》《北口道属三厅图》《察哈尔图》;

盛京:《盛京省全图》及《奉天府图》《锦州府图》《昌图府图》《凤凰厅图》《兴京厅图》;

吉林:《吉林省全图》及《吉林府图》《长春府图》《伯都讷厅图》《五常厅图》《双城厅图》《宾州厅图》《宁古塔城图》《珲春城图》《三姓城图》;

黑龙江:《黑龙江全图》及《齐齐哈尔城图》《黑龙江城图》《呼伦贝尔城图》《呼兰城

图》《布特哈城图》《墨尔根城图》；

山东：《山东省全图》及《济南府图》《泰安府图》《武定府图》《兖州府图》《沂州府图》《曹州府图》《东昌府图》《青州府图》《登州府图》《莱州府图》《济宁州图》《临清州图》；

山西：《山西省全图》及《太原府图》《平阳府图》《蒲州府图》《潞安府图》《汾州府图》《泽州府图》《大同府图》《宁武府图》《朔平府图》《平定州图》《忻州图》《代州图》《保德州图》《解州图》《绛州图》《隰州图》《沁州图》《辽州图》《霍州图》《归绥道属七厅图》；

河南：《河南省全图》及《开封府图》《陈州府图》《归德府图》《彰德府图》《卫辉府图》《怀庆府图》《河南府图》《南阳府图》《汝宁府图》《许州图》《陕州图》《光州图》《汝州图》；

湖北：《湖北省全图》及《武昌府图》《汉阳府图》《安陆府图》《襄阳府图》《郧阳府图》《德安府图》《黄州府图》《荆州府图》《宜昌府图》《施南府图》《荆门州图》；

安徽：《安徽省全图》及《安庆府图》《徽州府图》《宁国府图》《池州府图》《太平府图》《庐州府图》《凤阳府图》《颍州府图》《广德州图》《滁州图》《和州图》《六安州图》《泗州图》；

江苏：《江苏省全图》及《江宁府图》《苏州府图》《松江府图》《常州府图》《镇江府图》《淮安府图》《扬州府图》《徐州府图》《海门厅图》《海州图》《通州图》《太仓州图》；

江西：《江西省全图》及《南昌府图》《饶州府图》《广信府图》《南康府图》《九江府图》《建昌府图》《抚州府图》《临江府图》《瑞州府图》《袁州府图》《吉安府图》《赣州府图》《南安府图》《宁都州图》；

福建：《福建省全图》及《福州府图》《泉州府图》《建宁府图》《延平府图》《汀州府图》《兴化府图》《邵武府图》《漳州府图》《福宁府图》《永春州图》《龙岩州图》；

台湾：《台湾省全图》及《台湾府图》《台北府图》《台南府图》《台东州图》；

浙江：《浙江省全图》及《杭州府图》《嘉兴府图》《湖州府图》《宁波府图》《绍兴府图》《台州府图》《金华府图》《衢州府图》《严州府图》《温州府图》《处州府图》《定海厅图》；

湖南：《湖南省全图》及《长沙府图》《岳州府图》《宝庆府图》《衡州府图》《常德府图》《辰州府图》《沅州府图》《永州府图》《永顺府图》《乾州厅图》《凤凰厅图》《永绥厅图》《晃州厅图》《南洲厅图》《澧州图》《桂阳州图》《靖州图》《郴州图》；

陕西：《陕西省全图》及《西安府图》《同州府图》《凤翔府图》《汉中府图》《兴安府图》《延安府图》《榆林府图》《商州图》《乾州图》《邠州图》《鄜州图》《绥德州图》；

甘肃：《甘肃省全图》及《兰州府图》《平凉府图》《巩昌府图》《庆阳府图》《宁夏府图》《西宁府图》《凉州府图》《甘州府图》《化平川厅图》《泾州图》《阶州图》《秦州图》《肃州图》《安西州图》《固原州图》；

青海：《青海全图》及《青海图》；

新疆：《新疆省全图》及《迪化府图》《伊犁府图》《镇西厅图》《库尔喀喇乌苏厅图》《精河厅图》《塔城厅图》《哈密厅图》《吐鲁番厅图》《喀喇沙尔厅图》《库车厅图》《乌什厅

图》《玛喇巴什厅图》《英吉沙尔厅图》《温宿州图》《疏勒州图》《莎车州图》《和阗州图》；

四川：《四川省全图》及《成都府图》《宁远府图》《保宁府图》《顺庆府图》《叙州府图》《重庆府图》《夔州府图》《绥定府图》《龙安府图》《潼川府图》《嘉定府图》《雅州府图》《叙永厅图》《石砫厅图》《松潘厅图》《理番厅图》《懋功厅图》《资州图》《绵州图》《茂州图》《酉阳州图》《忠州图》《眉州图》《邛州图》《泸州图》；

西藏：《西藏全图》及《前藏图》《后藏图》；

广东：《广东省全图》及《广州府图》《韶州府图》《惠州府图》《潮州府图》《肇庆府图》《高州府图》《廉州府图》《雷州府图》《琼州府图》《连山厅图》《佛冈厅图》《阳江厅图》《赤溪厅图》《连州图》《罗定州图》《南雄州图》《嘉应州图》《钦州图》；

广西：《广西全省图》及《桂林府图》《柳州府图》《庆远府图》《思恩府图》《泗城府图》《平乐府图》《梧州府图》《浔州府图》《南宁府图》《太平府图》《镇安府图》《百色厅图》《上思厅图》《郁林州图》《归顺州图》；

云南：《云南省全图》及《云南府图》《大理府图》《临安府图》《楚雄府图》《澄江府图》《广南府图》《顺宁府图》《曲靖府图》《丽江府图》《普洱府图》《永昌府图》《开化府图》《东川府图》《昭通府图》《景东厅图》《蒙化厅图》《永北厅图》《镇沅厅图》《镇边厅图》《广西州图》《武定州图》《元江州图》；

贵州：《贵州省全图》及《贵阳府图》《思州府图》《思南府图》《镇远府图》《铜仁府图》《黎平府图》《安顺府图》《兴义府图》《都匀府图》《石阡府图》《大定府图》《遵义府图》《松桃厅图》《普安厅图》《仁怀厅图》《平越州图》；

内蒙古：《内蒙古全图》及《哲里木盟游牧图》《卓索图盟游牧图》《昭乌达盟游牧图》《锡林郭勒盟游牧图》《乌兰察布盟游牧图》《伊克昭盟游牧图》《西套阿拉善额济纳二旗游牧图》；

外蒙古：《外蒙古全图》及《喀尔喀汗阿林盟游牧图》《喀尔喀齐齐尔里克盟游牧图》《喀尔喀克鲁伦巴尔和屯盟游牧图》《喀尔喀札萨克必拉色钦毕都里雅诺尔盟游牧图》《科布多所属蒙古游牧图》《唐努乌梁海游牧图》。

363 图，总图彩色，分图黑白，石印，中文，总图 115 cm×182 cm，分图尺寸各异

Harvard Yenching Library | Offsite Storage | 4687 7263.3，Hollis Number：007567255

0081 钦定大清会典图

光绪二十五年(1899)，会典馆

光绪会典舆图 132 卷，363 图，内容参见条目 0080。

363 图，墨刻本，中文

Harvard Law School Library | Rare CHIN 905.01 CHI，Hollis Number：

004484267

0082 大清万年一统地理全图

嘉庆十八至二十年(1814—1816),(清)黄千人

此图根据乾隆年间黄千人《大清万年一统天下全图》增补重刻而成。黄千人制图之时,大小金川、新疆、西藏等尚未平定,此版修订反映乾隆至嘉庆年间的政区新变化。其空间范围西起帕米尔、东至朝鲜、南抵南海、北达黑龙江。陆地部分为蓝底白字,海水则绘制碧波纹,图幅广大,壮阔明朗,全图分为八条屏幅制,以便于旅途携带,供"博雅君子悬壁纵观天下之广"。

黄千人(1694—1771),字证孙,浙江余姚人,乾隆三十二年(1767)将其祖父黄宗羲旧刻舆图重订为《大清万年一统天下全图》并付梓。燕京图书馆藏本是据1767年本修订重刻,重刻时间约1814至1816年间。

1图,蓝色,重刻本,中文,128 cm×228 cm,计里画方,每方百里

Harvard Yenching Library | Rare Book | T 3080.8/4831, Hollis Number: 009747467

0083 大清弌统天下全图

嘉庆二十三年(1818),(清)朱锡龄修订

朱锡龄在黄千人《大清万年一统天下全图》的基础上修订而成的雕版彩绘世界地图。该图延续了中国中心的世界观,地图的主体部分为清内地十八省,绘制长城、河道、山脉、省界、省府州县治所等,而广袤的边疆地区及欧洲、日本、朝鲜、东南亚等周边地区则绘制在周边极小的范围内。该图对内地各省分界与方位的绘制大体准确,康熙初年湖广、陕甘、江南分省也已在图上呈现。由于内地省份占该图的绝大部分,从这个角度看,也可以将其视为清中期内地省级行政区划图。在绘图方式上,分省着色,色彩搭配合理。这是中国发行的最早的雕版彩绘省级行政区划图之一。

1图,雕版彩绘,中文,110 cm×63 cm

Harvard Map Collection | MAP-LC | G7820 1818.Z4 oversize, Hollis Number: 015029688

0084 皇朝舆地略;皇朝各省地舆指掌图

道光十一年(1831),(清)六承如著,六严缩摹,辨志书塾刊印

是书前为各省地理图说,论及各省、府地理方位、建制沿革等,后为《皇朝各省指掌图》一册,有东半球图、内地总图及各省分图,包括《盛京全图》《直隶全图》《山西全图》《山东全图》《江苏省图》《河南全图》《安徽省图》《江西全图》《浙江全图》《湖北全图》《湖

南全图》《福建全图》《广东全图》《广西全图》《陕西全图》《甘肃全图》《四川全图》《云南全图》及《贵州全图》，每图标绘省内河道、山川，标注县级地名，无省内政区界线，未包括边疆地区。

21 图，墨刻本，中文，22.2 cm×30.8 cm，计里画方

Harvard Yenching Library | Offsite Storage (HD) | 3080 0814c，Hollis Number：005643103

0085 皇朝舆地略

同治二年(1863)，(清)六承如著，六严缩摹，冯焌光增补，广州：宝华坊

此本在道光刻本的基础上，增补了边疆地区图，删去东半球图，包括《皇朝舆地总图》《直隶图》《盛京图》《吉林图》《黑龙江图》《山东图》《山西图》《河南图》《江苏图》《安徽图》《江西图》《福建图》《浙江图》《湖北图》《湖南图》《陕西图》《甘肃图》《伊犁图》《四川图》《广东图》《广西图》《云南图》《贵州图》《察哈尔图》《内蒙古东四盟图》《内蒙古西二盟图》《内蒙古阿拉善额济纳二旗图》《喀尔喀土谢图汗部图》《喀尔喀三音诺颜部图》《喀尔喀车臣汗部图》《喀尔喀扎萨克图汗部图》《科布多图》《唐努乌梁海图》《青海图》及《西藏图》。

35 图，墨刻本，中文，28 cm×30 cm，计里画方

Harvard Yenching Library | Offsite Storage (HD) | 3080 0814，Hollis Number：005643101

0086 皇朝舆地略

光绪五年(1879)，(清)六承如著，六严缩摹，冯焌光增补，广州：王氏听春雨轩

此本据同治二年(1863)本翻刻，参考条目 0085。

35 图，翻刻本，中文，28 cm×30 cm，计里画方

Harvard Yenching Library | Offsite Storage (HD) | 3080 0814b，Hollis Number：005643102

0087 *Map of China：Compiled from Original Surveys and Sketches*[中国地图]

1840 年，(英)詹姆斯·怀尔德(James Wyld)，英国伦敦(London)

清中期内地十八省行政区划图，底图为河网系统，未绘制山地。标注各地主要物产，对沿海港湾和内地河道标注详细。这张图上不论是省界还是海岸线，都已有较高的精确度。

1 图，彩色，英文，60 cm×78 cm，1：15000000，93°—133°E/18°—42°N

Harvard Map Collection | MAP-LC | G7811.F7 1840. W9, Hollis Number: 012570255

0088 *Karte von China mit Dessen Eintheilung in 18 Provinzen*[中国十八省地图]

1841 年,(德)J.B.罗斯特(J.B.Roost)绘,D.格拉斯米勒(D. Grasmüller)印,德国慕尼黑:科塔书局(München: IG. Cotta'sche Buchhandlung Nachfolger)

清代内地省级行政区划图。标绘省界、府州厅县、河流湖泊等,未绘制山地。除了朝鲜半岛和台湾岛偏差较大外,中国海岸线及长江、黄河的走势绘制已较为准确。

1 图,朱墨双色,德文,51 cm×39 cm,1:6500000,110°—148°E/18°—41°N

Harvard Map Collection | MAP-LC | G7821.F7 1841. R6, Hollis Number: 012524297

0089 *China: the Interior*[中国内地]

1853 年 1 月 1 日,英国实用知识传播协会(Society for the Diffusion of Useful Knowledge, Great Britain),英国伦敦:乔治·考克斯公司(London: George Cox)

清代中国内地十八省图,与 1808 年的塞缪尔·尼尔绘制的 *China* 图(条目 0029)一样,图上仍绘制了江南、湖广和陕西三省,而这三个省份在康熙六年(1667)即已分别分为江苏和安徽、湖北和湖南、陕西和甘肃。仅省级行政区划看,这幅出版于 1853 年的中国地图在省级行政区划上滞后近两百年。根据图上标注,该图内地信息来自 1710—1718 年间杜赫德和其他耶稣会士的数据,而杜赫德的信息,更准确地说,是唐维尔的《中国新地图集》,来自康熙《皇舆全览图》。另外,该图海岸线信息来自当时新测的官方数据。可见该图绘制时,杂糅了多种新旧不同的信息来源。

1 图,彩色,英文,43 cm×36 cm,1:7700000,100°—130°E/15°—43°N

Harvard Map Collection | MAP-LC | G7820 1853. S6, Hollis Number: 013822094

0090 *Map of the Chinese Empire: Compiled from Native & Foreign Authorities*[中华帝国全图]

1853 年,(美)卫三畏(Samuel Wells Williams)绘,J. M.阿特伍德(J. M. Atwood)刻,美国纽约(New York)

清代全国省级行政区划图,兼及周边日本、朝鲜、西伯利亚、中亚、东南亚部分地区,对边疆地区的绘制较为细致。分省着色,省界和海岸线具有较高的准确度,以晕滃法绘制山脉,地名标注至县级,绘制精美。

相对于同年在伦敦出版的中国地图，这张图在行政区划上已没有出现江南、湖广及分省前的陕西等地名，直隶也不再标注为北直隶，蒙古地区分别标注 INNER MONGOLIA 和 OUTER MONGOLIA，东北标注 MANCHURIA，而不再标注为中国鞑靼。这张图也表明，到 19 世纪中叶，西方对中国行政区划有切合当时实际的认识，而伦敦出版的 *China：the Interior*（条目 0089）只是延续明末清初对中国的认识。该图可以代表当时西方对中国疆域的认知进入一个新阶段。

本图绘者卫三畏（1812—1884）是清晚期杰出的汉学家。卫三畏曾在 1847 年左右出版了一幅题为 *Map of the Chinese Empire，Compiled from Native & Foreign Authorities* 的中国地图，本图是在该版的基础上修订而成。

附插图 5 幅，为广州、厦门、福州、宁波、上海五个通商口岸略图。

1 图，彩色，英文，48 cm×69 cm，1∶10000000，70°—145°E/15°—55°N

Harvard Map Collection | MAP-LC | G7810 1853. W5，Hollis Number：013809688

0091 *The Chinese Empire：Compiled from Native and Foreign Authorities*［中华帝国全图］

1883 年，（美）卫三畏（Samuel Wells Williams）绘，雅各布·韦尔斯（Jacob Wells）修订，G. 斯特恩（G. Stern）刻，美国纽约：斯克里布纳之子公司（New York：Charles Scribner's Sons）

卫三畏原绘的清代全国省级行政区划图，对边疆地区的绘制较为细致。本图是在 1853 年版地图的基础上修订而成（参见条目 0090）。

附插图 2 幅：*Map of the City of Canton & Adjacent Islands*，描绘珠三角地形与广州城市格局；*Harbor & Island of Amoy*，描绘厦门岛及周边海湾。

1 图，黑白，英文，49 cm×54 cm，1∶10000000，65°—140°E/18°—55°N

Harvard Yenching Library | Offsite Storage（HD）| G7810 1883. C45，Hollis Number：014226841

0092 *Carte de la Chine*［中国地图］

1857 年，（德）柯恒儒（Julius von Klaproth），法国巴黎：邦雅曼·迪普拉（Paris：Benjamin Duprat）

清朝内地十八省行政区划图，由德国汉学家柯恒儒（1783—1835）绘制。此图对省级行政区的绘制已有很高的准确度。底图为地形图，标注县级地名以及 1842 年开埠的通商口岸，未绘制交通线。左下方附有各省人口总数简表。以经过北京的经线为本初子午线配置经纬网。

1 图,彩色,法文,68 cm×60 cm,1∶4000000,95°—115°E/18°—43°N

Harvard Map Collection | MAP-LC | G7820 1857. K5, Hollis Number: 013638915

0093 地志便览

咸丰十年(1860),(清)崔暕,长沙:崔氏守真道斋藏板

全书 4 册,地图部分单独成册,题为《地理图便览》,内中包含球形世界《总图》、全国《总图》(内地十八省)、《盛京全图》、《直隶全图》、《山东全图》、《山西全图》、《河南全图》、《湖北全图》、《湖南全图》、《江苏全图》、《安徽全图》、《江西全图》、《浙江全图》、《福建全图》、《广东全图》、《广西全图》、《四川全图》、《云南全图》、《贵州全图》、《陕西全图》、《甘肃省图》、《甘肃新疆分图》等。

22 图,墨刻本,中文,约 18.5 cm×24.0 cm,计里画方

Harvard Yenching Library | Offsite Storage (HD) | 3028.6 2169,Hollis Number:009127614

0094 皇朝中外壹统舆图/大清一统舆图

同治二年(1863),(清)胡林翼、邹世诒、晏启镇编撰,严树森、李廷箫、王士铎修订,湖北抚署景桓楼藏版

此图册封面和扉页题签为"皇朝中外壹统舆图",版心题为"大清壹统舆图",序言题为"大清一统舆图"。该图册由胡林翼延聘邹世诒和晏启镇等遵照康熙《皇舆全览图》和乾隆《内府舆图》的体例绘制。图未成而胡死,继任湖北巡抚严树森请李廷箫和王士铎进行校对,并于同治二年刊行。

据该图凡例,自康乾内府舆图之后,最准确的全国舆图首推李兆洛的《皇朝一统舆地全图》。相较于李图,该图册至少有两方面的优势:一是地名更细,李图只有府厅州县之名,而关塞要害等小地名未记载,而该图册对小地名进行了详细的记载;二是空间范围更广,李图北至外喀尔喀,南至越南,东至朝鲜,西至新疆后藏阿里,而该图册北至俄罗斯北海,南至越南,东至日本琉球,西至地中海,空间范围已远不止于清朝境内。

该图沿用李兆洛的方法,在康乾内府舆图的梯形投影经纬线基础上,添加了传统舆图的计里方格线,但这两种方法实际上是建立在两种不同的地球观念基础上,即康乾内府舆图是基于球面绘制,而计里画方是基于"天圆地方"的观念,两者的强行叠加并不能增加地图的准确性,尤其是纬度越高的地区,计里画方的失准度越大。

中 1 卷、南 10 卷、北 20 卷、首 1 卷,墨刻本,中文,单页 22.3 cm×28.5 cm,兼用经纬线和计里画方,每方百里

Harvard Yenching Library | Offsite Storage (HD) | 3080 6444,Hollis Num-

ber:005650694

0095 *Central Asia with the Chinese Empire and Japan*[中亚、中华帝国和日本]

约1870—1879年,英国伦敦、利物浦:乔治·菲利普父子公司(London & Liverpool: George Philip & Son)

空间范围主要为中国、日本和朝鲜半岛。中国部分为清朝省级行政区图,分省着色,新疆、西藏、青海、甘肃等界线偏差较大。

1图,彩色,英文,49 cm×65 cm,1∶10000000,75°15′—148°18′E/14°00′—56°37′N

Harvard Map Collection | MAP-LC | G7810 1870. G4, Hollis Number: 013822160

0096 皇清地理图

同治十年(1871),(清)董佑诚绘,胡锡燕、俞守义刻,广东:萃文堂

道光二年(1822)清朝疆域全图。该图最初由董佑诚根据乾隆《内府舆图》并增补乾隆至道光二年间地名沿革而成,图幅较大。咸丰六年(1856),长沙胡锡燕将其改为卷册装,以便于携带。同治十年,番禺俞守义再次翻刻,虽然从董氏成图至同治年间政区、河道等多有变化,但俞守义翻刻时保留了董氏原图,故此图仍反映道光初期的山川形势与行政区划。

同治刻本成图后,考虑到该图地名繁多,为便于查找,赵齐婴等人于光绪十六年(1890)编辑了三卷本《皇清地理图韵编》,作为地名索引,仍由俞守义刻印成书,哈佛燕京图书馆有藏。

1图分3册,前置总图1幅,墨刻本,中文,单页22.2 cm×15.4 cm,兼用经纬网和计里画方,每方百里

Harvard Yenching Library | Offsite Storage (HD) | 3080 4130, Hollis Number:005643110

0097 "支那"全圖 [中国全图]

1874年,(日)宫崎柳条,日本东京:和泉屋善兵卫藏版

清朝全境省级行政区划图,包括边疆地区,同时也绘制了朝鲜和日本的分省图。分省着色,省界大体准确。地名标注至县级。以晕滃法绘制了少数主要山脉。此图色彩明亮、印制清晰、内容简洁,不过对府县级地名的标注存在较严重的偏差,如将位于云南东北的昭通标在西北丽江所在位置上,云南呈贡标在金沙江边上,浙江嘉善标在

钱塘江以南等，对河流湖泊的绘制也存在类似问题。台湾岛和海南岛的海岸轮廓偏差较大。

该图以经过北京的经线为本初子午线配置经纬网。

附插图 3 幅，分别为亚洲总图、厦门港和珠江口略图。

1 图，彩色，日文，76 cm×102 cm，1∶5000000，90°—145°E/18°—45°N

Harvard Yenching Library | J 3080 3242，Hollis Number：010285885

0098 清十八省舆地全图

1875 年，(日)津田静一、斎藤员象，含翠堂藏版

日本绘制的晚清内地十八省图，未包括边疆地区。图中主要为省界，并绘制河网，晕滃法绘制重要山脉，地名标注至县级。根据图下方题记，此图是在英人威尔士氏所著清十八省图的基础上增补删改而成。图下方另附表说明清十八省所辖府州厅县数量、方位、人口、风俗等。

附插图 6 幅，分别为北京、上海、宁波、福州、厦门、广州略图。

1 图，铜版彩绘，日文，62 cm×86 cm，1∶4687300，95°—130°E/18°—43°N

Harvard Yenching Library | J 3080 3651，Hollis Number：012141643

0099［清十八省图］

1877—1885 年，河间府天主堂

清朝内地十八省行政区划图，标注府、州、县三级地名，不区分散州和直隶州。用彩线勾勒省界，蓝线勾勒河湖海岸等水域。该图未注明时间，图上标注了奉天昌图府，而昌图府设立于光绪三年(1877)，表明该图成图于 1877 年之后；光绪十一年(1885)台湾建省，但图上未见台湾省，只有建省之前的台湾府和台北府，说明可能在台湾建省之前，故该图成图时间应在 1877—1885 年间。

1 图，彩绘，中文，101 cm×90 cm，1∶3571000，计里画方，每方 250 里

Harvard Map Collection | MAP-LC | G7820 1856. H4 ultrasize，Hollis Number：009787896

0100 清国舆地全图

1880 年，(日)高田义甫，日本滋贺：岛林专次郎

虽题为全图，但仅绘清朝内地十八省。以晕滃法绘制山地，标绘河流、湖泊，地名标注至县级和部分乡镇。该图以经过东京的经线为本初子午线配置经纬网。

附插图 3 幅，为北京、上海、广州略图。

1 图，铜版彩绘，日文，69 cm×90 cm，1∶4200000，93°—145°E/18°—44°N

Harvard Yenching Library | J 3080 0685, Hollis Number: 012093898

0101 清国本部舆地图

1894 年,(日)中田贞矩,日本大阪:中村芳松

清朝内地省级行政区划图,未包括西北边疆地区,但正式标注了 1885 年设立的台湾省。由于从台湾建省到日本割台仅十年,时间较短,因而正式标注台湾省字样的清代省级行政区划图不多见。

附插图 4 幅,分别为北京、上海、香港、广东城市略图。

1 图,彩图,日文,100 cm×76 cm,1∶3200000,98°—124°E/18°—44°N

Harvard Yenching Library | J 3080 5628, Hollis Number: 012141686

0102 清国明细全图

1894 年,日本大阪:大馆金城

日本民间绘制的清朝省级行政区划图,包括满、蒙、疆、藏等边地。以晕滃法绘制山脉,标注省、府、州、县地名,绘有省界。封面标注"明治二十七年改正测量制图",但并未反映最新的政区变化,如 1884 年设立的新疆省、1885 年设立的台湾省等并未出现。19 世纪后期,西方对中国的测绘进度很快,地图绘制精度也迅速提高,日本军方在甲午战前对中国的测绘也已有很高的精度。相对于其修订年代而言,本图的精度并不算高。

附插图 6 幅:《广东珠江总图》《广州府城图》《上海总图》《宁波府总图》《福州总图》及《厦门总图》。

1 图,彩色,日文,32 cm×48 cm,1∶13000000,60°—140°E/18°—55°N

Harvard Yenching Library | Rare (W) | G7810 1894. S4, Hollis Number: 99153729312403941

0103 *Chinese Empire and Japan*[中华帝国与日本]

约 1895—1905 年,英国伦敦、利物浦:乔治·菲利普父子公司(London and Liverpool: George Philip & Son)

清末中国和日本地图,包括朝鲜半岛、台湾岛及周边岛屿。中国部分为省级行政区划图,一省一色,以晕滃法绘制山脉,标注省府州县名。除天津—锦州段及台湾部分铁路外,未绘制中国的铁路线。该图未标注成图时间,图中杭州、苏州、重庆、沙市等已标为通商口岸,故应在 1895 年《马关条约》签订之后,但图中朝鲜尚未划入日本,因而可能在 1905 年《乙巳条约》签订之前。西北地区省界的绘制偏差较大,西南地区云贵川等地仍标有生苗区。综合来看,该图应主要反映甲午战后中日两国形势。

1 图,彩色,英文,50 cm×61 cm,1∶10000000,70°—145°E/15°—55°N

Harvard Map Collection | MAP-LC | G7810 1890. G4, Hollis Number: 013822624

0104 *Chinese Empire and Japan*[中华帝国与日本]

1900 年,英国伦敦、利物浦:乔治·菲利普父子公司(London and Liverpool: George Philip & Son)

清末中国和日本地图,包括朝鲜半岛、台湾岛及周边岛屿。以晕滃法绘制主要山脉,标示河流、铁路、通商口岸等,全国各省统一着淡黄色。大连和旅顺标注“俄占”。

1 图,彩色,英文,50 cm×61 cm,1∶10000000,70°—145°E/15°—55°N

Harvard Map Collection | MAP-LC | G7820 1900. G4, Hollis Number: 011791626

0105 *Map of China and the Surrounding Regions*[中国及周边地区图]

1900 年,(俄)薄乃德(Emil Bretschneider),俄国圣彼德堡:A. 伊林(St. Petersburg of Russia: A. Iliin)

中国内地省级行政区划图,俄国汉学家薄乃德(1833—1901)的著作《中华植物发现史》(*History of Botanical Discoveries in China*)修订本中的配图。薄乃德曾于1866—1883 年间在北京担任医生,并致力于研究中国古代地理学和植物学。

1 图,彩色,英文、俄文,63 cm×76 cm,1∶4500000,99°—127°E/18°—40°N

Harvard Map Collection | MAP-LC | G7820 1900. B6 vf, Hollis Number: 011791516

0106 *Chine*[中国]

1900—1904 年,法国舒瓦西勒鲁瓦:A. 巴耶(Choisy-le-Roi: A. Baille)

中国内地省级行政区划简图。

1 图,黑蓝,法文,31 cm×32 cm, 97°34′—134°46′E/17°49′—43°24′N

Harvard Map Collection | MAP-LC | G7810 1900. A2, Hollis Number: 013251458

0107 *A New Map of the Chinese Empire with Japan and Korea. Map of Asia*[中华帝国、日本和朝鲜新图;亚洲全图]

约 1901 年,(美)纽约中央哈德逊河铁路公司(New York Central and Hudson River Railroad Company),美国芝加哥:兰德·麦克纳利公司(Chicago: Rand Mc-

Nally & Company)

中国省级行政区划图,同时绘制日本和朝鲜。一省一色,但其省界绘制与中国传统地图差异较大,尤其是边疆地区,如新疆分为北疆准噶尔和南疆、贵州南部绘制生苗区、川西北划入西藏地区等,反映当时西方对清末中国行政区划的认知。另有一幅亚洲全图。

2图,彩色,英文,图幅分别为48 cm×65 cm和31 cm×45 cm,比例尺分别为1∶9000000和1∶29000000,72°—148°E/18°—53°N

Harvard Map Collection | MAP-LC | G7401.P1 1901. R3, Hollis Number: 011791891

0108 皇朝直省地舆全图

光绪三十年(1904),(法)蔡尚质(Stanislaus Chevaliev),上海:徐家汇土山湾印书馆,上海鸿宝斋代印

清朝内地十八省和盛京舆图。绘图者蔡尚质(1852—1930)是法国耶稣会传教士,天文学家,于光绪九年(1883)到上海,之后长期在徐家汇天文台工作,并创建佘山天文台,筹款在佘山安装了当时远东最大的天文望远镜。此图是在蔡尚质任佘山天文台主办时绘制。根据图上方图识,该图主要转绘自康熙年间传教士测绘的舆图,同时,对康熙至光绪年间新的变化进行增补,标注了铁路线,以插图形式增加了新疆省等。对地名的标注到县级。沿海绘制了等深线。

1图,彩色,中文、法文,140 cm×110 cm,1∶3200000,95°—126°E/18°—43°N

Harvard Yenching Library | Offsite Storage (HD) | 3080 4997, Hollis Number:009208697

0109 *Chinese Empire with Japan and Korea*[中华帝国、日本和朝鲜]

1905年,美国芝加哥:兰德·麦克纳利公司(Chicago: Rand McNally & Company)

清末中国省级行政区图,分省着色,底图配有河网和以晕滃法绘制的山脉。尽管早在光绪十年(1884)清廷便已设立新疆省,统辖天山南北,但该图仍将新疆分为北疆(Jingaria)和南疆(Eastern Turkestan)绘制。该图延续西方对中国内地和边疆的观念,在全国范围标注"CHINA EMPIRE",同时在内地标注"CHINA"。

该图是在1902年和1904年版本的基础上修订而成。

1图,彩色,英文,47 cm×66 cm,1∶9000000,72°—148°E/18°—53°N

Harvard Map Collection | MAP-LC | G7820 1905. R3, Hollis Number:013248239

0110 *Chinese Empire with Japan and Korea*[中华帝国、日本和朝鲜]

1909 年,美国芝加哥:兰德·麦克纳利公司(Chicago: Rand McNally & Company)

该图在 1905 年版本上修订,内容与条目 0060 图基本相同。

1 图,彩色,英文,47 cm×66 cm,1∶9000000,72°—148°E/18°—53°N

Harvard Map Collection | MAP-LC | G7820 1909. R3, Hollis Number: 011792603

0111 *China and Japan*[中国和日本]

1905—1909 年,伦敦地理学会(The London Geographical Institute),英国伦敦:乔治·菲利普父子公司(London: George Philip & Son Ltd.)

清末中国和日本地图,包括朝鲜半岛、台湾岛及周边岛屿。以晕滃法绘制主要山脉,标绘河流、铁路、通商口岸等,内地和边疆地区以不同颜色区分。此图中朝鲜半岛、台湾岛、关东州等已划归日本,而关东州是在 1905 年日俄战争结束后被日军占领,朝鲜也是 1905 年签订《乙巳条约》后沦为日本附属国,因此该图应在此之后。比较馆藏同系列题为 China and Japan with Mongolia 图(条目 0063),后者增绘了 1909 年修建的台湾东部花莲港至璞石阁(今玉里)段铁路,因此可认为本图在绘制时,该铁路尚未修建,即在 1909 年之前。

1 图,彩色,英文,50 cm×61 cm,1∶10000000,70°—145°E/15°—55°N

Harvard Map Collection | MAP-LC | G7820 1900. G41, Hollis Number: 013240419

0112 *China and Japan with Mongolia*[中国、日本和蒙古]

1909—1911 年,伦敦地理学会(The London Geographical Institute),英国伦敦:乔治·菲利普父子公司(London: George Philip & Son Ltd.)

清末中国和日本地图,包括朝鲜半岛、台湾岛及周边岛屿。该图应是在前图(条目 0062)的基础上修订而成,增绘了 1909 年动工修建的花莲港—璞石阁(今玉里)铁路,以及南宁至凉山段铁路。

1 图,彩色,英文,50 cm×61 cm,1∶10000000,70°—145°E/15°—55°N

Harvard Map Collection | MAP-LC | G7820 1900. G42, Hollis Number: 013248276

0113 大清国现势地图

1907 年,(日)松邑孙吉,日本东京:松邑三松堂日本民间绘制的晚清全国分省图，包括边疆地区在内。地名标注至县级，无省内政区分界线，绘制山脉、河网、交通线路等。该图图幅较大，色彩明亮，标注清晰，但就其发行的年代而言，该图的准确度欠佳，海岸轮廓和省界都存在较严重的变形和失准。

附插图 2 幅，分别为东西半球图和亚洲地图。

1 图，彩色，日文，97 cm×141 cm，1∶4050000，约 67°—140°E/18°—54°N

Harvard Yenching Library | Offsite Storage (HD) | J 3080 4614，Hollis Number：012141935

0114 *Map of China：The 18 Provinces*（十八省）［中国内地十八省图］

1908 年，（法）夏之时（L. Richard）绘，上海：土山湾印书馆

清末内地省级行政区划图，绘制省界，标注省、府、县三级地名，无省以下政区分界线，省、府及重要河流、山脉配中文和拼音。底图为分层设色地形图，但相对粗疏。绘制了北京至武昌、南京至上海、济南至青岛的铁路线。

夏之时（1868—?）是法国汉学家，耶稣会士，曾担任震旦大学图书馆长。著有《中国坤舆详志》。该图经爱尔兰人甘沛澍（Kennelly M.）译成英文后出版。

1 图，彩色，中文、英文，64 cm×76 cm，1∶4700000，95°—131°E/18°—42°N

Harvard Yenching Library | Offsite Storage (HD) | 3080 76；Harvard Map Collection | MAP-LC | G7821.F7 1908. R5，Hollis Number：008726877

0115 中国近世舆地图说

宣统元年（1909），（清）罗汝楠编纂，方新校绘，广东：教忠学堂

清末民间编定的地理学教材，供广东教忠学堂教学使用。全书 8 册 23 卷，大体上每卷一省，逐一介绍各省的方位、山脉、河流、气候、物产、民俗、交通、形势、行政、兵备、沿革等，绘有全省山脉位置图、河流湖泊图、交通图、形势图等，在全省概述之后，介绍各府情况，并附府级政区图。

在传统沿革地理的基础上，该书广泛借鉴了西方近代地理学知识和测绘信息，卷首总论部分已完全是近代地理学的知识体系。近代以来，由于割地、开埠和租界等，中国的疆域政区发生了明显的变化。该书内各省府地理和地图大量参考了西方测绘数据，反映了清末地理格局的变动情况。

159 图，黑白，石印本，中文，各图尺寸不一，省图多为 22.3 cm×28.5 cm，府图多为 12 cm×9 cm

Harvard Yenching Library | 3080.8 6134，Hollis Number：009182548

0116 *Hoebels Karte v. China*［霍贝尔中国地图］

1910 年，（德）保罗·霍贝尔（Paul Hoebel）、F. 皮尔格（F. Pilger），德国柏林：里法斯·迈森巴赫公司（Berlin：Meisenbach，Riffarth & Co.）

中国内地省级政区图和地形图，绘制省界，标注省府州县名，以晕渲法绘制地形。

1 图，彩色，德文，68 cm×63 cm，1∶4500000，95°—135°E/20°—45°N

Harvard Map Collection | MAP-LC | G7820 1910. H6，Hollis Number：011792631

0117 华夷图

清末民初拓片

原图为宋代伪刘齐阜昌七年（1137）石刻，根据唐代贾耽的《海内华夷图》改绘而成，是中国现存最早的一幅全国地图，也是唐宋地图的代表作。石碑现存于西安碑林，哈佛大学图书馆藏为清末民初拓片。

1 图，拓片，中文，80 cm×79 cm

Fine Arts-Rubel|VisColl olvwork 271679，Hollis Number：010092789

0118 禹迹图

清末民初拓片

原图为宋代伪刘齐阜昌七年（1137）石刻，刻于《华夷图》背面，根据唐代贾耽《海内华夷图》中《禹贡》九州部分改绘，是现存最早的计里画方地图。石碑现存于西安碑林，哈佛大学图书馆藏为清末民初拓片。

1 图，拓片，中文，80 cm×79 cm，计里画方，每方百里

Fine Arts-Rubel|VisColl olvwork 271685，Hollis Number：010092799

0119 *Rand McNally Standard Map of China and Japan*［兰德麦克纳利标准地图：中国和日本］

1912 年，美国芝加哥：兰德·麦克纳利公司（Chicago：Rand McNally & Company）

中国省级行政区划图，同时绘制日本及日占朝鲜、台湾和关东州等地。以晕滃法绘制山脉，标绘河流、铁路及县级地名。

1 图，彩色，英文，49 cm×67 cm，1∶9000000，72°—148°E/18°—53°N

Harvard Map Collection | MAP-LC | G7820 1912. R3，Hollis Number：013248218

0120 *Rand McNally Standard Map of China and Japan*[兰德麦克纳利标准地图:中国和日本]

1931年,美国芝加哥:兰德·麦克纳利公司(Chicago: Rand McNally and Company)

中国省级行政区划图,同时绘制日本及日占朝鲜、台湾和关东州等地。以晕滃法绘制山脉,标绘河流、铁路及县级地名。

1图,彩色,英文,47 cm×65 cm,1∶9000000,72°—148°E/18°—53°N

Harvard Map Collection | MAP-LC | G7820 1931. R3,Hollis Number:013181201

0121 *Rand McNally Standard Map of China and Japan*[兰德麦克纳利标准地图:中国和日本]

约1938年,美国芝加哥:兰德·麦克纳利公司(Chicago: Rand McNally & Company)

中国省级行政区划图,同时绘制日本及日占朝鲜、台湾和关东州等地。以晕滃法绘制山脉,标绘河流、铁路及县级地名。

1图,彩色,英文,47 cm×65 cm,1∶9000000,72°—148°E/18°—53°N

Harvard Map Collection | MAP-LC | G7820 1938. R3, Hollis Number: 013187636

0122 *The National Geographic Magazine Map of China and its Territories*[国家地理杂志中国疆域地图]

1913年,(英)约翰·巴塞洛缪(John George Bartholomew)、吉尔伯特·格罗夫纳(Gilbert H. Grosvenor), 美国华盛顿:国家地理杂志(Washington, D.C.: National Geographic Society)

中国省级行政区划图,绘制河网,未绘山地,由英国皇家制图师巴塞洛缪绘制。该图仍延续了欧洲对中国疆域的制图传统,将中国内地省份着粉红色,以区分满、蒙、疆、藏等边疆地区。该图原载于《美国国家地理杂志》(*The National Geographic Magazine*)。

1图,彩色,英文,39 cm×54 cm,1∶10000000,75°—135°E/18°—53°N

Harvard Map Collection | MAP-LC | G7810 1913. B3;Botany Gray Herbarium| Map Case 51,Hollis Number:005493444

0123 最新"支那"分省圖 [最新中国分省图]

1914年,(日)西山荣久,日本东京:大仓书店日本民间绘制的中国分省地图册。出版时虽已是民国,但各图仍以清代府厅州县绘制,包括《亚细亚全图》《东方亚细亚水陆地势图》《"支那"全图》《"支那"人口密度图》《陕西省・甘肃省》《山西省・河南省》《直隶省・山东省》《直隶省之主要部及山东省东部之图》《四川省图》《湖北省・湖南省》《江苏省・安徽省・江西省》《扬子江流域交通图》《贵州省・云南省》《广东省・广西省》《浙江省・福建省》《盛京省》《盛京省南部详密图》《黑龙江省・吉林省》《内外蒙古图》《新疆省》《青海・西藏图》《中国人种分布图》《中国言语分布图》及《中国宗教分布图》,各省图为府级行政区图。该图集为日本民间私绘,准确度不高。

24 图,彩色,石印,蝴蝶装,日文,27 cm×35 cm

Harvard Yenching Library | Manchuguo J-0618,Hollis Number:014560136

0124 中华民国新分区图

民国六年(1917)十月订正四版,童世亨,上海:中外舆图局

全国省级行政区划图集,包括《中华民国全图》《京兆直隶图》《东三省图》《山东省图》《山西省图》《河南省图》《陕西省图》《江苏省图》《安徽省图》《江西省图》《浙江省图》《湖北省图》《湖南省图》《福建省图》《广东省图》《广西省图》《贵州省图》《云南省图》《四川省图》《甘肃省图》《热河察哈尔合图》《绥远外蒙古合图》《新疆阿尔泰合图》及《青海川边西藏合图》等,后附县名检查表。各图附有省会街道图和省内所辖道县沿革表。以北京为中央经线。

24 图,彩色,中文,全图 30.4 cm×42.0 cm, 1∶13000000,70°—135°E/18°—54°N,分省图尺寸、比例尺和经纬度各异

Harvard Yenching Library | Offsite Storage (HD) | G2305. T84 1916; Hollis Number:012091343

0125 袖珍中华新舆图

民国九年(1920)八月,童世亨,上海:商务印书馆

此为旅行和日常使用的中国地图集,因而印成袖珍本,以便于携带。全册 24 图,分为全国总图和各省分图。分省图绘制道界、河流、交通干线等要素。

24 图,彩色,中文,全国总图 16.0 cm×21.5 cm,1∶26000000,分省图尺寸、比例尺和经纬度各异

Harvard Yenching Library | Offsite Storage (HD) | 3080 0140.4; Hollis Number:005643100

0126 最新详细中华民国地舆全图

民国十二年(1923),上海:舆图研究所

全国省级行政区划图,绘有道界。以晕滃法绘制主要山脉,标示河流、湖泊、铁路、公路、航线、电报线以及城镇、商埠、关口等,红字标注各地主要物产,并标绘近代以来丧失的国土范围及时间。作者在地图下方的“编辑大意”中表示,绘制此图主要目的是为了让读者“外察列强侵略之机变,内审国势陵替之由来,早息纷争,急谋自治”,以促进民族觉醒,救亡图存。该图也可作为教学用图。以经过北京的经线为本初子午线配置经纬网。

附插图3幅:《西沙群岛形势图》《“满洲”丧失地图》和《江浙繁盛地方详图》。

1图,彩色,中文,39.5 cm×53.3 cm,1∶5500000,70°—135°E/18°—53°N

Harvard Map Collection | MAP-LC | G7820 1923. Z8, Hollis Number: 012590119

0127 中国形势一览图:附说中学适用

民国十五年(1926)第二十版,童世亨,上海:商务印书馆

中国分省地图集,中学地理教学用图。前有民国行政区划总图,后每省一图,简要标注山脉、河流、省界、县名等要素。

27图,彩色,中文,图册尺寸26 cm×19 cm,分省图尺寸、比例尺和经纬度各异

Harvard Yenching Library | Offsite Storage (HD) | 3080 0140.5, Hollis Number: 005653935

0128 *China, (Eastern Part)*[中国中东部]

约1926年,美国纽约:哈蒙德公司(New York: C. S. Hammond & Co.)

长城以南、西安以东的中国中东部地区行政区划图,以晕滃法绘制主要山脉,标绘城镇、铁路、公路、航线、电报线路等。

1图,彩色,英文,42 cm×27 cm,1∶7000000,108°—120°E/18°—42°N

Harvard Map Collection | MAP-LC | G7820 1926. C5, Hollis Number: 013181542

0129 *China and Dependencies*[中国内地与边疆]

1926年,美国纽约:哈蒙德公司(New York: C. S. Hammond & Co.)

该图将中国分为内地、“满洲”、蒙古(包括内外蒙古)、新疆和西藏(包括青海)五个区域。

附插图2幅,分别为香港和京津地区简图。

1 图,彩色,英文,27 cm×41 cm,1∶15000000,75°—145°E/18°—50°N

Harvard Map Collection | MAP-LC | G7820 1926. C2, Hollis Number: 013222926

0130 *China*[中国]

1926 年,英国伦敦:爱德华·斯坦福公司(London: Edward Stanford Ltd.)

中国内地省级行政区划图,一省一色,标绘河流湖泊、铁路和公路线,但未绘制山地。

1 图,彩色,英文,52.0 cm×70.5 cm,1∶6000000,90°—130°E/18°—42°N

Harvard Map Collection | MAP-LC | G7820 1926. E3, Hollis Number: 013175660

0131 中华大地图

民国十九年(1930)第七版,童世亨,上海:商务印书馆

全国行政区划图,图幅宽大,但标注的信息简略,仅有省级政区界线,无省内次级政区界线。

1 图,彩色,中文,152 cm×180 cm,1∶3800000,73°—135°E/16°—54°N

Harvard Yenching Library | Offsite Storage (HD) |3080.9 0140.3,Hollis Number:008726726

0132 大中华民国分省图

民国十九年(1930)第三十一版,武昌:亚新地学社

中华民国行政区划地图集,共计 29 图:《中华全图》《江苏》《浙江》《安徽》《江西》《湖北》《湖南》《四川》《福建》《广东》《广西》《云南》《贵州》《河北》《河南》《山东》《山西》《陕西》《甘肃青海宁夏三省合图》《绥远》《察哈尔》《热河》《辽宁》《吉林》《黑龙江》《新疆》《外蒙古》《西康》及《西藏》。各省图附省会城市及重要城市的插图。每图后附有数千字的图说,介绍各省历史沿革、山川形势、商贸经济、人口赋税、外国势力入侵情况等。

该图集最早编撰于民国三年(1914),后经多次改版更新。

29 图,彩色,中文,全图 34.5 cm×24.2 cm,分省图尺寸、比例尺和经纬度各异

Harvard Yenching Library | Offsite Storage (HD) | 3080 1047 (1930),Hollis Number:008726867

0133 东亚大陆图

1931年，日本陆地测量部

中国内地行政区划图，绘制了省、道、县三级政区分界线，标注少数县以下地名，以晕渲法绘制山地，绘制铁路、公路、电报线、沿海航线等要素。

原图于昭和二年(1927)制版，因而绘有道界，1931年修订并未去除道级政区。

1图4幅，彩色，日文，拼合图幅180 cm×135 cm，1∶2500000，88°－140°E/18°－56°N

Harvard Map Collection | MAP-LC | G7820 1931. J3, Hollis Number: 013320950

0134 象形中华民国人民舆全图

1931年，(俄)基亚阔夫(John A. Diakoff)制，G. 普里马科夫(G. Primakoff)绘，P. 谢尔盖夫(P. Sergeeff)刻，哈尔滨：北方商业公司

此为大学、中学通用地理教材挂图，用彩图形象绘制全国各地人民着装形态、农作物、典型动物、土特产、特色建筑、著名景点、自然风光、经济活动、轮船航运等，图幅广大、色彩鲜艳。

附插图2幅：《一月平均温度》和《六月平均温度》。

1图，彩色石印，中文、英文，152 cm×201 cm，1∶3200000，83°－143°E/18°－53°N

Harvard Yenching Library | Offsite Storage C (HD) | G7820 1931. D42，Hollis Number：012091330

0135 中华形势一览图

民国二十一年(1932)，上海：东方舆地学社

初高中地理教学用地图册。该图册依照参谋部的百万分之一中国全图为蓝本绘制。前有全国总图、地势图、沿海形势图以及黄河、长江、珠江、黑龙江四大水系图，后为各省分省图，除甘肃、青海、宁夏三省图和热河、察哈尔、绥远三省图是合图外，其他基本上都是一省一图。每图后附图说。最后有一幅《孙总理实业计划图》，标绘孙中山《建国方略》中论及的全国铁路、港口等建设规划方案。

33图，彩色，中文，全国图17.5 cm×24.3 cm，1∶24000000，70°－135°E/18°－53°N，分省图尺寸、比例尺和经纬度各异

Harvard Yenching Library | 3080.9 6054，Hollis Number：005701689

0136 乾隆十三排铜版地图

民国二十一年(1932),北平:故宫博物馆

据清乾隆二十五年(1760)内府铜版十三排图影印。

103 图,影印本,中文,单幅 46.2 cm×75.4 cm

Harvard Yenching Library | Rare Book | T 3080.8 4741, Hollis Number: 010203893

0137 中华民国新地图

民国二十三年(1934),丁文江、翁文灏、曾世英编纂,上海:申报馆

此图及《中国分省新图》皆为纪念《申报》创办六十周年而作。该图以北平地质调查局历年收集的地图为基础,加以当时最新的调查资料编制而成。鉴于此前的舆图缺乏精准的经纬度,该图收集了中国各地经纬度实测点一千余处,使得绘图的精度大幅提高。全国总图采用阿尔伯斯等面积投影,分图采用多圆锥投影。以等高线和分层设色地形图表示地形。

该图集图 1 至 7 为全国总图和全国性专题图(地形、交通、气候、城市、语言、矿业、农业等);图 8 至 51 为分区图,以经纬度为依据,将全国切分为 22 个区域,每区域配一幅人文图和地文图,人文图绘制政区、地名和交通线等,地文图则为分层设色地形图;图 52 和 53 为全国 61 个城市街道图。后附地名索引表、铁路里程表等。

53 幅,彩色,中文,全国图 34.0 cm×45.2 cm,1∶1500000,70°—145°E/18°—53°N,分省图尺寸、比例尺和经纬度各异

Harvard Yenching Library | 3080.9 1203.5 Oversize c.1;Harvard Yenching Library | Offsite Storage (HD) | 3080.9 1203.5;Botany Arnold (Cambr.) | Oversize | G2305. T54 1934x,Hollis Number:005650722

0138 中国分省新图

民国二十二年(1933)八月,丁文江、翁文灏、曾世英编纂,上海:申报馆

此图由申报六十周年纪念《中华民国新地图》删繁就简而成,以供中等学校教学之用,方便普通民众购阅,并先于《中华民国新地图》出版面世。因系《中华民国新地图》的衍生图,故其使用数据、投影方法、绘制方法、地图内容等基本相同,具体可参看条目 0137。最大的差异是编制体例上,从原来以区域为单位,改为以省为单元。图一至七仍为全国总图和专题图,图八至三十二为各省地形图。

32 图,彩色,中文,全国图 24.0 cm×33.5 cm, 1∶1800000,70°—145°E/18°—53°N,分省图尺寸、比例尺和经纬度各异

Harvard Yenching Library|3080.9 1203,Hollis Number:005654156

0139 中国分省新图

民国三十七年(1948)订正第五版,丁文江、翁文灏、曾世英编纂,曾世英、方俊增订,上海:申报馆

此图为民国二十二年(1933)《中国分省新图》(申报六十周年纪念)的第五次修订本,该版本增补了军事部门战时测绘资料、美国航空测绘资料和日本对我国东北和台湾的测绘数据等。

35 图,彩色,中文,全国图 24 cm×34 cm, 1∶1800000,70°—145°E/18°—53°N,分省图尺寸、比例尺和经纬度各异

Harvard Yenching Library|Offsite Storage (HD) |3080.9 1203b,Hollis Number:007462275

0140 中华析类分省图

民国二十二年(1933),欧阳缨编,邹兴钜校,武昌:亚新地学社

民国时期全国专题地图和分省地图集,专题图包括《中国地质图》《中国地势图》《中国山脉图》《中国水系图》《中国气候图》《中国农产图》《中国矿产图(甲)》《中国矿产图(丁)》《中国铁路图》《中国航路图》《中国邮政图》《中国电政图》和《中国商埠图》等,全国及省级行政区划图包括《中国政区图》《首都市图》《江苏省图》《浙江省图》《安徽省图》《江西省图》《湖北省图》《湖南省图》《四川省图》《福建省图》《广东省图》《广西省图》《云南省图》《贵州省图》《河北省图》《河南省图》《山东省图》《山西省图》《陕西省图》《甘肃省图》《青海省图》《宁夏省图》《绥远省图》《察哈尔省图》《热河省图》《辽宁省图》《吉林省图》《黑龙江省图》《新疆省图》《外蒙古图》《西康省图》及《西藏图》等。每图后附有较为详细的图说和相关统计数据。

45 图,彩色,中文,全国图 23.5 cm×34.0 cm,1∶18000000,70°—125°E/18°—53°N,分省图尺寸、比例尺和经纬度各异

Harvard Yenching Library | 3080 772 Oversize,Hollis Number:005650619

0141 中国分省图

民国二十三年(1934),中华教育文化基金董事会编译委员会编辑,刘季辰、李庆长绘制,曾世英、方俊校补,上海:商务印书馆

中学地理教学用图。该图集内含全国总图 1 幅,各省分图 25 幅,图后附地名索引。以北平地质调查所收藏的三百多种实测地图为基础,参考斯文·赫定等人的实测经纬度,交通路线和城市村镇参考公路图和邮政图绘制。全国总图采用阿尔伯斯投影,分省图采用多圆锥投影,这是 20 世纪 30 年代地图绘制中较为常见的投影方法。

26 图，黑白，中文，全国图 26.0 cm×35.6 cm，1∶20000000，70°－145°E/18°－53°N，分省图尺寸、比例尺和经纬度各异

Harvard Yenching Library | 3080 5440; Harvard Yenching Library | Offsite Storage (HD) | 3080 5440，Hollis Number：005646072

0142 中国新地图

民国二十三年(1934)初版，陈铎，上海：商务印书馆

全国省级行政区划图，一省一色，无省内政区界，西藏和蒙古绘有部落分界线。以晕滃法绘制主要山脉，另有河流、湖泊、公路、铁路、沿海航线、海底电线等要素。

附插图 4 幅：《中国地势图》为全国分层设色地形图；《中国疆域变迁图》反映近代以来中国周边领土被列强割占之情形，该图国界将东南亚诸国及中亚等地皆纳入，有夸大之嫌；《西沙群岛》和《南沙群岛》简要反映西沙、南沙群岛附近海岛情形。

1 图，彩色，中文，105.5 cm×138.5 cm，1∶4400000，70°－135°E/18°－53°N

Harvard Yenching Library | Offsite Storage (HD) | 3080 7984，Hollis Number：008724730

0143 中国新地图

民国二十六年(1937)修正三版，陈铎，上海：商务印书馆

全国省级行政区划图，为条目 0142 的修订三版。

附插图 3 幅：《中国地势图》《中国近代疆域变迁图》和《南海各岛屿》。

1 图，彩色，中文，97.5 cm×132.5 cm，1∶4400000，70°－135°E/18°－53°N

Harvard Map Collection | MAP-LC | G7820 1937. Z45，Hollis Number：012589831

0144 内府地图

民国二十三年(1934)，景太昭、李炳卫序，北平：北平民社

此图原藏于清某王府，民国时期流出，翻印出版。原图未标注刊刻时间，民国景太昭从内容上判断，认为是清初刊本。比较哈佛馆藏民国石印本《康熙内府分省分府图》，两者形制内容相近，可能皆翻印自康熙年间内府舆图。

分上下册，上册为中国全图以及直隶、盛京、热河、山东、山西、河南、陕西等省及下辖府图；下册为四川、江南、湖广、浙江、江西、福建、广东、广西、贵州、云南等省及下辖府图。一府一图。

2 册 207 图，黑白，石印，中文，26 cm×31 cm

Harvard Yenching Library | 3080 4046 Oversize; Widener | Offsite Storage

(HD) | G2305. N45 1934 f,Hollis Number:005643109

0145 *КИТАЙ*[中国]

约1935年,苏联列宁格勒(今俄国圣彼得堡):苏联地图测绘总局出版社(Ленинград: Изд. Всесоюзного картографического треста ГУГСК СССР)

苏联绘制的中国内地省级行政区划简图,仅绘制省界、铁路和公路干线等基本信息。

附插图1幅,为西藏地区简图。

1图,彩色,俄文,41.5 cm×30.4 cm,1:10000000,73°29′—128°00′E/18°09′—53°33′N

Harvard Map Collection | MAP-LC | G7820 1935. S6, Hollis Number:013242503

0146 中国政区都市图

民国二十四年(1935)初版,陈铎,上海:商务印书馆

全国省级行政区划图。作为中学地理教学挂图,其地名标注简略,每省仅标注少数重要地名。除标注铁路、公路、河流和通商口岸城市外,该图还标注了全国各城市的人口等级,其中上海人口超过200万,北平和广州人口超过100万。

1图,彩色,中文,101.8 cm×108.5 cm,1:5000000,70°—135°E/18°—54°N

Harvard Yenching Library | Offsite Storage (HD) | 3080.9 7984,Hollis Number:008725775

0147 *Карта Центрального и Восточного Китая*[中国中部和东部地图]

1936年,(俄)ф. ф. 古拉金(ф. ф. Кулагин)和П. Е. 斯卡奇科夫(П. Е. Скачкова)

中国中东部省级行政区划图,空间范围大致为青海以东地区。绘制省界、铁路、码头、机场等信息。

附插图1幅,为帝国主义在中国的势力范围简图。

1图,彩色,俄文,92 cm×84 cm,1:6000000,90°—145°E/15°—55°N

Harvard Map Collection | MAP-LC | G7810 1936. V7, Hollis Number:013317562

0148 中华民国统合地图

民国二十六年(1937)六月,丁督盫编、徐棫制图、水陆地图审查委员会审定,上海:会文堂新记书局

中华民国及周边地区图。底图为分层设色地形图，绘制省界、市镇、山脉、河湖、铁路、公路、航空线路、沿海航线、灯塔、商埠等。

附插图 2 幅：《中国南海各岛屿图》和《中日俄形势对峙图》。

1 图，彩色，中文，99 cm×125 cm，1∶5000000，70°—135°E/18°—53°N

Harvard Map Collection | MAP-LC | G7820 1937. Z46, Hollis Number: 010101295

0149 中华民国现势图

1937 年 7 月 20 日，日本铁道省运输局，日本东京：东京朝日新闻社

中国省级行政区划图，东北伪满洲国被绘在国界线外。图上绘有省界、铁路、公路和航空线路等。按照 20 世纪 30 年代的制图水准看，此图的绘制精度较差，不论是省界还是海岸线都存在较大偏差。

附插图 1 幅：《北平附近图》，主要绘制冀东地区傀儡政权和卢沟桥附近地形图。另有 2 表：《中国国民党及国民政府组织（附）》和《中国の陆军及び空军》，内容为民国党政机构架构和军力数据。

1 图，彩色，日文，53.8 cm×71.6 cm，1∶10000000，75°—140°E/18°—55°N

Harvard Yenching Library | Manchuguo J-0817, Hollis Number: 014622127

0150 最新"支那"全图[最新中国全图]

1938 年 6 月 15 日，日本大阪：每日新闻社

日本绘制的中国省级行政区划图，底图为分层设色地形图。绘制地形、省界、县治、铁路、公路、航空线路、沿海航线、电报线等。

附插图 2 幅：《"中支"详图》和《"北支"详图》，分别为长江中下游和黄河中下游地图。

1 图，彩色，日文，63.5 cm×92.5 cm，1∶7500000，65°—150°E/18°—55°N

Harvard Yenching Library | Manchuguo J-0841, Hollis Number: 014628103

0151 中华省市地方新图

民国二十八年（1939）增订再版，苏甲荣，上海：日新舆地学社

中学地理教学地图册。前为全国性专题图，包括全国政区图、地势图、水系图、南海图、气候图、土壤图、人口图等，后为各省分省图以及南京、北平、天津、上海、杭州、武汉、广州、青岛等若干大城市图，除甘宁青三省是合图外，其他基本上都是一省一图，省图为分层设色等高线地形图。最后又排有全国农业、矿业、铁路、公路和商埠等专题图。

48 图，彩色，中文，全国图 17.5 cm×24.3 cm，1∶27000000，70°—135°E/18°—53°N，分省图尺寸、比例尺和经纬度各异

Harvard Yenching Library|3080.9 4969，Hollis Number:005716038

0152 康熙内府分省分府图

民国二十八年(1939)，(清)蒋廷锡等奉敕编，夏孙桐序

内容为康熙年间内地分省分府图，未包括边疆地区。据图前夏孙桐序，此图原为蒋廷锡于康熙年间奉敕编制，图板后失传，夏孙桐在光绪年间参与编修会典舆图时，于厂肆间得到此图，后于民国时期石印出版。体例上一省一图、一府一图，有图如下：

全图：《山海舆地全图》和内地总图各一幅，排在直隶之后；

直隶：《直隶全图》《顺天府图》《永平府图》《保定府图》《河间府图》《真定府图》《顺德府图》《广平府图》《大名府图》《宣化府图》；

盛京：《盛京省全图》《奉天府南分图》《奉天府北分图》《锦州府图》《鸭绿江图》《热河图》《宁古塔图》《乌喇图》《乌苏里江图》；

江南：《江南全省图》《江宁府图》《苏州府图》《松江府图》《常州府图》《镇江府图》《徐州图》《扬州府图》《安庆府图》《徽州府图》《宁国府图》《池州府图》《太平府图》《庐州府图》《凤阳府图》《广德州图》《淮安府图》《滁州图》《和州图》；

江西：《江西全图》《南昌府图》《饶州府图》《广信府图》《南康府图》《九江府图》《建昌府图》《抚州府图》《临江府图》《吉安府图》《瑞州府图》《袁州府图》《赣州府图》《南安府图》；

浙江：《浙江全图》《杭州府图》《嘉兴府图》《湖州府图》《宁波府图》《绍兴府图》《台州府图》《金华府图》《衢州府图》《严州府图》《温州府图》《处州府图》；

福建：《福建全图》《福州府图》《泉州府图》《建宁府图》《延平府图》《汀州府图》《兴化府图》《邵武府图》《漳州府图》《福宁州图》《台湾府图》；

河南：《河南全图》《开封府图》《归德府图》《彰德府图》《卫辉府图》《怀庆府图》《河南府图》《南阳府图》《汝宁府图》《汝州图》；

湖广：《湖广全图》《武昌府图》《汉阳府图》《安陆府图》《襄阳府图》《郧阳府图》《德安府图》《黄州府图》《荆州府图》《长沙府图》《岳州府图》《宝庆府图》《衡州府图》《常德府图》《辰州府图》《永州府图》《永顺保靖二司图》《九溪永定二卫图》《靖州图》《施州卫图》；

山东：《山东全图》《济南府图》《兖州府图》《东昌府图》《青州府图》《登州府图》《莱州府图》；

陕西：《陕西全图》《西安府图》《西安府北图》《西安府南图》《凤翔府图》《汉中府图》《延安府图》《延安府北图》《延安府南图》《平凉府图》《平凉府西北图》《平凉府南图》《巩

昌府图》《巩昌府北图》《巩昌府南图》《临洮府图》《临洮府南图》《庆阳府图》《宁夏镇图》《兴安州图》《凉州图兰州西北》《延绥镇图》《河套北图》《河套南图》《甘肃镇图》《甘肃镇图凉州西北》《兰州图临洮府西北》;

山西:《山西全图》《太原府图》《平阳府图》《潞安府图》《汾州府图》《沁州图》《泽州图》《辽州图》《大同府图》;

四川:《四川全图》《成都府图》《保宁府图》《顺庆府图》《叙州府图》《重庆府图》《夔州府图》《龙安府图》《马湖府图》《遵义府图》《东川府附镇雄乌蒙二土府图》《潼川州图》《嘉定州图》《雅州图》《泸州图》《眉州图》《建昌卫所属卫所南图》《建昌卫所属卫所北图》《建昌卫所属卫所中图》《松潘卫图》《邛州图》;

广东:《广东全图》《广州府图》《韶州府图》《南雄府图》《惠州府图》《潮州府图》《肇庆府图》《高州府图》《廉州府图》《雷州府图》《琼州府图》《罗定州图》;

广西:《广西全图》《桂林府图》《柳州府北图》《柳州府南图》《庆远府图》《思恩府图》《平乐府图》《梧州府图》《浔州府图》《南宁府图》《太平府图》《思明府图》;

云南:《云南全图》《云南府图》《大理府图》《楚雄府图》《临安府图》《景东府图》《澄江府图》《广西府图》《广南府图》《曲靖府图》《顺宁府图》《鹤庆府图》《姚安府图》《丽江府图》《武定府图》《蒙化府图》《元江府图》《永北府图》《永昌府图》《镇沅府图》《开化府图》《孟定土府》《永宁府图》;

贵州:《贵州全图》《贵阳府图》《思州府图》《思南府图》《镇远府图》《石阡府图》《铜仁府图》《黎平府图》《安顺府图》《威宁府图》《都匀府图》《平越府图》《郴州图》。

8 册 231 图,黑白,石印,经折装,中文,28.3 cm×34.5 cm

Harvard Yenching Library | Rare Book | T 3080/0789, Hollis Number: 010244054

0153 中华民国全图

民国二十八年(1939),苏甲荣,上海:日新舆地学社

中华民国省级行政区划全图。绘制国界、省界,标注城镇村落、铁路、公路、河流航道、矿产等。东北按照民国政府省级行政区划绘制。

附插图 10 幅,为武汉、江汉平原、成都、广州、珠三角、南京城、平津地区、长三角、南海、巴县等地略图。

1 图,彩色,中文、英文,75.2 cm×108.5 cm,1:6000000,70°—145°E/18°—53°N

Harvard Map Collection | MAP-LC | G7820 1939. R5, Hollis Number: 013181243

0154 中华民国全图

民国三十年(1941),苏甲荣,上海:日新舆地学社

中华民国省级行政区划全图,在 1939 年《中华民国全图》(见条目 0153)的基础上修订而成。

1 图,彩色,中文、英文,75.2 cm×108.5 cm,1∶6000000,70°—145°E/18°—53°N

Harvard Map Collection | MAP-LC | G7820 1941. R5 oversize,Hollis Number:013194192

0155 中国分省分县明细图

民国二十九年(1940),钟吉宇、郑鉴、徐知耕等编绘,上海:新宇舆地学社

民国分省地图集,图 1 至 6 为世界地图、民国全图以及全国地形、民族、物产、气候等专题图,图 7 至 34 为各省分图,绘制各省县级行政区划以及交通线路等,并附省会和重要城市简图。

34 图,彩色,中文,约 23.0 cm×35.5 cm,各图尺寸、比例尺和经纬度各异

Harvard Yenching Library | Offsite Storage(HD)| 3080 8143,Hollis Number:005650795

0156 中等学校适用现代本国地图

民国二十九年(1940)重制版,屠思聪、王振编绘,上海:世界舆地学社

中学地理教学用图。该图册包含天文图、世界全图各 1 幅,全国政区、地形、水系、气象、土壤、人口、民族、农产、矿产、交通、城市、商埠等专题图 14 幅,分省图 28 幅,以及中国疆域图和孙中山建国方略图。后附图说。分省图底图为分层设色地形图,绘制河流、交通线、城镇等。

46 图,彩色,中文,22.6 cm×16.2 cm,分省图尺寸、比例尺和经纬度各异

Harvard Yenching Library | Offsite Storage (HD) | 3080 7661,Hollis Number:008726794

0157 实用中华新地图

民国二十九年(1940),葛绥成、楼云林编制,上海:中华书局

该图册包含世界全图 1 幅,全国地势、商埠、物产、交通、沿海等专题图 5 幅,省市图 26 幅,附图说,主要用于中学地理教学。分省图底图为分层设色地形图,绘制河流、交通线、城镇等要素。

32 图,彩色,中文,全国图 21.3 cm×30.3 cm,分省图 21.3 cm×16.7cm

Harvard Yenching Library | Offsite Storage (HD) | 2380 4225, Hollis Number:004997553

0158 掌中“支那”全圖［掌中中国全图］

1941 年,(日)木崎纯一,日本东京:伊林书店

日本出版的民国省级行政区划图集,总图 1 幅,分省图 12 幅,内地省份 2—4 省合为一图,折叠成 14 cm×8 cm 的小册子,以便于携带。

13 图,彩色,日文,24.7 cm×34.0 cm,内地省份比例尺 1∶2800000,边疆省份 1∶5500000

Harvard Yenching Library | J 3080 4221 Horikoshi Collection, Hollis Number: 012104350

0159 *China and Japan*: *Today's Newsmap*［中国和日本］

约 1942—1945 年,美国芝加哥:兰德·麦克纳利公司(Chicago: Rand McNally & Co.)

主要为中国省级行政区划图,同时绘有日本、朝鲜、台湾和关东州。该图并未将东北地区绘制成伪满洲国,而是按照民国行政体系,将东北画作黑、吉、辽、热河四省。同时将外蒙古和西藏以不同于省界的边界线绘制。

1 图,彩色,英文,55.5 cm×70.5 cm,1∶8744000,72°—148°E/10°—55°N

Harvard Map Collection | MAP-LC | G7820 1940. R3, Hollis Number: 013187662

0160 *Map of China*［中国地图］

1943 年,中华民国行政院新闻局,美国纽约:麦克米伦公司(New York: Macmillan Co.)

中国省级行政区划图,标注省内部分县级及以上地名、河流、铁路等。重绘自民国行政院新闻局编辑的《中国手册 1937—1943》(*China Handbook 1937—1943*)。

附插图 3 幅,分别为中国地形简图、长三角地区图和南海地图。

1 图,彩色,英文,57.2 cm×78.2 cm,1∶7500000,70°—140°E/18°—53°N

Harvard Map Collection | MAP-LC | G7820 1943. C5, Hollis Number: 013187691

0161 中国形势详图

民国三十三年(1944)再版，武汉：武昌亚新地学社新化办事处

全国行政区划图，标注了较为细致的省、市、县、乡镇地名，一省一色，除蒙古和西藏外，其他无省以下政区分界线。绘制河流、湖泊、铁路和公路干道；海上绘制了航线、灯塔、海底线路；边疆绘制了被列强强占土地界线和时间。

附插图1幅：《南海诸岛图》，标注南中国海诸岛，其中南沙群岛位置偏北，标注在西沙群岛东侧，而北纬8°—10°诸岛标注团沙群岛。

1图，彩色，中文，78.5 cm×107.1 cm，1∶5000000，72°—138°E/20°—54°N

Harvard Yenching Library | Offsite Storage (HD) |3080 1047.1; Harvard Map Collectionl MAP-LC G7820 1944. Y3，Hollis Number：008726718

0162 *Map of China*[中国地图]

约1944年，曾世英(Tseng Shih-Ying)，美国纽约：麦克米伦公司(New York：Macmillan Co.)

中国省级行政区划图，是中央地质调查所专家曾世英为*Chinese Year Book*(《中华年鉴》)绘制的配图。

1图，彩色，英文，66.0 cm×88.4 cm，1∶7500000，70°—140°E/15°—53°N

Harvard Map Collection | MAP-LC | G7820 1944. T7，Hollis Number：013181176

0163 *China*[中国]

1944年8月，英国伦敦：福什克罗斯公司(London：Fosh & Cross Ltd.)

中国省级行政区划简图。由英国的外交部、印度事务部、新闻部联合绘制。

1图，黑白，英文，21 cm×24 cm，1∶18000000

Harvard Map Collection | MAP-LC | G7820 1944. C5，Hollis Number：013234491

0164 *China and Japan*[中国和日本]

1944年8月1日，美国战略情报局(U. S. Office of Strategic Services，OSS)

中国省级行政区轮廓图，仅绘制各省轮廓，标注省名和省会，绘制了一条内地和边疆省份之间的分界线，底图为河网图。地图信息简略。

注：美国战略情报局简称OSS，成立于1942年6月，是美国二战时期的情报机构，为中央情报局CIA的前身。

1图，黑白，英文，39 cm×58 cm，1∶12000000，70°—150°E/18°—53°N

Harvard Map Collection | MAP-LC | G7820 1944. U52，Hollis Number：013234303

0165 *Greater China*[大中国地图]

1944 年 8 月 3 日,美国战略情报局(U. S. Office of Strategic Services)

20 世纪 40 年代中国省级行政区划简图,仅标注省名、省界和省会。

附插图 1 幅,为中国和美国的国土面积比较示意图。

1 图,黑白,英文,47.0 cm×61.2 cm,1∶9500000

Harvard Map Collection | MAP-LC | G7820 1944. U51, Hollis Number: 013234293

0166 *Provinces of China*[中国分省地图]

1945 年 1 月 20 日,美国战略情报局(U. S. Office of Strategic Services)

嘉峪关以东中国省级行政区划简图。

1 图,黑白,英文,60 cm×47 cm,1∶7250000,100°—135°E/ 18°—53°N

Harvard Map Collection | MAP-LC | G7821. F7 1945. U5, Hollis Number: 013194262

0167 *China*[中国]

1945 年 6 月,(美)詹姆斯·达利(James M. Darley),美国华盛顿:国家地理学会(Washington, D. C.: National Geographic Society)

中国全图,由美国《国家地理杂志》(*National Geographic Magazine*)绘制发行,详细绘制地形、河网、铁路网、公路网,绘制省界,标注县级地名,政区界的时间为 1939 年 9 月。

附地名索引手册,标有 7986 个地名。

1 图,彩色,英文,64 cm×91 cm,1∶7000000,68°—152°E/16°—54°N

Harvard Map Collection | MAP-LC | G7820 1945. N3 vf;Botany Arnold (Cambr.) | Map Case 51,Hollis Number:013194254

0168 *China*[中国]

1945 年 3 月 9 日,美国战略情报局(U. S. Office of Strategic Services)

长城以南、青藏高原以东中国内地省级行政区划简图。

1 图,黑白,英文,56 cm×66 cm,1∶4900000,96°—123°E/20°—40°N

Harvard Map Collection | MAP-LC | G7820 1945. U5, Hollis Number: 013222929

0169 中国分省地图

民国三十四年(1945)九月，中国制图社编纂，李承三主编，北碚：禹甸图书局

此为抗战胜利后新编的全国分省地图册，主要用作中学地理教材及面向社会普通民众。全册包括 24 图，其中全国总图 1 幅，各行省图 20 幅，蒙古西藏地图各 1 幅，重要城市地图 1 幅。以晕滃法绘制地形，标注县及以上地名，无省内政区分界线。

24 图，彩色，中文，全国总图 17.3 cm×25.0 cm，1：25000000，70°—135°E/18°—54°N，分省图尺寸、比例尺和经纬度各异

Harvard Yenching Library | Offsite Storage (HD) | 3080.9 5626.5，Hollis Number：005701687

0170 中国地理教科图

民国三十五年(1946)增订再版，中国史地图表编纂社金擎宇编，上海：亚光舆地学社

中学地理教学地图册。前有全国性专题图，如全国地势图、水系图、政区图、气候图、土壤图、人口图、产业图、交通图、城市图、国防图等，后为各省分省图，除东北和西北部分省份是合图外，其他基本上都是一省一图，省图为分层设色地形图。每图后附图说。

46 图，彩色，中文，17.5 cm×24.3 cm，全国图 1：26000000，70°—135°E/18°—53°N，分省图尺寸、比例尺和经纬度各异

Harvard Yenching Library|3080.9 8143，Hollis Number：005701690

0171 中华民国最新分省地图

民国三十五年(1946)，杨景雄、李庆成编制，上海：寰澄出版社

抗战胜利后新编地图册，用作中学地理教材，分为专题图和分省图两部分：专题图包括地形、政区、城市、交通、水系、土壤、矿产、农产、气候、人口等；分省图绘制省内地形、河流、地名、交通等要素。底图为等高线分层设色地形图。总图采用阿尔伯斯投影、分省图采用多圆锥法投影。

39 图，彩色，中文，23.2 cm×16.6 cm，全国图 1：25000000，70°—135°E/18°—54°N，分省图尺寸、比例尺和经纬度各异

Harvard Yenching Library | Offsite Storage (HD) | 3080 4294，Hollis Number：005639155

0172 新中国大地图(甲种)

民国三十六年(1947)初版，章启宇编制，王成组、卢村禾校阅，上海：三民图书公司

全国行政区划图,一省一色,无省以下政区界。绘制河流、湖泊、铁路、公路干道和航空线,海上绘制了航线及里程;边疆绘制了被列强强占地界和时间。外蒙古处注文"民国三十五年一月五日,我国政府承认外蒙古独立,其详确界线,尚待实地勘定",唐努乌梁海处注文"唐努乌梁海本属我国蒙古之一部,今擅自独立,我国自不予以承认"。

附插图1幅:《南海各岛屿》,标注南中国海诸海岛,北纬8—10°之间诸岛标注为团沙群岛,比例尺为1∶1200000。

1图,彩色,中文,75.5 cm×104.5 cm,1∶6000000,72°—138°E/20°—54°N

Harvard Yenching Library | Offsite Storage (HD) |3080.9 0433,Hollis Number:008726719

0173 最新中国新地图

民国三十七年(1948),洪懋熙,上海:东方舆地学社出版、大东书局发行

抗战胜利后新编地图册,用作中学地理教材。该图以民国参谋部印制的各省二十万分之一实测地图为蓝本,参考美、英、法、日等国实测地图以及斯文·赫定、斯坦因等实测西北地区地图、地质调查所实测地图等资料绘制而成。图册分为专题图和分省图两部分,专题图包括地形、政区、气候、矿产等,分省图绘制省内地形、河流、地名、交通等。图上各要素以1948年1月为断限。底图为等高线分层设色地形图。

32图,彩色,中文,约23.6 cm×17.2 cm,全国图1∶28000000,70°—135°E/18°—54°N,分省图尺寸、比例尺和经纬度各异

Harvard Yenching Library | Offsite Storage (HD) | 3080.9 3847,Hollis Number:005701686

0174 中国分省新地图

民国三十七年(1948)增订再版,中国史地图表编纂社金擎宇,上海:亚光舆地学社出版、大中国图书局发行

全国分省地图集,大体分为专题图和省级政区图两部分:专题图包括全国地势、政区、水系、气温、降水、土壤、植被、粮食、农产、矿产、人口、语言、交通等方面;省级行政区图基本上每省一图,标绘省内地名、公路、铁路、航线、山脉、河流等要素,共计49图。

全国总图采用阿尔伯斯投影法,分省图采用多圆锥投影法。总图采用分层设色地形图表示地形,分省图以晕滃法绘制山脉。

49图,彩印,中文,约22.6 cm×16.6 cm,全国图1∶26000000,70°—135°E/18°—54°N,分省图尺寸、比例尺和经纬度各异

Harvard Yenching Library | Offsite Storage (HD) | 3080 8043,Hollis Number:005650794

0175 复兴中国新地图

1949 年 9 月 10 日，邵越崇，上海：复兴舆地学社

此图册是在解放战争基本胜利后，根据最新的解放区行政区划进行绘制的，可反映 1949 年中华人民共和国建立前夕的全国行政区划，如图中可见新设立的平原省。前有总图，后为分省图，在分省图的排序上，以华北各省为先，次为东北，然后是南方和西北各省，这与之前国民党时期出版的地图册以江、浙、皖等江南省份优先的顺序不同。

图册包含全国总图 1 幅，省市图 24 幅，主要用于中学地理教学和普通民众参阅。

25 图，彩色，中文，21.6 cm×16.0 cm，分省图尺寸、比例尺和经纬度各异

Harvard Yenching Library | Offsite Storage (HD) | 3080.9 1242，Hollis Number：005654511

华北地区

0176 *Xantung, e Peking Provincie della China: Divise nelle sue Regioni*［山东和北直隶］

1695 年，(意)温琴佐・科罗内利(Vincenzo Coronelli)，意大利威尼斯：多梅尼科・帕多瓦尼(Venetia: Domenico Padovani)

意大利威尼斯出版销售的山东、辽东和河北一带政区和地形图。尽管该图出版时，中国已进入清朝康熙年间，但该图应是明朝时期这一地区的行政区划，如河北标注为 PECHELI(北直隶)。从山东半岛、辽东半岛和渤海湾的海岸轮廓看，该图转绘自卫匡国 1655 年出版的《中国新图志》(*Novus Atlas Sinensis*)。

该图出自温琴佐・科罗内利的地图集《世界地理》(*Coronelli's Corso Geografico Universalle*)。馆藏另有两幅同系列地图(见条目 0244、0309)。

1 图，黑白，意大利文，44 cm×58 cm，1：2000000，115°—125°E/35°—42°N

Harvard Map Collection | MAP-LC | G7820 1695. C6，Hollis Number：013978869

0177 *Map of North Eastern China*［华北和华东地图］

1900 年，美国陆军参谋长室军事情报处(United States. Adjutant-General's Office. Military Information Division)，美国华盛顿：国家地理学会(Washington, D.C.: National Geographic Society)

该图空间范围主要为华北平原和长江中下游平原，标绘四级河网、交通线和县乡级地名，但未绘制山地。该图来自《国家地理杂志》，1900 年 9 月附录。

1 图，黑白，英文，89 cm×71 cm，1∶1500000，112°—124°E/30°—42°N

Harvard Map Collection | MAP-LC | G7820 1900. U5 oversize，Hollis Number：013359849

0178 *A Bird's Eye View of North China*［华北鸟瞰图］

1935 年，北平：《北平时事日报》(The Peiping Chronicle)

自南向北空中 45°角俯视华北，以绘画地图形式绘制北京城、天津城、海河流域、华北平原、燕山等，较为直观但相对粗略地展示华北各城镇之间的相对规模、位置和距离。

1 图，黑白，英文，54.5 cm×78.8 cm

Harvard Map Collection | G7823.H5 A5 1935.P4，Hollis Number：008727843

0179 鳥瞰せる“北支那”(華北)大観［中国北方鸟瞰图］

1937—1945 年，(日)小山吉三，日本东京：日本名所图绘社

以绘画地图形式绘制了中国华北地区、黄土高原、河套地区的山川河流，标示县级地名、各地物产和著名景点。绘制了航空线和近海航线。

从陇海线的修建情况看，此图的绘制时间应在 1937—1945 年间。陇海铁路西安到宝鸡段于 1936 年 12 月竣工，图上此段绘制为已竣工通车，因此，成图时间必在此之后；宝鸡到天水段于 1945 年通车，而图上该段尚未绘制，因此，成图时间可能在此之前，而且此类图应在日本侵华期间绘制。

1 图，彩色，日文，78.1 cm×107.6 cm

Harvard Yenching Library | Manchuguo J-0819，Hollis Number：014622133

0180 华北五省新地图

1950 年，中国史地学社凌大夏、马宗尧、刘思源编制，上海：亚光舆地学社出版，大中国图书局发行

华北地区的河北、山西、平原、察哈尔、绥远等五省专区级行政区划图。五省内用红色字体标注省和专区，并绘制了专区分界线。较细致地标注了村一级地名。平原省是 1949 年设立的新省份，1952 年撤销，仅存在三年余。此图可用于研究中华人民共和国初期行政区划变迁。此图虽出版于 1950 年，但因与史地学社 1948—1949 年间陆续出版的省级地图为同一系列，故一并纳入。

附插图 1 幅：《华北地形图》，为华北地区分层设色地形图。

1 图,彩色,中文,74.7 cm×104.2 cm,1∶1900000,105°—123°E/34°—44°N

Harvard Yenching Library | Offsite Storage (HD) | 3107 5654, Hollis Number:008724726

0181 直隶全省图

清末

直隶全省行政区划图,绘有府、县两级政区界。以晕滃法绘制北部和西部山地。以经过北京的经线为本初子午线配置经纬网。该图是从俄国出版的直隶全省图翻译而来。

附插图 4 幅,北京、张家口、天津、通州略图,皆为俄国入京交通要冲。

1 图,黑白,中文,71 cm×54 cm,1∶1000000,113°—120°E/35°—41°N

Harvard Map Collection | MAP-LC | G7823. H26 1905. Z4, Hollis Number:012744081

0182 京兆地方直隶省明细全图

民国十五年(1926)四版,童世亨,上海:商务印书馆

绘制京兆、直隶两地的省、道、县三级政区界线、治所和集镇。直隶省分为津海道、口北道、保定道和大名道。另绘有铁路、公路、商埠、海底电缆等要素,对地名与河流的绘制较为细致。

附插图 2 幅:《京师西北附近》,为北京城及西北郊区简图;《天津商埠图》,简要绘制天津各国租界和商埠分布情况。

1 图,彩色,中文,94 cm×64 cm,1∶1000000,114°—120°E/35°—42°N

Harvard Yenching Library | Offsite Storage (HD) | 3086 0140, Hollis Number:008724707

0183 河北省图

民国二十六年(1937),许仰安,上海:中华书局

河北省行政区划图,标注省内河流、铁路、公路干道、沿海航线、省县治所和少数边镇,无省以下政区分界线。

附插图 3 幅:《北平附近图》,简要绘制北京城周边地区铁路和公路线;《天津市图》,简要勾勒天津城区及城南租界地;《孙中山计划北方大港图》,简要绘制孙中山在《建国方略》中提出的在渤海湾乐亭县南滦河口、青河口处建设北方大港的计划。

1 图,彩色,中文,48 cm×36 cm,1∶3200000,113°42′—119°48′E/35°00′—41°42′N

Harvard Yenching Library | Offsite Storage (HD) | 3086 0423, Hollis Number:008724636

0184 津门保甲图说

道光二十六年(1846),(清)陆建瀛

该图说编撰的目的是为了加强天津地方保甲,增强津口民防。图说自城东起,按顺时针方向绘制了天津城周围各村庄以及城内和四城门外的地理形势。图中地形、植被、房屋等要素的绘制较为形象。每图后附有图说,详细记载图内各类户口数,如绅衿、盐商、铺户、烟户、土住、应役、负贩、佣作、船户、医卜、乞丐、僧道等,并记载人口总数和大、小口数,同时记载了各图内的寺庙数。

181 图,墨刻本,中文,30 cm×35 cm

Harvard Yenching Library | Offsite Storage (HD) | 4742 1335, Hollis Number:007585540

0185 三河县地图

民国三年(1914),马维离测绘,汪仁溥鉴定,北京:京艺印书局

民国直隶省三河县地图,详细标注县内各乡镇、村庄名、交通线及寺庙、教堂、清真寺等宗教场所,以晕滃法绘制山脉,无乡镇分界线。附于民国《三河县志》后。

1 图,彩色,中文,79.0 cm×54.5 cm,1:100000

Harvard Yenching Library | Rare Book | T 3134/1132.83, Hollis Number:008062583

0186 山西分县详图

1950 年 4 月初版,中国史地图表编纂社陈志方,上海:亚光舆地学社

山西省县级行政区划图,一县一色,绘制县界、专区界等,标注县内村镇地名,绘制河流、湖泊、公路、铁路、电报局、矿产等。

附插图 1 幅:《山西省地形图》。

1 图,彩色,中文,76.0 cm×53.6 cm,1:1000000,110°—115°E/34°—40°N

Harvard Yenching Library | Offsite Storage (HD) | 3089 7943, Hollis Number:008724640

0187 内蒙古地图

1932—1937 年

日本绘制的内蒙古地图,标绘内蒙古主要地名和交通线路。此时内蒙古主要包括

锡林郭勒盟、察哈尔盟、乌兰察布盟、伊克昭盟等，大致为贺兰山以东、长城以北、大兴安岭以西地界，与今内蒙古不同。

此图未标注成图年代，图上绘有伪满洲国，应在1932年之后。而1937年日军侵占内蒙古后，曾在此扶持伪察南自治政府、伪晋北自治政府、伪蒙古联盟自治政府、伪蒙疆联合自治政府等一系列傀儡政权，但这些皆未出现在图上，因而推测绘图之时，这些傀儡政权尚未成立，即该图应成图于1937年以前。

1图，黑白，日文，47.4 cm×59.5 cm，1∶2500000，104°—120°E/38°—46°N

Harvard Yenching Library | Manchuguo J-0813，Hollis Number：014622046

0188 蒙古地方明细地图

民国二十五年(1936)，武汉：武昌亚新地学社

蒙古行政区划图，包括车臣汗部、土谢图汗部、三音诺颜部、扎萨克图汗部、科布多和唐努乌梁海6部分，并绘有旗、部的分界线。配有地形、河流、湖泊、铁路、公路干线、大道、小道、井泉、站台等，并以红色字体标注部分重要产业、物产和动植物分布。

附插图2幅：《库伦街市图》和《科布多城市全图》。

1幅，彩色，中文，54 cm×78 cm，1∶3200000，89°—120°E/41°—54°N

Harvard Yenching Library | Rare Book | T 3107.1/4440，Hollis Number：009406179

0189 “蒙疆”地图①

1940年，关恩肇绘

此图由日本扶植的伪蒙古联合自治政府治安部绘制发行，为锡林郭勒盟行政区划图，绘有各旗界线、治所以及公路线、寺庙、牧场、沙漠等要素。

1图，黑白，中文、日文，107 cm×78 cm，1∶860000

Harvard Yenching Library | Offsite Storage (HD) | 3107.1 7263.1，Hollis Number：009406254

0190 “蒙疆”地图②

1940年，关恩肇绘

此图由日本扶植的伪蒙古联合自治政府治安部绘制发行，为乌兰察布盟、巴彦塔拉盟、伊克昭盟等地行政区划图，是《“蒙疆”地图①》续接图，绘有各旗界线、治所以及公路线、寺庙、牧场、沙漠等要素。

1图，黑白，中文、日文，107 cm×78 cm，1∶860000

Harvard Yenching Library | Offsite Storage (HD) | 3107.1 7263.2，Hollis

Number：009406264

0191 南部"蒙疆"略图

1940 年，关恩肇绘

此图由日本扶植的伪蒙古联合自治政府治安部绘制发行，为内蒙古行政区划图，覆盖范围北至锡林郭勒盟、乌兰察布盟一带，南抵达长城，包括河套地区、河北北部、山西北部等地。绘制了盟和县级政区的分界线及治所。

1 图，黑白，中文、日文，107 cm×78 cm，1∶860000

Harvard Yenching Library｜Offsite Storage（HD）｜3107.1 7263，Hollis Number：009406644

0192 热察绥三区旗县新图

1923—1928 年间

该图绘制了热河、察哈尔、绥远等地的部落、旗、县的分界线，对于研究蒙古地区县旗级行政区划有较大参考价值。覆盖范围西起贺兰山河套地区，东至科尔沁、柳条边一带，南抵长城一线，北达外蒙古。绘制了山脉、河湖、沙漠、井泉、铁路、公路、商埠、邮局、市镇等要素。

此图未标注成图时间，根据图中所标"宁夏道""津海道""雁门道"等推测，应成图于北洋政府时期，民国十七年（1928）国民党北伐之后，道制便被废除。另，1928 年 10 月 17 日后，在冯玉祥的提议下，民国政府已决定废宁夏道，设宁夏省，而图上贺兰山处仍标注"宁夏道"，由此推测此图成图时间可能不晚于 1928 年，当然也存在地图信息滞后的可能。图上京包铁路业已建成通车，而京包铁路最后通车的绥远至包头段完工时间是 1923 年 1 月，由此可见，该图至少绘制于 1923 年 1 月之后。鉴于此，该图成图时间应在 1923—1928 年之间。

该图以北京为中经线，以西标注"西一"至"西十一"，以东标注"东一"至"东六"。

附插图 3 幅：《锡盟盐池图》，绘制了该盐池的形态、位置、附近河流与交通线；《多伦街市图》，简要绘制多伦市街道形态；《张家口图》，简要绘制张家口城市形态。

1 图，彩色，中文，38.5 cm×52.8 cm，1∶3210000，105°－122°E/38°－47°N

Harvard Yenching Library｜Rare Book｜T 3081/4421，Hollis Number：009406201

0193 热河察哈尔绥远三省全图

约 1930—1939 年，苏甲荣，上海：日新舆地学社

热河、察哈尔、绥远三省行政区划图，绘制三省边界、部落、交通线及沿线城镇。

背面为《最新实用中华全图》,1∶5320000,54.3 cm×77.2 cm,附3幅插图,分别为上海、北平和广州简图。

1图,彩色,中文,54.3 cm×77.2 cm,1∶2100000,104°—123°E/38°—46°N

Harvard Map Collection | MAP-LC | G7823.I5 1930. S8 vf,Hollis Number:013793192

0194 华英对照热河全省榆关平津全图

民国二十一年(1932),王华隆

热河以及北平、天津、辽东等地的县旗级行政区划图。绘制了县、旗分界线,以及铁路、公路、长城、王府等要素。

附插图2幅:《热河省城附近图》,简要绘制承德郊区地形和交通线;《朝阳市街图》,为朝阳城内街道简图。

1图,彩色,中文、英文,52 cm×37 cm,1∶2000000,115°—124°E/38°—46°N

Harvard Yenching Library | Offsite Storage (HD) | 3086 1147,Hollis Number:008726712

东北地区

0195 最新"满蒙"地图

1923年,南满州铁道株式会社

中国东北地区行政区划图,绘制省界、道界、盟界、旗界和县界,标注乡镇以上地名。空间上包括完整的东北地区、朝鲜半岛和华北平原大部分地区。详细绘制铁路、公路等交通线路,底图为河网分布图,对河流的标注较为细致,未绘制山地。

1图,蓝黑,日文,110 cm×79 cm,1∶2000000,115°—137°E/34°—55°N

Harvard Map Collection | MAP-LC | G7822. M2 1923. M5 oversize,Hollis Number:013744468

0196 东三省明细全图

民国十五年(1926)六版,童世亨,上海:商务印书馆

绘制东北三省的省、道、县三级政区的界线、治所和集镇。黑龙江分为龙江道、黑河道、绥兰道和呼伦道,吉林分为吉长道、滨江道、延吉道和依兰道,奉天分为辽沈道、东边道和洮昌道。同时绘制了省内铁路、公路、商埠、矿产等要素。对地名与河流的绘

制较为细致。

附插图 7 幅:《长春市街图》《龙江省会图》《沈阳省会图》和《吉林省会图》分别为长春、龙江(齐齐哈尔)、沈阳、吉林四个城市街道图;《辽东半岛分图》为辽东半岛地形图;《图们江边界图》和《江东六十四屯分图》分别绘制与俄国有领土争议的图们江和江东六十四屯两处地形图。

1 图,彩色,中文,94 cm×64 cm,1∶2850000,116°—136°E/38°—54°N

Harvard Yenching Library | Offsite Storage (HD) | 3082 0140; Harvard Yenching Library | Manchuguo C-0248,Hollis Number:008724699

0197 *Карта Маньчжурии*[中国东北地图]

1930 年,(俄)M. B. 扎伊采夫(M. B. ЗАЙЦЕВ)

俄制东三省省级行政区划图(未包括热河),标绘各地主要农牧业产品、铁路、公路等。以晕滃法绘制主要山脉。

1 图 2 幅,彩色,俄文,130 cm×106 cm,1∶1340000,117°—135°E/39°—54°N

Harvard Map Collection | MAP-LC | G7822.M2 1930. Z3 oversize,Hollis Number:013774910

0198 "*Manchukuo*" & *Eastern U.S.S.R.*[伪满洲国和苏联东部]

1930—1939 年

东北和西伯利亚东部地图的蓝图。该图无标题,"Manchukuo" & Eastern U.S.S.R.一标题来自后人绘制的索引图,应有误,因为图上并无伪满洲国相关信息,长春并未标为"新京",也未用首府符号标示。

1 图 6 幅,蓝图,英文,151 cm×153 cm,1∶1176000,115°—135°E/36°—55°N

Harvard Map Collection | MAP-LC | G7822.M2 1930. M2,Hollis Number:013789782

0199 最新"满蒙"大地图

1931 年 10 月 9 日,南满洲铁道株式会社绘制,日本东京:报知新闻社

北洋政府时期东北地区行政区划。报知新闻社将此图作为新闻附录于 1931 年发行,此时中国的道制已于 1925 年后陆续废除,但图上并未更新,不论是东北地区还是华北地区,仍标注道制。

背面为《"支那"本部一般图》,黑白,绘制中国东中部省份行政区,同样为北洋政府时期道制地图。另有 18 张满蒙地区照片。

1 图,彩色,日文,110 cm×77 cm,1∶2000000,115°—136°E/35°—54°N

Harvard Yenching Library | Manchuguo J-0821,Hollis Number:014623772

0200 最新“满蒙”及邻接地图

1931年12月28日,(日)大宫权平,日本东京:东方地史研究会

此图重点绘制东北地区,兼及周边的华北、蒙古、东西伯利亚、日本、朝鲜等地。该图出版时,日军经九一八事变后已占领东北全境。该图将热河纳入伪满洲国,并用单独色块将东北四省与内地区别开来。

1图,彩色,日文,54 cm×76 cm,1∶7000000,93°—145°E/30°—50°N

Harvard Yenching Library | J 3082 4342,Hollis Number:012093834

0201 *Manchuria, Japan, Korea and Adjacent Parts of China and Siberia* [中国东北、日本、朝鲜以及相邻的中国和西伯利亚部分]

1931年,美国芝加哥:兰德·麦克纳利公司(Chicago: Rand McNally & Company)

简要反映东北、朝鲜及周边地区的位置与形势,绘制铁路线,内容简略。由兰德麦奈利公司根据满铁绘制的地图改编而成,载于《文学摘要》(*The Literary Digest*)。该图已将热河纳入伪满洲国,为东北四省。

1图,彩色,英文,25.0 cm×18.5 cm,1∶10000000,116°—145°E/30°—55°N

Harvard Map Collection | MAP-LC | G7822.M2 1931. M3,Hollis Number:013777570

0202 *Map of Manchuria and Adjacent Areas*[中国东北周边地区]

1931年,密歇根地理研究所(The Geographical Institute),美国密歇根安娜堡:爱德华兄弟(Ann Arbor: Edwards Brothers)

东北及周边地区简图,绘制省界、铁路线、河流等。铁路线按中国控制和日本控制进行区分绘制,地名标注较为简略。

1图,黑白,英文,127.5 cm×96.5 cm,1∶2500000,112°—144°E/36°—55°N

Harvard Map Collection | MAP-LC | G7822.M2 1931. G4 ultrasize,Hollis Number:013777453

0203 *Map of Manchuria and Adjacent Areas*[中国东北及周边地区]

1932年,密歇根地理研究所(The Geographical Institute),美国密歇根安娜堡:爱德华兄弟(Ann Arbor: Edwards Brothers)

东北及周边地区简图,绘制省界、铁路线、河流等。图后附有关于东北地区的英文

解说。

1 图，黑白，英文，43.3 cm×28.0 cm，1∶9000000，110°—145°E/30°—55°N

Harvard Map Collection | MAP-LC | G7822.M2 1932. G4；Botany Gray Herbarium | Map Case 51，Hollis Number：013777436

0204 最新"满蒙"大地图

1932 年 2 月 20 日，(日)前原秀行，日本东京：明治图书出版协会

东北四省道级行政区划图。该图成图于九一八事变之后、伪满洲国成立之前，尚未重新划定行政区，省以下仍沿用道制。蒙古地区地名多用假名标注。该图绘制了省、道两级政区分界线，以及铁路、公路、航线等交通线路。

1 图，彩色，日文，63.5 cm×47.0 cm，1∶3200000

Harvard Yenching Library | Manchuguo J-0881，Hollis Number：014636938

0205 最新"滿洲國"地圖[最新伪满洲国地图]

1932 年 4 月 1 日，(日)中目尚义、铃木利贞，日本东京：日本评论社

伪满洲国及周边地区行政区划图。该图作为《经济往来》杂志第 7 卷第 4 号增刊，以介绍东北主要政治形势为主，地图精度有限。地图右上方附东北四省人口面积，下方附东北铁路、资源、时区以及日俄战争兵力损失等统计简表。

1 图，彩色，日文，54.5 cm×37.8 cm，1∶7000000，115°—145°E/30°—55°N

Harvard Yenching Library | Manchuguo J-0885，Hollis Number：014636948

0206 最新"大滿洲國"全圖[最新伪满洲国全图]

1932 年 4 月 14 日，日本东京：青年教育普及会

伪满洲国成立初期道级行政区划图，绘制了道级政区分界线。

附插图 6 幅：《齐齐哈尔市街图》《吉林市街图》《哈尔滨市街图》《奉天市街图》《"新京"(长春)市街图》和《日满连络图》。

1 图，彩色，日文，78.3 cm×54.8 cm，1∶3000000，116°—136°E/38°—53°N

Harvard Yenching Library | Manchuguo J-0826，Hollis Number：014623817

0207 "滿洲國"要圖 [伪满洲国简图]

1932 年 4 月 15 日，日本东京：帝国在乡军人会本部

伪满洲国行政区划图，绘制伪满洲国成立之初的奉天、吉林、黑龙江和热河等东北四省，并标注了各地的主要农、牧、矿等物产和铁道线路。图右上方有伪满洲国基本情况、四省面积和人口、"中央国务院"及各部长官姓名，图右下方有耕地面积、主要物产、

家畜、矿产产量等统计信息。

1 图，彩色，日文，105.5 cm×79.0 cm

Harvard Yenching Library | Manchuguo J-0856，Hollis Number：014629912

0208 百万分一东三省全图

民国二十一年(1932)，苏甲荣，上海：日新舆地学社

按民国行政区绘制的东北县级行政区图，绘制省、县界。自然要素方面，标绘山脉、河湖、沼泽、森林、草地等，未绘制等高线或地形高程；社会经济方面，标绘城市、村镇、铁路、公路、电报线、寺庙、商埠、码头、兵营、蒙古包、古迹等。

附插图 15 幅，为东三省铁路图、东北旧壤图、东北各县大豆产量对比图以及大连、长春、沈阳、哈尔滨、齐齐哈尔、旅顺、辽阳、永吉等 12 个东北主要城市的街道简图。

1 图，彩色，中文，196 cm×150 cm，1：1000000，115°—136°E/38°—54°N

Harvard Map Collection | MAP-LC | G7822.M2 1932.S8，Hollis Number：013789666

0209 百万分一东三省全图

民国二十一年(1932)，苏甲荣，上海：日新舆地学社

东北地区县级行政区划图，绘制县界以及大量村镇地名。该图还较为细致地标示了土地利用类型，包括森林、草地、沙地、山地等。

此条目下有 8 幅分图：《沈阳》《旅顺》《永吉》《瑷珲》《依兰 海伦》《龙江》《室韦》和《长白》，虽以分图以城市命名，但内容并不是城市图，而是以图幅内某个城市命名的分区图。《沈阳》为辽宁西北部、吉林西部和热河东北部地区，西起昭乌达盟，东至长春，南抵沈阳，北达洮南，附插图《东三省铁路图》；《旅顺》为本溪、辽阳一线以南的辽东半岛，附《辽阳附近图》；《永吉》为吉林省东部地区，西起长春，东至图们江，南抵临江通化，北达哈尔滨，并附《永吉市郊区图》和《三省各县大豆产量比较图》；《龙江》为黑龙江省西南部，东起嫩江、讷河一线，西至外蒙古，南抵察哈尔、辽宁，北达北纬 50°一线，龙江(齐齐哈尔)为区内主要城市；《瑷珲》为黑龙江省北部呼玛至江东六十四屯中俄边境一带，标注“江东六十四屯自庚子年被俄侵占至今未还”字样；《依兰 海伦》为黑龙江省东部和吉林省东北部，西起黑龙江中部克山，东至乌苏里江，南抵呼兰、穆棱河一带，北达黑龙江中俄边境，附插图《民国十八年东北海军三江拒俄阵势图》；《室韦》为大兴安岭北部地区，北纬 50°以北，东经 125°以西地区，附《东北旧壤图》一份，标注被俄国割占的领土；《长白》为长白山地区图，附有东北主要大城市街道图，包括大连、旅顺、长春、沈阳、哈尔滨、齐齐哈尔、营口、东安、海拉尔、满洲里等，其中对大连、长春、沈阳的绘制较为细致。

另有一幅《暴日侵略我江南地图》，标注日军在"一·二八"事变时进攻上海的军力分布，包括军舰、飞机、炮兵、步兵据点、轰炸点以及各城市日军进攻日期和国军撤退日期，尺寸 27.5 cm×39.5 cm。

9 图，彩色，中文、英文，54.6 cm×78.8 cm，1∶1000000

Harvard Yenching Library | Offsite Storage（HD）| 3082 4969，Hollis Number：008724734

0210 *Map of "Manchoukuo"*[伪满洲国行政区划图]

1933—1934 年，南满洲铁道株式会社

伪满洲国省级行政区划图，绘制省界、铁路线、河流干道，标注主要城市。图中伪满洲国包括奉天、吉林、黑龙江、热河和兴安省，鉴于日本占领热河并纳入伪满洲国是在 1933 年 5 月，而 1934 年伪满洲国将东北四省分为 10 个省，因此，该图反映的应是 1933—1934 年间的东北行政区划信息。

1 图，彩色，英文，49 cm×54 cm，1∶6300000，104°—152°E/30°—55°N

Harvard Map Collection | MAP-LC | G7822.M2 1939. M32，Hollis Number：013772941

0211 *"Manchuria", Japan, Korea & Adjacent Parts of China & Siberia* [中国东北、日本、朝鲜以及相邻的中国和西伯利亚部分]

约 1933—1939 年，美国芝加哥：兰德·麦克纳利公司（Chicago：Rand McNally & Company）

东北及周边地区的手绘彩图，简要反映东北、朝鲜及周边地区的位置与形势，绘制该区域的铁路线，内容简略。

1 图，手绘，彩色，英文，102 cm×68 cm，1∶2373000，115°—135°E/30°—55°N

Harvard Map Collection | MAP-LC | G7822.M2 1930. M3，Hollis Number：013782839

0212 "滿洲帝國"最新大地圖 [伪满洲国最新大地图]

1934 年 4 月 5 日，日本名古屋：名古屋新闻社

伪满洲国初期道级行政区划图，底图为分层设色地形图，绘制道级政区界，以及县级地名、铁路、公路、海上航线等。

右下方附表显示东北 12 个主要大城市的人口，其中以奉天 39.28 万人为最，哈尔滨 28.99 万人次之。

该图是作为名古屋新闻 13671 号的插图。

1图,彩色,日文,79.0 cm×54.5 cm,1∶3000000,113°—136°E/35°—53°N

Harvard Yenching Library | Manchuguo J-0832,Hollis Number:014624000

0213 "滿洲帝國"新行政區劃圖[伪满洲国行政区划图]

约1934—1935年

伪满洲国县级行政区划图,绘制省、县界。图中标绘的省份包括奉天、吉林、龙江、热河、滨江、锦州、安东、间岛、三江、黑河、兴安北省、兴安南省、兴安东省和兴安西省等14省。1934年12月1日,伪满洲国将原东北四省分为10个省,兴安省拆为4个省,形成该图所示行政区格局。图题标为"新行政区划",表明该图绘于新改制之后不久。

1幅,彩色,中文,47 cm×33 cm

Harvard Yenching Library | Manchuguo C-0231,Hollis Number:014603400

0214 "滿洲帝國"全圖 *The Empire of "Manchou"* [伪满洲国全图]

1935年,(俄)A. M.伊斯托明(A. M. Istomin)绘图、M. A.他雷金(M. A. Talysin)校对,哈尔滨:经济学家出版社地图局(Harbin:Cartographic Bureau of the Economist Pub. Co.)

伪满洲国省级行政区划图,中英文标注地名,无省内次级政区界线,绘制铁路、公路等交通线,地名标注较为详细。

1图,彩色,英文、中文,106.5 cm×77.0 cm,1∶2000000,116°—140°E/39°—53°N

Harvard Map Collection | MAP-LC | G7822.M2 1935. I7;Botany Arnold (Cambridge) GEN Map Case 51,Hollis Number:013782935

0215 *Map of "Manchoukuo"*[伪满洲国简图]

约1936年,南满洲铁道株式会社

伪满洲国省级政区简图,信息简略。

1图,彩色,英文,55 cm×58 cm,1∶6300000,108°—148°E/32°—52°N

Harvard Map Collection | MAP-LC | G7822.M2 1936. M3,Hollis Number:013772914

0216 *Map of Japan, "Manchoukuo" and Adjoining Territories*[日本、伪满洲国及周边地区图]

1936年,日本东京:"日满"年鉴社(Tokyo:"Japan-Manchoukuo" Year Book Company)

该图为1936年《"日满"年鉴》的附图。空间范围涵盖日本、朝鲜、伪满洲国、中国台湾以及华北、蒙古、西伯利亚部分地区，绘制省界、铁路、公路、航空线、海上航线，用晕滃法绘制山地。

1 图，彩色，英文，79.0 cm×108.5 cm，1∶3500000，106°—158°E/30°—55°N

Harvard Map Collection | MAP-LC | G7960 1936. J3 oversize，Hollis Number：014145427

0217 *Map of Japan*，"*Manchoukuo*" *and Adjoining Territories*［日本、伪满洲国及周边地区图］

1940 年，日本东京："日满"年鉴社（Tokyo：Japan-Manchoukuo Year Book Company）

该图为 1940 年《"日满年鉴"》的附图。内容与前图（条目 0216）基本相同

1 图，彩色，英文，80 cm×106 cm，1∶3500000，106°—158°E/30°—55°N

Harvard Map Collection | MAP-LC | G7960 1940. J4 oversize，Hollis Number：014145005

0218 最新"支那"大地圖及"满蒙"詳細圖［最新中国大地图及"满蒙"详图］

1937 年 9 月 5 日，（日）木村文助，日本东京：共同馆

该图的空间范围为中国东北、华北和蒙古东部地区，绘制了伪满洲国县级政区分界线。图上还标注了伪冀东防共自治政府的空间范围。

附插图 3 幅：《南京附近》《上海附近》和《青岛附近》。

1 图，彩色，日文，109 cm×79 cm，1∶2800000，110°—136°E/30°—42°N

Harvard Yenching Library | Manchuguo J-0810，Hollis Number：014622020

0219 *Bird's Eye View of* "*Manchoukuo*"［伪满洲国鸟瞰图］

约 1938 年，伪满洲国总务厅情报处

以空中自南向北俯视的角度绘制东北地形，东西向拉伸变形，绘有山脉、河流、铁路和航空线等要素。该图印制在一张折叠的明信片上，印有关于伪满洲国的宣传文字。

1 图，彩色，英文，16 cm×21 cm

Harvard Yenching Library | Manchuguo W-0024；Harvard Map Collection | MAP-LC | G7822.M2A5 1938. B5，Hollis Number：012183028

0220 *Map of Japan and "Manchoukuo"*[日本和伪满洲国地图]

1938年,(日)T.佐佐木(T. Sasaki),日本东京:日本外务协会(Tokyo: Foreign Affairs Association of Japan)

日本都道府县行政区划图,以插图形式绘制了伪满洲国和台湾岛。伪满洲国图比例尺1∶7500000,尺寸22.8 cm×20.4 cm,经纬度114°—135°E/38°—54°N;台湾图比例尺1∶3000000,尺寸14.3 cm×11.1 cm,经纬度120°—122°E/22°—25°N。该图出自《日本年鉴,1938—1939》(*Japan Year Book, 1938—1939*)。

2图,彩色,英文

Harvard Map Collection | MAP-LC | G7960 1938. S3,Hollis Number:014145356

0221 *Map of "Manchoukuo"*[伪满洲国行政区划图]

1939年4月30日,南满洲铁道株式会社

伪满洲国省级行政区划图,绘制省界、铁路线、河流干道,标注主要城市。

1图,彩色,英文,54 cm×48 cm,1∶3560000,114°—132°E/39°—55°N

Harvard Map Collection | MAP-LC | G7822.M2 1939. M3,Hollis Number:013772984

0222 *Map of "Manchoukuo"*[伪满洲国行政区划图]

1939年9月1日,南满洲铁道株式会社

伪满洲国省级行政区划图,绘制省界、铁路线、河流干道,标注主要城市。

1图,彩色,英文,54 cm×48 cm,1∶3560000,114°—132°E/39°—55°N

Harvard Map Collection | MAP-LC | G7822.M2 1939. M31,Hollis Number:009142183

0223 百万分一"滿洲國"輿地圖 [百万分一伪满洲国地图]

1939年,日本陆地测量部

伪满洲国县级行政区划图,绘制省、县界,底图为分层设色地形图。图幅较大,由4幅拼合而成,细致地标注了东北各地的村镇屯堡、交通线路、山地河湖、省县界线以及各类教堂寺庙、邮局、兵营等。

另有一幅图题为《"满洲"其一》,为三江平原一带分层设色地形图。

1图4幅,彩色,日文,176 cm×144 cm,1∶1000000,116°—137°E/39°—54°N

Harvard Map Collection | MAP-LC | G7822.M2 1939. J3,Hollis Number:013739145

0224 “大滿洲國”詳圖 [伪满洲国详图]

1940 年 2 月 5 日,(日)小林又七,日本东京:川流堂本店

伪满洲国县级行政区划图。绘制了伪满洲国省、县界及屯堡村镇地名,底图为东北地区分层设色地形图。图上也包含较完整的朝鲜半岛地形与政区分界。

附插图 1 幅:《东亚一般图》。

1 图,彩色,日文,109 cm×79 cm,1∶2000000,115°—136°E/35°—54°N

Harvard Yenching Library | Manchuguo J-0823,Hollis Number:014623800

0225 新“滿洲國”全圖 [伪满洲国全图]

1941 年 8 月 5 日,(日)小林又七,日本东京:川流堂本店

此图是在前图《“大满洲国”详图》(条目 0224)的基础上修订而成,主要增补 1941 年 7 月新设立的四平省。这一时期伪满洲国省级政区数达到最多。底图为东北地区分层设色地形图。绘制了伪满洲国省、县级政区界,标注屯堡村镇。

附插图 1 幅:《东亚一般图》。

1 图,彩色,日文,110 cm×77.5 cm,1∶2000000,115°—136°E/35°—54°N

Harvard Yenching Library | Manchuguo J-0815,Hollis Number:014622118

0226 コンサイス“滿洲國”地圖[简明伪满洲国地图]

1940 年 5 月,(日)植野录夫,日本东京:东京地形社

伪满洲国分省地图册,包括《“满洲国”总图》《开拓民入植图》《产业资源图》《安东省》《奉天省南部》《奉天省北部》《吉林省》《滨江省・北安省南部》《黑河省・北安省北部》《通化省》《间岛省》《牡丹江省》《三江省・东安河》《龙江省》《兴安省北部》《兴安省南部》《锦州省》《热河省》《“新京”市街图》《奉天市街图》和《哈尔滨市街图》。底图为分层设色地形图,分省图绘有县界。

21 图,彩色,日文,16.5 cm×16.5 cm

Harvard Yenching Library | Manchuguo J-0667,Hollis Number:014634318

0227 [*Map of Manchuria and Southeastern Siberia*] [中国东北和西伯利亚东南部简图]

1942 年 3 月 18 日,美军情报协调局地理处(Office of Coordinator of Information, Geographic Division)

黑龙江、乌苏里江、库页岛一带简要地图。标注了黑龙江和乌苏里江沿岸低洼易涝地区。

注:美军情报协调局简称 COI,是罗斯福总统于 1941 年 7 月设立,为二战时美国

的情报与宣传机构。

1 图,黑白,英文,21.5 cm×26.8 cm,1∶13500000,120°—150°E/40°—60°N

Harvard Map Collection | MAP-LC | G7822.M2 1942. U5, Hollis Number: 013772745

0228 "滿洲帝國"地圖[伪满洲国地图]

1942 年 6 月修订版,"满洲事情案内所"编纂

伪满洲国省县级行政区划图,绘制省、县界。该图绘有四平省(1941 年设立),是伪满洲国省份数量最多时期的行政区图。

1 图,黑白,水域着蓝色,中文、日文,42 cm×36 cm,1∶2000000

Harvard Yenching Library | Offsite Storage (HD) | 3082 3306, Hollis Number:009406749

0229 "*Manchoutikuo*" *and Adjoining Territories*[伪满洲国及邻近地区图]

1942 年,日本陆地测量部,美国陆军制图局(U. S. Army Map Service)翻印

伪满洲国行政区划图。原图由日本陆地测量部于昭和十年(1935)5 月 20 日发行,1942 年美军翻印。绘制了东北地区及周边蒙古、俄罗斯等地的等高线、河流、城镇、交通线路等要素。

附插图 4 幅,分别为 General Map of Eastern Asia 以及 Fengtien[奉天]、Harbin[哈尔滨]、Hsinking["新京"]城市略图。

1 图,黑白,英文,76.5 cm×106.5 cm,1∶2500000,106°—138°E/39°—53°N

Harvard Map Collection | MAP-LC | G7822.M2 1945. J3, Hollis Number: 013772816

0230 "滿洲國"略圖[伪满洲国简图]

1942 年,"满洲"农产公社

伪满洲国县级行政区划图,绘制省、县界,标注县名,绘制铁路线。

1 图,彩色,中文,47 cm×37 cm,1∶4000000

Harvard Yenching Library | Manchuguo C-0238, Hollis Number:014603905

0231 *Provinces of* "*Manchuria*"[伪满洲国省级行政区图]

1943 年 1 月 28 日,美国战略情报局(U. S. Office of Strategic Services)

伪满洲国省级行政区划简图,虽绘于 1943 年,但并未标注 1941 年成立的四平省。

1 图,黑白,英文,29.3 cm×28.0 cm,1∶7000000,114°—136°E/38°—53°N

Harvard Map Collection | MAP-LC | G7822.M2F7 1943. U5, Hollis Number: 013759653

0232 东北九省新地图

民国三十四年(1945)九月初版,中国史地图表编纂社,上海:亚光舆地学社出版、大中国图书局发行

此图为抗日战争胜利后,国民政府在东北设立的九省行政区划图,绘制了省界,标注了重要市镇和屯堡以及交通线。

1图,彩色,中文,39 cm×34 cm,1∶4800000,116°—132°E/40°—52°N

Harvard Yenching Library | Manchuguo C-0241, Hollis Number: 014603963

0233 "*Manchuria*"[东北省级行政区划图]

1945年12月31日,美国国务院临时研究情报部(United States. Department of Stater Interin Research and Intelligence Service)

东北省级政区简图,仅标注省名、省界、省会和铁路线,信息简略。

1图,黑白,英文,30 cm×27 cm,1∶5500000

Harvard Map Collection | MAP-LC | G7822.M2 1945. U53, Hollis Number: 013759548

0234 "*Manchuria*" (*including Jehol*) : *pre—1931 Administrative Areas*[中国东北(含热河):1931年前行政区]

1945年12月31日,美国国务院临时研究情报部(United States. Department of Stater Interin Research and Intelligence Service)

东北四省黑龙江、吉林、辽宁、热河1931年前的县级行政区划图。

1图,黑白,英文,53.4 cm×43.2 cm,1∶3875000,95°—130°E/38°—53°N

Harvard Map Collection | MAP-LC | G7822.M2F7 1945. U5, Hollis Number: 013759321

0235 "*Manchuria*", *Administrative Divisions*[伪满洲国行政区划图]

1946年1月,美国国务院地图情报与制图处(United States. Department of State, Division of Map Intelligence and Cartography)

伪满洲国省、县二级行政区划图。

1图,彩色,英文,48.2 cm×45.6 cm,1∶4000000,117°—133°E/38°—53°N

Harvard Map Collection | MAP-LC | G7822.M2F7 1946. U5, Hollis Number:

013753614

0236 最新东北九省图

民国三十五年(1946)再版,华涤非,上海:光明舆地学社

抗战胜利后新绘的东北九省省级行政区划图,包括辽宁省、安东省、辽北省、吉林省、松江省、合江省、黑龙江省、嫩江省及兴安省。标注河流、铁路、公路、航线等,地名标注至乡镇级,未绘制省内政区界线和山地。

1 图,彩色,中文,47 cm×34 cm,1∶4500000,115°45′—132°30′E/35°45′—53°30′N

Harvard Yenching Library|Manchuguo C-0230,Hollis Number:014603289

0237 东北九省行政区域图

民国三十六年(1947),内政部方域司,上海:商务印书馆

东北地区省级行政区划图,包括黑龙江省、嫩江省、兴安省、合江省、松江省、吉林省、辽北省、安东省和辽宁省等九省,同时也绘制了完整的热河省。图上标注了重要地名、河流、湖泊、铁路、公路等要素。有省界,无区县界。

1 图,彩色,中文,108.8 cm×78.0 cm,1∶2200000,113°30′—136°05′E/ 35°45′—54°45′N

Harvard Yenching Library | Offsite Storage (HD) |3081 4210,Hollis Number:008726724

0238 奉天全省地舆图说图表

光绪二十年(1894),(清)王志修

此图为光绪会典舆图系列之一。为编修《大清会典舆图》,清廷于光绪十五年(1889)重开会典馆,并进行了一次全国性的地理测绘。奉天经实地测绘后,制成全省舆图呈送会典馆。后为便于流通,在此基础上缩略编成书册。前有奉天全省总图,后每府县各置一图,共计 31 图,详细绘制了村镇屯堡、山川河流等。省图和部分府图经纬度和计里画方并用,大部分府图和县图采用计里画方。

光绪会典舆图采用现代测绘技术,相对传统舆图具有较高的精度,是研究清末政区和地理的重要参考。

31 幅,黑白,中文,约 34.5 cm×34.5 cm

Harvard Yenching Library | Offsite Storage (HD) | 3083 1142 FOLIO,Hollis Number:005694051

0239 辽东辽西分县详图

1950年初版,中国史地图表编纂社,上海:亚光舆地学社出版,大中国图书局发行

辽东、辽西两省县级行政区划图。辽西省成立于1945年12月,辽东省成立于1949年4月,两省大致以辽河及上游浑河为界,1954年6月辽西、辽东合并为辽宁省。辽西省主要为今辽宁省辽河以西部分,也包括今吉林省境内的四平市辖区,北达双辽,南抵山海关。辽东省范围包括辽东半岛、今辽宁省东部以及吉林省东南部地区,东至长白山天池,东南至鸭绿江。该图绘制各县以及省直辖市(本溪市、鞍山市、抚顺市、营口市和旅大地区)辖区。一县(市)一色,绘有县界。该图还标注了村镇、河流、湖泊、铁路、公路、沿海航线、边堡等要素。

附插图1幅:《辽东辽西地势》,为等高线分层设色地形图。

1图,彩色,中文,75.9 cm×103.5 cm,1∶800000,119°30′—128°15′E/38°10′—44°05′N

Harvard Yenching Library | Offsite Storage (HD) | 3083 5654,Hollis Number:008724647

0240 黑龙江舆地图

光绪二十五年(1899),(清)屠寄主持,崔祥奎、单世俊、张士元、刘鸿恩等测绘

光绪会典舆图系列。光绪十五年(1889),为续修《大清会典》,清廷重开会典馆,并照会各地督抚,“恭颁钦定舆图格式,咨令各省限一年期满,测绘省、府、州、县图各一份,附说送馆”。光绪十七年(1891)四月,会典馆颁发章程5条,表格1张,对测图比例尺、图例、图说及表格内容提出明确规定,并实测经纬度。在此背景下,形成了一系列的各省光绪会典舆图。黑龙江的测绘始于光绪二十三年(1897),成于光绪二十五年,耗费白银三万二千余两。此次测绘扎实细致,凡“车马可通之地,则步步详测”,并非纸面传抄。形成测绘底稿后,由于会典馆要求的地图格式偏小,测绘所得地名不能一一详载。对此,屠寄等认为实测地名被删委实可惜,于是,将测绘的底稿缩小70%后付印,形成了这份《黑龙江舆地图》。即该图是缩小版的黑龙江光绪会典舆图底稿,对研究此次地理测绘以及清末黑龙江历史地理相关问题具有重要参考价值。全图按康乾内府舆图形式,分为61幅,拼接而成。

61幅,黑白石印,中文,单幅33.5 cm×38.5 cm,计里画方,每方十里

Harvard Yenching Library | Offsite Storage (HD) MLC-C;Harvard Map Collection|MAP-LC G2308.H55 T8 1900z f,Hollis Number:005701696

0241 黑龙江全省舆图

宣统三年(1911),黑龙江调查局

清末黑龙江地图册，在光绪会典舆图基础上编制而成。全省图1幅，府县分图28幅：《龙江府图》《呼兰府图》《巴彦州图》《兰西县图》《木兰县图》《绥化府图》《余庆县图》《海伦府图》《青冈县图》《拜泉县图》《嫩江府图》《讷河厅图》《瑷珲道总图》《瑷珲厅图》《黑河府图》《呼伦道总图》《呼伦厅图》《胪宾府图》《兴东道总图》《兴东道图》《大通县图》《汤原县图》《肇州厅图》《大赉厅图》《安达厅图》《西布特哈图》《东兴镇图》和《铁山包图》。各图绘制了府厅州县及村镇屯堡地名、政区分界线、植被、地貌、交通线路等要素。省图对中俄边境黑龙江沿岸的地名和支流绘制尤为详细。以北京为中央经线。

29图，彩色，石印，中文，35.3 cm×47.5 cm，全省图1∶2855000，115°—135°E/45°—54°N

Harvard Yenching Library | Offsite Storage (HD) | 3085 6030F, Hollis Number: 005701695

0242 [*Maps of Heilongjiang Sheng, China Showing some Administrative Districts, Gold Mines, Railroads and Roads*] [黑龙江省政区、金矿、铁路和公路图]

民国四年(1915)三月，黑龙江巡按使署，上海：中华书局

该条目下包括以下5图：

1.《黑龙江沿岸金矿图》，标注漠河、呼玛、观都等地金矿分布和矿区范围，54.6 cm×78.8 cm，1∶1427500，并附插图《甘河煤矿轻便铁路图》；

2.《黑龙江省清丈区域全图》，绘制黑龙江省清丈分区界线。底图为河道图，细致标注各支流名，54.6 cm×73.6 cm，1∶1427500；

3.《黑龙江省学田图》，绘制位于嫩江东侧、洛莱河西侧、讷河县北的省学田分布情况，54.6 cm×69.5 cm，1∶76133；

4.《嫩漠路线图》，绘制嫩江县沿嫩江往北至漠河一带路线和地形，71.3 cm×53.2 cm，1∶750000；

5.《齐昂铁路图》，绘制龙江县至东清铁路干线之间的铁路支线，52.2 cm×46.5 cm，1∶55859；

5图，黑白，中文

Harvard Map Collection | MAP-LC | G7823. H3 svar. H45, Hollis Number: 010116684

0243 黑龙江志稿附地图

民国二十一年(1932)，万福麟监修，张伯英总纂，王镇华绘图

此为省志后附录地图卷，除全省总图和省会图外，每县及设治局各一图。整体上

仍采用传统舆图绘制方法，计里画方，县图大多每方二十里。同时也补充了部分现代地图信息。

56图，黑白，刻本，中文，30 cm×30 cm，计里画方

Harvard Yenching Library | Offsite Storage (HD) | 3124 921，Hollis Number：007994407

华东地区

0244 *Nanking, et Honan: Provincie della China*［南京和河南：中国的省］

1695年，（意）温琴佐·科罗内利（Vincenzo Coronelli），意大利威尼斯：多梅尼科·帕多瓦尼（Venetia: Domenico Padovani）

该图主体部分为长江中下游地区，同时也包括山东半岛、淮河流域和河南等地在内。绘制地形、河流、湖泊、城镇等要素，其中在建有传教站的城市标注十字架符号。从海岸轮廓及长江形态看，该图参考了卫匡国1655年出版的《中国新图志》（*Novus Atlas Sinensis*）。

该图出自温琴佐·科罗内利的地图集《世界地理》（*Corso Geografico Universalle*），与条目0176、0309属于同一系列。

1图，黑白，意大利文，44 cm×58 cm，1∶2000000，110°—122°E/29°—38°N

Harvard Map Collection | MAP-LC | G7823.J48 1695. C6，Hollis Number：013637039

0245 *Country Between Kiangyin & Hangchow*［江阴至杭州之间的乡镇图］

1910年，英国陆军部参谋总部地理处（Great Britain. War Office. General Staff. Geographical Section，GSGS）

长三角地区地图，标注乡镇、交通线路、电报线、邮局、传教站以及河网等要素。

1图，彩色，英文、中文，60 cm×59 cm，1∶500000，120°—122°E/30°—32°N

Harvard Map Collection | MAP-LC | G7823.J48 1910. G7，Hollis Number：013379154

0246 江浙之间地图

约1931—1937年，上海：日新舆地学社

分上下两幅，上幅为《江南详图》，16 cm×24 cm，1∶1600000，为南京-上海-杭州

一带行政区图;下幅为《沪苏详图》,18 cm×24 cm,1∶550000,为上海-苏州一带行政区图。虽题为详图,但所载信息较为简略。该图未标注出版时间,根据图下方日新舆地学社出版的《日本侵略我东北地图》等来看,应在九一八事变之后、七七事变之前。

1 幅 2 图,彩色,中文

Harvard Map Collection | MAP-LC | G7823.J48 1920. R5, Hollis Number: 012651686

0247 *Southeastern China*[中国东南地区]

1943—1944 年,美国陆军勤务部队(United States: Army Service Forces)

中国南方地形简图。图幅大,但信息简略,标注南方省会城市和若干重要城市,绘制铁道和主要公路交通线。以晕渲法粗略绘制地形。

1 图,彩色,英文,96.5 cm×131.5 cm,1∶2500000,102°—130°E/15°—33°N

Harvard Map Collection | MAP-LC | G7822.C47 1943. S6, Hollis Number: 013350072

0248 苏浙皖三省明细图

民国三十六年(1947)初版,中国史地图表编纂社刘恩源编绘,上海:亚光舆地学社出版、大中国图书局发行,发行人:顾颉刚

1947 年苏浙皖三省县级行政区划图,有县界,标注县治和集镇,绘制河流、湖泊、公路、铁路、沿海航线等。

附插图 3 幅:《苏浙皖地势图》,为三省分层设色地形图;《南京市区图》,简要反映南京市辖范围、道路、附近河流等;《上海市区图》,简要反映上海市辖区范围、道路、河流等,图上标注了中山路、中正路、其美路等路名,为 1945 年上海光复之后新设或恢复的路名,图中民国政府"大上海"计划在江湾一带新建的飞机形市中心清晰可见。

1 图,彩色,中文,76.2 cm×54.0 cm,1∶1650000,114°30′—123°20′E/27°00′—35°10′N

Harvard Yenching Library | Offsite Storage (HD) |3099 5654, Hollis Number: 008724716

0249 [*Shanghai and Vicinity*][上海及周边]

清末民国

上海至苏州之间的手绘地图,简要标注沪苏之间道路、城镇和水域,信息较为简略。

1 图,手绘彩图,英文,49 cm×61 cm,1∶160000

Harvard Map Collection | MAP-LC | G7824.S2A1 1900. S4, Hollis Number: 012816210

0250 苏省舆地图说

同治七年(1868),(清)曾国藩、丁日昌督办,褚成绩、何绍章等编制

此图属同治舆图系列。该图编修历时三年完成,详绘山川河湖、市镇桥梁、营汛墩铺等,空间范围仅限于苏州布政司下辖的苏、松、常、镇、太五府州辖地,主体部分在长江以南,并非江苏全省。

该条目下共 2 套图,内容相同,都是五府州辖区,仅分率不同,一套每方五里,另一套每方二里半。分 6 函 23 卷,仿照康熙乾隆内府图的形制,共 20 排,每排有 11、18、19 格不等,共计 322 格,每格尺寸 31.4 cm×31.1 cm,拼合后图幅广大。经折装。

另有一幅苏、松、常、镇、太五府州缩略图,尺寸 62 cm×95 cm。

卷前为曾国藩和丁日昌进呈江苏舆图的奏折、丁日昌序、各府州县舆图说等。

2 图,墨刻本,中文,拼合图幅 314 cm×590 cm,计里画方

Harvard Yenching Library | Offsite Storage C (HD) | G2308.J48 Z3, Hollis Number: 011942127

0251 苏省舆地图说

同治七年(1868),(清)曾国藩、丁日昌督办,褚成绩、何绍章等编制

此图内容与前图(条目 0250)相同,属同治舆图系列,空间上绘制苏州布政司下辖的苏、松、常、镇、太四府一州辖地舆图,仍照康乾内府舆图形式排列。不同之处在于形式上改经折装为普通线装,并附图说一册。

2 图 7 册 689 页,墨刻本,中文,单页 30.5 cm×15.5 cm,计里画方

Harvard Yenching Library | Offsite Storage (HD) | 3099 3181, Hollis Number: 008608970

0252 江苏全省舆图

光绪二十一年(1895),(清)诸可宝,苏州:江苏书局

光绪会典舆图系列。光绪十五年(1889)重开会典馆,编修《大清会典舆图》。江苏省历时 4 年,于光绪二十年(1894)完成舆图测绘工作,并于次年刊刻。此图测绘过程中,参考了曾国藩等在同治年间测绘的江苏全省舆图。

全图分 3 册,第 1 册为《江苏全省两司八府三州一厅图说》,为省府级舆图,绘制全省、两布政司、各府、直隶州、直隶厅舆图,并附图说;第 2 册为《江宁布政司署三十六厅州县图表》,为江宁布政司下辖 36 厅州县舆图及图说,范围主要为长江以北;第 3 册为

《苏州布政司署三十三厅州县图表》,为苏州布政司下辖33厅州县舆图及图说,范围主要为长江以南。各图绘有省内电报线,电报线着红色,土地着黄色,水域着蓝色。

83图,朱墨套印,中文,32.2 cm×33.2 cm,计里画方,省图每方百里、布政司图每方七十里、府图每方五十里、县图每方十里

Harvard Yenching Library | 3099 0613 Oversize,Hollis Number:009199942

0253 江苏省明细全图

民国十五年(1926)第八版,上海:商务印书馆

江苏省县级行政区划图,绘制省内道、县二级政区界,标注县、乡、村级地名以及铁路、干道、小道、海上航线、陆上电线、海底电线、灯塔、商埠等要素。较为细致地绘制了省内河流、湖泊以及沿海沙滩,以晕滃法绘制山地。

1图,彩色,中文,52.1 cm×79.8 cm,1∶900000,116°—123°E/30°—35°N

Harvard Yenching Library | Offsite Storage (HD) | 3099 0175,Hollis Number:008724727

0254 江苏分县详图

民国三十六年(1947)增订三版,中国史地图表编纂社金立煌、金立辉制,上海:亚光舆地学社出版、大中国图书局发行

江苏省县级行政区划图,一县一色,标注县内主要村镇地名,并绘制河流、湖泊、公路、铁路、电报局、沿海灯塔等要素。

附插图7幅:《江苏省地形图》,为分层设色地形图;《国都南京市图》,绘制南京城市干道和部分地名;《镇江省会图》,绘制镇江城区干道和铁路;《上海市区全图》,绘制上海市各区范围、交通干道、河流、居民区等;《连云市形势图》,绘制陇海铁路在连云港附近线路及附近地名;《吴县附近图》,绘制苏州老城区附近主要地名、铁路、河流和湖泊等;《徐州市近郊图》,绘制徐州附近若干地名和铁路。

1图,彩色,中文,48.5 cm×71.2 cm,1∶1000000,115°45′—123°10′E/30°35′—35°00′N

Harvard Yenching Library | Offsite Storage (HD) |3099 5654.1,Hollis Number:008724646

0255 江宁府七县地形考略

光绪末年(1901—1908),(清)黄起凤、茅乃登、缪九畴同校,南京:江楚书局刻

内有《江宁府境全图》《江宁府城图》《上元江宁两县图》《句容县图》《溧水县图》《江浦县图》《六合县境图》及《高淳县图》等8幅,绘制各地山川河湖,地名标注较为简略。

所录各图取自江宁府县志。

此书校对者之一为“丹徒茅乃登”，茅以升之父，清末民国初人，而江楚书局应是两江总督刘坤一、湖广总督张之洞于光绪二十七年(1901)十月奏准在南京设立的；又图中“仪征”并未避溥仪讳，据此认为，成书时间应在光绪末年 1901—1908 年间。

8 图，墨刻本，中文，26.3 cm×18.4 cm，计里画方

Harvard Yenching Library | 3069 4209.4，Hollis Number：005584722

0256 浙江全省舆图并水路道里记

光绪二十年(1894)，(清)宗源瀚、黄炳垕、胡文渊等撰，舆图总局编辑

光绪会典舆图系列。光绪十六年(1890)浙江省按会典馆要求，组织百余人规模的测绘队伍分赴全省各厅县，采用三角法测量，历时三年余，完成全省舆图测绘工作。原图按每方一里绘制，形成底稿三千余张、近千本，提交会典馆舆图按要求缩为每方十里。鉴于舆图对于地方治理的重要性，浙江舆图局根据测绘底稿，按省图每方百里、府图每方二十里、县图每方五里的尺寸，编绘此全省舆图。除全省总图外，每府、县(厅)各一图，包括：《浙江全省总图》以及《杭州府总图》《钱塘县图》《仁和县图》《海宁州图》《富阳县图》《余杭县图》《临安县图》《于潜县图》《昌化县图》(以上杭州府)；《嘉兴府总图》《嘉兴县图》《秀水县图》《嘉善县图》《海盐县图》《石门县图》《平湖县图》《桐乡县图》(以上嘉兴府)；《湖州府总图》《乌程县图》《归安县图》《长兴县图》《德清县图》《武康县图》《安吉县图》《孝丰县图》(以上湖州府)；《衢州府总图》《安西县图》《龙游县图》《江山县图》《常山县图》《开化县图》《遂安县图》《寿昌县图》《分水县图》(以上衢州府)；《严州府总图》《建德县图》《淳安县图》《桐庐县图》(以上严州府)；《温州府总图》《永嘉县图》《瑞安县图》《乐清县图》《平阳县图》《泰顺县图》《玉环厅图》(以上温州府)；《宁波府总图》《鄞县图》《慈溪县图》《奉化县图》《镇海县图》《象山县图》《定海厅图》(以上宁波府)；《绍兴府总图》《山阴县图》《会稽县图》《萧山县图》《诸暨县图》(以上绍兴府)；《台州府总图》《临海县图》《黄严县图》《天台县图》《仙居县图》《宁海县图》《太平县图》(以上台州府)；《金华府总图》《金华县图》《兰溪县图》《东阳县图》《义乌县图》《永康县图》《武义县图》《浦江县图》《汤溪县图》(以上金华府)；《处州府总图》《丽水县图》《青田县图》《缙云县图》《松阳县图》《遂昌县图》《龙泉县图》《庆元县图》《云和县图》《宣平县图》《景宁县图》(以上处州府)。相对于此前的旧舆图对边界绘制模糊不清，此次测绘尤为注重府县边界线的绘制。

85 图，墨刻本，中文，全省总图 40.5 cm×33.0 cm，府县图单幅 30.2 cm×33.0 cm，计里画方

Harvard Yenching Library | 3100 3933 Oversize，Hollis Number：009267434

0257 修订浙江全省舆图并水路道里记

民国四年(1915),(清)宗源瀚、黄炳垕、胡文渊等原编,徐则恂修,杭州:武林印书馆

该图由浙江省内河水上警察厅长徐则恂在光绪二十年(1894)宗源瀚等人绘制的《浙江全省舆图并水路道里记》的基础上修订而成。徐则恂对浙江的水道进行了较为翔实的实地勘察。主要修订包括以下方面:民国后实行道制,全浙分为4道75县,修订图按新的行政体系进行绘编;分府县图原先一图可能分在不同页中,修订本用更大图幅将其合并在一页中;山形的绘制将原来的侧视改为俯视,并添加等高线;增绘铁路线、电报线、电报局等要素。

图幅包括:《浙江全省百里方图》以及《浙江旧杭州府总图》《浙江旧嘉兴府总图》《浙江旧湖州府总图》《钱塘道二十里方图》《杭县五里方图》《海宁县五里方图》《富阳县五里方图》《余杭县五里方图》《临安县五里方图》《于潜县五里方图》《新登县五里方图》《昌化县五里方图》《嘉兴县五里方图》《嘉善县五里方图》《海盐县五里方图》《崇德县五里方图》《平湖县五里方图》《桐乡县五里方图》《吴兴县五里方图》《长兴县五里方图》《德清县五里方图》《武康县五里方图》《安吉县五里方图》《孝丰县五里方图》(以上钱塘道);《浙江旧宁波府总图》《浙江旧绍兴府总图》《浙江旧台州府总图》《会稽道二十里方图》《鄞县五里方图》《慈溪县五里方图》《奉化县五里方图》《象山县五里方图》《定海县五里方图》《镇海县五里方图》《绍兴县五里方图》《萧山县五里方图》《诸暨县五里方图》《余姚县五里方图》《上虞县五里方图》《嵊县五里方图》《新昌县五里方图》《临海县五里方图》《黄严县五里方图》《天台县五里方图》《仙居县五里方图》《宁海县五里方图》《温岭县五里方图》(以上会稽道);《浙江旧金华府总图》《浙江旧衢州府总图》《浙江旧严州府总图》《金华道二十里方图》《兰溪县五里方图》《金华县五里方图》《东阳县五里方图》《义乌县五里方图》《永康县五里方图》《武义县五里方图》《浦江县五里方图》《汤溪县五里方图》《衢县五里方图》《龙游县五里方图》《江山县五里方图》《常山县五里方图》《开化县五里方图》《建德县五里方图》《淳安县五里方图》《桐庐县五里方图》《遂安县五里方图》《寿昌县五里方图》《分水县五里方图》(以上金华道);《浙江旧温州府总图》《浙江旧处州府总图》《瓯海道二十里方图》《永嘉县五里方图》《瑞安县五里方图》《乐清县五里方图》《平阳县五里方图》《泰顺县五里方图》《玉环县五里方图》《丽水县五里方图》《青田县五里方图》《缙云县五里方图》《松阳县五里方图》《遂昌县五里方图》《龙泉县五里方图》《庆元县五里方图》《云和县五里方图》《宣平县五里方图》《景宁县五里方图》(以上瓯海道)。

90图,总图彩色、分图黑白,石印本,中文,48 cm×64 cm,计里画方

Harvard Yenching Library | 3100 3933b,Hollis Number:009267819

0258 浙江驻防及七十八厅州县投票区图

宣统年间，（清）黄超绘制

清末立宪时浙江各县选举区划分图，上下册，每县一图，每图绘制选举区名称编号及界线，区内仅标注投票站所在地名，除山和河流外，无其他与选举不相关要素。此图对于研究清末立宪问题有重要参考价值。

首图为杭州城内满营八旗投票分区图，比例尺为 1∶4000，其余 78 图为浙江各县投票区，采用统一比例尺 1∶100000，故各县图幅大小不一。

该图为石印本，印制地点可能在日本，反映的应是宣统年间的情况。

79 图，黑白，石印，中文，1∶100000，60 cm×50 cm

Harvard Yenching Library | Offsite Storage C（HD）| G2308.Z5F9 H83 1900z；Harvard Map Collection | MAP-LC | G2308.Z5F9 H83 1900 f，Hollis Number：010108578

0259 浙江省明细全图

民国十六年（1927）八版，上海：商务印书馆编译所

浙江省行政区划图，绘有省、道、县三级政区界线、治所和集镇。全省分为钱塘道、会稽道、金华道和瓯海道。绘制了省内铁路、公路、海底电缆、航线等要素。

附插图 5 幅：《中国全图》简要反映中华民国省级行政区划，《杭县街道图》《鄞县街道图》《绍兴街道图》《西湖略图》分别绘制了杭州、宁波、绍兴等城市街道以及西湖周边景点。

1 图，彩色，中文，64 cm×94 cm，1∶850000，118°—123°E/27°—31°N

Harvard Yenching Library | Offsite Storage（HD）| 3100 0175，Hollis Number：008724694

0260 浙江分县详图

民国三十六年（1947）增订三版，中国史地图表编纂社金立煌、朱绍仙编绘，上海：亚光舆地学社出版、大中国图书局发行

浙江省县级行政区划图，一县一色，标注县内主要村镇地名，并绘制河流、公路、铁路、沿海航线、舟山群岛附近灯塔等要素。

附插图 2 幅：《浙江省地势》，为分层设色地形图；《杭州市及西湖名胜》，简要标注杭州城区及西湖周边景点。

1 图，彩色，中文，76.6 cm×53.5 cm，1∶1000000，118°15′—123°00′E/26°10′—32°30′N

Harvard Yenching Library | Offsite Storage（HD）|3100 5654，Hollis Number：

008724642

0261 镇海县地图

民国二十一年(1932)，颜圣介测绘，上海:蔚文印刷局

镇海县及分乡镇等高线地形图，分 21 图绘制，前有三角测绘点略图和图例各 1 幅，37 cm×35 cm，1∶200000；全县总图 1 幅，86.5 cm×73.0 cm，1∶100000；县城图 2 幅，其一为详图，72 cm×88 cm，1∶2500，另一为略图，与后面乡镇图保持一致，47 cm×53 cm，1∶20000；之后为每乡镇绘一图，其中乡图 10 幅，比例尺统一为1∶20000，因而随着乡的面积大小而有所变化，大约分为 102 cm×69 cm 和 49 cm×54 cm 两种规格；镇图 6 幅，比例尺统一为 1∶5000，图幅约 34 cm×25 cm。各图详细绘制山川河流、大小交通路线、市镇村落、警署、军队驻地、学校、医院、电报局、邮局、寺庙、教堂、车站、灯塔、港口等，郊区绘制植被类型，如田地、棉花地、茶地等。

该图根据户数将村落分为 30 户以下、30—100 户、100 户以上三个等级，分别用不同圆圈表示，由此可知镇海全县村级户口数以及人口的空间分布状况。

21 图，总图彩色、其他黑白，中文

Harvard Yenching Library | Offsite Special Collections (HD) | T 3100 8835，Hollis Number:013826613

0262 江南安徽全图

光绪二十二年(1896)，(清)福润鉴定，刘筹总纂

光绪会典舆图系列。光绪十五年(1889)重开会典馆，编修《大清会典舆图》，光绪十七年(1891)，会典馆要求各省测定经纬度，并用三角法测绘，但当时安徽缺乏测绘人才，遂向湖北省招募测绘专员，借用测绘仪器，并任命侯补知县刘筹负责测经纬度。光绪二十一年(1895)八月，全省测绘完成，共形成 74 幅图。历时 5 年余，耗银两万六千八百两。

该图绘制了安徽各地山川河流、府厅州县、村镇营汛、桥梁渡口等要素。以晕滃法绘制山脉。方向是上北下南。经纬网和计里画方并用，以经过京师的经线为本初子午线配置经纬网；计里画方，省图每方百里，府图每方五十里，县图每方十里。使用了统一的图例项标示系统。

74 图，黑白，石印，中文，26.5 cm×30.7 cm

Harvard Yenching Library | Offsite Storage (HD) | 3098 7284，Hollis Number:012109895

0263 福建并台湾图

光绪五年至十一年(1879—1885)

福建和台湾行政区划图，标注府州县名，无政区分界线，分福建和台湾两页。从四周图框赞颂耶稣的文字看，此图应是传教士所绘制，且该图采用以经过格林尼治的经线为中央经线配置经纬网。

该图未标注时间，根据图上罗列的府、县名单判断，应成图于光绪五年至十一年(1879—1885)间。首先，图上列有淡水县，而淡水县设立的时间是光绪五年，因此，该图应在这年以后；其次，光绪十一年台湾建省，而图中未见台湾省字样，且台湾各府县仍在福建省名录下，说明该图可能在台湾建省之前。

图中台湾只有台南府和台北府两个府，而"台南府"下有台湾、凤山、嘉义、彰化、恒春五县。此处"台南府"误，应是"台湾府"，台湾建省之前的两个府是台湾府和台北府，光绪十三年九月，改台湾府为台南府，并将下辖的台湾县改为安平县。

此图地理信息简略，应是宣传物附属品。

1图，黑白，中文，44 cm×49 cm，116°—122°E/22°—28°N

Harvard Yenching Library | Rare Book | TA 3102 1875, Hollis Number: 008628085

0264 *Province of Fu-Chien*[福建省]

1908年10月，英国陆军部参谋总部地理处(Great Britain. War Office. General Staff Geographical Section, GSGS)

清末福建府级行政区图，绘制府界，无县界，地名标注至村镇级。绘制河网，未绘制山地，另有铁路、公路、电报线路、沿海航线，标注邮局、电报局、灯塔、传教站等要素。

1图，彩色，英文，67 cm×52 cm，1∶1000000，116°—121°E/23°—29°N

Harvard Map Collection | MAP-LC | G7823.F8 1908. G7 vf, Hollis Number: 013397346

0265 全台舆图

光绪五年(1879)，(清)夏献纶，台湾道库藏版

夏献纶任福建布政使期间，派人对岛内山地进行实地勘察，历时两年，编制此图。包括总图《全台前后山小总图》1幅，配经纬线网，以穿过京师的经线为本初子午线，北极出地为纬线，一度作二百五十里。台湾岛的轮廓已较为准确。分图包括《台湾县图》《凤山县图》《嘉义县图》《彰化县图》《新竹县图》《淡水县图》《宜兰县图》《恒春县图》《澎湖厅图》《埔里社图》及《后山总图》，计里画方，每方一格，作地十里，同时配经纬线网。

12图，墨刻本，中文，25.5 cm×31.0 cm

0266 台湾全图

1920 年,日本东京:雄文馆

台湾行政区划图,底图为以晕渲法绘制的地形图。绘制厅界、村镇、铁路、公路、近海航线等。地图背面为台湾地理和政治经济状况介绍。该图属于雄文馆出版的地图系列之一。

1 图,彩色,日文,46 cm×34 cm,1∶900000,119°20′—122°00′E/22°00′—26°20′N

0267 [*Taiwan: Provinces*] [台湾县级政区图]

1940—1949 年,美国普林斯顿海军军事管理与行政学院研究二处(Princeton: NSMGA-Research 2)

台湾县级政区略图,每县一图,仅绘制县级政区轮廓,简要标注若干地名和河流。每图附有该县在全台位置略图。

56 图,黑白,英文,48 cm×37 cm,1∶125000,119°20′—122°10′E/21°40′—25°20′N

0268 台湾分县详图

1950 年初版,中国史地图表编纂社金立煌编绘、金擎宇校订,上海:亚光舆地学社出版,大中国图书局和亚光舆地学社联销处发行

台湾县区级行政区划图。台湾实行省—县(省辖市)—区三级行政体系,省下辖县:台北县、新竹县、台中县、花莲县、台南县、高雄县、台东县和澎湖县,以及省辖市:台北市、基隆市、新竹市、台中市、嘉义市、台南市、高雄市和屏东市。各县下辖区,绘有区界。该图还标注了村镇、河流、湖泊、铁路、公路、沿海航线等要素。

附插图 5 幅:《台湾省地形图》,为等高线分层设色地形图;《台湾人口密度图》,简要反映台湾人口空间分布状况,人口密集区主要集中于西岸平原地带;《台湾重要产业图》,简要反映台湾的糖、甘蔗、水稻、茶叶、森林等农林物产分布和石油、煤矿产地;《台湾地质图》,反映台湾地质南北条带状分布状况;《台湾全年气候图》,反映台湾各地气温和降水分布状况。

1 图,彩色,中文,74.5 cm×52.2 cm,1∶600000,114°30′—123°18′E/27°00′—35°

06′N

Harvard Yenching Library | Offsite Storage (HD) | 3102.8 8109,Hollis Number:009260906

0269 江西全省舆图

同治七年(1868),(清)曾国藩、刘坤一、沈葆桢编修

同治三年(1864),清廷命各省督抚勘测所辖境内舆图,江西巡抚沈葆桢及继任巡抚刘坤一主持了江西省的勘测工作,历时 4 年,绘成省图 1 幅、府图 13 幅、直隶州图 1 幅、厅州县图 79 幅。鉴于原图较大,不易保存,遂缩略刊刻成册。

全图共 14 卷,卷首 1 卷。卷首为全省总图,卷一《南昌府属》,卷二《抚州府属》,卷三《建昌府属》,卷四《瑞州府属》,卷五《袁州府属》,卷六《临江府属》,卷七《吉安府属》,卷八《南安府属》,卷九《赣州府属》,卷十《宁都州属》,卷十一《广信府属》,卷十二《饶州府属》,卷十三《九江府属》,卷十四《南康府属》,各卷卷首为府图及图说,后为各县分图及图说,介绍方位和里程。方位是上南下北。计里画方,县图每方十里,府图每方三十里,省图每方九十里,红色方格。该图细致地描绘了江西各地山川河流、府厅州县、村镇营汛、桥梁渡口等。刻印精美品相佳。

94 图,朱墨套印,中文,30.0 cm×31.5 cm,计里画方

Harvard Yenching Library | Offsite Storage (HD) | 3097 7241,Hollis Number:009255620

0270 江西全省舆图

光绪二十二年(1896),(清)朱兆麟校

光绪会典舆图系列。光绪十五年(1889)重开会典馆,编修《大清会典舆图》。光绪二十二年,江西巡抚德寿向光绪帝奏报称测绘全省舆图告成,耗资三万六千余两。

全图共 14 卷,卷一《南昌府属》,卷前有江西全省舆图和鄱阳湖图,后为南昌府图和各县图,卷二《抚州府属》,卷三《建昌府属》,卷四《瑞州府属》,卷五《袁州府属》,卷六《临江府属》,卷七《广信府属》,卷八《饶州府属》,卷九《九江府属》,卷十《南康府属》,卷十一《吉安府属》,卷十二《南安府属》,卷十三《赣州府属》,卷十四《宁都州属》,各卷卷首为府图及图说,后为各县分图及图说,介绍方位和里程。方位是上北下南。同时使用经纬网与计里画方。以经过京师的经线为本初子午线配置经纬网;计里画方则省图每方百里,府图每方五十里,县图每方十里。细致描绘了江西各地山川河流、府厅州县、村镇营汛、桥梁渡口等。

99 图,黑白,石印,中文,30.5 cm×38.4 cm

Harvard Yenching Library | Offsite Storage (HD) | 3097 2930,Hollis Num-

ber:009259467

0271 江西福建省明细全图

民国十五年(1926)六版,童世亨,上海:商务印书馆

江西福建两省行政区划详图,绘制两省的省、道、县三级政区界线、治所和集镇。江西省分为浔阳道、豫章道、庐陵道和赣南道,福建省分为闽海道、建安道、厦门道和汀漳道。同时标绘铁路(九江至南昌段)、公路、商埠、海底电缆等要素。对地名与河流的绘制较为细致。

附插图4幅:《南昌省城图》《九江街道图》《福州省城图》和《台南街道图》,分别为南昌、九江、福州和福州南部闽江两岸的街道图。

1图,彩色,中文,64 cm×94 cm,1∶1340000,113°—121°E/25°—30°N

Harvard Yenching Library | Offsite Storage (HD) | 3097 0140, Hollis Number:008724704

0272 *Province du Shantung, Chine*[山东省地理全图]

1877年,(法)福威勒(A. A. Fauvel),法国巴黎:埃哈德兄弟公司(Paris: Erhard Bros)

山东县级行政区划图,绘制了详细的府、县级政区分界线,标注村镇级地名。晕滃法绘制主要山脉,标绘河流、铁路、公路等,对海岛作了较为细致的标记。

该图由海关总税务司赫德主持、山东海关福威勒绘制。地图上方空白处题有:

"大清国山东省各府厅州县镇集山河地理全图敬呈

总税务司英国赫德 啟

山东海关帮办法国福威勒谨绘"

图上注明,该图的参考数据包括1711年杜赫德的地图;法国、英国和美国海军地图;奈伊·埃利亚斯(Ney Elias)绘制的黄河图;1868年山东方志地图;威廉姆森的道路和矿物手绘地图等。其中杜赫德的地图很有可能是来自康熙《皇舆全览图》的山东初测部分,全览图山东部分于1712年之前便测绘完毕,传教士很有可能在该部分测绘完毕后,便先行传回法国出版,而不是等全图测绘完。

1图,彩色,中文、法文,67 cm×108 cm,1∶650000,114°49′—122°42′E/34°22′—38°24′N

Harvard Map Collection | MAP-LC | G7823.S4 1877.F3, Hollis Number:005409343

0273 山东省地理全图

1908—1911 年,(清)刘树德(Liu Shu Deh)

清末山东府级政区图,分府着色,以晕滃法绘制主要山脉,标绘河流、铁路、公路、电报局等要素。绘图者署名 Liu Shu Deh,经查中文名为刘树德,毕业于北美基督教长老会创办的登州文会馆(Tengchow College,即后来的齐鲁大学)。

图上胶州标为直隶州,查胶州由散州升格为直隶州的时间是光绪三十四年(1908),因而推断成图时间应为 1908—1911 年间。

1 图,彩色,中文,35 cm×58 cm,1∶1350000,116°—123°E/35°—38°N

Harvard Map Collection | MAP-LC | G7823.S4 1900. L5,Hollis Number:012696750

0274 山东省明细全图

民国十五年(1926)八版,上海:商务印书馆

山东省县级行政区划图,绘制山东省、道、县三级政区界线、治所和集镇。全省分为济南道、胶东道、济宁道和东临道。绘制了省内铁路、公路、海底电缆、航线等要素。

附插图 2 幅:《济南省城及商埠图》简要绘制济南城和西面商埠区的街道分布;《青岛街市图》简要绘制青岛街道分布。

1 图,彩色,中文,64 cm×94 cm,1∶1000000,115°—123°E/34°—39°N

Harvard Yenching Library | Offsite Storage (HD) | 3087 0217,Hollis Number:008724696

0275 山东省图

民国二十六年(1937),许仰安,上海:中华书局

山东省行政区划图,标注省内河流、铁路、公路干道、沿海航线、省县治所和部分乡镇,无省以下政区分界线。

1 图,彩色,中文,37.0 cm×48.5 cm,1∶2000000,115°—123°E/34°—39°N

Harvard Yenching Library | Offsite Storage (HD) | 3087 0423 FOLIO,Hollis Number:008726716

0276 兖州府邹县造送城垣山河地舆图

约光绪六年(1880),邹县县衙

山东兖州府邹县彩绘地图,绘制县城、河流、山地、村铺、桥梁等,西面为泗河与运河。图后题签如标题“兖州府邹县造送城垣山河地舆图”。未标注成图时间,对比《沈邱县舆河图》(见条目 0282),两者体例、尺寸、制图风格相似,都贴方形红纸,上题“早

送舆图”字样，加盖县衙印鉴，推测应是光绪初年由上级发文要求县衙奏报各县舆图，因此该图的成图时间应大体与沈邱县图相同，即光绪六年前后。

1图，彩色，中文，47 cm×46 cm

Harvard Yenching Library | Offsite Storage (HD) | 3087 2269，Hollis Number：012108902

0277 益都县图志

光绪三十三年(1907)，(清)张承燮，益都官舍刻

全志54卷，其中卷二至卷四为舆图。卷二为《地形图》，分为县境全图(每方二十里)、县城、附郭乡、乐善乡、孝悌乡、齐礼乡、安定乡、亲仁乡、务本乡、仁智乡等一城八乡，每乡一图，计里画方，每方五里；卷三为《道里开方图》分为城内坊巷、城外坊巷、八乡里社图，分别绘制城内外街道和周边八个乡镇村庄的地名、河流、山地及乡镇分界线；卷四为《水道图》，分别为水道总图以及境内南阳水、北阳水、弥水、尧水、淄水、石沟水等河流图。

20图，墨刻本，中文，26.2 cm×30.6 cm，计里画方

Harvard Yenching Library | Offsite Storage (HD) | 3140 814.88，Hollis Number：007482310

华中地区

0278 鄂豫皖赣湘明细地图

1938年，苏甲荣，上海：日新舆地学社

华中地区省级行政区划图，包括湖北东部、河南东南、安徽西部、江西北部、湖南东北部等地。标注城镇村落、交通线等要素。该图的出版与1938年的武汉会战有关。

1图，彩色，中文、英文，78 cm×54 cm，1∶1300000，112°—118°E/28°—35°N

Harvard Map Collection | MAP-LC | G7823.H64 1938. R529，Hollis Number：010102974

0279 河南分县详图

民国三十六年(1947)增订四版，中国史地图表编纂社黄镜湖、卢怀远制，上海：亚光舆地学社出版、大中国图书局发行

河南省县级行政区划分图，一县一色，标注县内主要村镇地名，并绘制河流、公路、

铁路、电报局等要素。

插图 7 幅:《河南省地势图》,为河南省分层设色地形图;《开封省会图》,简要反映省会开封城墙、护城河、城内干道、城南陇海线等;《洛阳及西工图》,简要反映洛阳城区及城西的飞机场;《洛阳名胜图》,简要反映洛阳郊区名胜古迹,如白马寺、部分帝陵等;《郑县城市图》,简要反映郑县(今郑州)主要街道和铁路线;《开封附近图》,简要反映开封郊区地名、铁路线和公路干道;《周家口市街图》,简要反映周家口市街道和城墙。

1 图,彩色,中文,57 cm×71 cm,1∶1200000,108°30′—118°30′E/31°20′—36°45′N

Harvard Yenching Library | Offsite Storage (HD) |3088 5654.1 FOLIO,Hollis Number:008724644

0280 河南分县详图

民国三十七年(1948)增订五版,中国史地图表编纂社黄镜湖、卢怀远制,上海:亚光舆地学社出版、大中国图书局发行

河南省县级行政区划分图,内容与前图(条目 0279)基本相同。

1 图,彩色,中文,54.5 cm×75.5 cm,1∶1200000,108°30′—118°30′E/31°20′—36°45′N

Harvard Yenching Library | Offsite Storage (HD) |3088 5654,Hollis Number:008724643

0281 南阳县图

光绪十八至二十一年(1892—1895),(清)戴广恩

清末河南南阳县地图,绘制山川河流、集镇村庄、道路桥梁、庙宇教堂、厘税墩卡等要素。该图是光绪会典舆图测绘的产物。尽管会典馆最终只收录府级地图,未收县级地图,但许多地方已完成了县级地图测绘,南阳县在上报会典馆所需舆图之外,另行绘制了此图。

该图兼具传统舆图与现代地图的特征,如西北和东北部的山地是以传统山水画法绘制,地名的标注和书写方式以及计里画方等都带着浓厚的传统舆图色彩,与此同时,该图又采用了等深线、比例尺、经纬网等现代地图要素,可以说该图是中国传统舆图向现代地图转变的中间结果。

特别值得注意的是该图记载的村级人口数据。图中标绘了村镇 1906 个,根据村庄户数多寡分为 7 个等级标注,据此可知这一时期南阳县村级人口分布状况。

图幅广大且绘制如此精细的县级地图在此之前并不多见,此图除燕京馆藏外,仅见台北故宫博物院收藏。

对本图更详细的研究，可参考徐建平：《哈佛燕京图书馆藏〈南阳县图〉研究》，《历史地理》第三十六辑，2018年。

1图，彩色，中文，106 cm×87 cm，1：116000

Harvard Yenching Library | Rare Book | T 3088/4272，Hollis Number：009747713

0282 沈邱县舆河图

光绪六年(1880)，沈邱县衙

此为沈邱县周边河道彩绘图，黄绿色绘制县域内大小河道，标注部分村落名，绘制较为简略。此图被放在乾隆《沈邱县志》后，同附另有《沈邱县呈宪纲文册》一份，据宪纲文册和河图两者的形制、县衙印信、字迹等看，河图应是与宪纲文册于光绪六年一同呈报清廷。

1图，彩绘，中文，47 cm×47 cm

Harvard Yenching Library | Rare Book | T 3145/3172.83，Hollis Number：007493631

0283 平原省分县详图

1950年6月再版，中国史地图表编纂社董石声，上海：亚光舆地学社出版、大中国图书局和亚光舆地学社联合发行

平原省是1949年8月在华北平原新设省，辖区为山东省西南部与河南省黄河以北区域，以新乡为省会，下辖新乡、濮阳、安阳、菏泽、湖西、聊城6专区和新乡、安阳2省辖市。该省的设立与鲁豫边界地区反特务斗争以及黄河治理有关，但该省建制仅存3年。1952年11月，平原省被撤销，新乡、安阳、濮阳专区划归河南省；菏泽、聊城、湖西专区划归山东省。本图为1950年平原省县级行政区划图，一县一色，标注县内主要村镇地名，并绘制河流、公路、铁路、电报局、采矿地等要素。该图系据华北人民政府民政部华北五省新行政区划简图编制而成。

附插图1幅：《平原省地势图》，为分层设色地形图，反映平原省地势、河流、黄河故道、大运河等地貌形态。

1图，彩色，中文，53.6 cm×72.0 cm，1：700000，111°48′—117°05′E/34°36′—37°30′N

Harvard Yenching Library | Offsite Storage (HD) |3086.8 5654，Hollis Number：008724637

0284 湖北省明细全图

民国十四年(1925)第六版,上海:商务印书馆编译所

湖北省行政区划图,绘制省内道、县两级政区界,标注省治、道治、县治、大镇和部分村落,绘制铁路、公路、电线以及河湖等,以晕滃法绘制山地。

附插图1幅:《武昌汉阳汉口合图》,为武汉三镇城市简图。

1图,彩色,中文,64 cm×94 cm,1:900000,108°—115°E/29°—33°N

Harvard Yenching Library | Offsite Storage (HD) | 3095 0175,Hollis Number:008724700

0285 湖北明细分县袖珍图

1936—1937年,上海:新宇舆地学社

湖北省县级行政区划图,一县一色,绘制铁路、公路交通线,标注市镇、关隘、商埠等要素,配有较为简单的等高线。

该图未标注成图时间,图上英山县已划入湖北省,故应在1936年之后;汉口日租界于1937年抗战后收回,但插图中仍标为日租界,并标注日本海军码头,而且汉冶萍铁厂也在中日战争全面爆发后内迁重庆,而图上仍有标注,故可能是在1937年战前,因此,该图应成图于1936—1937年间。

1图,彩色,中文,27.6 cm×38.5 cm,1:2130000,109°—116°E/29°—32°N

Harvard Yenching Library | 3095 0374,Hollis Number:009124632

0286 湖南全省图

嘉庆二十二年至二十五年(1817—1820)

首页为《洞庭图》,以传统山水画法,彩色绘制洞庭湖景,其次为《湖南省全图》,各府州着一色,标注府州县名,其后依次为《长沙府图》《衡州府图》《永州府》《岳州府》《宝庆府》《常德府》《辰州府,附乾州凤凰永绥三厅》《永顺府》《澧州》《靖州》《郴州》《沅州府附晃州厅》《桂阳州》等府州图,府州图分县着色,标注县名以及县内主要山川名。该图册色彩明亮、绘制精美。

图中已有晃州厅,而该厅设立时间是嘉庆二十二年(1817),故应在此之后;图中"寧"字不避讳,可能在道光帝即位之前,因此该图绘制时间大约是嘉庆二十二年至二十五年(1817—1820)间。

1册15图,彩绘本,经折装,中文,28.1 cm×31.3 cm,计里画方,省图每方百里,府州每方四十里

Harvard Yenching Library | Rare Book | T 3096/3489,Hollis Number:009747684

0287 湖南疆域驿传总纂

光绪十四年(1888),悭硷山馆

记述湖南全省驿站及里程,后附全省舆图一卷,是曾国荃等主持编修的《湖南通志》(光绪十一年刻本)舆图。有《疆域总图》1幅,计里画方,每方八十里,后每府县一图,府图每方四十里,县图每方二十里,有《长沙府图》《长沙县图》《善化县图》《湘阴县图》《浏阳县图》《醴陵县图》《湘潭县图》《宁乡县图》《益阳县图》《湘乡县图》《攸县图》《安化县图》《茶陵州图》《衡州府图》《衡阳县图》《清泉县图》《衡山县图》《安仁县图》《耒阳县图》《常宁县图》《酃县图》《永州府图》《零陵县图》《祁阳县图》《东安县图》《道州图》《宁远县图》《永明县图》《江华县图》《新田县图》《宝庆府图》《邵阳县图》《新化县图》《武冈州图》《新宁县图》《城步县图》《岳州府图》《巴陵县图》《平江县图》《临湘县图》《华容县图》《常德府图》《武陵县图》《桃源县图》《龙阳县图》《沅江县图》《辰州府图》《泸溪县图》《辰溪县图》《溆浦县图》《永顺府图》《永顺县图》《龙山县图》《保靖县图》《沅州府图》《芷江县图》《黔阳县图》《麻阳县图》《乾州凤凰永绥三厅图》《乾州厅图》《凤凰厅图》《永绥厅图》《晃州厅图》《郴州全图》《郴州图》《永兴县图》《宜章县图》《兴宁县图》《桂阳县图》《桂东县图》《靖州全图》《靖州图》《会同县图》《通道县图》《绥宁县图》《澧州全图》《澧州图》《安乡县图》《石门县图》《慈利县图》《安福县图》《永定县图》《桂阳州全图》《桂阳州图》《临武县图》《蓝山县图》及《嘉禾县图》。

88图,墨刻本,中文,26 cm×28 cm,计里画方

Harvard Yenching Library | Offsite Storage (HD) | 3066 3414,Hollis Number:009088210

0288 湖南舆图

光绪二十三年(1897),(清)彭清玮、左学吕摹绘

此图为光绪会典舆图的改绘图。光绪二十二年,湖南省历时六年、耗银三万两,完成湖南舆图测绘,编制了《湖南全省舆图》16册90图(陈宝箴署,石印本)。按彭言孝所作的叙,湖南新图告成,长沙彭清玮、左学吕二人即借了平江官署藏本进行摹绘和放大,将会典图每府州县单独一图的形式,改为内府图横纵排图形式,图说另外成册,形成《湖南舆图》两册和《湖南全省舆图说》两册,并改石印本为刻本。安化陶觐仪题名。

该图绘制了湖南全省山川河流、市镇桥梁、营汛墩铺等要素,内容详尽。

1图2册78页,墨刻本,中文,31.0 cm×38.5 cm,计里画方,每方十里

Harvard Yenching Library | Offsite Storage (HD) | 3096 1231,Hollis Number:009406776

0289 湖南省明细全图

民国十四年(1925)六版,上海:商务印书馆编译所

湖南省县级行政区划图,对省内河流和县以下地名绘制十分细致。

附插图1幅:《中华民国全图》,标示湖南在全国的空间位置。

1图,彩色,中文,94 cm×64 cm, 1∶1850000,109°—114°E/24°—31°N

Harvard Yenching Library | Offsite Storage (HD) | 3096 0175,Hollis Number:008724702

0290 湖南分县详图

民国三十六年(1947)增订再版,中国史地图表编纂社黄镜澄,上海:亚光舆地学社出版、大中国图书局发行

湖南省县级行政区划图,一县一色,标注县内主要村镇地名,并绘制河流、湖泊、公路、铁路、电报局、重要矿产等要素。

附插图6幅:《湖南省地形图》,为分层设色地形图;《长沙省会图》,标绘长沙城区干道、铁路、码头和部分地名;《常德城市图》,标绘常德市城墙内干道;《衡阳城市图》,标绘衡阳市城墙内干道;《岳阳近郊图》,标绘岳阳附近地形;《湘潭城市及商埠图》,标绘湘潭城区干道和湘江沿岸码头。

1图,彩色,中文,75.5 cm×54.0 cm,1∶1200000,108°25′—114°30′E/24°35′—30°30′N

Harvard Yenching Library | Offsite Storage (HD) |3096 5654,Hollis Number:008724645

华南地区

0291 岭海舆图

道光二十三年(1843),(明)姚虞撰,(清)钱熙祚辑

原图为明代姚虞任监察御史巡按湖广时所作,记述广东各府地理沿革、户口税额、官兵马匹等,内有《岭海舆地之图》,为广东全省总图,以及《广州府舆地图》《韶州府舆地图》《南雄府舆地图》《惠州府舆地图》《潮州府舆地图》《肇庆府舆地图》《高州府舆地图》《廉州府舆地图》《雷州府舆地图》《琼州府舆地图》和《南夷舆地之图》。此为清道光钱熙祚辑《守山阁丛书》本。

12图,墨刻本,中文,20 cm×28 cm,计里画方

Harvard Yenching Library | Offsite Storage (HD) | 9100 3422 (036), Hollis Number: 007112571

0292 岭海舆图

民国二十六年(1937),(明)姚虞撰,上海:商务印书馆

明代姚虞所绘广东地图集,内容参见前图(条目 0291)。此为民国时期商务印书馆影印本,收入《丛书集成初编》。

12 图,影印本,中文,20 cm×28 cm,计里画方

Harvard Yenching Library | Offsite Storage (HD) | 9100 3525 (3124), Hollis Number: 008032655

0293 广东图说,附广东图

同治五年(1866),(清)毛鸿宾、瑞麟等编修

同治舆图系列之一。同治三年(1864),总理衙门上奏要求沿边各省绘制舆图上报。时任两广总督毛鸿宾主持编纂广东舆图,次年,毛鸿宾被降级调离,瑞麟继任,继续编修舆图,并于次年完成。同治舆图的编纂并非建立在大规模实测的基础上,而是以各府厅州县旧志所载的舆图为基础进行修订。经纬线网和比例尺参照康乾内府舆图,各府厅州县排序及沿革参照《大清一统志》。

包括《广东图说》和《广东图》两部分。《广东图说》九十二卷,全省总图 1 幅,府图 9 幅,县图 92 幅,一县一卷一图,后附图说,介绍山川河流、村镇名单、官员配置、各地驻军详细人数等,细致标注村级地名。《广东图》二十三卷,按照康乾内府舆图的排图方式,横截 23 行,直分 20 列,分幅绘制。

93 图,墨刻本,中文,约 22 cm×30 cm,1∶186000

Harvard Yenching Library | 3228 87; Harvard Yenching Library | Offsite Storage (HD) | 3228 87, Hollis Number: 007496612

0294 *Map of the Province of Kuang Tung: from Native and Foreign Authorities*[广东省地图]

1872 年,(德)弗里德里希·希尔特(Friedrich Hirth)、奥古斯特·彼得曼(August Petermann),德国哥达:尤斯图斯·佩尔特斯出版社(Gotha: Justus Perthes)

广东省地图,绘制府级政区界,标注设立海关的城市。

附插图 1 幅,为广州城及周边地形图。

1 图,彩色,英文,35 cm×48 cm,1∶2600000,108°13′—117°19′E/18°00′—25°30′N

Harvard Map Collection ｜ MAP-LC ｜ G7823.G8 1872. H5，Hollis Number：013822654

0295 广东舆地全图

光绪二十三年(1897)，(清)张人骏，广州：石经堂

光绪会典舆图系列之一。光绪十五年(1889)重开会典馆，要求各地测绘舆图，光绪十七年(1891)会典馆再发测绘体例时，广东舆图测绘已经基本完成，用计里画方绘制，后按会典馆要求，添加全省经纬度图一幅，其余各图仍用计里画方，省图每方百里，府、直隶州图每方五十里，直隶厅、散州和县每方十里。每府州县一图，详绘山川河流、乡司营汛，图后附说。

114 图，黑白，石印，中文，36.7 cm×31.2 cm，计里画方，省图 107°－115°E/26°－28°N

Harvard Yenching Library ｜ Offsite Storage C (HD) ｜ G2308.K92 C4 1897，Hollis Number：012090874

0296 广东舆地全图

宣统元年(1909)，广东参谋处测绘科制图股

此图在体例上与光绪《广东舆地全图》一致，包括各图的排序、计里画方法、各府州县图的形态等，应是在光绪会典舆图的基础上重绘，但二者在乡镇地名的标注上有所差异，既有所删减，也有所增加，可见重绘时有所修订。此外，该图删去了光绪会典舆图中的序言、图说，仅保留图例和地图，缩小了图幅，将上下两卷本改为七卷本。

114 图，黑白，石印，中文，45 cm×45 cm，计里画方，省图 107°－115°E/26°－28°N

Harvard Yenching Library｜3103 0520，Hollis Number：009232131

0297 广东全省地图及港澳

约 1929—1943 年，香港：中国地理社

广东县级行政区划图，一县一色，绘制县界、河流、公路、铁路、航空线路、近海航线、灯塔、电报局等，未绘制地形。

该图未标注成图时间，插图广州城市街道图中沙面岛上标有英租界，应在 1943 年该租界交还中国之前。

附插图 2 幅：《广州省会图》和《南海诸岛图》。

1 图，彩色，中文，54.0 cm×75.3 cm，约 1∶1650000，108°－117°E/18°－25°N

Harvard Map Collection ｜ MAP-LC ｜ G7823.G8 1929. Z4，Hollis Number：013110424

0298 广东全省地图及港澳

约 1943—1949 年，香港：中国地理社

广东县级行政区划图，内容与前图（条目 0297）基本一致。在插图《广州省会图》中删去了沙面岛上的英租界和美领馆标志，据此推测该图可能是在 1943 年英租界交还之后修订。此图是复印件。

附插图 2 幅：《广州省会图》和《南海诸岛图》。

1 图，黑白，中文，54.0 cm×75.3 cm，约 1：1650000，108°—117°E/18°—25°N

Harvard Map Collection | MAP-LC | G7823. G8 1931. Z4, Hollis Number: 012748545

0299 袖珍广东分县明细图

民国三十年（1941），黄镜湖，上海：新宇舆地学社

广东县级行政区划图。绘制县界，分县着色，地名标注至村镇级，绘制河网、公路和铁路，未绘地形。

附插图 12 幅，为海南岛、香港、澳门、广州、汕头及南海诸岛图等。

1 图，彩色，中文，26.9 cm×38.7 cm，1：2800000，108°—111°E/18°—26°N

Harvard Yenching Library | Offsite Storage (HD) |3103 0374, Hollis Number: 008724693

0300 *Kwangtung Province*［广东省］

1945 年，美国陆军制图局（U. S. Army Map Service）

广东省行政区划图，标注了省内县级和部分乡镇地名，绘制了河流、公路铁路交通线等要素，未绘制地形，亦无省内政区分界线。

附插图 1 幅，为海南岛地图。

1 图，彩色，英文，76 cm×122 cm，1：1000000，107°—118°E/18°—26°N

Harvard Map Collection | MAP-LC | G7823.G8P2 1945. U5, Hollis Number: 013397451

0301 广东分县详图

1950 年，黄镜湖、卢怀远制，上海：亚光舆地学社出版、大中国图书局发行

广东省县级行政区划图，一县一色，标注县内主要村镇地名，并绘制河流、公路、铁路、电报局、海岸灯塔、沿海航线等要素。此时广东已在省、县之间设立专区，统辖县级政区，共有潮汕专区、兴梅专区、东江专区、北江专区、西江专区、珠江专区、中区专区、

南海专区、海南行政区等。

附插图5幅:《广东省地势图》,为分层设色地形图;《广州省会图》,简要绘制广州城区道路及部分地名;《香港及九龙街道图》,简要绘制维多利亚港两岸街道和港口;《汕头市街道图》,简略绘制汕头城区街道;《南海诸岛图》,绘制南海诸岛,绘有九段线。

1图,彩色,中文,50.5 cm×69.5 cm,1∶1500000,107°30′—117°15′E/18°10′—25°30′N

Harvard Yenching Library | Offsite Storage (HD) | 3103 4883, Hollis Number:008724641

0302 广西全省地舆图说

同治五年(1866),(清)苏凤文,桂林:唐九如堂

此为同治舆图系列之一。同治三年(1864),总理衙门上奏要求沿边各省绘制舆图并上报。时任广西巡抚张凯嵩命布政使苏凤文主持舆图编撰事宜,苏于同治五年编定成图并付梓。

燕京藏本前缺巡抚张凯嵩和苏凤文的序。根据中国国家图书馆藏本前载张凯嵩序可知,同治三年收到朝廷编定舆图的命令后,张凯嵩曾令各州县提交舆图,但由于广西境内土匪作乱,各地未能如期提交,于是张凯嵩将舆图编撰任务交与苏凤文,自己前去督师剿匪。同治五年,持续十余年的广西土匪作乱被平定。待张凯嵩班师回城时,广西舆图也已完成,按张凯嵩在序中的说法,"及余旋师,则已刊刻成书"。张序落款时间为同治六年(1867)仲夏,此时张凯嵩已由广西巡抚升任云贵总督,而苏凤文的序落款时间是同治丁卯冬,即晚于张序半年时间,此时,苏凤文也已从布政使升任广西巡抚。而《清代地图集汇编·广西舆地图说》(古道编委会编,西安地图出版社,2005,此本内容不全)前只有苏凤文序而无张凯嵩序,且这一版本的苏序题写于同治五年仲冬,此时苏的头衔还是布政使。显然,这一版本印刷时间要早于国图藏本。而燕京藏本前张、苏两序皆无,则可能是正文雕版完毕后最早的印本,因为编图一事的实际负责人应是张凯嵩,苏凤文负责具体操办,苏在成图之后,理应请张凯嵩作序,但成图之时,张凯嵩尚在外剿匪,无暇顾及,因而苏凤文只能先行印制无序舆图,以应对朝廷的催促。仔细比对这个版本的刻印可知,三版是用同一刻板印制,只是印次不同,燕京藏本应是印次最早的版本。

该图集前有广西总图,后一府一县一图,每图前有图说,共83图。府图标绘下辖各州县、山川河流、关隘、巡检司等,县图较为详细标注了村镇、堡寨、道路、山河等要素。

83图,墨刻本,中文,约30 cm×34 cm

Harvard Yenching Library | 3104 0816 Oversize, Hollis Number:009442407

0303 最新广西全省舆图

清末

清末广西全省舆图，标注府厅州县地名，无省内政区分界线。在绘图风格上，仍是传统舆图形态。此图未标注成图时间，因该图标注的是府厅州县地名，推测应是清末。

该图绘制了连接桂林、柳州、南宁、梧州、龙川、百色等多地的铁路网，而实际上广西的第一条铁路——湘桂铁路衡阳至柳州段直到1938年才通车，直到1949年也仅有此一条铁路，图中的铁路线可能为规划线路。

图左下方有广西府厅州县列表。

1图，彩色、石印，中文，53 cm×63 cm，1∶1700000，104°00′—112°20′E/21°20′—26°10′N

Harvard Yenching Library | 3104 0189; Harvard Map Collection | MAP-LC | G7823.G85 1900. G8 2004, Hollis Number: 009268316

0304 广西舆地全图

光绪三十一年(1905)，北洋机器总局图算学堂重绘，李经义重印

光绪会典舆图系列之一。《广西全省舆图》成图于光绪二十一年(1895)三月，石印七百部很快售罄，之后于光绪二十四年(1898)由张熏负责修订后重印一次。此本是在光绪二十四年本的基础上，由北洋机器总局图算学堂重绘后石印。

全图分上下册，前有总图，后每府州县一图，详绘山川河流、乡司营汛，图后附说。计里画方，省图每方百里，府图每方五十里，县图每方十里。

99图，黑白，石印，中文，31.5 cm×37.0 cm，计里画方，省图96°12′—112°30′E/21°30′—26°30′N

Harvard Yenching Library | Offsite Storage C (HD) | 3104 3817, Hollis Number: 012090976

0305 广西省地图

民国二十五年(1936)，吴尊任，梧州：文化印刷局

广西省县级行政区划图，是《广西矿产纪要》附图的蓝图，绘制县治、县界、公路线、河流等要素。

1图，蓝图，中文，46.0 cm×61.5 cm

Harvard Yenching Library | Offsite Storage (HD) | 7480 2382, Hollis Number: 005991624

0306 武缘县图经

宣统三年(1911),(清)黄君钜述,黄诚沅编

绘有自汉代至清代不同时期武缘县县境范围,以及清代武缘县所辖静安坊、乐昌乡、止戈乡和永宁乡舆图。

22图,黑白,中文,18 cm×12 cm,计里画方

Harvard Yenching Library | Offsite Storage (HD) | 3238 1423.89,Hollis Number:007478083

0307 琼州府志附图

民国二十四年(1935),(清)明谊修,张岳崧纂,海口:海南书局

道光《琼州府志》原为明谊、张岳崧于道光二十一年(1841)修,后于光绪十六年(1890)续修,民国二十四年重印。民国重印时,将光绪版旧舆图改成新地图,单独成册,即此《琼州府志附图》。燕京民国藏本未见府志正文部分,仅存附图一卷。

内含《海南岛全图》《海南岛及西沙群岛在南中国海位置图》《海口市区全图》《琼山县全图》《文昌县全图》《定安县全图》《琼东县全图》《乐会县全图》《万宁县全图》《陵水县全图》《崖县全图》《感恩县全图》《昌江县全图》《儋县全图》《临高县全图》及《澄迈县全图》等16图。用晕滃法和等高线绘制地形,绘制交通线路、电报线路、灯塔、炮台等要素。

16图,黑白、铅印本,中文,全图54.8 cm×72.6 cm,1∶350000,108°—111°E/18°—21°N

Harvard Yenching Library | 3229 1432.88,Hollis Number:007595243

0308 海南岛最新明细全图

民国三十八年(1949),中国史地图表编纂社,上海:大中国图书局

海南岛县级行政区划图,分县着色,详细标注乡镇地名,以晕滃法绘制山脉,标绘各地矿产、物产、铁路、公路、河流等要素。

附插图4幅:《海口市街道图》《榆林港附近图》《三亚港附近图》及《南海诸岛图》。

1图,彩色,中文,54 cm×76 cm,1∶500000,108°30′—111°00′E/18°30′—20°00′N

Harvard Yenching Library | Offsite Storage (HD) |3103 3542,Hollis Number:012117080

西南地区

0309 *Iunan, Queicheu, e Quangsi : Provincie della China*[云南、贵州和广西:中国的省]

1695年,(意)温琴佐·科罗内利(Vincenzo Coronelli),意大利威尼斯:多梅尼科·帕多瓦尼(Venetia: Domenico Padovani)

云贵地区图,绘制地形、河流、湖泊、城镇等。该图参考了卫匡国1655年出版的《中国新图志》(*Novus Atlas Sinensis*)。

该图出自温琴佐·科罗内利的地图集《世界地理》(*Coronelli's Corso Geografico Universalle*),与(条目0176、0244)属于同一系列。

1图,黑白,意大利文,44 cm×59 cm,1∶2500000,97°—112°E/21°—31°N

Harvard Map Collection | MAP-LC | G7823.Y8 1695.C6, Hollis Number: 013636815

0310 "滿洲支那"全土明細地圖·"西南支"の部·廣東附近("南支"ノ部)[中国明细全图·西南地区·华南地区]

1938年11月15日,アトラス社制图,日本东京:读卖新闻社

这套图原按地区分为8幅,此条为其中2幅,印于正反两面,一面为《"西南支"の部》,即西南地区地图,包括川、陕、云、贵以及甘肃南部、青海东部、西康东部、广西西部等地区,1∶4000000,96°—110°E/22°—38°N;另一面为《广东附近("南支"ノ部)》,即华南地区图,包括广东和福建、江西、湖南等三省的南部,1∶2000000,110°—120°E/21°—27°N。底图为分层设色地形图,标注详细的村镇地名。

附插图1幅:《海南岛》,为海南岛地形图。

2图,彩色,日文,51 cm×36 cm

Harvard Yenching Library | "Manchuguo" J-0833, Hollis Number: 014624010

0311 *Plaine de Tchen Tou*[成都平原]

1900年,上海:中华出版印刷公司

成都平原县级行政区划图,以成都为中心,分县着色,绘制县界、河流和公路,标注乡镇、天主堂及寺庙等。该图绘制于上海徐家汇土山湾印书馆。

1图,彩色,中文、法文,50 cm×65 cm,1∶200000,103°30′—104°45′E/30°00′—

31°10′N

Harvard Map Collection | MAP-LC | G7823. S55 1900. P5, Hollis Number: 010111766

0312 新绘四川全省明细舆图

光绪三十三年(1907),(清)傅崇榘,成都:桂王桥北街图书局

清末四川府级行政区划图,并对各地地名、资源等作了较为详细的标注。该图绘制的历史背景,一方面是清末新政,进行改革,另一方面是英国对四川的渗透不断加深。如作者在序言中所述,该图的绘制具有较强的救亡图存的色彩,也因此在图上标注了四川各地的矿产资源等信息。该图主要基于胡林翼《皇朝中外一统舆图》四川部分和骆秉章的《平蜀地图》进行绘制。

此图是清末传统舆图向现代地图转变的产物,既带有现代地图的诸多要素,如指北针、比例尺、湖泊等深线、府级政区边缘渐变着色等,同时又保留了明显的传统舆图特征,如河流的绘制方法、计里画方等。图幅广大,分为 4 幅。色彩浓厚。

附插图 1 幅:《新测考订四川成都省城内外街道全图》,为成都城市街道简图。

1 图 4 幅,刻本,彩色,中文,每幅 166 cm×83 cm,1∶1500000

Harvard Yenching Library | Rare Book | T 3064/0262, Hollis Number: 009406337

0313 *Province of Ssŭ-Ch'uan*, *Eastern Sheet*[四川省东部]

1908 年,英国陆军参谋总部地理处(Great Britain. War Office. General Staff. Geographical Section, GSGS)

四川东部地图,范围大致为成都至湖北宜昌。绘制河流、公路、电报线路、府厅州县、通商口岸、传教站等,主要标记沿河、沿公路线地名,但未绘山地。按图右下注脚,该图应是提交给英军总参谋部地形测绘部门有待进一步添加地形的半成品图。

1 图,彩色,英文,85 cm×65 cm,1∶1000000,103°—111°E/28°—33°N

Harvard Map Collection | MAP-LC | G7823. S9 1908. G7, Hollis Number: 011792615

0314 四川分县详图

1949 年,中国史地图表编纂社金立煌、金立辉,上海:亚光舆地学社

四川省县级行政区划图,标注县境内集镇、村落、河流、铁路、公路干线和电报站等。

附插图 3 幅:《四川省地形图》,四川省等高线分层设色地形图;《成都市区全图》,

绘制成都市区街道、城墙、河流等；《重庆市附近详图》，绘制重庆市及周边巴县、江北县和北碚管理局等地。

1 图，彩色，中文，53.3 cm×76.0 cm，1∶1500000，101°—110°E/28°—34°N

Harvard Yenching Library | Offsite Storage (HD) | 3094 5654，Hollis Number：008724638

0315 南部县舆图考

光绪二十二年(1896)重刻，(清)袁用宾，南部县署藏板

此图考原由朱凤枟任南部县知县时初编，同治八年(1869)付梓。袁用宾选任南部县县令后，为了“振兴保甲、整饬团防”，在同治刻本的基础上进行增补修订，重新刊刻，成此舆图。该图考绘制了南部县城及县郊各场的山川形势，包括：《南部县疆域图考》，为全县总图；《南部县城池舆图考》，为县城及城郭舆图；《碑院寺场图考》《楠木场图考》《中兴场图考》《福德场图考》《双河场图考》《新政坝场图考》《石河场图考》《盘龙驿图考》《李渡场图考》《富利场图考》《王家场图考》《石龙场图考》《泸溪场图考》《永定场图考》《谢家河场图考》《三河场图考》《平头场图考》《养班场图考》《鲜店子场图考》《东坝场图考》《河坝场图考》《马鞍塘场图考》《盘龙场图考》《梅家场图考》《大堰坝场图考》《太平场图考》《熊家垭场图考》《黄金垭场图考》《流马场图考》《碾垭庙场图考》《建兴场图考》《三官堂场图考》《永兴场图考》《回龙场图考》《万年场图考》《社学庙场图考》《李家硚场图考》《大河坝场图考》《鑕子场图考》《定水寺场图考》《龙凤场图考》《镇江庙场图考》《义和场图考》《老鹳场图考》《打磨垭场图考》《柳边驿图考》《金峰寺场图考》《元山场图考》《赛金场图考》《杜家井场图考》《石墙垭场图考》《大力寨场图考》《狮子场图考》《大硚场图考》《富村驿图考》《老鸦岩场图考》《双凤场图考》《保成场图考》《邱垭场图考》《分水岭场图考》《店子垭场图考》《寒坡岭场图考》《猪礧垭场图考》《观音寺场图考》《凤鸣场图考》《光木场图考》《萧家坝场图考》《双柏垭场图考》《万年场图考》《皂角垭场图考》《思依场图考》《金垭场图考》《升钟寺场图考》《城隍垭场图考》《何家店场图考》《兴隆场图考》《乐垭场图考》《来龙场图考》《梨家坝场图考》《神坝场图考》等为县郊各场舆图。各图方位不一。由于流传下来的南部县方志和舆图较少，该图考对于研究南部县的地理沿革等问题具有重要的史料价值。

82 图，墨刻本，中文，25.0 cm×28.5 cm

Harvard Yenching Library | Offsite Storage (HD) | 3180 4202.88，Hollis Number：007459135

0316 贵州全图：第贰拾图；吉林图：第廿壹图

约 1900—1911 年

正反两面，一面为贵州全图，另一面为吉林图，应为据光绪会典舆图编绘的各省舆图册中的脱页。

2 图，墨刻本，中文，30 cm×46 cm 和 32 cm×39 cm

Harvard Map Collection | MAP-LC | G7823.G9 1900. G85，Hollis Number：010119930

0317 云南西界图

清后期

云南西部滇缅边境野人山一带舆图，主要为腾越厅和龙陵厅以西至瑞丽江一带。该图方位为上东下西。图上标注各土司、县城、关隘及主要道路。图中两条主要河流标注为龙川江和大金沙江，龙川江为今瑞丽江，大金沙江应为今伊洛瓦底江。

1 图，墨刻朱批，中文，53.5 cm×67.5 cm，计里画方

Harvard Yenching Library | Rare Book | T 3105 1416，Hollis Number：009406631

0318 云南全省舆图

宣统三年(1911)春，天津：中国地学会

清末云南省行政区划图，原图由云南防团兵备处绘制于宣统二年(1910)秋，绘制了省、府、州、县界线，详细标注了省内街市村寨与各河流。从绘图风格和地图形制上，兼具传统舆图与现代地图的特色。在其地名、河流、交通线路等要素的标示方法上，仍是传统舆图式，图例、国界线、经纬网等要素则是受现代地图的影响。此图对于研究近代云南行政区划沿革及西南边疆问题有重要参考价值。

附插图 1 幅，为西南滇缅边界中英争议地带地形图。

1 图，朱墨双色，中文，100 cm×93 cm

Harvard Yenching Library | 3105 1476；Harvard Map Collection | MAP-LC | G7823.Y8 1911. Y8 2004，Hollis Number：009268338

0319 云南省明细全图

民国十三年(1924)第三版，上海：商务印书馆

云南省、道、县三级政区图。全省分为滇中道、蒙自道、腾越道和普洱道。该图对省内河流和县以下地名的绘制较为细致。

附插图 2 幅：《片马形势图》，标注了片马地区英属缅甸与中国争议边界线。光绪三十一年(1905)，清廷派腾越关道石鸿韶与英国驻腾越领事列敦在腾越古永街会勘边界，石鸿韶主张以沿小江而上至板厂山为界，忽视了小江以西的浪速地及石牌河独水

河一带，而列敦则提出以高黎贡山、明光河为界。此图详细标注了清廷外务部原定边界、石鸿韶勘定界线、列敦勘定边界等，并注明此段边界仍未勘定。《昆明省会图》，绘制昆明城内和城南街道。

1图，彩色，中文，64 cm×94 cm，1∶1750000，97°—108°E/21°—29°N

Harvard Yenching Library | Offsite Storage (HD) | 3105 0140，Hollis Number：012116988

0320 云南分县详图

1950年12月初版，中国史地图表编纂社陈志方编制，金擎宇校订，上海：亚光舆地学社

云南省县级行政区划图，一县一色，绘制专区界和县界，标注县内村镇、河流、湖泊、公路、铁路、电报局、名胜古迹等。

附插图2幅：《昆明城市图》和《云南省地形图》。

1图，彩色，中文，53.0 cm×75.5 cm，1∶1800000，95°—107°E/21°—29°N

Harvard Yenching Library | Offsite Storage (HD) | 3105 7940，Hollis Number：012092505

0321 *Carte von Tibet：nach den Neuesten Nachrichten Entworfen*［西藏地图：依据最新信息绘制］

1790年，（德）保罗·戈特黑尔夫·库默尔(Paul Gotthelf Kummer)，德国莱比锡(Leipzig)

西藏地区最早的高精度近代地图之一，在此之前，欧洲对我国西藏地区的地图绘制精度和水准都相当有限。空间范围覆盖了中国西藏、尼泊尔、锡金、不丹以及印度恒河、布拉马普特拉河以北的区域。

该图是（德）约翰·福斯特(Forster J. R.)和马蒂亚斯·施普伦格尔(Matthias C. Sprengel)的《民族学和人类学的新进展》(*Neue Beiträge zur Völker- und Länderkunde*)（莱比锡，1790）一书的附图。斯文·赫定(Sven Heiden)曾在他的著作《1906—1908年西藏南部科学考察报告》(*Southern Tibet：Discoveries in Former Times Compared with My Own Researches in* 1906—1908，*in Volume VII History of the Exploration in the Kara-Koraum Mountains*)（莱比锡，1922)第13章中提到这幅西藏地图，认为该图尽管从制图技术上看仍较为粗糙，但所提供的地理信息却十分有价值。斯文·赫定认为，该图西藏的部分地理信息来自于法国制图师唐维尔于1737出版的《中国新地图集》，部分信息可能来自蒂芬塔勒和伦内尔的地图。

1图，彩色，德文，31 cm×46 cm，1∶5000000

Harvard Map Collection | MAP-LC | G7823. T5 1790. C3, Hollis Number: 012523074

0322 *A Map of Part of Tibet: Including Sikkim, the Chumbi Valley & Bhutan Showing the Routes Between Darjiling and Lhasa*[西藏局部图:包括锡金、春丕河谷和不丹,显示大吉岭与拉萨间的线路]

1904 年 6 月,英国伦敦:爱德华·斯坦福公司(London: Edward Stanford Ltd.)

空间范围包括中国西藏拉萨西南方羊卓雍错、雅鲁藏布江至锡金、不丹一带。标注河流、湖泊、地名和交通线等。

1 图,淡彩色,英文,65 cm×79 cm,1∶506880,88°—92°E/27°—30°N

Harvard Map Collection | MAP-LC | G7823. T5P2 1904. E3 oversize, Hollis Number:013837113

西北地区

0323 嘉峪关外安西青海合图,嘉峪关外镇迪伊犁合图

同治三年(1864),武昌:湖北官书局

分 2 图:一是《嘉峪关外安西青海合图》,尺寸为 52.7 cm×79.5 cm,此图为嘉峪关以西甘肃地界及青海,东起嘉峪关、西宁府,西至安西州,南抵青藏高原北部,北达玉门、敦煌一带。二是《嘉峪关外镇迪伊犁合图》,该图分为 2 页,东半页尺寸 62.1 cm×86.0 cm,西半页 54.0 cm×27.5 cm,内容承接《嘉峪关外安西青海合图》,东起哈密,西至葱岭喷赤河,南抵塔里木河、罗布泊,北达额尔齐斯河斋桑泊一带,即北疆和东疆地区。两图主要绘制了区域内各山脉、河流、湖泊及重要城镇。为同治三年《大清一统舆地全图》26 幅舆图之一。

2 图,墨刻本,中文

Harvard Yenching Library|Rare Book T 3109/5235,Hollis Number:009445138

0324 中俄交界详图

宣统元年至二年(1909—1910),武昌:亚新地学社

该图集以 1 幅总图、15 幅详图(分图)的形式,详细绘制了清末中俄边界线以及历史演变,空间上东起乌苏里江、图们江,向西沿黑龙江、经蒙古、新疆直到帕米尔地区。分图则详细标注边界上各个界牌的名称及所在位置。经纬网以穿过北京的经线为本

初子午线。

该图的成图时间应在宣统元年至二年间。详图第十幅中，吉林宁古塔标注了绥芬府，而绥芬府是宣统元年四月升绥芬厅而置，次年四月又改为宁安府，因此该图应成图于宣统元年或二年。图上其他标注也符合这一时间限定，如总图中已绘制了京张铁路，而京张铁路通车时间是 1909 年，表明该图应在 1909 年或之后；北京处则标注为"顺天京师"，而顺天府于民国二年(1913)被废，京师改为京兆地方，表明该图应在 1913 年之前。因此，该图成图时间应在宣统元年至二年之间，其中又以宣统二年上半年的可能性最大。

16 图，彩色，中文，36.5 cm×47.6 cm，总图 1∶14400000，详图 1∶1500000，总图 50°—145°E/40°—60°N

Harvard Yenching Library | Offsite Storage C (HD) | 2495 2228f，Hollis Number：012092643

0325 陕西全图

同治三年(1864)，武昌：湖北官书局

陕西全省舆图，绘制省内河流、山脉和府、州、厅、县、镇、铺、村、堡以及营汛等各类地名，无省内政区界，计里画方。图左注"陕西省统府七、直隶州五、厅八、州五、县七十三，西安府为省会"，并标注各府州到西安的方位与距离。七府五州(直隶州)分别是：西安府、兴安府、汉中府、凤翔府、同州府、延安府、榆林府、绥德州、鄜州、商州、乾州和邠州。

1 图，墨刻本，中文，103 cm×66 cm，计里画方

Harvard Yenching Library | Rare Book | T 3090/7186，Hollis Number：009747747

0326 陕西分县详图

民国三十七年(1948)增订再版，中国史地图表编纂社黄镜湖、金立煌编绘，上海：亚光舆地学社出版、大中国图书局发行

陕西省县级行政区划图，一县一色，标注县内主要村镇地名，并绘制河流、公路、铁路、航空线、电报局等，其中航空线已开辟西安至南京、西安至武汉转上海、西安至重庆、西安至兰州转迪化(乌鲁木齐)等多条线路。

附插图 2 幅：《陕西省地势图》，为陕西省分层设色地形图；《西安市街道图》，简要标注西安城墙、护城河及城内街道，陇海铁路贴城北护城河而过。

1 图，彩色，中文，77.2 cm×55.7 cm，1∶1200000，105°15′—111°30′E/31°50′—39°45′N

Harvard Yenching Library | Offsite Storage (HD) |3090 5654,Hollis Number: 008724639

0327 伊犁总统事略

嘉庆十六年(1811),(清)松筠纂定,汪廷楷原辑,祁韵士编纂,程振甲刊刻

此为嘉庆年间伊犁将军松筠主持编纂的新疆地理志,记述新疆的沿革、地理、职官、粮饷、军备、屯田、民俗等,四册十二卷,其中卷二为图说,内有《新疆南北两路全境总图》;《北路各城总图》以及北路所属《伊犁》《塔尔巴哈台》《库尔喀喇乌苏》《乌鲁木齐》《古城》《巴里坤》;《南路各城总图》以及南路所属《喀什噶尔》《英吉沙尔》《叶尔羌》《和阗》《乌什》《阿克苏》《库车》《喀拉沙尔》《土鲁番》《哈密》等舆图,绘制山脉、河湖、城镇、堡寨、寺庙等。方位上南下北。

19 图,墨刻本,中文,20.5 cm×31.0 cm

Harvard Yenching Library | Rare Book | T 3275/0. 84, Hollis Number: 008082053

0328 西陲总统事略

嘉庆十六年(1811),(清)松筠纂定,汪廷楷原辑,祁韵士编纂,程振甲刊刻

此书除书名外,内容与《伊犁总统事略》相同(条目 0327),馆藏此二本应出自同一刻版,只是版心和序言的标题有所改动。此本后另有《绥服纪略图诗》一册。

19 图,墨刻本,中文,20.5 cm×31.0 cm

Harvard Yenching Library | Offsite Storage (HD) | 3275 0. 84B; Harvard Yenching Library | 3275 0.84B,Hollis Number:007490630

0329 钦定新疆识略

道光元年(1821),(清)徐松著,松筠纂

武英殿刻本,十二卷,首一卷,前有道光御笔序。原稿为嘉庆十七年(1812)徐松坐事贬谪伊犁后,游历天山南北,考察山川道里后所著,后由伊犁将军松筠主持编纂上奏清廷。

内有《新疆总图》《北路总图》《巴里坤舆图》《古城舆图》《乌鲁木齐舆图》《库尔喀喇乌苏舆图》《塔尔巴哈台舆图》《南路总图》《喀什噶尔舆图》《英吉沙尔舆图》《叶尔羌舆图》《和阗舆图》《阿克苏舆图》《乌什舆图》《库车舆图》《喀拉沙尔舆图》《吐鲁番舆图》《哈密舆图》,图说记述各地疆域、沿革、官制、兵额、屯务、营务、库储、财赋、厂务、边卫、驿站等。各图刻印精美。

18 图,墨刻本,中文,30 cm×38 cm

Harvard Yenching Library | 3275 0.85 Oversize; Harvard Yenching Library | Offsite Storage (HD) | 3275 0.85, Hollis Number: 007488583

0330 钦定皇舆西域图志

光绪年间,(清)刘统勋、英廉、傅恒

平定准噶尔叛乱后,清廷于乾隆二十一年至二十四年(1756—1759)派何国宗等赴新疆进行实地勘察,测绘舆图,经修订增纂,于乾隆四十七年(1782)成《钦定皇舆西域图志》,凡48卷,燕京藏本为光绪铅印本。卷一至卷三为图考,绘制地图21幅及历史地图12幅,为《皇舆全图》《西域全图》《安西南路图:安西州属》《安西北路图一:哈密属、镇西属》《安西北路图二:迪化州属》《天山北路图一:库尔喀喇乌苏属、塔尔巴噶台属》《天山北路图二:伊犁东路、辟展属》《天山北路图三:伊犁西路》《天山南路图一:辟展属》《天山南路图二:哈喇沙尔属、库车属》《天山南路图三:赛喇木属、阿克苏属》《天山南路图四:乌什属、喀什噶尔属》《天山南路图五:叶尔羌属》《天山南路图六:和阗属》《西域山脉图》《西域水道图》《左右哈萨克斯坦部图》《东西布鲁特部属》《霍罕安集延玛尔噶朗那木干塔什罕诸部图》《拔达克山博洛尔布哈尔诸部图》《爱乌罕痕都斯坦巴勒提诸部图》,以及西域历史地图《历代西域地图:前汉》《历代西域地图:后汉》《历代西域地图:三国》《历代西域地图:晋》《历代西域地图:北魏》《历代西域地图:周》《历代西域地图:隋》《历代西域地图:唐》《历代西域地图:五代》《历代西域地图:宋》《历代西域地图:元》《历代西域地图:明》,各图附图说,是清代新疆第一部官修通志。

33图,铅印本,中文,20.5 cm×28.0 cm

Harvard Yenching Library | Rare Book | T 3275/8327, Hollis Number: 008082044

0331 新疆实业邮电盐产电线道里图

清末民初

该图册分为两部分,一是清末新疆各府厅州图,二是新疆实业、邮电、盐产和电报线路专题图。府厅州图有《迪化府总图》《镇西厅图》《吐鲁番厅总图》《哈密厅图》《库尔喀喇乌苏厅图》《伊犁府总图》《莎车府总图》《塔城厅图》《精河厅图》《温宿府总图》《库车州总图》《乌什厅图》《疏勒府总图》《巴楚州图》《和阗州总图》和《英吉沙尔厅图》16图(缺《焉耆府总图》),绘制府厅州界和县界,以及山脉、河流、湖泊、草地等地形要素,标注城镇、驿站、废驿、营屯、卡伦、寺庙、村庄等。专题图4幅,分别为《新疆实业全图》《电线全图》《新疆盐产全图》和《邮政全图》。

该图与宣统年间新疆布政使王树枏组织编纂的《新疆图志》内容一致,但形制略微不同,来自《新疆图志》舆图的可能性较大,而《新疆图志》修成于宣统三年(1911),因此本图可能绘于宣统三年之后。

从绘图风格上看，该图册在使用诸如比例尺、图例、国界线等现代绘图要素的同时，仍沿用许多传统舆图的绘图方法，尤其是河流和地名的标注方式，保留着浓厚的传统舆图色彩。近代中国制图技术从传统舆图向现代地图的转变并非一蹴而就，而是经历一个较长时期逐步蜕变演化的过程，而本图册即是这种转变过程的中间产物。

20 图，黑白，中文，府厅州图 28.5 cm×36.0 cm，专题图 32.5 cm×47.0 cm，府厅州图比例尺各异，专题图 1：6000000

Harvard Yenching Library | Offsite Storage (HD) | 3108 3839，Hollis Number：008725783

0332 新疆全省舆地图

民国十三年(1924)重印，东方学会

据宣统元年(1909)本重印，出自宣统年间王树枬组织修纂的《新疆图志》，有《新疆全省总图》(分 4 幅)、《伊犁将军图》、《阿尔泰山图》、《镇迪道总图》、《迪化府总图》、《迪化县图》、《阜康县图》、《孚远县图》、《奇台县图》、《昌吉县图》、《绥来县图》、《呼图壁县丞图》、《镇西厅图》、《吐鲁番厅总图》、《吐鲁番厅图》、《鄯善县图》、《哈密厅图》、《库尔喀喇乌苏厅图》、《伊塔道总图》、《伊犁府总图》、《绥定县图》、《宁远县图》、《塔城厅图》、《精河厅图》、《阿克苏道总图》、《温宿府总图》、《温宿府图》、《温宿县图》、《拜城县图》、《柯坪县丞图》、《焉耆府总图》、《焉耆府图》、《新平县图》、《轮台县图》、《婼羌县图》、《库车州总图》、《库车州图》、《沙雅县图》、《乌什厅图》、《喀什道总图》、《疏勒府总图》、《疏勒府图》、《疏附县图》、《伽师县图》、《莎车府总图》、《莎车府图》、《蒲犁厅图》、《巴楚州图》、《叶城县图》、《皮山县图》、《和阗州总图》、《和阗州图》、《洛浦县图》、《于阗县图》和《英吉沙尔厅图》。经纬网以穿过北京的经线为本初子午线。

55 图，彩色，中文，31.5 cm×31.5 cm，全图 1：2000000，府厅州图比例尺各异，70°—100°E/35°—50°N

Harvard Yenching Library | Offsite Storage C (HD) | G7823.X6 1924. X49，Hollis Number：012091372

0333 *Синь-Цзян или Западный Китай*[中国新疆及中国西部]

约 1930—1939 年，苏联工农红军总参谋部(Генеральный штаб РККА)

新疆边界及交通路线简图。

1 图，黑蓝色，俄文，26 cm×29 cm，1：7500000，72°—96°E/34°—47°N

Harvard Map Collection | MAP-LC | G7823.X6 1930. S5，Hollis Number：013814820

军事战争图

全国(兼长城图)

0334 皇明九边考

嘉靖二十一年(1542),(明)魏焕

明代北方边防论著,内有九边总图和各镇分图。作者魏焕,字东洲,长沙人,嘉靖八年(1529)进士,任明兵部职方清吏司主事。清吏司掌天下舆图,魏焕因而得以掌握明代边关资料。

九边总图绘制了东起鸭绿江、西至嘉峪关的长城边防各镇堡关隘、州县屯卫。其后各镇一图,有《辽东边图》《蓟州边图》《宣府边图》《大同边图》《三关边图》《榆林边图》《宁夏边图》《甘肃边图》及《固原边图》,绘制各镇地理形势。

10 图,微缩胶片,中文,21 cm×30 cm

Harvard Yenching Library | Microfilm | FC4876 (459), Hollis Number: 008356891

0335 皇明九边考

民国二十六年(1937),(明)魏焕,国立北平图书馆编,上海:商务印书馆

明长城九边图。此本据嘉靖二十一年(1542)本影印,收入《国立北平图书馆善本丛书》第1集,内容与嘉靖本相同(见条目0334)。

10 图,影印本,中文,13 cm×20 cm

Harvard Yenching Library | 9100 1165,Hollis Number:006747481

0336 [边城御虏图说]

明万历年间

明代九边之宣府镇下辖自下竿岭口至石榴嘴口段116处长城关隘形势图。分为上下两栏,上栏为文字解说,论述各关口建立时间、城墙规格、修复时间、守军数量、管辖范围、堡垒御敌能力等;下栏为各关隘形势图,以山水画形式绘制,用红色题签标注关口名。主要着眼于显示关隘之间的相对位置,忽略方向和里程。写绘俱精。

1 图,彩绘图,经折装,中文,展开图幅 37 cm×1080 cm

Harvard Yenching Library | Rare Book | T 3034/3422, Hollis Number:

008131353

0337 九边图论

天启元年(1621),(明)许论著,闵声、闵映张辑

明代长城九边军事论著和舆图,原著于嘉靖十七年(1538)初刻行世,此为天启元年闵氏《兵垣四编》本。内有《九边图略》和《九边总图》两图,前者为全国图,绘制了辽东、蓟州、宣府、大同、三关、榆林、宁夏、甘肃、固原等九边镇概况,后者为详图,分22页详细绘制九边各镇、堡、城、营、寨、墩等防御设施以及山川、隘口等地理形势。分图在绘图方式上侧重于强调堡寨之间的相对位置,而忽略实际距离和方位的准确性。此为明代边防重要著作,后世多有翻印。

2图,朱墨套印本,中文,图略20.5 cm×29.0 cm,总图合并20.5 cm×319.0 cm

Harvard Yenching Library | Rare Book T 8910/7462 (3), Hollis Number: 007892504

0338 九边图论

咸丰四年(1854),(明)许论著,(清)庄肇麟辑,过客轩藏版

明代长城九边军事论著和舆图,原著于嘉靖十七年(1538)初刻行世,此为咸丰年间庄肇麟辑《长恩书室丛书》本。内有《九边图略》和《九边总图》两图,内容与天启本相同(见条目0337)。

2图,墨刻本,中文,图略20.5 cm×29.0 cm,总图合并20.5 cm×319.0 cm

Harvard Yenching Library | Offsite Storage (HD) | 9100 7363 (12—13), Hollis Number: 007277037

0339 九边图论

光绪十七年(1891),(明)许论著,常熟鲍氏刊

明代长城九边军事论著和舆图,原著于嘉靖十七年(1538)初刻行世,此为鲍廷爵辑《后知不足斋丛书》本。内有《九边图略》和《九边总图》两图,内容与天启本相同(见条目0337)。

2图,墨刻本,中文,图略20.5 cm×29.0 cm,总图合并20.5 cm×319.0 cm

Harvard Yenching Library | Offsite Storage (HD) 9100 2613.2B (59), Hollis Number: 006947673

0340 地图综要

南明弘光元年(1645),(明)吴学俨等编纂,李釜源鉴定,朗润堂藏板

明末军事防务地图集，涉及诸多江防、海防、边防等相关地图和解说，军事意味明显，这与成书背景有密切关系。该书在江南刊刻成书之际，清军已大举入关，大明王朝覆灭，仅剩南明小王朝残喘于南方，军事防务至关重要。也因其明显的南明立场，该书被列为四库禁毁书。全书分总卷、内卷和外卷三部分。燕京藏本共八册，书前序言、凡例和目录的总卷部分缺失。

总卷论及大明疆域沿革、军事防守要害、各省道里等内容，地图有《华夷古今形胜图》，标绘各府所在，在空白处标注史地简介；《天下各镇各边要图》，标注北方边防各山口关隘、东南海防、西南边防等；《京省合宿分界图》，图上方标注各星宿，对应大明各府州；《天下舆地分里总图》，计里画方，每方五百里，绘制两京十三省各府所在地。

内卷为两京十三省的建置总数、分里图、分界图、各府州县志、总论及事宜，其中，建制总数包括府州县卫所及各类机构数量、户数、口数、税、钞、丝、绢、盐、马草等数量；分里图采用计里画方，分别绘制两京十三省各府、州、县、卫所及山川河流名；分界图则以突出府界和州县的相对位置，并不追求里程的准确性，因此，与分里图相比，不仅删去了山川地名和解说，而且地图变形较大，以便于较为疏朗地标注各府州县地名；各府州县志则为山川河流、土产古迹、名宦人物等方志常载内容；总论高度概括各地历史和地理形势；事宜则多论及该地的军事守备要领。每省分里图和分界图各一幅。

外卷主要为江防、海防、边防相关地图和图说。包括《长江会源分里全图》《江防全图》《漕河分里图》《黄河分里图》《海防全图》《日本岛夷入寇要害图》《海运分里图》《九边总图》及九边分图《辽东沿边图》《蓟镇沿边图》《宣府沿边图》《大同沿边图》《山西沿边图》《大同山西二边分里合图》《延绥沿边图》《宁夏沿边图》《固原沿边图》《甘肃沿边图》《四夷总图》及四夷分图《东北诸夷图》《朝鲜图》《日本图》《琉球图》《东南海夷图》《东南滨海诸夷图》《西南海夷图》《安南图》《迤北西番诸夷图》《西域图》及《朔漠图》等。

有明一代，军事防卫的重点历来都是北方的边防，然而在外卷诸图中，却以《江防全图》规模最大、绘制最为详尽，并附有详细的解说，显然，这与当时南明王朝退居南方的军事局势密切相关，天堑长江实际上已经成为南明王朝最后的屏障。

在图例上，府用正方形，州用菱形（包括土州），县用椭圆，卫所用椭圆外加四方短线，但图上大多数卫所并没有标志。

《中国古籍善本书目》著录。

8 册 64 图，墨刻本，中文，24.7 cm×16.3 cm，计里画方

Harvard Yenching Library | Rare Book | T 3080.7/2925，Hollis Number：008094513

0341 边政考

民国二十六年（1937），（明）张雨，国立北平图书馆编，上海：商务印书馆

此为明代张雨任巡按陕西监察御史所编的西北边防著作，成书于嘉靖二十六年(1547)，12卷本。内有《三遍四镇之图》，绘制从山西临县向西至嘉峪关段边城图，此为总图；分图有《榆林图》《宁夏图》《固原靖兰图》《阶文西固图》《洮岷河图》《西宁图》《庄浪图》《凉镇永图》《甘州山丹图》《肃州图》等，详细标注长城沿线各墩台名称以及北方入侵路线，详细程度超过魏焕《皇明九边考》及许伦《九边图论》。

此本是北平图书馆据嘉靖本影印，收入《国立北平图书馆善本丛书》第1集。

11图，影印本，中文，总图14 cm×85 cm

Harvard Yenching Library | 9100 1165(05—10)，Hollis Number：006747425

0342 九边图说

民国二十六年(1937)，(明)霍冀主持编纂，郑振铎辑

明隆庆三年(1569)，兵部尚书霍冀主持编纂《九边图说》，内分《辽东总图》《蓟镇总图》《宣镇城五路总图》《大同镇总图》《山西镇总图》《延绥镇总图》《宁夏镇总图》《固原镇总图》及《甘肃镇总图》等9图，标注九边沿线各城堡、卫所、墩台的相对位置和名称，内容详细。

此本是据隆庆本影印，收入郑振铎辑《玄览堂丛书》。

9图，影印本，中文，单页14.5 cm×9.0 cm

Harvard Yenching Library | 9100 0793 (018-019)，Hollis Number：006548392

0343 宣大山西三镇图说

民国三十年(1941)，(明)杨时宁撰，郑振铎辑

《宣大山西三镇图说》是明万历三十一年(1603)宣大山西三镇总督杨时宁组织文武将吏编绘的宣府、大同、山西三镇图说。此三镇由于其地理位置直接拱卫京畿，是明代边防的重中之重。

图说内有《三镇总图》1幅，《宣府镇总图》《大同镇总图》《山西镇总图》各镇总图3幅，各镇下有所辖守道总图，守道总图下有所辖每座城、堡图，除山西镇外，为每座城、堡绘一图。

宣府镇下有：《宣府守道辖不属路》1幅及所辖鸡鸣驿堡图1幅；《宣府守道辖上西路总图》1幅及所辖城、堡图7幅；《宣府守道辖下西路总图》1幅及所辖城、堡图6幅；《宣府守道分辖南路总图》1幅及所辖城、堡图8幅；《宣府巡道辖上北路总图》1幅及所辖城、堡图6幅；《宣府巡道辖下北路总图》1幅及所辖城、堡图8幅；《宣府巡道分辖中路总图》1幅及所辖城、堡图11幅；《宣府怀隆道辖东路总图》1幅及所辖城、堡图17幅；《宣府怀隆道辖南山总图》1幅及所辖城、堡图3幅。计有76图。

大同镇下有：《大同巡道辖不属路》1幅及所辖城、堡图8幅；《大同巡道辖北东路

总图》1幅及所辖城、堡图8幅;《大同阳和道辖东路总图》1幅及所辖城、堡图9幅;《大同阳和道辖新平路图》1幅及所辖城、堡图4幅;《大同守道辖井坪路总图》1幅及所辖城、堡图10幅;《大同守道分辖西路总图》1幅及所辖城、堡图4幅;《大同左卫道分辖不属路》1幅;《大同左卫道辖中路总图》1幅及所辖城、堡图13幅;《大同左卫道辖北西路总图》1幅及所辖城、堡图9幅;《大同左卫道辖威远路图》1幅及所辖城、堡图5幅。计有80图。

山西镇下有:山西省城图1幅;《山西冀南道辖》1幅;《山西雁平道辖东路总图》1幅及所辖城、堡图3幅;《山西雁平道辖北楼路图》1幅及所辖城、堡图3幅;《山西宁武道辖中路总图》1幅及所辖城、堡图8幅;《山西岢岚道辖西路总图》1幅及所辖城、堡图20幅;《山西岢岚道辖河保路图》1幅及所辖城、堡图6幅。计有45图。

相较于许伦的《九边图论》,此图在三镇内容上更为详细,有总图、分图、城堡图,条缕清晰,不仅绘制各城堡周边地形、长城、烽堠等,也绘制了北面游牧民族以及边境上的市场(如马市)、寺庙等。附有图说,记载城堡修建时间、城墙尺寸、守军数量、地理形势、社会治安情况等。

此为民国郑振铎辑《玄览堂丛书》本。

205图,影印本,中文,14.5 cm×10.5 cm

Harvard Yenching Library | 9100 0793 (020-025),Hollis Number:006548394

0344 开原图说

民国三十年(1941),(明)冯瑗,郑振铎辑

该图说是明代开原兵备道右参政冯瑗所辑军事地理著作,民国时期郑振铎辑《玄览堂丛书》时据万历刻本影印。开原是明代辽东镇北部最重要的边城,而该图说实际上并不仅仅局限于开原一城,而是涵盖了整个辽北地区。包括:《开原控制外夷图》《开原疆场总图》《开原城图》《中固城图》《铁岭城图》《泛河城图》《懿路城图》《镇北堡图》《清阳堡图》《镇夷堡图》《永宁堡图》《古城堡图》《庆云堡图》《定远堡图》《殷家庄窠堡图》《镇西堡图》《曾迟堡图》《宋家泊堡图》《丁字泊堡图》《新城堡图》《威远堡图》《靖安堡图》《松山堡图》《柴河堡图》《抚安堡图》《白家冲堡图》及《三岔儿堡图》。每图后附说,记载各城堡职官、军马、民屯、墩台、边塞等信息。

27图,影印本,中文,14×18 cm

Harvard-Yenching | 9100 0793 (026—027);Hollis Number:006548396

0345 *Stanford's Map of Eastern China, Japan and Korea, the Seat of War in 1894*[斯坦福中国东部、日本和朝鲜地图:甲午战争战场]

1894年,英国伦敦:爱德华·斯坦福公司(London: Edward Stanford Ltd.)

该图的绘制背景为甲午中日战争，空间范围为中国东部及沿海、日本和朝鲜半岛，以显示甲午战争发生位置，但未直接标注战争进程要素。该图对朝鲜半岛、台湾岛等海岸轮廓的绘制仍有较大偏差。

1图，彩色，英文，62 cm×53 cm，1∶6969600，108°—148°E/12°—50°N

Harvard Map Collection | MAP-LC | G7800 1894. S8, Hollis Number: 013822011

0346 *Stanford's Map of Eastern China, Japan and Korea*［斯坦福中国东部、日本和朝鲜地图］

1898年1月10日，英国伦敦：爱德华·斯坦福公司（London: Edward Stanford Ltd.）

该图是在1894年版同名地图（见条目0345）基础上修订而成，空间范围仍为中国东部、日本和朝鲜半岛，增绘海南岛。此版对朝鲜半岛和台湾岛海岸线的测绘精度大幅提高，并增加一幅朝鲜半岛插图。

1图，彩色，英文，62 cm×53 cm，1∶6969600，104°—148°E/12°—50°N

Harvard Map Collection | MAP-LC | G7800 1898. E3, Hollis Number: 013822082

0347 *Stanford's Map of Eastern China, Japan and Korea*［斯坦福中国东部、日本和朝鲜地图］

1904年，英国伦敦：爱德华·斯坦福公司（London: Edward Stanford Ltd.）

该图是在1898年版同名地图（见条目0346）基础上修订而成，空间范围仍为中国东部及沿海、日本和朝鲜半岛。

1图，彩色，英文，62 cm×53 cm，1∶6969600，104°—148°E/12°—50°N

Harvard Map Collection | MAP-LC | G7800 1904. E3, Hollis Number: 013314197

0348 *Politisch-Militärische Karte von Ost-Asien: zur Veranschaulichung der Kämpfe in China, Korea und Japan*［东亚的政治－军事图：中国、朝鲜和日本的战争图解］

1900年，（德）保罗·朗汉斯（Paul Langhans），德国哥达：尤斯图斯·佩尔特斯出版社（Gotha: Justus Perthes）

该图分为3幅主图和14幅插图。左上方为列强在华势力范围图，用不同颜色标绘英、法、德、俄、日在华势力范围，其中俄国为华北以北，英国为长江流域，法国为两广和云南，日本为福建、江西和浙南。这种认知与同时期英国绘制的各国在华势力范围图有较大的差别。该图标注了1883—1885年中法战争的几次战斗时间和地点。

右上方为中、日、朝三国形势图，标注1840—1895年间中国发生的战争，包括鸦片战争、英法联军进攻北京、太平天国、甲午战争等以及战争发生的时间和地点。另绘有传教点和各国对铁路线的控制情况。

左下方为英、俄在亚洲势力扩张图，同时绘制西伯利亚大铁路和从德国汉堡出发经地中海、红海、马六甲海峡至北京的海上航线。

右下方为上海、香港、北京、青岛、釜山、东京湾、汉堡等城市或海湾的缩略图，另有一幅图标注京津地区义和团活动范围。

全图左上角配有李鸿章1896年6月出使德国时的照片。

1图，彩色，德文，全图56.5 cm×68.5 cm

Harvard Map Collection | MAP-LC | G7800 1900. L3，Hollis Number：013317570

0349 *Karte von Ost-China*[中国东部地图]

约1901—1910年，普鲁士土地测绘局(Preuss Landes-Aufnahme)，德国柏林：皇室制图部(Berlin：Kartographische Abtheilung der Königl)

普鲁士土地测绘局绘制的中国东中部地图，按经差6°、纬差4°分幅绘制，大致为重庆银川一线以东、哈尔滨以南地区，以晕渲法绘制山地，标绘河流湖泊、交通线路、城镇等要素。

30图，彩色，德文，59 cm×71 cm，1∶1000000，105°45′—135°07′E/18°09′—50°38′N

Harvard Map Collection | MAP-LC | G7820 s1000. P7，Hollis Number：014013527

0350 *Karte von Ost-China*[中国东部地图]

1902—1905年，普鲁士土地测绘局(Preuss Landes-Aufnahme)，德国柏林：皇室制图部(Berlin：Kartographische Abtheilung der Königl)

普鲁士土地测绘局绘制的中国东中部地图。哈佛植物学图书馆藏其中4幅，分别为：Nan tschang fu 南昌府，1902年，主要是江西北部、湖南东部地区；Futschau 福州，1902年，主要是宁波府至福州府一带；Canton 广州，1905年，主要是珠三角至厦门一带粤东闽南地区；Amoy 厦门，1903年，主要是台湾岛以及福州至厦门一带福建沿海。以晕渲法绘制地形，标绘河道、公路、铁路、电报线路、寺庙、码头等要素。

4图，彩色，德文，55.0 cm×67.7 cm，1∶1000000

Botany Arnold (Cambr.) | Atlases | G2305. P78 1901x AislE76，Hollis Number：008015882

0351 假製“北支那、蒙古、滿州及南支那”十万分一圖［中国十万分一速测图］

1902—1945 年，日本陆军参谋本部陆地测量部、关东军司令部、“支那”驻屯军司令部等

中国军用等高线地形图。空间范围以中国内地为主，也包括部分蒙古和中国东北地区。按经差 30′、纬差 20′分幅绘制。详细绘制地形地貌、河流湖泊、地表植被、城镇村庄、交通路线等。

标注“军事秘密”，二战后为美军缴获，原藏于美国陆军制图局。

839 图，黑白，日文，38 cm×50 cm，1∶100000，110°00′—122°50′E/22°00′—48°20′N

Harvard Map Collection | MAP-LC | G7820 s100. J31，Hollis Number：013921018

0352 *Map of China，Japan，and Korea*［中国、日本和朝鲜地图］

1904 年，英国伦敦：G.W.培根有限公司（London：G.W. Bacon & Co.，Ltd.）

中国东中部、朝鲜半岛、日本及附近海域图。该图出版的背景为日俄战争，图后残缺文字描述了旅顺要塞战役情形。

附插图 5 幅，分别为渤海湾、北京、京津地区、长三角、日本东京湾分区图。

1 图，彩色，英文，52 cm×70 cm，1∶6000000，105°—145°E/20°—45°N

Harvard Map Collection | MAP-LC | G7800 1904. G2，Hollis Number：013314223

0353 “北支那”［中国北部］

1908—1911 年，日本陆军参谋本部陆地测量部、清国驻屯军司令部

北京、天津、山海关一带五万分之一等高线军用地形图，按经差 20′、纬差 12′分幅绘制。标绘地形、河流、城镇、村庄、铁路、公路、寺庙、坟茔、植被等要素。

二战后为美军缴获，原藏于美国陆军制图局。

101 图，黑白，日文，40 cm×48 cm，1∶50000，115°—120°E/39°—41°N

Harvard Map Collection | MAP-LC | G7823. H26 s50. J3，Hollis Number：013619888

0354 东亚舆地图

1909—1932年，日本陆地测量部

该系列图在形式上与这一时期日军绘制的军事地图相似，按经差5°、纬差2.5°分幅绘制，共130幅。大部分为中国北方，尤其是东北、蒙古、新疆等地，而南方仅有20幅，且集中于少数大城市周边地区。详细绘制了地形地貌、河流湖泊、地表植被、城镇村庄、寺庙教堂、交通路线等要素。此图应是在军图基础上删减后公开发行，相对于军事地图，删去等高线，改用示意性的晕滃法绘制山脉。

130图，彩色，日文，30 cm×40 cm，1∶1000000，75°00′—135°00′E/10°00′—52°30′N

Harvard Yenching Library｜(J)｜G7400 S1000. J3，Hollis Number：014008925

0355 東'ソ'、樺太、北樺太、極東、西伯利、蒙古、"南支那"、"北支那"及朝鮮十万分一圖[东部苏联、库页岛、北库页岛、极东地区、西伯利亚、蒙古、南部中国、北部中国及朝鲜等地十万分一图]

1911—1947年，日本陆军参谋本部陆地测量部、关东军司令部等

日军测绘的东亚十万分之一军用等高线地形图，馆藏部分覆盖的空间范围南起海南岛，包括中国整个东部、中部、东北等地以及今蒙古、东西伯利亚等地，北达库页岛、贝加尔湖一线，其中以东北、华北、华中地区最为完整，东南方的浙江、福建、江西、广东、广西较少。按经差30′、纬差20′分幅绘制。标绘地形地貌、河流湖泊、地表植被、城镇村庄、交通路线等要素，并在重点区域用文字标注军队可通行情况。标注"军事极秘"或"军事秘密"等字样。这是哈佛地图馆藏图幅数量最大的地图条目。

3322图，黑白、部分彩色，日文，单幅约39 cm×39 cm，1∶100000，90°00′—144°00′E/18°40′—56°20′N

Harvard Map Collection｜MAP-LC｜G7820 s100. J36，Hollis Number：013946288

0356 中华民国历史四裔战争形势图说附论

民国元年(1912)九月初版，卢彤，南京：同伦学社

以中国征讨周边地区为主题的历史地图集，上自周朝尹吉甫北伐玁狁，下至清末八国联军侵华，绘制了历代中原王朝与周边地区的征伐战争，其中以中原王朝出击北方游牧民族和西北地区的战争为主体，也有若干征讨越南、日本等周边地区的战争形势图。此外，较为详细地绘制了甲午战争和八国联军侵华战争形势。分上下册，上册为图，下册为说。

48图，彩色，中文，27 cm×36 cm

Harvard Yenching Library | Offsite Storage (HD) | 8928 2172, Hollis Number: 007674615

0357 [中国]

光绪二十七年至民国三十六年(1901—1947),中国参谋本部陆地测量总局、军事委员会军令部陆地测量总局等

中国东中部地区军用等高线地形图。空间范围包括长城以南至海南岛的整个中国内地地区。按经差30′、纬差15′分幅绘制。详细绘制地形地貌、河流湖泊、地表植被、城镇村庄、交通路线等。该系列图覆盖范围广、时间跨度长、图数众多。

2478图,黑白,中文,约30 cm×50 cm,1∶100000,97°30′—124°00′E/18°00′—40°45′N

Harvard Map Collection | MAP-LC | G7820 s100. C4, Hollis Number: 013911145

0358 五十万分之一中国舆图

民国五年至二十四年(1916—1935),民国参谋本部陆地测量总局、东三省陆军测量局

中国军用等高线地形图,按经差3°、纬差2°分幅绘制,原图共245幅,馆藏其中40幅,馆藏部分主要集中于西北边疆和西藏地区。绘制地形地貌、河流湖泊、城镇村庄、交通路线等。该系列图并非实测,而是根据已有地图汇编而成。以晕滃法绘制山地,未标注等高线,对边疆地区的绘制较为粗略。

原藏于美国陆军制图局。

40图,黑白、部分彩色,中文,45 cm×60 cm,1∶500000,73°—136°E/16°—55°N

Harvard Map Collection | MAP-LC | G7820 s500. C4, Hollis Number: 013920938

0359 "支那"五万分一圖 [中国五万分一图]

1925—1945年,日本参谋本部陆地测量部

中国内地军用等高线地形图,是根据民国政府测绘的十万分之一图和五万分之一图改绘而成。空间上主要包括兰州附近、洛阳附近、安徽南部、江西北部、长三角地区、重庆附近、长沙附近、广西东部、广东西部、福州附近等地。按经差15′、纬差10′分幅绘制。详细绘制地形地貌、河流湖泊、地表植被、城镇村庄、交通路线等。

标注"军事秘密"。二战后为美军缴获,原藏于美国陆军制图局。

823图,黑白,日文、中文,48 cm×52 cm,1∶50000,103°35′—122°05′E/22°35′—

36°10′N

Harvard Map Collection | MAP-LC | G7820 s50. J32, Hollis Number: 013906399

0360 *China 1 : 500000*[中国五十万分一图]

1925—1945 年,日本参谋本部陆地测量部

东亚地区军用等高线地形图,主体为中国内地和蒙古。该条目下包含《东亚五十万分一图》系列、《“满州”五十万分一图》系列、《五十万分一舆地图》系列等。按经差2°30′、纬差1°40′分幅绘制。标绘地形、河湖、城镇村庄、道路交通、邮局、兵营、寺庙等要素,道路根据通行能力分为野炮道、轻车道和驮马道等。

部分标注“军事秘密”,原藏于美国陆军制图局。

139 图,彩色、部分黑白,日文,58 cm×46.5 cm,1∶50000,97°30′—132°30′E/18°20′—51°40′N

Harvard Map Collection | MAP-LC | G7820 s500. J31, Hollis Number: 013906177

0361 *Eastern China*[中国东部]

1926—1946 年,英国陆军部参谋总部地理处(Great Britain. War Office. General Staff. Geographical Section, GSGS)

中国东部五万分之一军用等高线地形图。该条目下包括北京、上海、山海关、通州、大沽等区域,绘制地形、城镇和交通线等,按经差 30′、纬差 20′分幅绘制。由于比例尺和图幅较大,北京、上海等分区图实际上已与城市图相近。

原藏于美国陆军制图局。

12 图,彩色,英文,75 cm×100 cm,1∶50000

Harvard Map Collection | MAP-LC | G7820 s50.G7, Hollis Number: 002739837

0362 *China 1 : 250000*[中国 1∶250000]

1927—1934 年,英国陆军部参谋总部地理处(Great Britain. War Office. General Staff. Geographical Section, GSGS)

英制中国二十五万分之一系列等高线地形图。该条目下包括 6 幅地图,分别为北京和天津、山海关、上海和杭州、南京、香港和广州、汕头,相当于京津冀、长三角、珠三角三个重点区域各 2 幅。每图覆盖范围约经差 2°、纬差 1.5°,各图以区域内主要城市命名。

6 图,彩色,英文,72 cm×94 cm,1∶250000

Harvard Map Collection | MAP-LC | G7820 s250. G7, Hollis Number: 013905947

0363[陕西省、福建省、贵州省、四川附近五十万分一图:兵要地志图]

1939—1942年,日本参谋本部陆地测量部

此系列为日军测绘的行军图,包括:《陕西省五十万分一地志图》(2幅)、《福建省五十万分一图兵要地志图》(1幅)、《贵州省五十万分一图兵要地志图》(1幅)、《四川附近五十万分一图兵要地志图》(2幅)。底图为等高线地形图,突出绘制与行军密切相关的要素,包括铁路、机场、公路(分机动车单行道、双行道、野炮道、辎重车道、驮马小道等)等,标注河流的通航能力、桥梁承载力、渡河地点,湿地标注湿度及其冬夏季可通达性,森林分为炮可通行的疏林和步兵难以通行的密林,标注各地水源供应条件,如水井数、河湖的水质、水量、水深等,标注各地兵营、火药库、军医院、发电站、仓库等要素以及各地人口数和部队宿营承载力。同时,在图上用文字标注各地地质水文状况和军队通行的注意事项。

6图,彩色,日文,78 cm×109 cm,1:500000,100°—120°E/25°—38°N

Harvard Map Collection | MAP-LC | G7820 s500. J3, Hollis Number: 013905931

0364 郑开阳杂著

民国二十一年(1932),(明)郑若曾撰,南京:国学图书馆陶风楼

全书主旨在于抗倭,增强海防和江防,涉及以下部分地图:

《万里海防图论》卷一、二,分3幅图绘制从钱塘江至鸭绿江口海岸防线;《直隶界》,绘制从钱塘江北金山卫至山东日照海岸线;《山东界》绘制从山东日照往北至直隶乐亭县滦河口;《辽东界》绘制从山海关沿渤海湾往东北,绕经辽东半岛至鸭绿江口海岸。海岸线被拉直,图下方为陆地,上方为海洋,标注卫所、城镇、村庄、烽堠、山川、海岛等要素。附各段守备要领。

《江防图考》卷三,上自江西九江府,沿江而下至东海,分46页绘制了长江下游沿城镇、港口、卫所、巡检司等。方位为上南下北。着重于标注沿岸各要素的相对位置,将长江拉直绘制。附文论述沿江各口岸守备要略。

《日本图纂》卷四,分2图绘制日本地图,并有日本入寇图,标注沿海倭寇登陆点。

《朝鲜图说》卷五,为朝鲜半岛舆图,附图说,论及朝鲜沿革、政区、山川、特产、朝贡等。

《安南图说》卷六,绘有安南山川形势图,并附图说,论及安南山脉、河流、政区、城镇、特产、朝贡等。

《琉球图说》卷七，绘有琉球国图，包括岛上形势和周边小岛，附图说，论及山川、海岛、特产、朝贡等。

《海防二览图》卷八，也标注为《万里海防图》，分为 11 幅，自南向北，分段绘制了从今防城港、雷州半岛至鸭绿江口的沿海防线，标注了海岸附近的山、河口、港口、海岛、卫所、城镇村庄等。绘图风格上，将海岸线拉直，下为陆地上为海，图上标注方位。

《海运图说》卷九，绘制了元代的海运路线，即从福建福清至直隶大沽。郑若曾主张重开海运，认为海运南北不过五千里，往返不超二十日，相对于漕运效率要高得多，且明代黄河南迁，多次冲毁漕河，也需要海运作为备用。因有此主张，故绘制元代海运图，以帮助解决海运的技术问题。

《黄河图议》卷十，分 12 页绘制嘉靖年间黄河全图，上起星宿海，下入东海，对黄河水文、决口改道、堤坝等多有论及。

郑若曾(1503—1570)，字伯鲁，号开阳，昆山人，军事家，曾为胡宗宪幕僚，直接参与抗击倭寇，因而其编撰的海防、江防形势论述，有其实际抗倭斗争的经历为基础，非纸上谈兵。另曾编撰海防军事地图《筹海图编》。

22 图，影印本，中文，17.0 cm×10.3 cm，计里画方

Harvard Yenching Library | Offsite Storage (HD) | 3034 8248, Hollis Number:005498730

0365 赤くなる“支那”[“赤化”的中国]

1933 年，日本东京：东京日日新闻社

该图绘制了 1933 年中共根据地的分布状况。这一时期中共的主力在江西，以中央苏区面积最大，苏北、陕南、豫东、鄂东、鄂西、琼北等地也散布着大小不等的中共根据地。此外，陕西以西的大西北地区因靠近苏联，该图也将之绘为“赤化”区域。该图还绘制了当时蒋介石控制区域和反蒋军阀控制区域。

1 图，彩色，日文，18 cm×25 cm

Harvard Yenching Library | Manchuguo J-0873, Hollis Number:014634352

0366 百万分一航空图

1935—1943 年，日本参谋本部陆地测量部

航空测绘军用等高线分层设色地形图。包括以下 14 图：

1.《“东部支那其一(北支国境)”》，昭和十年发行，空间范围主要为辽东半岛、北平、天津、河北和山西北部地区，40.5 cm×109.0 cm，113°—123°E/39°—41°N。

2.《“支那东部其一(北支国境)”》，昭和十八年修正版，基本信息与上图同。

3.《“支那东部其二(北支那)”》，昭和十年发行，空间范围主要为华北平原、山东半

岛等地，包括河北、山东、山西、河南和江苏北部等地，113°—123°E/34°—39°N。

4.《“东部支那其二（北支那）”》，昭和十八年发行，基本信息与上图同，主要区别是增补了铁道路线，如德县至石门段、太原至阳明堡段。

5.《“东部支那其三（中支那）”》，昭和十年发行，空间范围主要为长江中下游地区，包括江苏、浙江、安徽大部、湖北东部、江西北部等地，113°—122°E/28°—34°N。

6.《“东部支那其四（南支那）”》，昭和十年发行，空间范围主要为东南沿海区域，包括福建、广东、江西、台湾及附近海域，对台湾地区机场绘制尤为详细，113°—122°E/22°—28°N。

7.《“支那西部其一（厚和宁夏近傍）”》，昭和十八年发行，空间范围主要为河套地区以及山西北部、宁夏省等地，54 cm×109 cm，103°—113°E/38°—42°N。

8.《“西部支那其二（西安兰州近傍）”》，昭和十四年发行，空间范围主要为甘肃、陕西、山西、宁夏以及河南西部、绥远南部等，103°—113°E/34°—39°N。

9.《“支那西部其二（西安兰州近傍）”》，昭和十四年发行，空间范围、经纬度、尺寸等同上，但去除机场等军事要素。

10.《“西部支那其三（宜昌成都近傍）”》，昭和十三年发行，空间范围主要为四川盆地和湖北西部，103°—113°E/28°—34°N。

11.《“支那西部其三（宜昌成都近傍）”》，昭和十三年发行，空间范围、经纬度、尺寸等同上，但去除机场等军事要素。

12.《“西部支那其四（梧州贵阳近傍）”》，昭和十三年发行，空间范围包括广西和贵州大部、广东西部、湖南南部、云南东部，103°—113°E/22°—28°N。

13.《“支那西部其四（梧州贵阳近傍）”》，昭和十三年发行，空间范围、经纬度、尺寸等同上，但去除机场等军事要素。

14.《“支那西部其五（海南岛近傍）”》，昭和十四年发行，空间范围主要为海南岛、雷州半岛及附近海域，59.8 cm×90.3 cm，106°—113°E/18°—22°N。

二战结束后由美军收缴，入藏美国陆军制图局。

14 图，彩色，日文，79 cm×109 cm，1∶1000000

Harvard Map Collection | MAP-LC | G7801. P6 s1000. J3，Hollis Number：013899574

0367［中国一百万分之一地图］

民国二十五年至二十八年（1936—1939），民国参谋本部陆地测量总局、军事委员会军令部陆地测量总局

民国测绘的军事地图，以经差 6°、纬差 4°分幅绘制。馆藏 15 幅，主要为长江以南地区，包括部分西南边境地区。以地名标注为主，较为详细地标注了各地村镇地名以

及交通线。虽是军事地图，但除了河湖以外，并未绘制地形信息，仅用点符号标注山峰。

原藏于美国陆军制图局。

注：民国二十七年(1938)，国民政府参谋本部和军事委员会第一部合并为军事委员会军令部，陆地测量总局也改属军令部，因此在绘图单位的名称上有所变动。

15 图，彩色，中文，51 cm×69 cm，1∶1000000，84°—126°E/16°—32°N

Harvard Map Collection | MAP-LC | G7820 s1000. C4, Hollis Number: 013899779

0368 "支那事變"明細地圖［七七事变明细地图］

1937 年后，《家の光》部编

该图为日本绘制的七七事变时中国形势图，空间范围为西安以东的中国东中部，着重标绘机场、航空线、铁路及站点，标注县级地名。伪满洲国着红色，中国内地着粉色。

附插图 2 幅：《北平天津附近明细图》和《上海南京附近明细图》。

1 图，彩色，日文，44 cm×31 cm，1∶10000000

Harvard Yenching Library | Manchuguo J-0853，Hollis Number：014629880

0369 東亞軍備現勢明細圖："支那事變"要覽［东亚军备现状明细图：七七事变要览］

1937 年 10 月 1 日，(日)相马基，日本东京：东京日日新闻社

该图空间范围包括中国中东部、中国东北、日本、朝鲜等地。标注了中国的机场与航线分布、海防、日本航线等。主要反映 1937 年日军侵华初期中、日、苏联等各方军事形势，其中陇海线以北的华北地区大部分已沦陷。苏联在黑龙江、乌苏里江等中苏边境布置了严密的防线和大量的堡垒。

附插图 1 幅：《附欧亚现势略图》。地图背面为日、中、苏、美及欧洲部分国家的陆、海、空三军军力对比图表。

1 图，彩色，日文，80.0 cm×54.5 cm，1∶6500000

Harvard Yenching Library | Manchuguo J-0884，Hollis Number：014636945

0370 "支那事變"要圖［七七事变要图］

1937 年 9 月 15 日，日本东京：文艺春秋社

该图空间范围为中国东中部地区，绘制省级政区，标注县级地名。绘有日军对中国沿海的封锁线。

附插图 1 幅《上海市街图》，简要反映上海市区交通与街道格局。

附中国军队一览表，详细记录民国中央军事机构、各路师的军队番号、长官姓名、下辖师旅、驻地和所属军阀、海军架构等。

此图作为《文艺春秋》杂志第 15 卷 11 号第 2 临时增刊附录。

1 图，黑白，日文，79 cm×54 cm

Harvard Yenching Library | Manchuguo J-0807，Hollis Number：014621995

0371 "支那事變"と日ソ関係繪地圖［七七事变和日苏关系绘画地图］

1937 年 11 月 1 日，(日)石田英助绘图，海老原敏吾撰文，日本东京：大日本雄辩会讲谈社

该图用绘画地图的形式绘制了日本发动全面侵华战争后中、苏、日三国战争形势。在东北，苏联沿着黑龙江、乌苏里江中苏边界布置重兵，对伪满洲国形成马蹄形包围；在华北，日军已占据这一地区大部分，并持续向南推进，中国军队在陇海线一带布防；在长江三角洲和东南沿海地区，日军正进行大规模的空袭，并大举进攻上海。该图还标绘了各地农、林、牧、矿资源分布情况。

此图为《妇人俱乐部》第 12 卷第 10 号附录，主要面向日本国内民众进行战争宣传和动员，在地图绘制上，扭曲放大了日本、朝鲜和伪满洲国地区的面积，而缩小了中国内地面积。

1 图，彩色，日文，54.0 cm×39.2 cm

Harvard Yenching Library | Manchuguo J-0836，Hollis Number：008155705

0372 "南支那"十万分一圖［中国南部十万分一图］

1937—1940 年，日本参谋本部陆地测量部

中国南部军用等高线地形图，是根据民国政府测绘地图改绘而成。空间上包括广东、广西、江西、贵州以及浙江部分地区。按经差 1°、纬差 30′分幅绘制。详细绘制地形地貌、河流湖泊、地表植被、城镇村庄、交通路线等。

标注"军事秘密"。二战后为美军缴获，原藏于美国陆军制图局。

128 图，黑白，日文、中文，55.5 cm×99 cm，1∶100000，104°30′—121°00′E/20°00′—30°15′N

Harvard Map Collection | MAP-LC | G7820 s100. J3，Hollis Number：013878358

0373 "支那"十万分一圖［中国十万分一图］

1937—1945 年，日本参谋本部陆地测量部、"北支那"方面军参谋部测量班

中国中部军用等高线地形图，包括华北平原、山东半岛、江淮地区、华中、两广等地。按经差30′、纬差20′分幅绘制。标绘地形地貌、河流湖泊、地表植被、城镇村庄、交通路线等。部分是日军航空测绘，部分是在民国政府测绘地图的基础上翻印改绘。标注“军事秘密”。

547图，黑白，日文，38 cm×47 cm，1∶100000，106°00′—120°15′E/22°20′—41°00′N

Harvard Map Collection | MAP-LC | G7820 s100. J32，Hollis Number：013926056

0374 “支那”最新大地圖［中国最新大地图］

1938年1月1日，(日)森武久制图，日の出编辑局编纂，日本东京：新潮社

此图的印刷时间是1937年11月，空间范围为中国东部和中部地区，标注了日军轰炸地点，尤其是对华北、长三角及铁路沿线的轰炸点，同时还绘制了日军占领区域，各地主要的煤、铁、棉、石油等资源、机场与航线、沿海的灯塔、港口与航线、无线电站与线路等要素。

附插图1幅：《上海附近》，1∶150000，绘制黄浦江以西至太仓一带日军轰炸和进攻形势。地图背面为日军飞机、大炮等各类武器照片。

1图，彩色，日文，109 cm×64 cm，1∶2900000，106°—122°E/18°—42°N

Harvard Yenching Library | Manchuguo J-0883，Hollis Number：014636943

0375 “支那”戰局圖［中国战局图］

1938年1月1日，日本东京：文艺春秋社

空间范围为长江以北、长城以南、青海以东的中国北方地区。虽从标题看是要展示中日战争形态，但图上除了标注城市的飞机场和无线电外，并无其他战局相关要素。政区图绘制较粗略，省以下政区仍标注道制，底图信息略陈旧。

1图，蓝白色，日文，54.5 cm×77.5 cm，102°—123°E/29°—41°N

Harvard Yenching Library | Manchuguo J-0820，Hollis Number：014622253

0376 “支那”五万分一圖［中国五万分一图］

1938—1945年，日本“支那”派遣军测量班、第二野战测量队、临时航空写真摄影队

日军航空拍摄绘制的长江中下游地区军用等高线地形图，主要为安徽庐州附近、芜湖附近、安庆附近、江苏南京附近、湖北汉口附近、宜昌附近等地。按经差15′、纬差10′分幅绘制。标绘地形地貌、河流湖泊、地表植被、城镇村庄、交通路线等。

199 图，黑白，日文，36 cm×47 cm，1∶50000，117°05′—119°25′E/28°45′—33°15′N

Harvard Map Collection | MAP-LC | G7823. A5 s50. J3, Hollis Number: 013524749

0377 “支那”十万分一圖［中国十万分一图］

1938—1940 年，日本参谋本部陆地测量部

中国军用等高线地形图，由日军根据民国政府测绘的五万分之一图改绘而成。馆藏部分主要为河南中部、湖北西部、湖南北部、安徽南部、江西北部等地。按经差 30′、纬差 20′分幅绘制。详细绘制地形地貌、河流湖泊、地表植被、城镇村庄、交通路线、军营、学校、寺庙等。标注“军事秘密”字样。

303 图，黑白，中文、日文，40 cm×46 cm，1∶100000，110°00′—117°30′E/28°00′—40°00′N

Harvard Map Collection | MAP-LC | G7820 s100. J35, Hollis Number: 013936396

0378 “支那”十万分一圖［中国十万分一图］

1938—1947 年，民国军事委员会军令部陆地测量总局原测，日本参谋本部陆地测量部、“南支”派遣军等翻印

中国军用等高线地形图。原图为民国政府测绘，后由日军翻印。按经差 30′、纬差 15′分幅绘制。详细绘制地形地貌、河流湖泊、地表植被、城镇村庄、交通路线等要素。馆藏部分主要为中国东中部地区。

140 图，黑白，中文、日文，28 cm×51 cm，1∶100000，106°—112°E/21°—42°N

Harvard Map Collection | MAP-LC | G7820 s100. J33, Hollis Number: 013926249

0379 “支那”十万分一圖［中国十万分一图］

1938—1947 年，日本参谋本部陆地测量部

中国中部地区军用等高线地形图，日军根据民国政府测绘的五万分之一图改绘而成。空间上包括山东、山西、河南、安徽、江西、湖北、湖南、广东、广西等。按经差 30′、纬差 20′分幅绘制。标绘地形地貌、河流湖泊、地表植被、城镇村庄、交通路线等。

标注“军事秘密”。二战后为美军缴获，原藏于美国陆军制图局。

520 图，黑白，中文、日文，38 cm×48 cm，1∶100000，108°15′—119°50′E/22°20′—41°00′N

Harvard Map Collection | MAP-LC | G7820 s100. J34, Hollis Number: 013936244

0380 “北支那”五万分一兵要地誌圖;“南支那”五万分一兵要地誌圖 [中国中部五万分一兵要地志图]

1938—1947 年,日本参谋本部陆地测量部

中国中部等高线地形图,主要为开封、徐州一线以南至南岭,包括河南南部、湖北中部、湖南东部、安徽南部、江西大部以及广东汕头周边地区。按经差 30′、纬差 20′分幅绘制,图幅较大。详细绘制地形地貌、河流湖泊、地表植被、城镇村庄、交通路线、军营、学校、寺庙等,着重用橙色标注交通干道及通行状况。标注“军事秘密”字样。

248 图,黑白、橙色注文,日文,73 cm×98 cm,1∶50000,111°05′—117°05′E/22°50′—35°05′N

Harvard Map Collection | MAP-LC | G7820 s50. J3,Hollis Number:013869009

0381 “支那事變”二周年記念興亞現勢圖[七七事变二周年战争形势图]

1939 年 6 月 28 日,内阁情报部,日本东京:内阁印刷局

1939 年日本侵华战争形势图。此时,除东北外,日本已占领黄河以东的整个华北地区、汉口以下的长江中下游地区、珠三角地区和海南岛,并在华北和南京扶持了若干傀儡政权,还封锁了中国东部海岸线。图中对重要城市标注占领时间。中国方面,绘制了国民政府主要战区分布和长官姓名,以及西南盟军援蒋物资路线和西北苏联援蒋路线。同时,标注了全国各地的主要农、牧、矿等物产。

附插图 1 幅:《欧洲要图》,内容为二战欧洲战场形势。

1 图,彩色,日文,72.5 cm×51.5 cm

Harvard Yenching Library | Manchuguo J-0857,Hollis Number:014629923

0382 “支那”五万分一圖 [中国五万分一图]

1939—1945 年,日本陆军中国派遣军测量班、第二野战测量队等

日军航空测绘的军用等高线地形图,空间范围为南昌、安庆、庐州、芜湖、南京等地,大致为从鄱阳湖到南京的长江沿海地带。绘制地形、河流、湖泊、道路、城镇、乡村等要素。

标注“军事秘密”。二战后为美军缴获,原藏于美国陆军制图局。

57 图,黑白,日文,43.5 cm×56.0 cm,1∶50000,115°—119°E/28°—32°N

Harvard Map Collection | MAP-LC | G7823. A5 s50. J31, Hollis Number: 013524647

0383 *China: After Three Years of War*[1940 年日本侵华战争形势图]

1940 年，美国纽约：PM(New York: PM)

美国在日本全面侵华战争爆发三周年时出版的战争形势图，内容为中国东中部地区中日双方战争形势。图上显示，此时日本已占领华北和长江中下游的大城市、铁路沿线和河流沿岸，战线推进到武汉等华中地区，并封锁了中国整个东部海岸线。华北和江淮地区大部分为中国的游击区，中国军队的防线主要位于晋陕豫黄河沿岸、长江南岸以及浙江福建东部沿海。图左下方配有解说，但相关战争数据来自民国政府，或许是出于宣传需要，对战局描述过于乐观。

1 图，彩色，英文，36.5 cm×57.0 cm，1：5000000

Harvard Map Collection | MAP-LC | G7821. S7 1940. C5, Hollis Number: 013349856

0384 *China and the Pacific*[中国与太平洋]

1940—1945 年，美国战略情报局(U. S. Office of Strategic Services)

该图主要标注环太平洋地区主要城市及太平洋中转岛礁之间的航行距离。

1 图，黑白，英文，23 cm×29 cm

Harvard Map Collection | MAP-LC | G9230 1940. U5, Hollis Number: 013234540

0385 "支那"抗日戰區及資源交通網要圖[中国抗日战区及资源交通网要图]

1941 年 3 月，日本东京：东洋协会调查部

空间范围为中国内地及东南亚。绘制了日占区、中国军队部署、中国对外交通线及各地农牧矿业物产资源分布情况。

1 图，彩色，日文，73 cm×50 cm，1：8000000

Harvard Yenching Library | Manchuguo J-0838, Hollis Number: 014624151

0386 *China*[中国内地]

1942 年 9 月第 3 版，美国陆军制图局(U. S. Army Map Service)

美军绘制的亚洲地图中国内地部分，底图为等高线分层设色地形图，标注村镇以上地名、河流、铁路、公路、电报线路等要素。原图 1926 年绘制，1939 年曾修订边界。

1 图，彩色，英文，76.0 cm×91.5 cm，1：4000000，90°—120°E/20°—40°N

Botany Arnold (Cambr.) | MapCase 51, Hollis Number: 014704240

0387 *China*[中国]

1942 年 1 月,美国陆军军事学院(U. S. Army War College)

美军翻印的中国等高线地形图,着重绘制地形和交通线。地图内容为中文,周边添加英文说明。大体上按经差 8°、纬差 5°分幅绘制。原图应有 42 幅,覆盖全国,馆藏其中 17 幅,缺江浙、云贵、西藏、外蒙等部分地区。

原藏于美国陆军制图局。

17 图,黑白,英文,31 cm×43 cm,1∶2000000,75°—135°E/18°—50°N

Harvard Map Collection | MAP-LC | G7820 s2000. A8, Hollis Number: 013941995

0388 *AAF Cloth Chart: Asiatic Series*[美空军布质地图:亚太系列]

1944 年,美国陆军制图局(U. S. Army Map Service)

美军特制的东亚洋流地图,以人造丝为质地,主要用于飞行员海上逃生。在二战太平洋战场上,美军飞行员在被击落时,这张特制防水的东亚洋流丝质地图可以帮助落水的飞行员辨别洋流方向,提高生存几率,也可帮助飞行员在陆地逃生。1943 年起,美军开始大量印制布质地图。该图绘制了沿海洋流方向,绿色箭头标注了 5 到 9 月的洋流方向,红色箭头标注了 11 月到 3 月的洋流方向。陆地部分则标注了详细的公路、铁路交通线,晕滃法绘制山脉,标注河流与地名。该系列包括东亚和东南亚地区,与中国相关的有 3 幅地图:No. 33 *Central China*、No. 34 *Southeast China* 和 No. 35 *Northeast China*。

3 图,彩色,英文,51 cm×67 cm,1∶2000000,103°—122°E/19°—38°N

Harvard Map Collection | MAP-LC | G8001. P6 s2000. U5, Hollis Number: 014338110

0389 *War Map, the Pacific Theater*[太平洋战争图]

1944 年,美国纽约:通用制图公司(New York: General Drafting Co.)

二战时期东亚和东南亚地区图,较为细致地标注了县级以上地名,绘制了主要公路铁路交通线,以晕渲法绘制地形。

附插图 3 幅:1.*South China Coast*,为中国广东沿海地区;2.(*Taiwan*),台湾岛及附近海域;3.*Vladivostok and Vicinity*,海参崴及周边地区。

1 图,彩色,英文,88.5 cm×78.3 cm,1∶10406000,90°—160°E/10°—60°S

Harvard Map Collection | MAP-LC | G7800 1944. G4, Hollis Number: 013295865

0390 *China Proper*[中国内地十八省]

1945年,美国陆军制图局(U. S. Army Map Service)

美军绘制东北地区军用地形图。按经差1°、纬差1°分幅绘制。较为详细地标注了村镇及以上的地名,绘制了县界。用不同形态的红线绘制公路,黑线绘制铁路,褐色绘制等高线,蓝色表示水域。大部分地名附有中文。底图来源不一。

294图(不含8幅重复图),彩色,英文、中文,56.8 cm×50.5 cm,1∶250000

Harvard Map Collection | MAP-LC | G7820s250. U5, Hollis Number: 013942123

0391 *China, Special Strategic Map*[中国:特别战略地图]

1945年5月第3版,美国陆军制图局(U. S. Army Map Service)

长城以南中国内地地图,以晕滃法绘制地形,绘制交通线,注明各段铁路战争中被毁状况。采用兰伯特正圆锥投影法绘制。

1图,彩色,英文,66 cm×76 cm,1∶4000000,95°—130°E/18°—45°N

Harvard Map Collection | MAP-LC | G7821.P1 1945. U51, Hollis Number: 008654634

0392 三十万分一"支那"沿岸陸海編合圖[三十万分一中国沿海军用地形图]

1945年,日本参谋本部

中国东部沿海军用等高线地形图,绘制沿海村镇、交通线、近海水深、港口、岛屿、航线、航程等信息,内容丰富。原图共17幅,馆藏其中的第1号(辽东湾附近)、第2号(渤海海峡附近)、第3号(渤海湾西北)、第4号(渤海湾西南)、第6号(青岛沿海)、第7号(苏北沿海)、第8号(长江口附近)、第9号(杭州湾附近)、第10号(温州沿海)、第11号(福州沿海)、第13号(潮汕沿海)、第15号(广州湾附近)、第16号(东京湾附近)。缺第5号(山东荣成附近)、第12号(厦门沿海)、第14号(珠三角附近)、第17号(海南岛南部)图。

13图,黑白,日文,78.5 cm×109.0 cm,1∶300000

Harvard Map Collection | MAP-LC | G7820 s300. J3, Hollis Number: 013868851

0393 全国大反攻形势图之一、三

1947年,中国人民解放军野战大军政治部

图 1 为长江以北地区解放军进攻形势图,标注刘邓大军进入大别山地区、陈毅粟裕越过陇海线进入豫皖苏地区、西北解放军跨过黄河进军陕西、陈赓谢富治进军鄂豫陕地区等,标注长江以北已解放的县城。

图 2 为山东半岛作战形势图。图上标注山东半岛解放军进军方向、已解放县城和各地消灭蒋军数量。该图为宣传图,图上方有“口袋计,不是吹,蒋军插翅也难飞”字样,并配漫画。

2 图,黑白,缩微胶片,中文,27 cm×33 cm

Harvard Yenching Library | Microfilm | FC2933,Hollis Number:008580258

华北地区

0394 “支那”時局地圖 [中国时局地图]

1928 年 6 月 5 日,(日)后藤七郎右卫门,日本大阪:大阪每日新闻

空间范围为华北、江淮地区。此时,国民革命军正在进行北伐,并于 1928 年 6 月 1 日占领北京,奉军退出关外。不过该图并未标注与时局有关的要素。该图为《大阪每日新闻》第 16814 期的附录。

1 图,彩色,日文,53.5 cm×39.0 cm,1∶2500000

Harvard Map Collection | MAP-LC | G7820 1928. G6, Hollis Number:014616899

0395 *Defence of Foreign Legations*, *Peking*, *China*, *June 20th to Aug. 14th*, *1900*[北京东交民巷使馆区防线:1900 年 6 月 20—8 月 14 日]

1900 年 8 月 14 日,(美)哈利·巴斯科姆·弗格森(Ferguson, Harley Bascom)

1900 年 6 月 20 日,清军开始围攻北京东交民巷外国使馆区,次日,清廷正式向西方列强宣战,并展开了对使馆区持续 55 天的进攻,直到 8 月 14 日八国联军攻陷北京为止。此图由美军将领绘制,逐日绘制了这一时期使馆区防御阵线的变动情况。此图为蓝图。

1 图,蓝图,英文,86 cm×91 cm,1∶1000

Harvard Yenching Library | Offsite Storage (HD) | 3086 F27,Hollis Number:009406410

0396 *Pei-P'ing* (*Peking*)［北京］

1945年第2版，美国陆军制图局(U. S. Army Map Service)

美军绘制的百万分之一东亚地图系列之一。为北京以南的华北平原分层设色地形图，非北京城市地图。绘制了该区域的地形、河流、等深线、铁路、公路、电报线、邮局、矿产等要素。

1图，彩色，英文，64.6 cm×88.5 cm，1∶1000000，114°—120°E/36°—40°N

Botany Arnold (Cambr.) | MapCase 51，Hollis Number：014705763

0397 *China Field Force Survey. China Chih-Li Province*［中国野战部队调查：直隶省］

1902年3月，印度加尔各答：印度测绘局(Calcutta：Survey of India Office)

东印度公司印度测绘局绘制的中国军事地图系列直隶省部分。按经差1°、纬差30′分幅绘制，标注城镇村庄、山地河流、铁路公路、电报线路、寺庙坟墓等，内容详细。哈佛馆藏21幅主要集中于北京、天津、保定一带。

21图，彩色，英文，44 cm×69 cm，1∶126720，114°00′—120°00′E/38°30′—41°30′N

Harvard Map Collection | MAP-LC | G7823. H26 s126. B8，Hollis Number：013619991

0398 河北省二十万分一图

民国十五至十六年(1926—1927)，民国参谋本部制图局

河北省军用等高线地图，主要为河北东部及京津地区。以经差1°、纬差30′分幅绘制。标注城镇、村庄、道路、河流等信息。标注“秘”。

原藏于美国陆军制图局。

44图，黑白，中文，37.8 cm×53.0 cm，1∶200000，116°—120°E/37°—42°N

Harvard Map Collection | MAP-LC | G7823. H26 s200. C6，Hollis Number：013635287

0399［河北省五万分一图］

民国二十至三十四年(1931—1945)，民国参谋本部陆地测量总局、军事委员会司令部第四厅、军事委员会军司令部陆地测量总局

河北省军用等高线地形图。按经差15′、纬差10′分幅绘制。包括地形地貌、河流湖泊、植被类型、城镇村庄、道路交通等要素。

42图，黑白，中文，36 cm×46 cm，1∶50000

Harvard Map Collection | MAP-LC | G7823.H26 s50.C6, Hollis Number: 013630794

0400 [河北省五万分一图]

1932—1937 年,日本参谋本部陆地测量部

河北中东部军用等高线地形图,主要是天津、静海、大成、青县、沧州、献县、交河一带。绘制城镇、村庄、交通线路、土地类型、植被等。

标注"军事秘密"。二战后为美军缴获,原藏于美国陆军制图局。

7 图,黑白,日文,46.5 cm×58.0 cm,1∶50000,116°—117°E/38°—39°N

Harvard Map Collection | MAP-LC | G7823.H26 s50.J32, Hollis Number: 013635498

0401 *Hopeh Province and Jehol Province 1∶100000*[河北省和热河省十万分一图]

1947 年 6 月,东三省陆军测量局,日本东京:金谷印刷株式会社(Toyoko: Kanaya Printing Co., Ltd.)

这批军事地图的原图由东三省陆军测量局于民国十八年至二十年间(1929—1931)测绘,后被日军获取。二战结束后,经日本金谷印刷株式会社于 1947 年 6 月复制后,入藏美国陆军制图局。

该条目下包含 70 幅图,分为热河省十万分之一图(52 幅)和河北省十万分之一图(18 幅)两部分。以详密的等高线绘制了两地的地形,包括山地、河流、植被、城镇、村庄、交通线、桥梁、关隘等信息。

70 图,黑白,中文,50.6 cm×57.2 cm,1∶100000

Harvard Map Collection | MAP-LC | G7823.H26 s100.C4, Hollis Number: 013868693

0402 *Plan de Longmen-hien: Près de la Grande Muraille, Dependant de Suen Hoa Fu*[龙门县图:位于长城南侧宣化府]; *Plan d'une Partie de la Grande Muraille, du Costé de Yung-ping-fu, Soutenue par Diverses Places de Guerre*[永平府附近长城边防图]

1749 年,(法)雅克・尼古拉・贝林(Jacques Nicolas Bellin),荷兰海牙:皮埃尔・德・洪特(Hague: Pierre de Hondt)

分为上下两幅,上幅为宣化府龙门县城及北面长城简图,龙门县位于今北京西北,宣化至赤城之间;下幅为永平府长城边防简图,绘制永平府附近长城及堡寨。

此图出自(法)安东尼·普雷沃:《旅行通史》,海牙:皮埃尔·德·洪特,1747—1767,卷7第48页(Antoine François Prévost. *L'Histoire Générale des Voyages*, Hague: Pierre de Hondt, 1747—1767, v. 7, p.48)。

2图,黑白,法文、荷兰文,12 cm×16 cm

Harvard Map Collection | MAP-LC | G7822.G75 1749. B4,Hollis Number: 012522882

0403 *Hopeh Province. Fu Ning, Lin Yu* [河北省抚宁、临榆地形图]

1914年,民国陆军第十五师参谋处制

直隶省抚宁县一带军用等高线地形图。按经差7.5′、纬差5′分幅绘制。标绘地形地貌、城镇村庄、交通线路、作物植被等要素。此为复印件。

8图,黑白,中文,44.6 cm×54.5 cm,1∶25000,118°45′—119°45′E/39°40′—39°55′N

Harvard Map Collection | MAP-LC | G7823.H26R1 s25. C4,Hollis Number: 013619787

0404 *Hopeh Province. Fu Ning, Lin Yu*[河北省抚宁、临榆地形图]

1947年,直隶陆军测量局,日本东京:金谷印刷株式会社(Toyoko: Kanaya Printing Co., Ltd.)

直隶省抚宁县一带军用等高线地形图。按经差7.5′、纬差5′分幅绘制。详细标注地形地貌、河流湖泊、城镇村庄、交通路线等要素。该系列图原为直隶陆军测量局民国三年(1914)测绘、四年(1915)制版,二战后为美军缴获,经日本金谷印刷株式会社复制后,入藏于美国陆军制图局。

17图,黑白,中文,44.6 cm×54.5 cm,1∶25000,118°45′—119°45′E/39°50′—40°10′N

Harvard Map Collection | MAP-LC | G7823.H26R1 s25. C5,Hollis Number: 013619749

0405 假製"北支那"五万分一圖:永平 [中国北方五万分一速测图:永平]

1932—1933年,日本参谋本部陆地测量部

秦皇岛一带军用等高线地形图。原为民国陆军测量总局于民国十六年(1927)绘制,后被日军获取后翻印。按经差15′、纬差10′分幅绘制。详细绘制地形地貌、河流湖泊、地表植被、城镇村庄、交通路线、军营、学校、寺庙等。

12图,黑白,中文、日文,36 cm×47 cm,1∶50000,118°45′—120°05′E/39°10′—

40°00′N

Harvard Map Collection | MAP-LC | G7823.L85 s50.J3, Hollis Number: 013713343

0406 [承德五万分一图]

1932—1935 年，日本参谋本部陆地测量部

承德附近军用等高线地形图。分为《"满州"五万分一热河局地图承德》和《假制"北支那"五万分一图承德》两个系列。按经差 15′、纬差 10′分幅绘制。详细绘制地形地貌、河流湖泊、植被类型、城镇村庄、道路交通等要素。

25 图，黑白，日文，36 cm×46 cm，1∶50000，118°00′—120°00′E/40°00′—40°50′N

Harvard Map Collection | MAP-LC | G7824.C517 s50.J3, Hollis Number: 013688773

0407 *Ch'in-Wang-Tao & Pei-Tai-Ho*[秦皇岛和北戴河]

1945 年，英国陆军部参谋总部地理处(Great Britain. War Office. General Staff. Geographical Section, GSGS)，美国陆军制图局(U.S. Army Map Service)

秦皇岛、北戴河地区的军事地图，标注了这一地区城镇、村庄、交通线路、近海水深，配有等高线。该图最早于 1908 年绘制，1927 年修订时增加铁路线，1945 年修订时调整了经纬网。

1 图，黑褐两色，英文，51 cm×66 cm，1∶63360，119°18′—119°40′E/39°45′—40°00′N

Harvard Map Collection | MAP-LC | G7824.T5 1945.G71, Hollis Number: 013169261

0408 秦赤路线图、水平路线图

1947 年 6 月，民国参谋本部制图局，日本东京：金谷印刷株式会社(Toyoko: Kanaya Printing Co., Ltd)

秦赤路线图为秦皇岛至赤峰路线图，分多图绘制沿线地区地形、河流、村镇、植被等，应用于部队行军。馆藏其中 14 图，为秦皇岛往北至建昌县段。水平路线图为宽城至平泉段沿线等高线地形图，馆藏其中 6 幅。

该图原为民国参谋本部绘图局于民国元年(1912)绘制，此图是 1947 年日本金谷印刷株式会社翻印，后入藏美国陆军制图局。

20 图，黑白，中文，36 cm×46 cm，1∶25000

Harvard Map Collection | MAP-LC | G7823.H26 s25.C6, Hollis Number:

013630550

0409 假製"北支那"五万分一圖:承德［中国北方五万分一速测图:承德］

1932—1933 年,日本参谋本部陆地测量部

承德一带军用等高线地形图。该系列图原为民国陆军测量总局、直隶陆军测量局、东三省陆军测量局等于民国六年至十八年(1917—1929)间绘制,后被日军翻印。按经差 15′、纬差 10′分幅绘制。详细绘制地形地貌、河流湖泊、地表植被、城镇村庄、交通路线、军营、学校、寺庙等。

17 图,黑白,中文、日文,36 cm×47 cm,1∶50000,118°30′—119°45′E/39°10′—40°30′N

Harvard Map Collection | MAP-LC | G7823.H26 s50.J31,Hollis Number:013630698

0410 百万分一地势图:承德、"兴安总省"、"热河省"、内蒙古、外蒙古

1945 年,日本陆军参谋本部

日军测绘的伪满洲国军用地形图。空间范围为"热河"省会承德及其周边地区,包括"兴安总省"、内外蒙古的部分地区。详细标记区域内的城镇、村落、隘口、交通线、河流等,并绘制了细密的等高线。

1 图,黑白,日文,79.0 cm×109.6 cm,1∶1000000,110°—120°E/40°—47°N

Harvard Map Collection | MAP-LC | G7823.I5C2 1945.J3,Hollis Number:013691833

0411 石家庄市街要图

1937 年 9 月,日军甲集团参谋部第二课调制

此为日军进攻石家庄之前,通过飞机航拍绘制的石家庄市区和周边村庄军用地图。标注了铁路、公路、工厂、邮局等。

1 图,黑白,日文,105 cm×79 cm,1∶7500

Harvard Yenching Library | Manchuguo J-0867,Hollis Number:014634249

0412 东天门近傍/直隶省保定道

1947 年 5 月,直隶陆军测量局,日本东京:金谷印刷株式会社(Toyoko: Kanaya Printing Co., Ltd)

这批军事地图测绘单位主要是直隶陆军测量局。若干地图上注明绘图员姓名,包括王海泉、耿兴仁、李堃、鲁继海、杨荫棠等,其中《赵陵铺》一图注明绘图单位是山西陆

军测绘局，绘制时间是民国十五年（1926）三月。二战结束后，经日本 Kanaya 印刷公司于 1947 年 6 月复制后，入藏美国陆军制图局。

该图用细密的等高线绘制了河北省石家庄附近的井陉、正定、获鹿、栾城、平山一带的地形，包括河流、湖泊、植被、城镇、村庄、交通线等要素。

24 图，黑白，中文，51 cm×57 cm，1∶25000

Harvard Map Collection | MAP-LC | G7823. H26 s25. D6，Hollis Number：013630817

0413［山西省五万分一图］

民国八至三十三年（1919—1944），民国参谋本部陆地测量总局

山西省军用等高线地形图。按经差 15′、纬差 10′分幅绘制，标绘地形地貌、河流湖泊、城镇村庄、窑洞、寺庙等要素。由民国参谋本部陆地测量局于 1919—1927 年间测绘，1919—1944 年间陆续出版。原图众多，哈佛馆藏其中 118 幅，以汾河流域较为全面。

原藏于美国陆军制图局。

118 图，黑白，中文，36 cm×46 cm，1∶50000，110°15′—114°05′E/34°38′—40°30′N

Harvard Map Collection | MAP-LC | G7823. S43 s50. C4，Hollis Number：013703218

0414 “北支那”五万分一圖：山西省［中国北方五万分一图：山西省］

1938—1941 年，日本参谋本部陆地测量部

日军测绘的山西省军用等高线地形图。按经差 15′、纬差 10′分幅绘制。详细绘制地形地貌、河流湖泊、地表植被、城镇村庄、交通路线等要素。哈佛馆藏部分集中于山西南部地区。

标注“军事秘密”，二战后为美军缴获，原藏于美国陆军制图局。

23 图，黑白，日文，36 cm×47 cm，1∶50000，110°16′—113°30′E/34°58′—35°27′N

Harvard Map Collection | MAP-LC | G7823. S43 s50. J3，Hollis Number：013697167

0415 山西省十万分一地志图

1947 年 6 月，日本参谋本部陆地测量部，日本东京：金谷印刷株式会社（Toyoko：Kyodo Printing Co.，Ltd.）

这批军事地图原由日本参谋本部陆地测量部于昭和十二年（1937）9 月测绘制版，

1947 年 6 月日本共同印刷株式会社于复制后，入藏美国陆军制图局。

地图用详密的等高线绘制了山西的地形，着重标绘军事相关要素，包括机动车道、野炮道、辎重车道、驮马小道、冬期道、机场、河流航道、要塞、炮台、阵地、水源地等与行军作战密切相关的要素，并在紧要处配交通注意事项和河水涨落情况解说。包括：《怀安县》《广灵县》《涞源县》《阳高县》《应县》《五台县》《平定县》《和顺县》《黎城县》《左云县》《代县》《忻县》《阳曲县》《平遥县》《武乡县》《洛阳县》《阳城县》《沁水县》《水泉营》《河曲县》《静乐县》《马坊镇》《汾阳县》《霍县》《临汾县》《闻喜县》《平陆县》《神山村》《临县》《柳林镇》《大宁县》《吉县》《临晋县》《永济县》。标注“军事秘密”字样。

34 图，黑白，红色标注交通线和注释、蓝色标注水道，日文，78.5 cm×109.5 cm，1∶100000

Harvard Map Collection | MAP-LC | G7823.S43 s100. J31，Hollis Number：013708114

0416 兵要地志图：缩制图集成山西省十万分一图

1947 年 6 月，日本参谋本部陆地测量部，日本东京：金谷印刷株式会社（Toyoko：Kyodo Printing Co.，Ltd.）

这批军事地图原由日本参谋本部陆地测量部于昭和十五年(1940)9 月测绘制版。1947 年 6 月日本共同印刷株式会社于复制后，入藏美国陆军制图局。

地图用详密的等高线绘制了山西各地地形，着重标绘军事相关要素，包括机动车道、野炮道、辎重车道、驮马小道、冬期道、机场、河流航道、要塞、炮台、阵地、水源地等与行军作战密切相关的要素，并在紧要处配交通注意事项和河水涨落情况解说。包括：《广灵县》《灵丘县》《浑源县》《应县》《五台县》《盂县》《昔阳县》《辽县》《长治县》《陵川县》《左云县》《朔县》《崞县》《太原》《榆次县》《沁县》《屯留县》《晋城县》《汾阳县》《河曲县》《五寨县》《岚县》《介休县》《临汾县》《新绛县》《安邑县》《葭县》《柳林镇》《隰县》《乡宁县》《河津县》《潼关县》等 32 图。

比较日军参谋本部昭和十二年(1937)测绘的《山西省十万分一地志图》(条目 0415)，两者绘制体例相近，但本图的等高线绘制更为详密，并增标各地户数和人口数。

32 图，黑白，红色标注交通线和注释、蓝色标注水道，日文，79 cm×110 cm，1∶100000

Harvard Map Collection | MAP-LC | G7823.S43 s100. J3，Hollis Number：013703325

0417 [山西省大同近傍西部及南部]

1947 年 5 月，山西陆军测量局，日本东京：金谷印刷株式会社（Toyoko：Kanaya

Printing Co., Ltd.)

这批军事地图原由山西陆军测量局于民国五年(1916)2 月至民国六年(1917)7 月之间测绘,民国五年至七年(1916—1918)之间制版,二战结束后,经日本金谷印刷株式会社于 1947 年 6 月复制后,入藏美国陆军制图局。

地图用详密的等高线绘制了山西大同附近地形,包括山地、河流、植被、城镇、村庄、交通线、桥梁、关隘等信息。

88 图,黑白,中文,50.7 cm×56.8 cm,1∶25000

Harvard Map Collection | MAP-LC | G7823.D24 s25. C4, Hollis Number: 013697258

0418 *Yang-Ch'ü*[阳曲(太原)]

1947 年,美国陆军制图局(U. S. Army Map Service)

美军绘制的百万分之一亚洲地图系列之一,是山西和陕西北部的等高线地形图,而非阳曲或太原的城市地图。绘制了该区域的地形、河流、城镇、铁路、公路、电报线、矿产等要素。

1 图,彩色,英文,58.3 cm×88.8 cm,1∶1000000,108°—112°E/36°—40°N

Botany Arnold (Cambr.) | MapCase 51, Hollis Number: 014705741

0419 平型关大战要图(1937 年 9 月 25 日)

1937 年后

平型关大战示意图,绘制了八路军、国民党军、日军的进军路线、防线和战斗区域。从地图行文看,此图由八路军方面绘制。

1 图,黑白、手绘,中文,39.2 cm×54.4 cm,1∶30000

Harvard Yenching Library | Manchuguo C-0247, Hollis Number: 014605055

0420 海拉尔附近图

1937 年 3 月,日本参谋本部陆地测量部

海拉尔城及周边地区的等高线地形图,绘制河流、植被、沼泽、道路、城市概图等。

4 图,黑白,日文,109 cm×79 cm,1∶25000,119°30′—120°40′E/49°04′—49°24′N

Harvard Map Collection | MAP-LC | G7824.H135A1 s25. J3, Hollis Number: 013514342

0421 热河省十万分一图:热河全属调查改正图

民国十一年(1922)十月,东三省陆军测量局

热河军用等高线地形图，绘制山地、河流、城镇、村落、交通线路等要素。原藏于美国陆军制图局。

72 图，黑白，中文，39 cm×54 cm，1∶100000

Harvard Map Collection | MAP-LC | G7823.R4 s100. C4, Hollis Number: 013793086

0422 *Jehol*[热河]

1944 年，美国陆军制图局（U. S. Army Map Service）

美军绘制的百万分之一东亚地图系列之一。热河、察哈尔及伪满洲国兴安西省等地分层设色地形图。绘制地形、河流、城镇、铁路、公路、电报线等要素，城镇按人口数量划分为 5 个等级。

1 图，彩色，英文，66 cm×61 cm，1∶1000000，114°—120°E/40°—44°N

Botany Arnold (Cambr.) | MapCase 51, Hollis Number: 014705839

0423 二万五千分一热河省赤峰建昌间路线图

1933 年 2 月，日本参谋本部陆地测量部

分 20 图连续绘制了从赤峰到建昌之间的路线，并标注沿线地形（等高线）、河流、村镇、小道、植被等。原图为中国于民国元年（1912）迅速测绘图，日军于 1933 年 2 月翻印此图，用于当时日军入侵热河的战事行动。

20 图，黑白，中文、日文，44.5 cm×57.0 cm，1∶25000

Harvard Map Collection | MAP-LC | G7823.I5P2 s25. J3, Hollis Number: 013795058

0424 乌珠穆沁突泉间道路要图

1933 年，日本参谋本部陆地测量部

该系列图绘制了从突泉（位于今内蒙古东部）向西北经柳条子沟、车家营子后，沿着霍林河谷，一路西行至内蒙古乌珠穆沁的道路，标绘了沿路等高线地形，并逐段说明道路通行情况和注意事项。

原藏于美国陆军制图局。

9 图，黑白，日文，57.5 cm×45.5 cm，1∶100000

Harvard Map Collection | MAP-LC | G7823.I5P2 s100. J3, Hollis Number: 013795157

东北地区

0425 *Korea, East China and Japan*[朝鲜、中国东部和日本]

1894 年,(美)查尔斯·奥兰德(Charles H.Ourand),美国陆军参谋长室军事情报处(U. S.: Adjutant-General's Office Military Information Division)

美军绘制的甲午战争形势图。图中标注高升号沉船及牙山之战、平壤战役、大东沟海战、九连城之战、日军大连湾登陆等战役和事件,并对旅顺港、威海卫等重要军事要塞进行说明。该图成图之时,战争仍在进行。

1 图,彩色,英文,32 cm×39 cm,1∶7500000,110°—144°E/22°—42°N

Harvard Map Collection | MAP-LC | G7800 1894. O8, Hollis Number: 013861468

0426 *Map Showing Seat of War in the Far East*[日俄战争图]

1904 年 2 月 25 日,美国纽约:F. B. 帕特森(New York: F. B. Patterson)

1904 年 2 月 8 日,日俄战争爆发,该图作为《纽约晚报》(The Evening Post)1904 年 2 月 25 日附件,绘制了东亚地区尤其是东北地区战争形势。

1 图,彩色,英文,35 cm×29 cm,1∶9500000,110°—145°E/23°—53°N

Harvard Map Collection | MAP-LC | G7801. S5 1904. M3, Hollis Number: 013753499

0427 *Map of Korea and "Manchuria"*[朝鲜与中国东北地图]

1904 年 2 月,美国陆军参谋长室军事情报处(U. S. Adjutant-General's Office. Military Information Division),美国华盛顿:国家地理学会(Washington, D. C.: National Geographic Society)

该图绘制了朝鲜、东北以及华北地区,尤其是作为日俄战争主战场的辽东半岛和朝鲜半岛。此图作为 1904 年 3 月《国家地理杂志》(*National Geographic Magazine*)增刊发布,成图之际,正值日俄战争爆发。

1 图,黑蓝色,英文,97 cm×84 cm,1∶2450000,112°—142°E/31°—52°N

Harvard Map Collection | MAP-LC | G7900 1904. U5, Hollis Number: 007443070

0428 日露戦争早見地図[日俄战争速览图]

1904 年 9 月,(日)三轮文次郎,日本名古屋:玉润堂日俄战争前期战争形势图。绘制辽东半岛日本占领形势以及渤海、黄海、日本海等海域日俄双方军舰分布与控制情况。该图由日本民间机构绘制，带有宣传画风格，山地用山水画法绘制，军舰、炮台的绘制较为形象。

图左有《日露战争经过表》，从2月8日起逐日罗列海战和陆战进程，至9月中旬止。左下有插图《欧亚列国地图》。

1图，彩色，日文，50 cm×75 cm

Harvard Map Collection | MAP-LC | G7801.S5 1904. M5, Hollis Number: 014655485

0429 *1904 War Map of Japan, Korea and China*; *1904 War Map of Russia and the Continent of Asia*[1904年战争图：日本、朝鲜和中国；1904年战争图：俄罗斯和亚洲大陆]

1904年，美国芝加哥：兰德·麦克纳利公司(Chicago: Rand McNally and Company)

日俄战争背景下出版的两幅地图，一面为《1904年战争图：日本、朝鲜和中国》(*1904 War Map of Japan, Korea and China*)，空间范围为中国、日本和朝鲜半岛，中国部分为省级行政区划图(省界错误较多)。图左和图下方文字记述中国城市人口及日本海军军力统计，比例尺1∶9000000，经纬度72°—145°E/18°—53°N。

另一面为《1904年战争图：俄罗斯和亚洲大陆》(*1904 War Map of Russia and the Continent of Asia*)，为亚洲各国图，图下方文字记载俄国海军军力统计，比例尺1∶19000000，经纬度10°—180°E/0°—80°N。

2图，彩色，英文，48 cm×65 cm

Harvard Map Collection | MAP-LC | G7800 1904. R3, Hollis Number: 013308823

0430 *Bacon's Large Scale Military Map of the Far East*[培根大比例尺远东军事地图]

1904年，英国伦敦：G.W.培根有限公司(London: G.W. Bacon & Co., Ltd)

日俄战争局势图，主要范围为辽东半岛及周边地区，对渤海湾及俄军军港海参崴一带作了详细标注。另附小册子说明日俄战争情形，并对战争相关的主要地点作了简要描述。

附插图1幅，为大连旅顺附近形势图。

1图，彩色，英文，57 cm×76 cm，1∶1860000，116°—132°E/37°—46°N

Harvard Map Collection | MAP-LC | G7822.M2 1904. W2 vf, Hollis Number: 013744718

0431 *La Guerre en Extrême-Orient*[远东地区的战争]

约1904年,(法)C.帕里塞(C. Pariset), C.奥克特(C.Auckert),法国巴黎(Paris)

日俄战争局势图,空间范围为辽东半岛及渤海、黄海,绘制该区域地形和交通路线。

1图,黑白,法文,35.1 cm×48.9 cm,1∶1090000,120°08′—126°31′E/38°37′—42°16′N

Harvard Map Collection | MAP-LC | G7822.L42 1904. G8, Hollis Number: 013751738

0432 *Map of "Manchuria", Corea & Japan* [中国东北、朝鲜和日本地图]

1904年,美国波士顿:乔治·沃克公司(Boston: Geo. H. Walker & Co.)

中国东北、朝鲜、日本及附近海域地图,该图出版与日俄战争有关。

1图,彩色,英文,53 cm×40 cm,1∶7000000,115°—150°E/25°—54°N

Harvard Map Collection | MAP-LC | G7822.M2 1904. G4, Hollis Number: 013753445

0433 *Maps of the Far East, Illustrating Russo-Japanese War*[远东地图:日俄战争]

1904年,(英)约翰·巴塞洛缪(John George Bartholomew),英国伦敦:乔治·纽恩斯有限公司和弗雷德里克·沃恩公司(London: George Newnes Limited and Frederick Warne & Coy.)

一纸两图,上图为亚洲地图,绘制当时亚洲主要国家,底图为二级河网,绘制铁路、航线、电报线等,墨卡托投影;下图为东北亚地图,绘制中国东部沿海和东北、日本、朝鲜等,用于辅助了解日俄战争,兰伯特投影,附长崎、东京、旅顺和香港四地略图。不过虽题为日俄战争局势图,但并无战争直接相关要素。

2图,彩色,英文,上图36 cm×56 cm,1∶25000000,30°—145°E/0°—65°N;下图49 cm×54 cm,1∶6000000,110°—146°E/22°—46°N

Harvard Map Collection | MAP-LC | G7800 1904. B3, Hollis Number: 013314171

0434 *Russisch-Japanischer Kriegsschauplatz. Karte II. "Süd-Mandschurei", Korea, Nordost-China*[日俄战争图Ⅱ:辽东、朝鲜、华北]

1904年,(德)保罗·斯皮加德(Paul Sprigade),德国柏林:迪特里希·赖默尔地

理出版社(Berlin: Geographische Verlagshandlung Dietrich Reimer)

日俄战争局势图,空间范围包括辽东半岛、山东半岛、朝鲜半岛及黄渤海地区,标注该区域内中、俄、英、德、日、朝等各国势力范围。

附插图 1 附,为东北亚各国形势图。

1 图,彩色,德文,73 cm×65 cm,1∶2000000,116°45′—132°44′E/32°57′—46°26′N

Harvard Map Collection | MAP-LC | G7801. S5 1904. S6, Hollis Number: 013752434

0435 *Special War Map of China, Korea and Japan*[日俄战争图]

1904 年,英国伦敦、利物浦:乔治·菲利浦父子公司(London and Liverpool: George Philip & Son)

日俄战争局势图,空间范围包括辽东半岛、山东半岛、朝鲜半岛、日本及周边海域,标绘山脉、河流、主要地名和交通线路等。

附插图 1 幅,为旅顺军港地形图。

1 图,彩色,英文,49 cm×60 cm,1∶4350000,115°—140°E/30°—45°N

Harvard Map Collection | MAP-LC | G7900 1904. S7 1904, Hollis Number: 014172069

0436 东亚战地一览图

1904—1905 年,日本东京:凸版印刷株式会社

该图详细绘制了长春以南至辽东半岛以及朝鲜西部平安北道等地的地形。根据图名和地图绘制区域的详略程度看,该图应是在日俄战争的背景下形成,因而该图很可能绘制于战争期间,即 1904—1905 年(该图未标注成图时间)。另,图中京奉铁路已修至新民,但新民至奉天段尚未修通。查京奉铁路(此时称关外铁路)修通至新民的时间是 1903 年 9 月,而新民至奉天段铁路则是 1906 年 8 月由日本修通,据此推测成图时间在 1903—1906 年间,与绘制于战争期间的判断不冲突。

附插图 1 幅,为库页岛(日称桦太)地图。

1 图,淡彩色,日文,109 cm×79 cm,1∶1000000

Harvard Yenching Library | Manchuguo J-0811, Hollis Number:014622037

0437 *Karte der Mandschurei*[中国东北地图]

约 1904—1905 年,(德)C.L.凯勒(C.L.Keller),德国柏林:霍夫布汉隆·卡尔·西吉斯蒙德出版社(Berlin: Hofbuchhandlung Karl Siegismund)

东北地区简图，背景为日俄战争。

1 图，黑白，德文，35.2 cm×31.1 cm，1∶5120000，114°24′—136°10′E/38°12′—53°52′N

Harvard Map Collection | MAP-LC | G7822.M2P1 1904. K3，Hollis Number：013751702

0438 *Kriegsgeschichtliche Einzelschriften*［日俄战争图册］

1905 年，普鲁士陆军总参谋部（Prussia Armee. Grosser Generalstab），德国柏林：E.S.米特勒与佐恩出版社（Berlin：Verlag E. S. Mittler & Sohn）

德军绘制的 1904—1905 年日俄战争形势图，详细绘制日俄双方军事部署、进军路线、行动日期等，特别是奉天战役双方在沈阳—辽阳之间的对峙阵线。包括以下图幅：

Übersichstkarte，Heft 47. Übersichstkarte und Karte für den Vorstoss des Russischen Kavalleriekorps au Yin Kou［俄罗斯骑兵进军路线概览图］，绘制日俄双方奉天阵线及 1905 年 1 月间俄罗斯骑兵部队的进攻路线。

Karte 1，Heft 47. Stellungen der beiden Heere vom Dezember 1904 bis zur Schlacht be San De Pu［1904 年 12 月日俄两军在沈旦堡战役中的军事部署］日俄双方的军事阵线在沈阳和辽阳的中间地带展开，北部为俄军阵线和军队部署，用绿色绘制，南部为日军阵线和部队集结地，用红色绘制。

Karte 2，Heft 47. Angriff des Russischen Kavalleriekorps auf den Östlichen Bahnhof von Yin Kou am 12. Januar und Gefecht am 14. Januar 1905［俄罗斯骑兵团于 1905 年 1 月 12—14 日袭击营口战役形势图］

Karte 3，Heft 47. Lage am 24. und 25 Januar 1905［1905 年 1 月 24—25 日］日俄双方此时在沈阳和辽阳之间的阵线和军事部署。

Karte 4，Heft 47. Lage am 26. Januar 1905［1905 年 1 月 26 日］日俄双方在沈阳西南沈旦堡一带交战形势图。

Karte 5，Heft 47. Lage am 27. Januar 1905［1905 年 1 月 27 日］日俄双方在沈阳西南沈旦堡一带交战形势图。

Karte 6，Heft 47. Lage am 28. und 29. Januar 1905［1905 年 1 月 28—29 日］日俄双方在沈阳西南沈旦堡一带交战形势图。

Karte 1，Heft 48. Übersichstkarte für die Kavallerie-Unternemhungen gegen die Rückwartigen Verbindungen［骑兵在后方行军图］日俄双方骑兵团（主要绘制日骑兵）1905 年 1—3 月间在南满铁路支线（哈尔滨—大连）西侧行军和交战图，并标注具体行动日期。

Karte 2a，Heft 48. Befestigungsanlagen des Russischen und Japanischen Heeres und Truppenverteilung Mitte Februar 1905[1905 年 2 月中旬日俄双方防御工事和部队部署]为这一时期日俄双方在沈阳—辽阳之间的防御工事和军事部署情况。

Karte 2b, Heft 48. [Daling]1905 年 2 月中旬奉天战役东部阵线双方部署图。

Karte 3a, Heft 48. Befestigungsanlagen des Russischen und Japanischen Heeres und Truppenverteilung am 25. Februar 1905 Morgens[1905 年 2 月 25 日日俄双方防御工事和部队部署]日俄双方在沈阳—辽阳之间的防御工事和军事部署情况。

Karte 3b, Heft 48. [Daling] 1905 年 2 月 25 日奉天战役东部阵线双方部署图。

12 图,彩色,德文,96 cm×64 cm

Harvard Map Collection | MAP-LC | G7822. M2svar. P7, Hollis Number: 013741570

0439 东亚五十万分一图

1923—1944 年,日本参谋本部陆地测量部

中俄边境军用等高线地形图,主要包括两个区域,一是贝加尔湖周边,二是三江平原至黑龙江入海口一带,是日本防卫苏联的重点区域。按经差 2°30′、纬差 1°40′分幅绘制。标示地形、河流湖泊、森林草地、城镇村庄、交通线路等。标注“军事秘密”。

9 图,彩色,日文,42 cm×53 cm,1∶500000,100°—145°E/50°—55°N

Harvard Map Collection | MAP-LC | G7800 s500. J3, Hollis Number: 014339037

0440 假制松花江及拉林河流域五万分一圖[松花江及拉林河流域五万分一速测图]

1925 年,日本参谋本部陆地测量部、关东军司令部

松花江流域和拉林河流域军用等高线地形图,按经差 25′、纬差 20′分幅绘制。标绘地形、城市、村镇、交通、植被等。大正十一年(1922)测图、十四年发行。标注“军事极秘”。

47 图,黑白,日文,51 cm×57 cm,1∶50000,124°—128°E/44°—46°N

Harvard Map Collection | MAP-LC | G7822. S9 s50. J3, Hollis Number: 013673609

0441 “满洲”二万五千分一圖[中国东北地区二万五千分一图]

1929—1945 年,日本参谋本部陆地测量部、关东军司令部、伪满洲国测量局

东北部分城市附近等高线地形图,包括吉林、奉天、哈尔滨、齐齐哈尔、锦州、承德和呼伦贝尔等七个城市。按经差 7.5′、纬差 5′分幅绘制,包括《吉林近傍》4 幅、《奉天

近傍》6 幅、《哈尔滨近傍》3 幅(缺 1 幅)、《齐齐哈尔近傍》3 幅(缺 3 幅)、《锦州近傍》2 幅、《承德近傍》存 3 幅、《乌固诺尔近傍》2 幅(缺 1 幅)。由于比例尺较大,奉天、锦州、哈尔滨、齐齐哈尔等大城市的城市内部结构亦清晰可见。图上信息标注较为详细,除道路、市政公署、邮政、学校、医院、公园、银行、测候所的公共要素外,也标注军事信息,如师团旅团司令部、日本陆海军辖区及军营、伪满洲国军队辖区和军营、火药库等。

原藏于美国陆军制图局。

23 图,黑白,日文,46 cm×58 cm,1∶25000,117°55′—126°37′E/40°52′—49°20′N

Harvard Map Collection | MAP-LC | G7822.M2A1 s25. J3, Hollis Number: 013415171

0442 绥芬河附近国境要图

约 1930—1939 年,日本参谋本部

绥芬河附近中俄边境军用等高线地形图。绘制地形、河湖、城镇、交通、植被等要素。标注"秘"。

5 图,黑白,日文,78.5 cm×109.2 cm,1∶25000,131°—133°E/42°—44°N

Harvard Map Collection | MAP-LC | G7321.F2 1930. S8, Hollis Number: 014338815

0443 [中国东北]

民国二十九至四十一年(1940—1952),民国联合勤务总司令部测量处、东三省陆军测量局

大兴安岭至辽东半岛地带军用等高线地形图。原系日军于昭和七至十年(1932—1935)间测绘,后由民国军方陆续翻印而成。按经差 30′、纬差 20′分幅绘制。标绘地形地貌(沙地、湿地、泥地、湖泊、流沙)、道路交通、军事设施、地表植被、各类衙署、公共机构、宗教场所等。

82 图,黑白,中文、日文,47.0 cm×55.5 cm,1∶100000,121°—123°E/35°—54°N

Harvard Map Collection | MAP-LC | G7822.M2 s100. C4, Hollis Number: 013789871

0444 公刊日露戰史附圖集成圖 [《日俄战争史》附图集成图]

1931 年,日本参谋本部陆地测量部

日俄战争主战场地区等高线地形图,主要集中于沈阳至营口一带。按经差 30′、纬差 20′分幅绘制。标绘地形地貌、河流湖泊、地表植被、城镇村庄、交通路线等要素。内有《奉天沙河辽阳近傍》8 幅、《海城大石桥盖平近傍》2 幅、《九连城近傍》1 幅、《得利

寺近傍》1 幅以及《析木城及岫岩近傍》2 幅。图后有日本陆军习志野学校文库印鉴。

14 图，黑白，河湖着蓝色，日文，72 cm×102 cm，1∶50000，122°30′—124°20′E/39°40′—42°00′N

Harvard Map Collection | MAP-LC | G7823. L4 s50. J3，Hollis Number：013687389

0445 最新"满蒙"绘图

1932 年 2 月 11 日，日本陆军省内つはもの编辑部，日本东京：帝国在乡军人会本部内つはもの发行所

该图用较为形象的图标绘制了东北地区的山脉、农作物、牧业、渔业、矿产资源，并标注了日本在九一八事变前后在辽东各地发动的战争。从绘图风格看，这是一张面向东北普通民众的宣传地图。

地图周围附有东北政区、人口、工农业产品、贸易、铁路、交通等统计表。

1 图，彩色，日文，53 cm×38 cm，116°—133°E/38°—60°N

Harvard Yenching Library | Manchuguo J-0840，Hollis Number：014627724

0446 中国东北现势图

民国二十一年(1932)九月，北平：东北问题研究会

该图反映了九一八事变初期日军的进军路线和东北的战争形势。空间范围为东北地区和山东、河北等地。该图详细标注了日军进攻和驻军地点(主要集中于南满铁路等主要铁路沿线)、日机轰炸地点、日军舰入侵路线等。

附插图 2 幅：《东北疆界变迁图》，绘制了时人认为的乾隆年间东北和东部沿海国界线，其界线北沿外兴安岭，包括库页岛和朝鲜半岛，经日本海，囊括琉球群岛，向南经巴士海峡，包括南海在内。这反映了民国时期人们对清朝国界的认识。同时绘制了民国二十一年(1932)东部海上国界线，并标注朝鲜、中国东北、中国台湾等地的丢失时间；《吉林省东北角》，补充黑龙江和乌苏里江交汇地带地形图。

另附统计图 3 份，分别分析了东三省占中国国土面积的情况，并比较了东三省与英、法、德、日各国国土面积的大小，比较东北各铁路里程，比较各国控制的东北铁路里程和比重。地图两侧有东北相关的一系列统计表，包括黑、吉、辽、热四省各县新旧地名对照表、东北各省面积、东北外国人口、电报路线和邮局、东北各省学校和学生人数、抚顺烟台煤矿和鞍山铁矿产量、中国东北筑路及满铁收入、耕地面积、贸易、矿产、村镇数量、外国领事馆等一系列统计数据。

该图的编绘和出版机构——东北问题研究会是由张学良和东北民众抗日救国会支持成立的救亡机构。

1 图,彩色,中文、英文,106.0 cm×77.5 cm,1∶2500000, 113°—133°E/35°—54°N

Harvard Yenching Library | Offsite Storage (HD) | 3082 5917, Hollis Number:008726714

0447 二十万分一"满洲"局地圖[二十万分一中国东北局部图]

1932 年,日本参谋本部陆地测量部

东北主要城市附近的等高线地形图,包括:《奉天近傍》《长春近傍》《锦州近傍》《海城近傍》《郑家屯及四平街近傍》《齐齐哈尔近傍》6 幅,未覆盖全东北,也不是城市地图。标绘地形、城镇、村庄、寺庙、交通路线等。

6 图,黑白,日文,100 cm×94 cm,1∶200000

Harvard Map Collection | MAP-LC | G7822. M2 s200. J3, Hollis Number:013688633

0448 九一八事变形势图

1932 年

该图绘制 1931 年 9 月九一八事变后日军在东北进军方向和占领区,并标注占领各大城市的时间。此图是草稿图。

1 图,彩色,中文,45.5 cm×34.3 cm,1∶6000000,110°—135°E/35°—55°N

Harvard Yenching Library | Manchuguo C-0242, Hollis Number:014604005

0449 日军占领东北形势示意图

1932 年后

该图绘制九一八事变后日军在东北进军方向(1931 年 9 月至 1932 年 2 月间),并标注日军占领长春、四平、沈阳、齐齐哈尔、哈尔滨、敦化、吉林、锦州等重要城市的时间点。

1 图,黑白,中文,42.4 cm×34.3 cm

Harvard Yenching Library | Manchuguo C-0244, Hollis Number:014604042

0450 "满洲"五万分一圖[中国东北五万分一图]

1932—1935 年,日本陆地测量部

东北五万分之一军用等高线地形图,主要为辽河平原和松嫩平原。按经差 15′、纬差 10′分幅绘制。包括地形地貌、河流湖泊、植被类型、城镇村庄、道路交通等,以村镇地名为主,并绘制了乡镇分界线。

二战后为美军缴获,原藏于美国陆军制图局。

584 图,黑白,日文,42 cm×41 cm,1∶50000,120°00′—127°30′E/39°50′—48°

10′N

Harvard Map Collection | MAP-LC | G7822. M2 s50. J31, Hollis Number: 013784623

0451 “满洲”五万分一洮南局地圖[中国东北五万分一图:洮南局部]

1932—1935 年,日本参谋本部陆地测量部

日军航空测绘的军用等高线地形图,空间范围为洮南、开鲁、突泉、达尔罕王旗、开通、伯都讷等今内蒙古东部地区。绘制地形、河流、湖泊、道路、城镇、乡村等要素。

二战后为美军缴获,原藏于美国陆军制图局。

40 图,黑白,日文,44.5 cm×57.0 cm,1∶50000,120°—123°E/43°—46°N

Harvard Map Collection | MAP-LC | G7823. J6 s50. J3, Hollis Number: 013673711

0452 “满洲”及東亞五十万分一圖[中国东北及东亚五十万分一图]

1932—1945 年,日本参谋本部陆地测量部、“支那”派遣军参谋部

东北军用等高线分层设色地形图,包括整个东北以及中、苏、蒙、朝边境地区。按经差 2°30′、纬差 1°40′分幅绘制。标注市镇村落、交通路线、堡垒炮台、邮局、寺庙、矿产、泉井等要素。大多数图于 1932—1933 年间测绘制版,后陆续修订而成。

标注“军事秘密”,原藏于美国陆军制图局。

57 图,彩色,日文,46.0 cm×57.5 cm,1∶500000,115°—135°E/40°—55°N

Harvard Map Collection | MAP-LC | G7822. M2 s500. J3, Hollis Number: 013789637

0453 “满洲”二十万分一圖[中国东北二十万分一图]

1933 年,日本帝国陆地测量部

东北军用等高线地形图,主要为齐齐哈尔至延吉一线以南、大兴安岭以东地区。按经差 1°、纬差 40′分幅绘制。标绘地形河流、市镇村落、交通路线、堡垒炮台、邮局、学校、医院、寺庙、矿产、泉井等。

原藏于美国陆军制图局。

65 图,黑白,日文,46.0 cm×57.5 cm,1∶200000,120°—130°E/39°—48°N

Harvard Map Collection | MAP-LC | G7822. M2 s200. J31, Hollis Number: 013789581

0454“满洲國”内著名馬匪賊分布一覧圖［伪满洲国境内主要马匪分布一览图］

1933年10月末，日本第三师团参谋部

以红色圆圈标注东北各地马匪分布状况。将马匪分为政治色彩匪团、红枪会大刀会等宗教色彩匪团、朝鲜匪团、纯马贼土匪等几大类，以不同圆圈表示，圈内标注匪首姓名和匪团规模。从空间上，以长白山一带、辽东半岛和辽西地区居多，黑龙江和大兴安岭一带较少。据图上统计，黑龙江省约有马匪7100人，吉林省约25500人，热河省约15400人，兴安省约1300人，总计约62000人。

1图，红黑色，日文，80.0 cm×58.5 cm，1∶2500000

Harvard Yenching Library | Manchuguo J-0818，Hollis Number：014622130

0455“满洲”五万分一地圖：奉天省［中国东北五万分一图：奉天省］

1933—1935年，日本参谋本部陆地测量部

辽宁五万分之一军用等高线地形图，主要为辽河平原地区，包括《“满洲”五万分一吉林奉天局地图》《“满洲”五万分一辽阳局地图》和《“满洲”五万分一热河局地图》3个子系列共253幅。按经差15′、纬差10′分幅绘制。包括地形地貌、河流湖泊、植被类型、城镇村庄、道路交通等，以村镇地名为主，并绘制了乡镇分界线。

二战后为美军缴获，原藏于美国陆军制图局。

253图，黑白，日文，38 cm×41 cm，1∶50000，118°20′—126°40′E/40°00′—44°50′N

Harvard Map Collection | MAP-LC | G7823. L4 s50. J31，Hollis Number：013732647

0456“满洲”五万分一圖拜泉克山附近［中国东北五万分一图：拜泉克山附近］

1933—1935年，日本参谋本部陆地测量部

齐齐哈尔东北拜泉县、克山县一带军用等高线地形图。按经差20′、纬差15′分幅绘制。详细绘制地形地貌、河流湖泊、城镇村庄、植被类型、交通路线等要素。

20图，黑白，日文，37 cm×38 cm，1∶50000，125°00′—125°40′E/47°15′—48°15′N

Harvard Map Collection | MAP-LC | G7822.M2A1 s50. J3，Hollis Number：013626455

0457“满洲”五万分一圖［中国东北五万分一图］

1933—1943年，日本参谋本部陆地测量部、伪满州国测量局、伪满州国治安部

日军及伪满洲国测绘的东北五万分之一军用等高线地形图，主要绘制东北重点城市及其周边地区，包括齐齐哈尔、哈尔滨、长春、延吉、沈阳、辽阳、承德等。按经差15′、纬差10′分幅绘制。包括地形地貌、河流湖泊、植被类型、城镇村庄、道路交通等，以村镇地名为主，并绘制了乡镇分界线。

二战后为美军缴获，原藏于美国陆军制图局。

171 图，黑白，日文，42 cm×41 cm，1∶50000，117°00′—129°30′E/39°20′—47°20′N

Harvard Map Collection | MAP-LC | G7822.M2 s50.J3，Hollis Number：013784496

0458 同江附近国境要图

1935 年，日本参谋本部陆地测量部

黑龙江和松花江交汇口同江县附近中苏边境地形图。此图由日军 1934 年航拍测绘，次年制版成图。详细绘制河道、滩涂、沼泽、植被等自然要素以及村落、公路、航道等信息，分 6 图绘制，图幅较大。

6 图，黑白，日文，109.5 cm×78.8 cm，1∶25000，132°10′—133°00′E/47°40′—48°10′N

Harvard Map Collection | MAP-LC | G7321.F2 1935.J3.J3，Hollis Number：014333743

0459 東亜危機明細図解：恐るべし日“満”包囲馬蹄陣形［东亚危机明细图解：令人恐惧的对日“满”马蹄阵形包围］

1936 年 10 月 10 日，日本东京：日日新闻社

该图绘制苏联红军重兵包围东北，沿中苏边界修筑防线，进而形成对东北和华北地区的马蹄形包围的阵势。同时绘有中国境内主要军事形势：苏联从西北方向中国输送物资弹药，势力渗透西北，并不断向东推进；华北则由多个国民党军头控制；淮河以南地区除了广西外，由蒋介石中央政府控制，并向北推进。该图用图画标注各地物产，并贴有各地军政首脑头像。

1 图，彩色，日文，53.5 cm×77.6 cm

Harvard Yenching Library | Manchuguo J-0822，Hollis Number：014623780

0460 “满洲”及西伯利兵要二十万分一図［中国东北及西伯利亚二十万万分一兵要图］

1936—1939 年，日本参谋本部、关东军司令部

黑龙江附近军用等高线地形地图。以经差 1°、纬差 40′分幅绘制，详细绘制区域内地形、村镇、交通线、河流等。

二战后为美军缴获，原藏于美国陆军制图局。

11 图，黑白，日文，45.5 cm×57.5 cm，1∶200000，122°30′—128°30′E/45°20′—50°40′N

Harvard Map Collection | MAP-LC | G7822. M2 s200. J5，Hollis Number：013739227

0461 "满洲"及西伯利兵要二十万分一図[中国东北及西伯利亚二十万万分一兵要图]

1936—1939 年，日本参谋本部、关东军司令部关东军测量队

大兴安岭中、蒙、苏边境军用高线地形图。以经差 1°、纬差 40′分幅绘制，详细绘制地形、村镇、交通线、河流等。

二战后为美军缴获，原藏于美国陆军制图局。

46 图，黑白，日文，45.5 cm×57.5 cm，1∶200000，122°30′—128°30′E/45°20′—53°20′N

Harvard Map Collection | MAP-LC | G7822. M2 s200. J52，Hollis Number：013739435

0462 "满洲"·"北支"最新大地図 [东北和华北最新大地图]

1937 年 8 月 10 日，日本东京：读卖新闻社

空间范围包括华北、东北和内蒙古东部地区，底图为分层设色地形图。绘制了铁路、公路、航空、航海线路。

附插图 2 幅：《极东军备现势图》标注中国和苏联的军队部署；《北平·天津附近地图》标注"冀察政权"地域和"冀东自治区"。

1 图，彩色，日文，53.3 cm×75.5 cm，1∶5000000，104°—136°E/30°—50°N

Harvard Yenching Library | Manchuguo J-0850，Hollis Number：014629815

0463 "北支事變"明細圖解 [七七事变明细图解]

1937 年 8 月 22 日，日本东京：日日新闻社

此图是在《东亚危机明细图解》(见条目 0459)的基础上修改而成，主要内容是 1937 年中国的军事形势：东北中苏边境上，苏联重兵包围了伪满洲国；华北地区已沦陷并成立了冀东傀儡政权；国民党控制淮河以南地区。

附插图 1 幅：《"北支事变"要图》。

1 图，彩色，日文，53.6 cm×77.2 cm

Harvard Yenching Library | Manchuguo J-0828，Hollis Number：014623845

0464 “北满洲”給水兵要地誌圖［中国东北北部供水兵要地志图］

1937 年，日本参谋本部陆地测量部

日军测绘东北北部高精度军用等高线地形图，主要标注各地水源供应情况，包括各地供水路线、水质、给水能力（人数）、水井数和水位、河流水深及流量，并在重点区域用文字说明供水情况。标注“军事极秘”。

6 图，彩色，日文，78 cm×108 cm，1∶500000，120°—135°E/42°—53°N

Harvard Map Collection | MAP-LC | G7822.M2C3 1937. J3，Hollis Number：013739456

0465 *Map of “Manchuria” (Three Eastern Provinces) Showing the Extent and Aggravation of Japanese Invasion*［东三省地图：日本入侵形势］

1937 年，杭州：杭州出版社

该图演示日本侵华战争初期日占区和进攻地点。底图范围为中国东部及日本本土。此时日军已占领中东铁路以南的东北地区，并进攻青岛、上海、厦门、南京、武汉等沿海沿江城市。

1 图，红黑色，英文，62 cm×46 cm

Harvard Map Collection | MAP-LC | G7822.M2 1937. M3，Hollis Number：013773016

0466 七七事变前日本帝国主义侵略中国示意图

1937 年后

此图反映自 1931 年九一八事变至 1937 年七七事变日本对中国东北和华北地区的侵略情形。此图是手绘草稿图。

附插图 1 幅：《冀东二十二县地理位置图》。

1 图，彩色，中文，44.6 cm×35.5 cm

Harvard Yenching Library | Manchuguo C-0243，Hollis Number：014604022

0467 西伯利、北樺太、東「ソ」、“満洲”、朝鮮及蒙古十万分一兵要地誌圖［西伯利亚、北库页岛、苏联东部、中国东北、朝鲜及蒙古十万分一兵要地志图］

1938—1944 年，日本参谋本部陆地测量部、关东军司令部测量队

东北中苏边境军用等高线地形图，空间范围为黑龙江、乌苏里江、库页岛等边境地

带。以纬差40′、经差1°分幅绘制。突出绘制与行军密切相关的要素，包括铁路、机场、公路（分机动车单行道、双行道、野炮道、辎重车道、驮马小道等）等，标注河流的通航能力、桥梁承载力、渡河地点，湿地区分不同程度及其冬夏季可通达性，森林分为炮可通行的疏林和步兵难以通行的密林，标注各地水源供应条件，如水井数、河湖的水质、水量、水深等，标注各地兵营、火药库、军医院、发电站、仓库等要素。同时，在图上用文字标注各地军队的可通行性。

标注“军事极秘”或“军事秘密”字样。二战后为美军缴获，原藏于美国陆军制图局。

341图，彩色，日文，78 cm×109 cm，1∶100000，116°—145°E/42°—55°N

Harvard Map Collection | MAP-LC | G7822.M2 s100. J2，Hollis Number：013732450

0468 西伯利、“满洲”及極東十万分一地誌図［西伯利亚、中国东北和远东十万分一兵要地志图］

1939—1942年，日本参谋本部、关东军司令部、关东军测量队

由日军测绘的中俄乌苏里江边境一带作战用等高线地形图。以经差30′、纬差20′分幅绘制，着重绘制各地军队通行情况，黄色突出标记道路。馆藏其中11图，集中于兴凯湖至海参崴一带。

标注“军事极秘”，二战后由美军缴获，原藏于美国陆军制图局。

11图，黑白，日文，37 cm×47 cm，1∶100000，131°00′—132°00′E/42°40′—45°40′N

Harvard Map Collection | MAP-LC | G7822.M2 s100. J31，Hollis Number：013739197

0469 “满洲”及西伯利兵要二十万分一図［中国东北及西伯利亚二十万分一兵要图］

1939—1943年，日本参谋本部、关东军司令部、关东军测量队

日军测绘的中苏边境军用等高线地形图，包括大兴安岭、黑龙江、乌苏里江等边境地区以及齐齐哈尔、哈尔滨附近部分地区。以经差1°、纬差40′分幅绘制。绘制城镇村落、铁路、公路、河湖、植被等要素。部分彩图则加绘森林、沼泽地带可通行性，道路的通行能力，河流是否通航、水源地的水质及供水能力、居民点人口数等与部队行军密切相关的要素。

27图，彩色，部分黑白，日文，39.0 cm×50.7 cm，1∶200000，115°—135°E/42°40′—54°00′N

Harvard Map Collection | MAP-LC | G7822.M2 s200. J51, Hollis Number: 013739377

0470 蘇“满”方面五十万分一地誌圖[苏联远东和中国东北五十万分一地志图]

1939—1943 年,日本参谋本部陆地测量部

黑龙江附近中苏边境作战用等高线地形图。按经差 5°、纬差 3°20′分幅绘制,着重绘制各地军队可通行情况。道路分为机动车道、野炮道、辎重车道、驮马道、冬季道等,或按照道路宽度,分为国道、四米、三米、二米、一米、小径等不同尺寸进行绘制;桥梁标注长度、宽度、材质以及军队可通行情况;河流标注通航情况、水文情况、渡口等;沼泽地按照湿度和可通行情况,分为重湿地、中湿地、轻湿地等;森林则区分大炮可通行的疏林和单兵难以通行的密林;水源地标注水质、水深、地下水位等;居民点标记住户人口数及井泉数。在图上重要交通要道上标注通行情况。此外详细标注机场、军营、火药库、仓库、电厂等军事设施。

标注“军事极秘”字样。原藏于美国陆军制图局。

8 图,彩色,日文,78.0 cm×108.5 cm,1∶500000,105°—140°E/41°40′—54°40′N

Harvard Map Collection | MAP-LC | G7320 s500. J3, Hollis Number: 014333322

0471 西伯利、極東及“满洲”二万五千分一圖[西伯利亚、远东和中国东北二万五千分一图]

1939—1947 年,日本参谋本部、关东军司令部

东北和东西伯利亚地区军用等高线地形图。按经差 7.5′、纬差 5′分幅绘制。标绘地形地貌、河流湖泊、地表植被、城镇村庄、军事堡垒、交通路线等要素。道路按照宽度和通行能力分 6 个等级绘制。该条目下包括:《极东二万五千分一图》《西伯利二万五千分一图》《“满州”二万五千分一图》等 3 个子系列。

标注“作战用军事极秘”。二战后为美军缴获,原藏于美国陆军制图局。

297 图,黑白,日文,38 cm×42 cm,1∶25000,126°30′—141°00′E/42°30′—52°00′N

Harvard Map Collection | MAP-LC | G7270 s25. J33, Hollis Number: 014338971

0472 五十万分一地誌圖:“满洲”、西伯利[中国东北及西伯利亚五十万分一地志图]

1941 年,日本参谋本部陆地测量部

黑龙江和乌苏里江沿岸中俄边境等高线地形图。重点用红色和蓝色井字号标注了各地飞机场所在地。

6 图，黑白，机场用红色和蓝色字体标注，日文、俄文，110 cm×79cm，1∶500000，115°—140°E/43°—53°N

Harvard Map Collection | MAP-LC | G7270 s500. J3，Hollis Number：014333515

0473 極東十万分一圖；“满洲”十万分一圖；西伯利十万分一圖［远东、中国东北及西伯利亚十万分一图］

1941—1942 年，日本参谋本部、关东军司令部、关东军测量队

由日军测绘的中俄乌苏里江边境一带作战用等高线地形图。以经差 30′、纬差 20′分幅绘制，着重绘制各地军队可通行情况。道路分为机动车道、野炮道、辎重车道、驮马道、冬季道等，或按照道路宽度，分为国道、四米、三米、二米、一米、小径等不同尺寸绘制；桥梁标注长度、宽度、材质以及军队可通行情况；河流标注通航情况、水文情况、渡口等；沼泽地按照湿度和可通行情况，分为重湿地、中湿地、轻湿地等；森林则区分大炮可通行的疏林和单兵难以通行的密林；水源地标注水质、水深、地下水位等；居民点标记住户人口数及井泉数。在图上重要交通要道上用文字注明可通行情况。此外详细标注机场、军营、火药库、仓库、电厂等军事设施。

二战后由美军缴获，原藏于美国陆军制图局。

19 图，彩色，日文，40.3 cm×49.5 cm，1∶100000，131°00′—132°00′E/42°40′—45°40′N

Harvard Map Collection | MAP-LC | G7822. M2 s100. J3，Hollis Number：013626664

0474 西伯利、“满洲”及蒙古兵要二十万分一地誌図［西伯利亚、中国东北及蒙古二十万分一兵要地志图］

1941—1944 年，日本关东军测量队

大兴安岭今中、俄、蒙三国交界地带的军用等高线地形图。该系列图由日本关东军测绘，重点是满足部队行军需要。以经差 1°、纬差 40′分幅绘制。着重用橙色标注道路及其可通行情况，蓝色标注水域及可通航情况，并在重点区域用文字标注可通行信息，包括地形状况、水文状况、机动部队能否通行、骑兵或步兵能否通行、是否适合宿营、水源是否安全等与部队行军密切相关的信息。

14 图，彩色，日文，38.5 cm×50.0 cm，1∶200000，110°—121°E/44°—54°N

Harvard Map Collection | MAP-LC | G7270 s200. J4，Hollis Number：

0475 “满洲”、西伯利及蒙古兵要二十万分一圖[中国东北、西伯利亚及蒙古二十万分一兵要图]

1942—1943 年,关东军司令部、关东军测量队测量

日军测绘的东北地区等高线地形图,主要范围为乌苏里江、黑龙江及呼伦贝尔等中俄边界地带。按经差 1°、纬差 40′分幅绘制。详细绘制地形地貌、河流湖泊、地表植被、城镇村庄、交通路线、军事设施等要素。该图对地面建筑和设施的标注相对详细,包括旅团驻地、爆破场、地下储油场、山间屋舍等。按区域分为《“满洲”兵要二十万分一图》《西伯利兵要二十万分一图》《蒙古兵要二十万分一图》《“满洲”及西伯利兵要二十万分一图》《“满洲”及蒙古兵要二十万分一图》及《蒙古及西伯利兵要二十万分一图》等部分。

二战后为美军缴获,原藏于美国陆军制图局。

60 图,黑白、部分彩色,日文,37 cm×39 cm,1∶200000,112°00′—136°00′E/42°40′—54°00′N

Harvard Map Collection | MAP-LC | G7822.M2 s200.J4, Hollis Number: 013727060

0476 “*Manchuria*”[中国东北]

1943 年 1 月 25 日,美国经济战争委员会(U. S. Board of Economic Warfare, BEW),美国战略情报局(U. S. Office of Strategic Services, OSS)

中国东北地区简略图。

1 图,黑白,英文,24 cm×20 cm,1∶8500000,112°—136°E/36°—52°N

Harvard Map Collection | MAP-LC | G7822.M2 1943.U5, Hollis Number: 013772676

0477 百万分一“满”ソ國境方面航空圖[百万分之一中苏边境航空图]

1944 年,日本参谋本部

中苏边境地带军用等高线地形图,由日军航空测绘。空间范围主要为黑龙江下游至库页岛一带。绘制河流、湖泊、沼泽等各类地形,标注城镇、村庄、邮电局、气象局、寺庙、不同规格的道路、铁路、飞机场、军营、炮台等要素。包含 3 幅图:

一号:アレクサンドロフスク[阿列克桑德罗夫斯克(库页岛西侧)]—ハバロフスク[伯力]—佳木斯,经纬度范围 129°30′—142°30′E/45°30′—52°30′N;

二号:ハバロフスク[伯力]—黑河—齐齐哈尔,经纬度范围 124°—137°E/47°

30′—52°30′N；

三号：ハバロフスク[伯力]—浦潮斯德[海参崴]—哈尔滨，经纬度范围 127°—139°E/42°—48°N；

标注“极秘”字样。

3 图，彩色，日文，78.5 cm×109.0 cm，1∶1000000

Harvard Map Collection | MAP-LC | G7323.K5P6 1944. J3，Hollis Number：014333327

0478 *Russian Maritime Provinces*，*Special Strategic Map*[俄国滨海边疆区：特别战略图]

1945 年 5 月，美国陆军制图局（U. S. Army Map Service）

Maritime Provinces 即俄国的 Primorsky Krai（Примóрский край，滨海边疆区），主要为乌苏里江以东至日本海地带。实际上该图覆盖了自贝加尔湖以东的蒙古、中国东北、西伯利亚、朝鲜半岛等地区。绘制地形、河流、城镇、公路、铁路交通线等要素。采用兰伯特正圆锥投影法。

1 图，彩绘，英文，78 cm×96 cm，1∶4000000，100°—140°E/40°—70°N

Harvard Map Collection | MAP-LC | G7321.P1 1945. U5，Hollis Number：008641322

0479 “*Manchuria*”：*Map Coverage by Chinese Agencies*[中国东北：中国对东北测绘的覆盖范围]

1945 年 10 月 19 日，美国国务院临时研究情报部（United States. Department of State. Interim Research and Intelligence Service），美国华盛顿：美国陆军部（Washington，D. C.：War Department）

这张地图显示的是中国官方对东北的测绘情况，包括：(1)1931—1932 年 Chinese General Staff Land Survey（民国陆军参谋本部陆地测量局）测绘 1∶100000 中国总图时对东北的测绘，覆盖东北全境；(2)1895 年 Land Survey Bureau（陆地测量局）测绘 1∶300000 中国地图时对东北的测绘，大体仅限于今辽宁地界；(3)1931—1932 年中央土地测量局（Central Land Survey）对东北的 1∶300000 测绘，覆盖东北全境；(4)1912 年中国军事调查局 Chinese Military Survey Office 对热河与察哈尔1∶300000的测绘。该图的主要内容即为这 4 次测绘所覆盖的空间范围。

1 图，彩色，英文，30 cm×27 cm，1∶6000000，95°—130°E/38°—53°N

Harvard Map Collection | MAP-LC | G7822.M2 1945. U5，Hollis Number：013759299

0480 *Manchuria*: *Map Coverage by Russian and Japanese Agencies*[中国东北:俄国和日本对东北测绘的覆盖范围]

1945年10月19日,美国国务院临时研究情报部(United States. Department of State. Interim Research and Intelligence Service),美国华盛顿:美国陆军部(Washington, D. C.: War Department)

与前图(条目0498)属同一系列,反映俄国、日本及朝鲜在近代不同时期对中国东北地区的测绘所覆盖的空间范围。

1图,彩色,英文,30 cm×27 cm,1∶6000000,95°—130°E/38°—53°N

Harvard Map Collection | MAP-LC | G7822.M2 1945. U51, Hollis Number: 013759313

0481 "*Manchuria*" *1∶250000*[中国东北二十五万分一图]

1945年,美国陆军制图局(U. S. Army Map Service)

美军绘制东北地区军用地形图。按经差1°、纬差1°分幅绘制。较为详细地标注了村镇及以上的地名,绘制了县界。用不同形态的红线绘制公路,黑线绘制铁路,褐色绘制等高线,蓝色表示水域。无中文地名标注。

125图,彩色,英文,57 cm×51 cm,1∶250000

Harvard Map Collection | MAP-LC | G7822.M2 s250. U5, Hollis Number: 013726903

0482 西伯利五万分一圖[西伯利亚五万分一图]

1947年3月,日本参谋本部陆地测量部,日本东京:共同印刷株式会社(Kyodo Printing Co. Ltd.)

兴凯湖南岸中俄边境地带军用等高线地形图。绘制城市、村镇、交通线路、港口码头、工厂、寺庙、公署、地表植被类型乃至农舍房屋等,内容十分详尽。标注"用济后烧却"字样。原图由日本参谋本部陆地测量部于大正八年(1919)测绘制版,昭和十二年(1937)再版。二战结束后,由日本共同印刷株式会社于1947年3月复制,入藏美国陆军制图局。

6图,黑白,日文、俄文,78.6 cm×109.3 cm,1∶50000,131°30′—132°30′E/44°20′—44°40′N

Harvard Map Collection | MAP-LC | G7270 s50. J3, Hollis Number: 014333432

0483 乌苏里州:兴凯湖南方地区

1947年4月,日本参谋本部陆地测量部,日本东京:共同印刷株式会社(Kyodo Printing Co. Ltd.)

兴凯湖南部军用等高线地形图。对地形的绘制详密,标注城镇、村舍、军营、交通线、植被、农作物等诸多要素。原图昭和十二年(1937)6月制版,1947年复制。标注"秘扱""用济后烧却"等字样。

3图,黑白,日文、俄文,110 cm×79 cm,1∶100000,131°—133°E/43°—45°N

Harvard Map Collection | MAP-LC | G7322.K4 s100. J3, Hollis Number: 014322589

0484 奉天省

光绪三十二年(1906),北洋陆军参谋处

奉天及渤海湾地区图,底图以晕渲法绘制地形,主要标注铁路、公路和沿线地名。

1图,彩色,中文,57 cm×72 cm,1∶1500000,116°—126°E/37°—43°N

Harvard Yenching Library | Rare Book | T 3081 1377 (3), Hollis Number: 009406228

0485 [二万五千分一地形图:辽宁省]

1923—1944年,日本参谋本部陆地测量部、关东厅

辽东半岛(瓦房店以南地区)军用等高线地形图。该系列图按经差7.5′、纬差5′分幅绘制。标绘了地形地貌、河湖海岸、城镇村庄、市政公署、军营炮台、学校医院、工厂码头、交通线路、作物植被等要素。因采用大比例尺,故村庄的形态轮廓大体可见,县城和稍大集镇的内部道路已较为清晰。

该条目下分为4个子系列:

1.《貔子窝及普兰店近傍》,为瓦房店、普兰店、花园口一带,原图29幅,馆藏其中27幅;

2.《金州近傍》,为大连以西、金州附近地区,金州县城街道结构及周边地区清晰可见,原图18幅,馆藏其中14幅;

3.《长山列岛》,为辽东半岛东面近海一带海岛,原图12幅,馆藏其中6幅;

4.《大连及旅顺近傍》,为金州以南至大连、旅顺一带,旅顺军港的炮台、兵营、射击场等各类军事设施以及城市内部结构清晰可见。原图22幅,馆藏其中8幅。

标注"军事极秘"。原藏于美国陆军制图局。

55图,黑白,日文,44.5 cm×57 cm,1∶25000,121°15′—123°15′E/38°45′—39°35′N

Harvard Map Collection | MAP-LC | G7823. L4 s25. J3, Hollis Number: 013681526

0486 大连

1935 年修订版,日本参谋本部陆地测量部、关东厅

大连港及北部大连湾等高线地形图。该图对大连城市街道和建筑进行了详细绘制,银行、商会、工厂、学校、医院、邮局、公园、运动场、仓库以及满铁本部等一一作了标注,北岸详细绘制了大连港码头结构以及连接的铁路线,南部等高线绘制山地,标注植被类型。原图 1922 年测绘,1923 年出版,1930 年曾修订,此为第二次修订。标注"军事机密"。

1 图,黑白,日文,64.2 cm×93.3 cm,1∶10000,121°36′—121°41′E/38°54′—38°57′N

Harvard Map Collection | MAP-LC | G7824. D3 1935. J3, Hollis Number: 012755310

0487 [大连港沿海岸附近图]

1937—1943 年,日本参谋本部陆地测量部,日本东京:共同印刷株式会社(Kyodo Printing Co. Ltd.)

大连港附近大比例尺等高线地形图,图幅大、精度高、内容详尽。每 6 米高程绘制一条等高线,对地形和建筑物的描绘精细,如火车站绘制了详细的轨道数、库房位置等,居民区勾勒了建筑物的基本轮廓,并标注了每座民房的编号。对医院、学校、寺庙、工厂、会社、市场、公园、纪念碑、戏院、运动场、法院、邮局、会所、采石场、火药库、墓地等大多进行较为细致的刻画。军事用地未绘制。

具体包括:《大连市街图·西部》(25 幅)、《大连市街图·东部》(36 幅)、《竞马场附近地形图》(8 幅)、《小平岛附近地形图》(13 幅)、《马桥子附近地形图》(9 幅)、《海猫屯附近地形图》(25 幅)、《周水子附近地形图》(5 幅)、《上三沟屯附近地形图》(14 幅)、《石道街、傅家庄附近地形图》(21 幅)、《香炉礁附近地形图》(15 幅),原图和复印件各一份。

大部分地图绘制时间在昭和十二年(1937)和昭和十八年(1943),战后于 1947 年 4 月由共同印刷株式会社重印,入藏美国陆军制图局。

鉴于其测绘和标注的精度,该系列图对于复原和研究 20 世纪上半期大连城市发展及相关问题有重要参考价值。

148 图,黑白,日文,78.5 cm×108.8 cm,1∶1200

Harvard Map Collection | MAP-LC | G7824. D3 svar. J3, Hollis Number: 013464798

0488 五千分一旅顺要塞近傍图

1905—1906 年，日本参谋本部陆地测量部

日军测绘辽东半岛旅顺要塞附近五千分之一军用等高线地形图。该系列图是日俄战争中日军攻占旅顺要塞后测绘的。旅顺要塞经俄国长期经营，已成为当时远东第一要塞。攻占旅顺后，日军于 1905 年 5—8 月间对旅顺要塞附近进行全面测绘，对由壕沟、铁丝网、堡垒等各类防御工事作了详细绘制，其中《尔灵山》即绘制著名的 203 高地战役所在地。此系列图对于日俄战争研究具有重要参考价值。

标注“军事机密”，原藏于美国陆军制图局。

77 图，黑白，日文，40 cm×48 cm，1∶5000

Harvard Map Collection | MAP-LC | G7824.L89A1 s5. J3，Hollis Number：013514372

0489 *Sketch Map，Port Arthur Naval Base：as Defined in the Port Arthur Agreement*［旅顺军港简图］

1945 年 12 月 31 日，美国陆军部战略情报组（United States. War Department. Strategic Services Unit. SSU）

旅顺港区简图，标注海军港区界线和原关东州界线。

注：二战结束后，美国战略情报局（U. S. Office of Strategic Services）缩编为战略情报组（Strategic Services Unit），直到 1947 年 9 月正式被中央情报局 CIA 取代。

1 图，黑白，英文，21 cm×30 cm，1∶950000

Harvard Map Collection | MAP-LC | G7824.P7R28 1945. U5，Hollis Number：013384269

0490 *Port Arthur Naval Base Area，in Accordance with Provisions of Sino-Soviet Treaty，August 14，1945*［旅顺港海军基地图］

1946 年 1 月，美国国务院地图情报与制图处（United States Department of State，Division of Map Intelligence and Cartography）

旅顺军港地图。1945 年 8 月 14 日，中苏签订《中苏友好同盟条约》，苏联占据旅顺港，其范围即大体相当于原日本占领的金县以南的关东州，大连单独划为自由港。

1 图，彩色，英文，39.0 cm×66.5 cm，1∶375000，121°—123°E/38°—40°N

Harvard Map Collection | MAP-LC | G7824.P7R28 1946. U5，Hollis Number：013384191

0491 南山近傍

1905 年 4 月 11 日，日本参谋本部陆地测量部、临时测量部

日军测绘辽东半岛金州南山附近五千分之一军用等高线地形图。该系列图的测绘与 1904 年 5 月日俄战争南山战役相关，日军于 5 月 26 日攻陷俄军在南山构建的坚固阵地，并随后对南山阵地进行测绘，对壕沟、铁丝网、堡垒等防御工事作了详细测绘。

全图分 18 幅绘制金州南山附近地形地貌、河流湖泊、防御阵地、城镇村庄、交通路线、地表植被等要素，由于比例尺大，其中《金州》已绘制了金州城内巷道分布情形，山地等高线以 1 米间距绘制。此系列图对于研究日俄战争具有重要参考价值。

标注“秘”，原藏于美国陆军制图局。

18 图，黑白，日文，40 cm×48 cm，1∶5000

Harvard Map Collection | MAP-LC | G7824. J55 s5. J3，Hollis Number：013509384

0492 二万五千分一图连山湾近傍

1923 年，日本参谋本部陆地测量部、关东军参谋部

连山湾(葫芦岛)附近军用等高线地形图。绘制城镇村庄、交通线路、作物植被、地形地貌等。大比例尺，村庄的形态轮廓大体可见，县城和稍大集镇的内部道路已较为清晰。原图 16 幅，馆藏其中 8 幅。

原藏于美国陆军制图局。

8 图，黑白，日文，44.5 cm×57.0 cm，1∶25000，120°45′—121°15′E/40°30′—40°45′N

Harvard Map Collection | MAP-LC | G7824. H828 s25. J3，Hollis Number：013668136

0493 二万五千分一图新民县近傍

1923 年，日本参谋本部陆地测量部、关东军参谋部

辽宁新民县附近军用等高线地形图。绘制城镇村庄、交通线路、作物植被、地形地貌等。大比例尺，村庄的形态轮廓大体可见，县城和稍大集镇的内部道路已较为清晰。

原藏于美国陆军制图局。

15 图，黑白，日文，44.5 cm×57.3 cm，1∶25000，122°40′—123°20′E/41°45′—42°20′N

Harvard Map Collection | MAP-LC | G7823. X617 s25. J3，Hollis Number：013680176

0494 一万分一地形图“新京”近傍

1938年,关东军测量队,日本东京:日本陆地测量部

“新京”(今长春)军用地形图。该图于昭和九年(1934)由关东军测量队测绘,十一年(1936)修正,十三年改版。按经差3′、纬差2′,分6幅绘制。详细标绘城内街道、军政机构、学校医院、宗教场所、工厂仓库、交通通信等以及郊区的村落屯堡、山地河流、植被等要素。

6图,黑白,日文,44 cm×57.7 cm,1∶10000,125°16′—125°22′E/43°50′—43°56′N

Harvard Map Collection | MAP-LC | G7824.C415 s10. J3,Hollis Number:013403067

0495 “满洲”五万分一圖“新京”[中国东北五万分一图:长春]

1943年,日本陆地测量部、关东军测量队

“新京”(长春)一带军用等高线地形图,绘制“新京”周边郊区的村庄屯堡、土地利用类型及交通线等。

1图,黑白,日文,39 cm×51.5 cm,1∶50000,125°00′—125°30′E/43°40′—44°00′N

Harvard Yenching Library | Manchuguo J-0837,Hollis Number:014624089

0496 黑龙江省

光绪三十二年(1906),北洋陆军参谋处

空间范围主要为大兴安岭南部地区,包括黑龙江省西南部、吉林西部和蒙古东部。以晕滃法绘制山脉,绘制区域内主要交通干线。

1图,彩色,中文,57 cm×72 cm,1∶1500000,115°—127°E/43°—49°N

Harvard Yenching Library | Rare Book | T 3081 1377 (2),Hollis Number:009406223

0497 [黑龙江省,1∶100000]

1947年6月,东三省陆军测量局,日本东京:金谷印刷株式会社(Tokyo: Kanaya Printing Co., Ltd.)

这批军事地图原由东三省陆军测量局于民国十六年(1927)测绘制版,二战结束后,经日本金谷印刷公司于1947年6月复制后,入藏美国陆军制图局。

绘制了黑龙江省嫩江县、讷河县一带的河流、城镇、村庄、交通线等要素,未绘制山地。包括《嫩江县》《依拉哈》《讷河县》《通宽镇》《前官地》《南阳岗子》《南阳屯》《西城

镇》8 幅图，另附索引 1 份。

8 图，黑白，中文，50.8 cm×57.1 cm，1∶100000

Harvard Map Collection | MAP-LC | G7823. H3 s100. C4, Hollis Number: 013620075

0498 ***Map of Country South of Harbin to Illustrate the Campaign in "Manchuria"*** **[哈尔滨以南：日俄战争图]**

1905 年，英国陆军部参谋总部地理处(Great Britain War Office. General Staff. Geographical Section)

哈尔滨及以南地区等高线地形图，标注城镇村庄、交通线路、电报线路和植被类型等。此图绘制的背景是 1904—1905 年的日俄战争，但图中没有战争形势相关的要素。翻印自 1904 年俄国参谋部的地图。

1 图，彩色，英文，68.5 cm×76.8 cm，1∶420000，124°－127°E/44°－46°N

Harvard Map Collection | MAP-LC | G7822. M2 1905. G7, Hollis Number: 013744667

0499 ***Map of Country West of Ninguta: to Illustrate the Campaign in Manchuria*** **[宁古塔以西：日俄战争图]**

1905 年，英国陆军部参谋总部地理处(Great Britain War Office. General Staff. Geographical Section)

宁古塔地区(今牡丹江市附近)以西地区军用等高线地形图，标注城镇村庄、交通线路、电报线路和植被类型等。此图绘制的背景是 1904—1905 年的日俄战争，但图中没有战争形势相关的要素。翻印自 1904 年俄国参谋部的地图。

1 图，彩色，英文，87.5 cm×68.0 cm，1∶420000，127°－130°E/43°－46°N

Harvard Map Collection | MAP-LC | G7822. M2 1905. G71, Hollis Number: 013744692

0500 ***Tsitsihar (Lung-Chiang)*** **[齐齐哈尔(龙江省)]**

1946 年，美国陆军制图局(U. S. Army Map Service)

美军绘制的齐齐哈尔城市街道图，包括近郊植被类型和耕地等。

1 图，彩色，英文，86.3 cm×71.0 cm，1∶12500，123°54′－124°00′E/47°09′－47°22′N

Harvard Map Collection | MAP-LC | G7824. Q5 1946. U5, Hollis Number: 013169283

0501 太平岭附近图

1947 年 2 月，日本陆军工兵学校制图，日本东京：共同印刷株式会社（Kyodo Print Co. Ltd.）

航拍测绘的太平岭一带（今黑龙江省牡丹江市东部）军用等高线地形图。这批军事地图原由关东军飞行队于昭和七年（1932）2 月航拍，陆军工兵学校制图，陆地测量部印制，1947 年 6 月日本金谷印刷公司复制后入藏美国陆军制图局。

10 图，黑白，日文，51 cm×57 cm，1∶10000

Harvard Map Collection | MAP-LC | G7824. T24 s10. R5，Hollis Number：013680449

华东地区

0502［中国五省地图］

1878—1887 年，日本参谋本部

函内 4 幅地图，涉及清末江苏、直隶、山东、福建、广东 5 省，直隶山东合为一图。绘制县级政区，并较为细致地标注了乡镇和村一级地名以及公路交通线，有县界。以晕滃法绘制山脉。地图信息清晰简明。

1.《清国江苏省全图》

日军绘制的江苏省县级行政区划图。附插图 3 幅：《南京江宁府城之图》《苏州府城之图》和《上海略图》，为三地城市地图。图幅 87.0 cm×102.5 cm，116°00′—123°00′E/30°30′—35°12′N；

2.《直隶山东两省全图》

直隶山东两省合图。图幅 156.5 cm×112.1 cm，113°18′—122°12′E/34°30′—43°36′N；

3.《福建省全图》

包括福建和台湾两地。附插图 2 幅：《福州南台街市全图》和《福州城市全图》，详细标注福州城及城南街道，尤其是详细标注福州城上各个炮台的位置，军事意味明显。图幅 116.5 cm×98.0 cm，115°30′—122°12′E/21°48′—28°30′N；

4.《清国广东省全图》

广东省行政区划图。附插图 1 幅：《广东省城之图》，为广州城市图。图幅 127.5 cm×143.2 cm，108°6′—117°12′E/18°18′—25°30′N

对于上述 4 图绘制时间，可从图中以下信息进行限定：首先，制图单位标注为“日本参谋本部”，日本兵部省是在 1878 年 12 月将原先陆军参谋局改为参谋本部，因而成图应在此之后；其次，《福建省全图》中，台湾仍标注为台湾府，而光绪十三年（1887）清廷设立台湾巡抚衙门，此时已为台湾省，因此成图应在此之前，故而成图时间可限定在 1878—1887 年间，其他图上信息如南京城北玄武湖避讳标为“元武湖”等信息也符合这一时间限定。

4 图，黑白，日文，1∶700000

Harvard Yenching Library｜Rare Book T 3080 6520，Hollis Number：009747650

0503 清国江苏省全图

1878—1887 年，日本参谋本部

此图与《中国五省地图》（条目 0502）中的《清国江苏省全图》相同。

1 图，黑白，日文，87.0 cm×102.5 cm，1∶700000，116°00′—123°00′E/30°30′—35°12′N

Harvard Yenching Library｜3099 6520，Hollis Number：009546931

0504 杨子江东部一般图

1932 年 3 月 27 日，日本东京：报知新闻社

此图背景为 1932 年日本发动的“一·二八”事变，空间范围为长三角地区，图背面为上海城市街道图，绘制上海租界区和老城区的主要街道格局。

附插图 2 幅，分别是南京城市地图和洛阳城市简图。南京是当时国民政府首都，而事变期间，日舰轰炸南京，国民政府曾一度迁往洛阳，因此绘制这两幅插图。总体上看，该图是报知新闻社为配合报道“一·二八”事变而制。

2 图，彩色，日文，79.5 cm×55.0 cm，1∶880000，118°30′—122°30′E/29°10′—35°00′N

Harvard Map Collection｜MAP-LC｜G7822.Y3 1932.Y6，Hollis Number：014616737

0505 上海事變明細圖解：“中支”戰況要圖［上海事变详图：中国中部战况要图］

1937 年 9 月 5 日，日本东京：日日新闻社

该图反映的是 1937 年八一三事变初期日军对上海、南京、杭州及铁道沿线地区的大规模轰炸形势以及国民党军队的军事部署状况，空间范围即长三角一带。

附插图 1 幅：《上海附近》，详细标注日军对上海华界的轰炸地和国军部署状况。

背面为《“支那”事变略图》。

2 图,彩色,日文,37 cm×52 cm

Harvard Yenching Library | Manchuguo J-0872,Hollis Number:014634349

0506 “中支”戰局詳解地圖[中国中部战局详解地图]

1937 年 9 月 1 日 ,日本大阪:大阪每日新闻社

长江中下游地区分层设色地形图,题中所谓“战局”指的是淞沪战役。该图作为大阪每日新闻报的附录出现,用于向日本民众宣传当时正在进行的淞沪战役。

插图 2 幅:《上海・吴淞附近详图》和《南京市街图》。

1 图,彩色,日文,38.5 cm×54.0 cm,1∶2630000,110°—123°E/26°—34°N

Harvard Yenching Library | Manchuguo J-0834,Hollis Number:014624016

0507 要圖(空中寫眞測量)“中支那”五万分一:安徽省江西省境東流景德鎮地方[安徽、江西交界的东流、景德镇等地五万分一航空测绘图]

1941 年,日本参谋本部陆地测量部

日军航空测绘的安徽东流、江西景德镇一带等高线地形图。该系列原有 23 幅,馆藏其中 9 幅。1940 年航拍,绘制城镇村庄、道路交通、河流湖泊、植被类型、寺庙等。标注“军事极秘”。

9 图,黑白,日文,51 cm×57 cm,1∶50000,116°20′—117°30′E/29°10′—30°20′N

Harvard Map Collection | MAP-LC | G7823. A5 s50. J43, Hollis Number: 013601829

0508 *East Central Asia 1∶500000*[东中亚五十万分之一图]

1943 年,英国陆军部参谋总部地理处(Great Britain. War Office. General Staff. Geographical Section, GSGS)

虽题为 *East Central Asia*,但该条目下 12 幅地图主要为中国东部地图,包括苏、浙、皖、赣以及鄂东地区。绘制山地、河流、城镇、铁路、公路、步行小道、电报线路等要素。根据 1928—1930 年间中国测绘出版的地图转绘而成。

12 图,彩色,英文,50.5 cm×60.5 cm,1∶500000,113°—123°E/25°—35°N

Harvard Map Collection | MAP-LC | G7820 s500. G7, Hollis Number: 013868732

0509 中国人民解放军进军江南形势图

1949 年 5 月 7 日,香港:群众周刊社

此为渡江战役形势图。1949 年 4 月 21 日渡江战役打响,解放军迅速突破长江防线,并于 24 日占领南京总统府,随后进入江西北部、浙江西部地区,国民党军长江防线崩溃。该图即反映了这一阶段整体战争局势。在图上标注了北方解放区、南方游击区和民变区、南方游击纵队、渡江地点等,并在上海和南昌标注“敌大据点”,表示解放军即将大规模进攻这两个城市。此图的实时性很强,反映出版前的最新战争形势,此图 5 月 7 日出版,而 3 日刚刚解放的杭州即已在图上标出。

1 图,彩色,中文,64 cm×50 cm,1∶4000000

Harvard Map Collection | MAP-LC | G7821.R3 1949. Q65,Hollis Number:010103252

0510 暴日侵沪战区地图

1932 年 2 月 24 日,苏甲荣,上海:日新舆地图社

1932 年日本发动“一·二八”事变,大规模进攻上海。此图绘制此时日军对上海市区黄浦江两岸的轰炸点、战舰分布、进攻路线等。附有英文评论。

1 图,彩色,英文、中文,40.0 cm×28.8 cm

Harvard Map Collection | MAP-LC | G7824.S2S7 1932. S8,Hollis Number:012786598

0511 二万五千分一空中寫眞測量:上海近傍東部五號[二万五千分一航空测绘图:上海东部第五号]

1932 年 6 月,日本参谋本部陆地测量部、上海派遣军司令部

航拍测绘的上海附近军用地图。“一·二八”事变时期,日军对华东地区进行了大规模的测绘。该图详细绘制了上海市及郊区的街道、河流、居民区等。最突出的特色,是对郊区的村庄与河流进行了详细的绘制,其详细程度超过市区。

标注“秘扱取扱ニ注意シ·用济后烧却”。

1 图,黑蓝色,日文,117 cm×147 cm,1∶25000

Harvard Yenching Library | Manchuguo J-0868,Hollis Number:014634252

0512 二万五千分一空中寫眞測圖:上海近傍[二万五千分一航空测绘图:上海附近]

1932 年,日本参谋本部陆地测量部、上海派遣军司令部

上海地区军用地形图,覆盖淀山湖、昆山以东的整个长三角地区。原图由江苏陆军测量局于民国三至四年(1914—1915)间测绘,被日军获取后翻印而成。日军翻印此系列图主要用于 1932 年发动进攻上海的侵略行动,即“一·二八”事变。详细绘制村

镇、居民区、河网分布、大小交通路线、桥梁、植被、兵营、炮台、堡垒、灯塔、学校、医院、寺庙、坟地等。

二战后为美军缴获，原藏于美国陆军制图局。

91 图，黑蓝色，中文、日文，46 cm×58 cm，1∶25000，120°42′—121°48′E/30°24′—31°48′N

Harvard Map Collection | MAP-LC | G7824.S2A1 s25. J32，Hollis Number：013703142

0513 二万五千分一空中寫眞測圖：上海近傍［二万五千分一航空测绘图：上海附近］

1932、1937 年，日本参谋本部陆地测量部、上海派遣军司令部

此系列图一部分（21 幅）是 1932 年测绘，其背景是 1932 年初爆发的日本进攻上海的“一·二八”事变，测图单位之一的上海派遣军即是在此事件中设立。另一部分（51 幅）则是 1937 年的八一三事变后测绘。该系列图由日军航空测绘而成，主要绘制长三角北部长江口、南部杭州湾等沿江、沿海区域，以满足日军从海上进攻的需要。该图以大比例尺详细绘制了村镇、居民区、河网分布、大小交通路线、桥梁、植被、兵营、炮台、堡垒、灯塔、学校、医院、寺庙、坟地等，对郊区地形的绘制尤为详细。标注“秘扱”。

二战后为美军缴获，原藏于美国陆军制图局。

72 图，黑蓝色，日文，46 cm×58 cm，1∶25000，120°42′—121°48′E/30°24′—31°48′N

Harvard Map Collection | MAP-LC | G7824.S2A1 s25. J3，Hollis Number：013702884

0514 二万五千分一空中寫眞測圖：上海近傍［二万五千分一航空测绘图：上海附近］

1932、1937 年，日本参谋本部陆地测量部、上海派遣军司令部。

此条内容和形制与前图（条目 0513）相同，皆为日军 1932 年“一·二八”事变和 1937 年八一三事变前后航空测绘的军用地图，数略有差异。

86 图，黑蓝色，日文，46 cm×58 cm，1∶25000，120°42′—121°48′E/30°24′—31°48′N

Harvard Map Collection | MAP-LC | G7824.S2A1 s25. J31，Hollis Number：013702990

0515 要圖(空中寫眞測量)“中支那”五万分一:上海[中国中部五万分一航空测绘图:上海]

1943 年,日本参谋本部陆地测量部

日军于 1940—1942 年间航空测绘的太湖东部等高线地形图。该系列为长三角地区图,馆藏太湖东部地区图 6 幅。绘制城镇村庄、道路交通、河流湖泊、植被类型、寺庙等。

标注“军事极秘”。原藏于美国陆军制图局。

6 图,黑白,日文,51 cm×57 cm,1∶50000,120°00′—120°20′E/30°30′—31°30′N

Harvard Map Collection | MAP-LC | G7822. T2 s50. J3, Hollis Number: 013697312

0516 *Shanghai Area, Shanghai, China*[上海航拍图]

1945 年 3 月 25 日

上海黄浦江一带航拍照片,分 4 张,手写标注了若干重要河流。

4 图,黑白,英文,60.5 cm×51.5 cm,1∶11000

Harvard Map Collection | MAP-LC | G7824. S2 1945. S43, Hollis Number: 012791178

0517 *Shang-hai*[上海]

1945 年第 3 版,美国陆军制图局(U. S. Army Map Service)

美军绘制的百万分之一东亚地图系列之一,是长三角和浙东地区的分层设色地形图,而非上海城市地图。空间上北抵长江口,南至温州,西起杭州,东至东海,绘制了该区域的地形、河湖、近海等深线、铁路、公路、电报线、城镇等要素。

1 图,彩色,英文,66 cm×66 cm,1∶1000000,120°—126°E/28°—32°N

Botany Arnold (Cambr.) | MapCase 51, Hollis Number: 014704706

0518 [江苏省]

光绪三十四年至民国二十六年(1908—1937),民国参谋本部陆地测量总局、江苏陆军测量局、浙江陆军测量局、南洋实地测量司

江苏南京附近二万分之一军用等高线地形图,按经差 6′、纬差 4′分幅绘制。标绘地形、河流、城镇、村庄、铁路、公路、寺庙、植被等要素。

34 图,黑白、部分彩色,中文,37 cm×47 cm,1∶20000,118°36′—119°36′E/31°48′—32°28′N

Harvard Map Collection | MAP-LC | G7823. J48 s20. C4, Hollis Number:

013673404

0519［五万分一江苏地图］

民国九至三十七年(1920—1948),民国参谋本部陆地测量总局、军事委员会军司令部陆地测量总局、军事委员会司令部第四厅、国防部测量局、江苏陆军测量局

江苏省军用等高线地形图。按经差15′、纬差10′分幅绘制,标绘城镇村庄、道路交通、河流湖泊、植被类型、商埠码头等,其中对村庄的标注尤为详细。

原藏于美国陆军制图局。

140图,黑白、部分彩色,中文,47 cm×57 cm,1∶50000

Harvard Map Collection | MAP-LC | G7823.J48 s50.C4, Hollis Number:013680525

0520“北支那”五万分一圖:江蘇省［中国北部五万分一图:江苏省］

1938—1945年,日本参谋本部陆地测量部

江苏省军用等高线地形图。按经差15′、纬差10′分幅绘制。详细绘制地形地貌、河流湖泊、地表植被、城镇村庄、交通路线等要素。馆藏图幅主要集中于长江以北的苏中和苏北地区。

标注“军事秘密”,二战后为美军缴获,原藏于美国陆军制图局。

170图,黑白,日文,37 cm×47 cm,1∶50000,116°－122°E/33°－35°N

Harvard Map Collection | MAP-LC | G7823.J48 s50.J31, Hollis Number:013687213

0521 南京市

民国二十二至二十五年(1933—1936),民国参谋本部陆地测量总局

南京城及附近地区航拍测绘的军用等高线地形图。该系列图对南京及周边地区的地形、河湖、植被、街道、铁路、学校、医院、银行、使领馆以及各类军政机构做了详细标注,包括不少军事机构和设施,如江边水鱼雷营、特种通讯教导队、军政部步兵兵团本部驻营地等,内容详尽。部分图的编制单位被贴签改为“支那派遣军参谋部”,应是被日军截获后翻印而成。

原藏于美国陆军制图局。

71图,黑白,部分彩色,中文,48.0 cm×59.5 cm,1∶10000

Harvard Map Collection | MAP-LC | G7823.J48 s10.C4, Hollis Number:013597834

0522 南京附近

民国二十三至二十五年(1934—1936),民国参谋本部陆地测量总局

南京城及附近地区航拍测绘的军用等高线地形图。此图与前图(条目 0521)属于同一系列,内容有部分重合。

原藏于美国陆军制图局。

44 图,黑白,中文,48.0 cm×59.5 cm,1∶10000

Harvard Map Collection | MAP-LC | G7823.J48 s10. C41, Hollis Number: 013597967

0523 *Nan-ching* (*Nanking*)[南京]

1945 年第 2 版,美国陆军制图局(U. S. Army Map Service)

美军绘制的百万分之一东亚地图系列之一,为南京以北的江淮地区的分层设色地形图,非南京城市地图,空间上包括苏北、皖北、鲁南、豫东一带。绘制了该区域的地形、河湖、铁路、公路、电报线等要素。

1 图,彩色,英文,66 cm×71 cm,1∶1000000,114°—120°E/32°—36°N

Botany Arnold (Cambr.) | MapCase 51, Hollis Number: 014705688

0524 *Nanking*[南京]

1945 年第 2 版,英国陆军部参谋总部地理处(Great Britain. War Office. General Staff. Geographical Section),美国陆军制图局(U. S. Army Map Service)

南京地区军事地图。绘制了南京城内街道、铁路、宫殿、重要建筑等要素,郊区配有详细的等高线,并标注了土地利用类型和植被。

1 图,彩色,英文,73.6 cm×88.5 cm,1∶25000,118°41′—118°53′E/32°01′—32°08′N

Harvard Map Collection | MAP-LC | G7824.N3 1945. G7, Hollis Number: 013169302

0525 江苏省江阴县

民国二十四年(1935),民国参谋本部陆地测量总局

江苏江阴附近军用等高线地形图。1934 年航拍图测绘,次年制版。以经差 3′、纬差 2′分幅绘制。比例尺较大,对江阴城内外巷道、建筑及郊区的河流、村落、道路、耕地、植被、寺庙等要素的绘制细致。

原藏于美国陆军制图局。

68 图,黑白,中文,47.5 cm×58.8 cm,1∶10000,120°09′—120°27′E/31°48′—32°

04′N

Harvard Map Collection | MAP-LC | G7824.J513 s10. C4, Hollis Number: 013500813

0526 要圖(空中寫眞測量)"中支那"五万分一:淮安[中国中部五万分一航空测绘图:淮安]

1943 年,日本参谋本部陆地测量部

日军航空测绘的江苏淮安地区等高线地形图。该系列原有 20 幅,馆藏其中 4 幅。1940 年航拍,绘制城镇村庄、道路交通、河流湖泊、植被类型、寺庙等。标注"军事极秘"。

4 图,黑白,日文,51 cm×57 cm,1:50000,118°30′—119°20′E/33°20′—33°30′N

Harvard Map Collection | MAP-LC | G7823.J48 s50. J3, Hollis Number: 013668236

0527 *Nan-T'ung*[南通]

1945 年第 5 版,美国陆军制图局(U. S. Army Map Service)

美军绘制的百万分之一东亚地图系列之一。是南通以北的江苏沿海及黄海的分层设色地形图,而非南通城市地图,以黄海海域为主体。绘制了该区域的地形、河流、海水等深线、铁路、公路、电报线等要素。

1 图,彩色,英文,66 cm×66 cm,1:1000000,120°—126°E/32°—36°N

Botany Arnold (Cambr.) | MapCase 51, Hollis Number: 014705707

0528 *Province of Chê-Chiang*[浙江省]

1913 年,英国陆军部参谋总部地理处(Great Britain. War Office. General Staff. Geographical Section)

英军绘制的浙江省地图,绘制河流和交通干线,标注县级及以上地名和部分乡镇地名。

1 图,彩色,英文,67.0 cm×59.5 cm,1:1000000,118°—123°E/27°—31°N

Harvard Map Collection | MAP-LC | G7823.Z5 1913. G7, Hollis Number: 013379068

0529 [浙江省]

民国六至三十九年(1917—1950),民国参谋本部陆地测量总局、军事委员会军令部第四厅、浙江省陆地测量局、浙江陆军测量局等浙江省军用等高线地形图，除浙西南有所缺失外，几乎覆盖浙江全省。按经差15′、纬差10′分幅绘制。详细绘制地形地貌、河流湖泊、地表植被、城镇村庄、交通路线等。部分图幅重复。

302图，黑白，中文，36 cm×46 cm，1∶50000，118°00′—123°00′E/27°15′—30°50′N

Harvard Map Collection | MAP-LC | G7823. Z5 s50. C4, Hollis Number: 013718442

0530 "支那"五万分一圖；"南支那"五万分一圖［浙江省五万分一图］

1939—1945年，民国军事委员会军令部第四厅、浙江陆军测量局原测，日本"支那"派遣军参谋部翻印

浙江省军用等高线地形图。原由民国军事委员会军令部第四厅和浙江陆军测量局测绘，后被日本"支那"派遣军参谋部获取后翻印并修订。按经差15′、纬差10′分幅绘制。详细绘制地形地貌、河流湖泊、地表植被、城镇村庄、交通路线等要素，馆藏图幅基本覆盖浙江全省。

二战后为美军缴获，原藏于美国陆军制图局。

234图，黑白，中文、日文，37 cm×47 cm，1∶50000，118°—123°E/27°—31°N

Harvard Map Collection | MAP-LC | G7823. Z5 s50. J31, Hollis Number: 013717191

0531 *Chekiang 1∶50000*［浙江五万分一图］

1944—1962年，美国陆军制图局(U. S. Army Map Service)

此系列图原由中华民国参谋本部陆地测量总局于民国四年(1915)至1959年间测图，美军1944—1962年间陆续复制、转绘而成。按经差15′、纬差10′分幅绘制。绘有地形地貌、植被类型、沿海水深、通航情况，标注村镇、县界、公路、铁路、政府、学校、医院、教堂、寺庙、工厂、电厂、矿产等要素。

美军转绘该系列图后形成三种类型地图：中文和拼音标注地名黑白图、中文和拼音标注地名彩图、拼音标注彩图，大部分地区同时配有以上3种地图。成图时间跨度长，包含1—5个不同版本，数量庞大。

421图，彩色、黑白，中文、英文，约51 cm×61 cm，1∶50000

Harvard Map Collection | MAP-LC | G7823. Z5 s50. U5, Hollis Number: 013718525

0532 温处海防图略

万历二十四年(1596)，(明)蔡逢时

明代浙江沿海抗倭军事著作，论述浙江沿海地理形势、防务要冲、水陆兵制、武器装备、军队训练、工事修建等海防相关问题，内有《浙江温州图》《处州图》《温区海图》《东洛图》《日本倭岛图》等图，分别绘制温州、处州地理形势、倭寇入侵路线、日本地理等。

5 图，缩微胶片，中文，约 32 cm×25 cm

Harvard Yenching Library | Microfilm | FC4876 (494), Hollis Number: 008356899

0533 二万分一杭州近傍圖[杭州附近二万分一图]

1937 年 11 月，日本参谋本部陆地测量部

杭州城及近郊军用等高线地形图。绘制城内详细街道、交通线路、公共机构等以及郊区的河浜、湖泊、植被、村落、道路、桥梁等要素。标注“军事秘密”字样。

1 图，蓝灰双色，日文，94.5 cm×64.0 cm，1∶20000

Harvard Map Collection | MAP-LC | G7824. H2 1937. J3, Hollis Number: 012721053

0534 浙江省:五万分一圖杭州近傍[浙江省五万分一图:杭州附近]

1937 年，日本参谋本部陆地测量部

杭州西侧军用等高线地形图。原图为民国浙江陆军测量局于民国三年至十二年(1914—1923)间测绘，日军于 1937 年复制发行。按经差 15′、纬差 10′分幅绘制。标绘地形地貌、河流湖泊、城镇村庄、交通线路、作物植被等要素。

部分标注“军事秘密”或“秘”。

11 图，黑白，水域着蓝色，中文、日文，46.5 cm×58.0 cm，1∶50000，119°15′—120°00′E/29°50′—30°40′N

Harvard Map Collection | MAP-LC | G7823. Z5 s50. J3, Hollis Number: 013717132

0535 *Yung-Chia (Wenchow) China, Chekiang Province*[浙江温州永嘉]

1945 年，美国陆军制图局(U. S. Army Map Service)

温州永嘉附近军事地图。绘制城市街道、城北瓯江、城郊村镇和植被等要素。

1 图，彩色，英文、中文，71 cm×61 cm，1∶12500，119°18′—119°40′E/39°45′—40°00′N

Harvard Map Collection | MAP-LC | G7824. W4 1945. U5, Hollis Number: 013170316

0536［中国安徽省五万分一图］

1918—1951年，民国参谋本部陆地测量总局、联合勤务总司令部国防部测量处、军事委员会军令部第四厅

安徽省军用等高线地形图。按经差15′、纬差10′分幅绘制。详细绘制地形地貌、河流湖泊、地表植被、城镇村庄、交通路线等要素。原图应有420幅，馆藏76幅，主要集中于安徽北部，部分涉及六安和皖南地区。

76图，黑白，中文，36 cm×46 cm，1∶50000，115°15′—119°20′E/29°05′—33°40′N

Harvard Map Collection | MAP-LC | G7823. A5 s50. C4, Hollis Number: 013529795

0537“南支那”及“北支那”五万分一圖:安徽省［安徽省五万分一图］

1938—1945年，民国参谋本部陆地测量总局原测，日本参谋本部陆地测量部、“支那”派遣军参谋部翻印

安徽省军用等高线地形图。原图为民国政府测绘，后由日军翻印。原图应有420幅，馆藏其中179幅，主要为安徽中部、东南部以及北部局部地区。按经差15′、纬差10′分幅绘制。详细绘制地形地貌、河流湖泊、地表植被、城镇村庄、交通路线等要素。

标注“军事秘密”，二战后为美军缴获，原藏于美国陆军制图局。

179图，黑白，中文、日文，36 cm×47 cm，1∶50000，115°15′—119°50′E/29°10′—33°40′N

Harvard Map Collection | MAP-LC | G7823. A5 s50. J32, Hollis Number: 013529974

0538［二万五千分一安徽省安庆地区图］

民国三至二十四年(1914—1935)，民国参谋本部陆地测量总局、安徽陆军测量局、参谋本部安徽省陆地测量局

安徽安庆地区军用等高线地形图，按经差7.5′、纬差5′分幅绘制。该条目下主要包含两套内容相同的地图，一为民国三年至八年(1914—1919)测绘制版图(黑底白线)，此为影印本，另一为民国二十二至二十三年(1933—1934)间安徽省陆地测量局等根据前一套测绘图复制而成的地图(白底黑线)。绘制地形地貌、河流湖泊、城镇村庄、寺庙祠堂、学校医院、交通线路、作物植被等要素。

222图，黑白，中文，44.6 cm×54.5 cm，1∶25000，116°45′—117°20′E/30°20′—32°00′N

Harvard Map Collection | MAP-LC | G7823. A5 s25. C4, Hollis Number:

013529745

0539 五万分一空中寫眞測量要圖:安徽省[五万分一航空测绘图:安徽省]

1940—1944 年,日本参谋本部陆地测量部

日军航拍测绘的安徽军用等高线地形图,馆藏部分主要为皖南和皖西北部分地区。包含以下子条目:《"南支那"五万分一芜湖(空中写真修正测量要图)》《要图(空中写真)"中支那"五万分一芜湖》《要图(空中写真)"中支那"五万分一安徽省正阳关地方》《要图(空中写真)"中支那"五万分一淮安》《要图(空中写真)"中支那"五万分一安徽省江西省境东流景德镇地方》《五万分一"中支"空中写真测量要图安徽省石埭黟县地方》和《五万分一安徽省太和颍州地方空中写真测量要图》,以上各子条目另有独立的一份地图和编目,此条相当于日军测绘安徽省五万分之一地图的汇总,绘制城镇村庄、道路交通、河流湖泊、植被类型、寺庙等。

标注"军事极秘"。原藏于美国陆军制图局。

125 图,黑白,日文,51 cm×57 cm,1∶50000,115°—120°E/29°—33°N

Harvard Map Collection | MAP-LC | G7823.A5 s50. J45,Hollis Number:013607152

0540 五万分一"中支"空中寫眞測量要圖安徽省石埭黟县地方[五万分一航空测绘图:安徽省石埭黟县等地]

1940 年,日本参谋本部陆地测量部

日军航空测绘的安徽石埭、黟县一带等高线地形图。原图 18 幅,馆藏其中 17 幅,缺第 13 号。1940 年航拍,绘制城镇村庄、道路交通、河流湖泊、植被类型、寺庙等。标注"军事极秘"。

17 图,黑白,日文,51 cm×57 cm,1∶50000,117°20′—118°20′E/29°40′—30°40′N

Harvard Map Collection | MAP-LC | G7823. A5 s50. J42, Hollis Number:013601768

0541 五万分一安徽省太和潁州地方空中寫眞測量要圖[五万分一航空测绘图:安徽省太和、颍州等地]

1940—1941 年,日本参谋本部陆地测量部

日军航空测绘的安徽太和、颍州一带等高线地形图。1940 年航拍,绘制城镇村庄、道路交通、河流湖泊、植被类型、寺庙等。标注"军事极秘"。

20 图,黑白,日文,51 cm×57 cm,1∶50000,115°10′—116°40′E/32°40′—33°20′N

Harvard Map Collection | MAP-LC | G7823. A5 s50. J41, Hollis Number:013598081

0542 要圖(空中寫眞測量)“中支那”五万分一蕪湖[五万分一航空测绘图:芜湖]

1941年,日本参谋本部陆地测量部

日军航空测绘的安徽芜湖一带等高线地形图。1940年航拍,绘制城镇村庄、道路交通、河流湖泊、植被类型、寺庙等。标注“军事极秘”。

61图,黑白,日文,51 cm×57 cm,1∶50000,117°36′—120°06′E/30°10′—31°30′N

Harvard Map Collection | MAP-LC | G7823. A5 s50. J44, Hollis Number: 013601859

0543 要圖(空中寫眞測量)“中支那”五万分一安徽省正陽關地方[五万分一航空测绘图:安徽正阳关等地]

1943年,日本参谋本部陆地测量部

日军航空测绘的安徽中西部(阜阳以南、六安以北、合肥至淮南一线以西区域)等高线地形图。1940年航拍,1943年制图,详细绘制了该区域内的城镇村庄、道路交通、河流湖泊、植被类型、寺庙等。

标注“军事极秘”。原藏于美国陆军制图局。

20图,黑白,日文,51 cm×57 cm,1∶50000,115°30′—118°40′E/31°40′—32°40′N

Harvard Map Collection | MAP-LC | G7823. A5 s50. J4, Hollis Number: 013589771

0544 江西省二万五千分一图

民国四至二十五年(1915—1936),江西陆军测量局

江西省军用等高线地形图,馆藏图幅主要为今浙赣线沿线地区,非江西全省。虽部分测图时间有所差异,但主要部分是民国四年测绘完成。绘制地形地貌、河流湖泊、城镇村庄、市政公署、军营炮台、学校医院、工厂码头、交通线路、作物植被等要素。

原藏于美国陆军制图局。

53图,黑白,中文,46 cm×58 cm,1∶25000,114°—116°E/27°—29°N

Harvard Map Collection | MAP-LC | G7823. J5 s25. C41, Hollis Number: 013668195

0545 [江西省五万分一图]

民国九至三十七年(1920—1948),民国参谋本部陆地测量总局、国防部测量局、军事委员会军令部陆地测量总局、江西省陆地测量局

江西省军用等高线地形图。按经差 15′、纬差 10′分幅绘制，标绘城镇村庄、道路交通、河流湖泊、植被类型、商埠码头等，其中对村庄的标注尤为详细。原系列图应有 438 幅，基本覆盖江西全省，馆藏其中 99 幅，主要为江西北部。

原藏于美国陆军制图局。

99 图，黑白，中文，47 cm×57 cm，1∶50000

Harvard Map Collection | MAP-LC | G7823.J5 s50. C4, Hollis Number: 013673456

0546 “南支那”五万分一圖：江西省[南中国五万分一图：江西省]

1938—1945 年，民国参谋本部陆地测量总局原测，日本参谋本部陆地测量部、“支那”派遣军参谋部翻印

江西省北部军用等高线地形图。原图为民国政府测绘，后由日军翻印。按经差 15′、纬差 10′分幅绘制。详细绘制地形地貌、河流湖泊、地表植被、城镇村庄、交通路线等要素。

标注“军事秘密”，原藏于美国陆军制图局。

51 图，黑白，中文、日文，36 cm×46 cm，1∶50000，114°10′—117°50′E/28°30′—29°50′N

Harvard Map Collection | MAP-LC | G7823.J5 s50. J3, Hollis Number: 013668173

0547 [江西省]

1947 年 6 月，日本东京：金谷印刷株式会社(Tokyo: Kanaya Printing Co., Ltd.)

江西省军用等高线地形图，空间范围为江西省北部和南部局部地区。标注河流、湖泊、植被、城镇、村庄、交通线等要素。

这批军事地图原由江西陆军测量局于民国二至六年(1913—1917)间测绘，二战结束后，经日本金谷印刷株式会社于 1947 年 6 月复制后，入藏美国陆军制图局。

71 图，黑白，中文，50.8 cm×57.1 cm，1∶25000

Harvard Map Collection | MAP-LC | G7823.J5 s25. C4, Hollis Number: 013668059

0548 九江附近素图

1938 年 10 月，日本第一野战测量队

九江城及附近等高线地形图，绘制九江城内主要街道和城市格局，城外绘制等高线地形和植被类型状况。

1 图，黑白，日文，58.5 cm×79.2 cm，1∶10000

Harvard Yenching Library | Manchuguo J-0848，Hollis Number：014628210

0549 在牯岭第三国权益要图

1939 年 4 月 7 日，日本伊集团司令部调制、第二野战测量队印刷

该图绘制庐山牯岭各地块和房产的格局、编号和所属国，包括美、英、德、意、瑞等，标注蒋介石和孔祥熙的住宅位置以及中国海关、军官学校、江西省主席等所属地块。标注“极秘”字样。

1 图，彩色，日文、英文，43.2 cm×56.5 cm，1∶5000

Harvard Yenching Library | Manchuguo J-0876，Hollis Number：014634382

0550 東亜五万分一圖:福建省[东亚五万分一图:福建省]

1906 年，日本参谋本部陆地测量部

福建沿海五万分之一军用等高线地形图，覆盖从福州、厦门至漳州的沿海地区。按经差 15′、纬差 10′分幅绘制。标绘地形地貌、河流湖泊、植被类型、城镇村庄、道路交通等要素，以村镇地名为主。标注“军事秘密”。

二战后为美军缴获，原藏于美国陆军制图局。

51 图，黑白，日文，40 cm×54 cm，1∶50000，117°00′—120°00′E/23°42′—26°30′N

Harvard Map Collection | MAP-LC | G7823. F8 s50. J3，Hollis Number：013589704

0551 *Fukien1 ∶ 50000*[福建省五万分一图]

1944—1945 年，美国陆军制图局(U. S. Army Map Service)

民国参谋本部陆地测量总局、军令部第四厅、军令部福建省陆地测量局等于民国二十五至三十三年(1936—1944)测图，美军 1944—1945 年间复制。按经差 15′、纬差 10′分幅绘制。详细绘制地形地貌、植被类型、河湖水深，标注了村镇、县界、公路、铁路、政府、学校、医院、教堂、寺庙、工厂、电厂、矿产等要素。空间范围主要为福建东南沿海和闽江沿岸地区，未覆盖福建全省。内有两种地图，一为复制的黑白地图，内容与民国政府测绘相同；一为美军转绘的彩色地图。

91 图，彩色、黑白，中文、英文，51 cm×61 cm，1∶50000

Harvard Map Collection | MAP-LC | G7823. F8 s50. U5，Hollis Number：013589636

0552 *Fu-Chou*[福州]

1945 年第 5 版，美国陆军制图局(U. S. Army Map Service)

美军绘制的百万分之一东亚地图系列之一。为福建、江西和粤北地区的分层设色地形图，而非福州城市地图。绘制了该区域的地形、河流、城镇、铁路、公路、电报线、矿产、码头等要素。

1 图，彩色，英文，66.0 cm×81.2 cm，1∶1000000，114°－120°E/24°－28°N

Botany Arnold (Cambr.) | MapCase 51，Hollis Number：014704470

0553 *Fu-Chou* (*Foochow*) *and Nan-T'ai*[福州和南台]

1945 年，美国陆军制图局(U. S. Army Map Service)

美军绘制福州老城及闽江两岸地图，标注城区若干道路、医院、学校等地名，城郊配有等高线并标注植被类型特征。

1 图，彩色，英文、中文，96.5 cm×76.0 cm，1∶12500，119°15′－119°20′E/26°02′－26°07′N

Harvard Map Collection | MAP-LC | G7824.F8 1945. U5，Hollis Number：013169064

0554 *Hsia-Men*[厦门]

1946 年，美国陆军制图局(U. S. Army Map Service)

美军绘制的鼓浪屿及厦门岛西侧部分的等高线地形图，标绘重要地标、街道、植被、港口水深等要素。

1 图，彩色，英文、中文，66.0 cm×55.5 cm，1∶12500，118°03′－118°05′E/24°26′－24°29′N

Harvard Map Collection | MAP-LC | G7824.X5 1946. U5，Hollis Number：013169076

0555 *Lung-Ch'i* (*Chang-Chou*)[漳州]

1946 年，美国陆军制图局(U. S. Army Map Service)

美军绘制的福建漳州地图，包括城内主要地名、郊区村镇和植被类型等要素。

1 图，彩色，英文，45 cm×48 cm，1∶12500，117°38′－117°41′E/24°29′－24°32′N

Harvard Map Collection | MAP-LC | G7824.Z4 1946. U5，Hollis Number：013169297

0556 台湾详密地图

1895 年 9 月，(日)后藤常太郎，日本大阪：中村芳松、中村钟美堂

此图出版之时，台湾已被日本侵占。图中台湾岛的海岸轮廓已基本准确，相较于中村芳松一年前出版的《清国本部舆地图》中的台湾部分有大幅度的改进。此图另附有《台湾地志及言语集》，作者为日军台湾混成支队司令部翻译官，该图的绘制应参考了日军最新测绘的资料。该图对台湾北部、南部及沿海地带的标注较为详细，但山地部分仍基本空白。

附插图 5 幅，分别为日本朝鲜图、菲律宾群岛图、舟山岛图、淡水和基隆港景观图。

1 图，彩色，日文，78 cm×54 cm，1∶800000，119°—123°E/21°—26°N

Harvard Yenching Library | Offsite Storage (HD) | MLC-J，Hollis Number：012141863

0557 [台湾五万分一图]

1895—1904 年，日本陆地测量部、临时测图部

台湾岛及澎湖列岛军用等高线地形图。按经差 15′、纬差 10′分幅绘制。详细绘制地形地貌、河流湖泊、地表植被、城镇村庄、交通路线、市政公署、军营炮台、学校医院、工厂码头、寺庙教堂等要素。同时还绘制了各级行政区分界线。部分山区空白。

二战后为美军缴获，原藏于美国陆军制图局。

112 图，黑白，日文，46 cm×52 cm，1∶50000，119°20′—122°10′E/21°40′—25°20′N

Harvard Map Collection | MAP-LC | G7910 s50. J31，Hollis Number：014000190

0558 [台湾五万分一地形图]

1904—1942 年，日本参谋本部陆地测量部

台湾岛及澎湖列岛军用等高线地形图。按经差 15′、纬差 10′分幅绘制。详细绘制地形地貌、河流湖泊、地表植被、城镇村庄、交通路线、市政公署、军营炮台、学校医院、工厂码头、寺庙教堂等要素。同时还绘制了各级行政区分界线。

88 图，黑白，日文，38 cm×51 cm，1∶50000，119°20′—122°10′E/21°40′—25°20′N

Harvard Map Collection | MAP-LC | G7910 s50. J3，Hollis Number：014000103

0559 东亚舆地图：西第 1 行南第 2 段—西第 3 行南第 3 段

1909—1932 年，日本陆地测量部

日本测绘的台湾和琉球群岛地形图，按经差 5°、纬差 2.5°分幅绘制。台湾岛绘制

厅级政区、公路、铁路和村镇地名。绘制港口间航线。

8 图，彩色，日文，28 cm×52 cm，1∶1000000，120°—135°E/20°—30°N

Harvard Map Collection | MAP-LC | G7962.R9 s1000.J3，Hollis Number：014391702

0560 *Taiwan*，*1∶25000*［台湾二万五千分一图］

1922—1942 年，日本参谋本部陆地测量部

台湾岛及澎湖列岛军用等高线地形图。按经差 7.5′、纬差 5′分幅绘制。主要覆盖台湾西海岸和台湾北部。详细绘制地形地貌、河流湖泊、地表植被、城镇村庄、交通路线、市政公署、军营炮台、学校医院、工厂码头、寺庙教堂等要素。

标注“军事秘密”或“军事极秘”，二战后为美军缴获，原藏于美国陆军制图局。

117 图，黑白，日文，38 cm×52 cm，1∶25000，119°15′—122°30′E/22°10′—25°40′N

Harvard Map Collection | MAP-LC | G7910 s25.J31，Hollis Number：013991666

0561［台湾二万五千分之一地形图］

1922—1942 年，日本参谋本部陆地测量部

台湾岛及澎湖列岛军用等高线地形图。按经差 7.5′、纬差 5′分幅绘制。详细绘制地形地貌、河流湖泊、城镇村庄、植被类型、交通路线等要素，同时绘制县、市、村镇界线。该系列主要覆盖台湾西部沿海地区及浊水溪沿岸地带。

二战后为美军缴获，原藏于美国陆军制图局。

90 图，黑白，日文，41 cm×51 cm，1∶25000，119°—122°E/22°50′—25°20′N

Harvard Map Collection | MAP-LC | G7910 s25.J3，Hollis Number：013991564

0562［台湾］堡图原图

1927 年，日本临时台湾土地调查局

日据时期测绘的台湾岛及澎湖列岛等高线地形图。空间范围包括高雄附近、澎湖附近、台北基隆附近地区。按经差 6′、纬差 4′分幅绘制。详细绘制地形地貌、河流湖泊、城镇村庄、植被类型、交通路线等要素，标绘县、市、村镇分界线。

55 图，黑白，日文，41 cm×51 cm，1∶20000，119°18′—122°00′E/22°20′—25°20′N

Harvard Map Collection | MAP-LC | G7910 s20.T5，Hollis Number：014000126

0563 [台湾及澎湖二十万分一图]

1933—1944 年,日本参谋本部陆地测量部

台湾岛及澎湖列岛军用等高线地形图。按经差 1°、纬差 40′分幅绘制。详细绘制地形地貌、河流湖泊、地表植被、城镇村庄、交通路线、市政公署、军营炮台、学校医院、工厂码头、寺庙教堂等要素。同时还绘制了各级行政区分界线。

15 图,黑白,日文,44 cm×54 cm,1∶200000,119°—122°E/21°—25°N

Harvard Map Collection | MAP-LC | G7910 s200. J3, Hollis Number: 013991463

0564 九州岛及冲绳;冲绳及中国台湾

1935 年 6 月,日本参谋本部陆地测量部

九州岛、冲绳、中国台湾地区百万分之一航空军用地图,底图为等高线分层设色地形图,主要标注机场、航向及临近机场的航程。

标注“军事极秘”,二战后为美军缴获,原藏于美国陆军制图局。

2 图,彩色,日文,45 cm×110 cm,1∶1000000,119°—128°E/22°—28°N

Harvard Map Collection | MAP-LC | G7962.O6P6 1935. J3, Hollis Number: 014387192

0565 台湾及吕宋岛

1935 年 12 月,日本参谋本部陆地测量部

台湾及菲律宾群岛百万分之一航空军用地图,底图为等高线分层设色地形图,主要标注机场、航向及临近机场的航程。

标注“军事极秘”,二战后为美军缴获,原藏于美国陆军制图局。

2 图,彩色,日文,109 cm×78 cm,1∶1000000,119°00′—125°00′E/21°40′—25°35′N

Harvard Map Collection | MAP-LC | G7911.P6 1935. J3, Hollis Number: 014705666

0566 *Taiwan: Special Strategic Map* [台湾:特别战略图]

1943 年,美国陆军制图局(U. S. Army Map Service)

台湾岛及澎湖交通地形图,主要绘制公路和铁路线,铁路按单线、复线以及不同尺寸绘制,公路用红色线条表示。底图为晕滃法绘制的地形图。

1 图,彩色,英文,46 cm×43 cm,1∶1000000,119°00′—123°00′E/21°30′—25°30′N

Harvard Map Collection | MAP-LC | G7911. P1 1945. U5, Hollis Number: 008654631

0567 *Taiwan 1 : 50000*[台湾五万分一图]

1944年,美国陆军制图局(U. S. Army Map Service)

台湾岛及澎湖列岛军用等高线地形图。按经差15′、纬差10′分幅绘制。详细绘制地形地貌、河流湖泊、地表植被、城镇村庄、交通路线、市政公署、军营炮台、学校医院、工厂码头、寺庙教堂等要素。

112图,彩色,英文,37 cm×52 cm,1 : 50000,119°30′—122°10′E/21°50′—25°40′N

Harvard Map Collection | MAP-LC | G7910 s50. U5, Hollis Number: 013959709

0568 *Taiwan 1 : 250000*[台湾二十五万分一图]

1944—1945年,美国陆军制图局(U. S. Army Map Service)

台湾岛及澎湖列岛军用等高线地形图。按经差1°、纬差1°分幅绘制。详细绘制地形地貌、河流湖泊、城镇村庄、交通路线等要素,同时绘有县、市分界线以及铁路、公路等交通线路。

18图,彩色,英文、中文,45 cm×41 cm,1 : 250000,119°—123°E/20°—26°N

Harvard Map Collection | MAP-LC | G7910 s250. U5, Hollis Number: 013959760

0569 台南府迅速测图

1896年,"台湾总督府"制图部

此图由日本陆军工兵于1895年11月测绘完成,随后由"台湾总督府"制图部印行。1895年5月8日《马关条约》生效后,日本迅速派出测绘班登岛测绘,当时日军采用无三角基线的迅速测图法,在一年多的时间内完成对台湾全岛的测绘,编成《1895年台湾地形图》。成图之后,曾长期作为军事机密,外界不易得见,此图即该系列图之一。该图内容主要为台南府城内及城西街区分布状况。由于此时日本尚未对台湾进行改造,故而该图可以较为准确地反映清末台南府城的实际情况。

1图,黑白,日文,65.4 cm×54.6 cm,1 : 5000

Harvard Yenching Library | Offsite Storage (HD) | MLC-C | HY53A6, Hollis Number: 008375431

0570 *Tansui*[淡水]

1945 年,美国陆军制图局(U. S. Army Map Service)

台湾淡水地形图。绘制淡水江、港口和城市街道,港区东北后方山地标绘等高线和植被。美军绘制台湾城市图系列 AMS-1 版。

1944 年 3 月,美军参谋长联席会议敲定从台湾高屏登陆的攻台计划,代号"Causeway",为此,陆军制图局紧急利用日军 20 世纪 20 年代绘制的台湾地形图,改绘出版了 AMS-1 版的台湾地形图,5 月起陆续出版。至 11 月,又利用新的航拍图绘制了修订的 AMS-2 版台湾地形图。同时,"日本台湾军司令部"在珍珠港事件后也翻印了 20 世纪 20 年代绘制的地形图,并对局部重点地区进行了更新。

1 图,彩色,英文,35 cm×37 cm,1∶8000,121°25′—121°27′E/25°09′—25°11′N

Harvard Map Collection | MAP-LC | G7914. T6 1945. U5, Hollis Number: 014014952

0571 *Kirun*[基隆]

1944 年,美国陆军制图局(U. S. Army Map Service)

台湾基隆港军用地形图。绘制城市街道和港区地形。美军测绘台湾城市图系列 AMS-1 版。

1 图,彩色,英文,48 cm×47 cm,1∶10000,121°43′—121°46′E/25°07′—25°10′N

Harvard Map Collection | MAP-LC | G7914. C5 1945. U5, Hollis Number: 014011526

0572 *Taihoku-Matsuyama*[台北—松山]

1945 年,美国陆军制图局(U. S. Army Map Service)

台湾台北—松山军用地形图。绘制淡江以东、基隆河以南台北—松山城市街道格局,郊区山地标绘等高线和植被。美军测绘台湾城市图系列 AMS-1 版。

1 图,彩色,英文,71 cm×97 cm,1∶10000,121°29′—121°35′E/25°01′—25°05′N

Harvard Map Collection | MAP-LC | G7914. T5 1945. U5, Hollis Number: 014014845

0573 *Toen*[桃园]

1944 年,美国陆军制图局(U. S. Army Map Service)

台湾桃园城市街道图。绘制城市街道和建筑格局,郊区标注植被类型和交通线。美军绘制台湾城市地形图 AMS-1 版。

1 图,彩色,英文,29 cm×35 cm,1∶6000,121°18′—121°19′E/24°59′—25°00′N

Harvard Map Collection | MAP-LC | G7914.T7 1944. U5, Hollis Number: 014014974

0574 *Shinchiku*[新竹]

1944 年,美国陆军制图局(U. S. Army Map Service)

台湾新竹地形图。绘制城市街道和建筑格局,郊区山地标绘等高线和植被。美军测绘台湾城市图系列 AMS-1 版。

1 图,彩色,英文,64 cm×87 cm,1∶10000,120°54′—121°00′E/24°48′—24°51′N

Harvard Map Collection | MAP-LC | G7914.H75 1945. U5, Hollis Number: 014011669

0575 *Giran*[宜兰]

1945 年,美国陆军制图局(U. S. Army Map Service)

台湾宜兰军用地形图。标注城市街道、居民点、铁路、公路等,郊区山地标绘等高线和植被。美军测绘台湾城市图系列 AMS-1 版。

1 图,彩色,英文,64 cm×45 cm,1∶7500,121°43′—121°45′E/24°44′—24°46′N

Harvard Map Collection | MAP-LC | G7914.I4 1945. U5, Hollis Number: 014010409

0576 *Rato*[罗东]

1944 年,美国陆军制图局(U. S. Army Map Service)

台湾宜兰罗东军用地形图。标注城市街道、居民点、铁路、公路等,郊区山地标绘等高线和植被。美军测绘台湾城市图系列 AMS-1 版。

1 图,彩色,英文,36 cm×38 cm,1∶6000,121°45′—121°47′E/24°40′—24°41′N

Harvard Map Collection | MAP-LC | G7914.L86 1944. U5, Hollis Number: 014011603

0577 *Suo*[苏澳]

1944 年,美国陆军制图局(U. S. Army Map Service)

台湾宜兰苏澳镇军用地形图。绘制城市街道和苏澳港,郊区山地标绘等高线和植被。美军测绘台湾城市图系列 AMS-1 版。

1 图,彩色,英文,37 cm×47 cm,1∶10000,121°50′—121°53′E/24°34′—24°37′N

Harvard Map Collection | MAP-LC | G7914.S8 1944. U5, Hollis Number: 014014774

0578 *Chikunan*[竹南]

1944 年,美国陆军制图局(U. S. Army Map Service)

台湾苗栗竹南军用地形图。标注城市街道、居民点、铁路、公路等,郊区山地标绘等高线和植被。美军测绘台湾城市图系列 AMS-1 版。

1 图,彩色,英文,35 cm×45 cm,1∶8000,120°51′—120°53′E/24°40′—24°42′N

Harvard Map Collection | MAP-LC | G7914.C75 1944. U5,Hollis Number:014010401

0579 *Taichu*[台中]

1945 年,美国陆军制图局(U. S. Army Map Service)

台湾台中军用地形图。绘制台中城市街道格局,郊区标绘等高线地形、河流和植被。美军测绘台湾城市图系列 AMS-1 版。

1 图,彩色,英文,74 cm×59 cm,1∶8000,120°39′—120°42′E/24°07′—24°10′N

Harvard Map Collection | MAP-LC | G7914.T3 1945. U5,Hollis Number:014014836

0580 *Shoka*[彰化]

1945 年,美国陆军制图局(U. S. Army Map Service)

台湾彰化军用地形图。绘制城市街道格局和铁路,郊区山地标绘等高线和植被。美军测绘台湾城市图系列 AMS-1 版。

1 图,彩色,英文,42.5 cm×51.0 cm,1∶6000,120°31′—120°33′E/24°04′—24°06′N

Harvard Map Collection | MAP-LC | G7914.C3 1945. U5,Hollis Number:014014760

0581 *Rokko*[鹿港]

1945 年,美国陆军制图局(U. S. Army Map Service)

台湾彰化鹿港军用地形图。标注城市街道、居民点、铁路、公路等,郊区山地标绘等高线和植被。美军测绘台湾城市图系列 AMS-1 版。

1 图,彩色,英文,36 cm×50 cm,1∶6000,120°24′—120°26′E/24°03′—24°04′N

Harvard Map Collection | MAP-LC | G7914.L8 1944. U5,Hollis Number:014011620

0582 *Karenko*[花莲港]

1944 年,美国陆军制图局(U. S. Army Map Service)

台湾花莲港军用地形图。详细绘制城市街道和建筑格局,郊区标注植被类型并以等高线绘制山地。美军测绘台湾城市图系列 AMS-1 版。

1 图,彩色,英文,44 cm×61 cm,1∶7500,121°35′—121°38′E/23°58′—24°00′N

Harvard Map Collection | MAP-LC | G7914. H8 1945. U5, Hollis Number: 014010561

0583 *Seira*[西螺]

1944 年,美国陆军制图局(U. S. Army Map Service)

台湾云林西螺镇军用地形图。详细绘制市镇街道格局,郊区标注植被类型,北面为浊水溪。美军测绘台湾城市图系列 AMS-1 版。

1 图,彩色,英文,35 cm×55 cm,1∶8000,120°25′—120°28′E/23°47′—23°48′N

Harvard Map Collection | MAP-LC | G7914. X5 1944. U5, Hollis Number: 014011664

0584 *Hokko*[北港]

1945 年,美国陆军制图局(U. S. Army Map Service)

台湾云林北港军用地形图。绘制街道、居民点、公路等,郊区山地标绘植被。美军测绘台湾城市图系列 AMS-1 版。

1 图,彩色,英文,39 cm×48 cm,1∶6000,120°16′—120°18′E/23°33′—23°35′N

Harvard Map Collection | MAP-LC | G7914. P4 1945. U5, Hollis Number: 014010480

0585 *Mako*[马公]

1945 年,美国陆军制图局(U. S. Army Map Service)

台湾澎湖马公军用地形图。绘制马公港及城市街道、居民点、公路等,郊区山地标绘等高线和植被。美军测绘台湾城市图系列 AMS-1 版。

1 图,彩色,英文,41 cm×47 cm,1∶8000,119°33′—119°35′E/23°33′—23°35′N

Harvard Map Collection | MAP-LC | G7914. M3 1945. U5, Hollis Number: 014011547

0586 *Kagi*[嘉义]

1945 年,美国陆军制图局(U. S. Army Map Service)

台湾嘉义军用地形图。标注城市街道、居民点、铁路、公路等，郊区山地标绘等高线和植被。美军测绘台湾城市图系列 AMS-1 版。

1 图，彩色，英文，65 cm×95 cm，1∶10000，120°22′—120°28′E/23°26′—23°30′N

Harvard Map Collection | MAP-LC | G7914.C44 1945. U5，Hollis Number：014010533

0587 *Tainan, Tainan-shu (Taiwan)*［台南］

1944 年，美国陆军制图局（U. S. Army Map Service）

台湾台南军用地形图。详细绘制城市街道和建筑格局，郊区标注植被类型并以等高线绘制山地。美军测绘台湾城市图系列 AMS-1 版。

1 图，彩色，英文，96 cm×54 cm，1∶10000，120°11′—120°14′E/22°56′—23°02′N

Harvard Map Collection | MAP-LC | G7914.T4 1945. U5，Hollis Number：014014817

0588 *Takao, Takao-shu, "Formosa" (Taiwan)*［高雄］

1945 年，美国陆军制图局（U. S. Army Map Service）

台湾高雄城市军用地形图。详细绘制城市街道和建筑格局，郊区标注植被类型并以等高线绘制山地。美军测绘台湾城市图系列 AMS-1 版。

1 图，彩色，英文，74 cm×72 cm，1∶10000，120°15′—120°19′E/22°35′—22°39′N

Harvard Map Collection | MAP-LC | G7914.K5 1945. U5，Hollis Number：014014940

0589 *Okayama*［冈山］

1944 年，美国陆军制图局（U. S. Army Map Service）

台湾高雄冈山军用地形图。绘制城市街道和建筑格局，郊区标注植被类型并以等高线绘制山地。美军测绘台湾城市图系列 AMS-1 版。

1 图，彩色，英文，47.5 cm×62.0 cm，1∶10000，120°14′—120°18′E/22°46′—22°49′N

Harvard Map Collection | MAP-LC | G7914.K3 1944. U5，Hollis Number：014011572

0590 *Toshien*［桃子园（左营）］

1944 年，美国陆军制图局（U. S. Army Map Service）

高雄北部左营军港区图。详细绘制城市街道和建筑格局，郊区标注植被类型并以等高线绘制山地。美军测绘台湾城市图系列。

1 图，彩色，英文，64 cm×75 cm，1∶10000，120°15′—120°19′E/22°40′—22°43′N

Harvard Map Collection | MAP-LC | G7914.T797 1944. U5，Hollis Number：014014984

0591 *Taito*［台东］

1945 年，美国陆军制图局（U. S. Army Map Service）

台湾台东军用地形图。绘制城市街道、铁路、公路等，郊区山地标绘等高线和植被。美军绘制台湾城市图系列 AMS-1 版。

1 图，彩色，英文，52 cm×46 cm，1∶10000，121°07′—121°10′E/22°44′—22°47′N

Harvard Map Collection | MAP-LC | G7914.T55 1945. U5，Hollis Number：014014858

0592 *Heito*［屏东］

1944 年，美国陆军制图局（U. S. Army Map Service）

台湾屏东军用地形图。详细绘制城市街道和建筑格局，郊区标注植被类型。美军测绘台湾城市图系列 AMS-1 版。

1 图，彩色，英文，37 cm×60 cm，1∶10000，120°26′—120°30′E/22°39′—22°42′N

Harvard Map Collection | MAP-LC | G7914.P5 1944. U5，Hollis Number：014010463

0593 *Toko*［东港］

1944 年，美国陆军制图局（U. S. Army Map Service）

台湾屏东东港镇军用地形图，东港溪入海口至大鹏湾附近。详细绘制城市街道和建筑格局，郊区标注植被类型并配等高线。美军测绘台湾城市图系列。

1 图，彩色，英文，27 cm×45 cm，1∶10000，120°26′—120°29′E/22°27′—22°29′N

Harvard Map Collection | MAP-LC | G7914.T79 1944. U5，Hollis Number：014014979

0594 *Kato*［佳冬］

1944 年，美国陆军制图局（U. S. Army Map Service）

台湾屏东佳冬乡军用地形图。标注居民点、铁路、公路、植被等。美军测绘台湾城市图系列 AMS-1 版。

1 图，彩色，英文，38 cm×49 cm，1∶10000，120°32′—120°35′E/22°24′—22°26′N

Harvard Map Collection | MAP-LC | G7914.C43 1944. U5, Hollis Number: 014010570

0595 *Hozan*[凤山]

1945 年,美国陆军制图局(U. S. Army Map Service)

台湾凤山军用地形图。标注城市街道、居民点、铁路、公路等,以及东面的雷达站、西面的军需仓库和南面的化工毒气存储区。郊区山地标绘等高线和植被。美军测绘台湾城市图系列 AMS-1 版。

1 图,彩色,英文,83 cm×61 cm,1∶10000,120°19′—120°23′E/22°34′—22°39′N

Harvard Map Collection | MAP-LC | G7914. F4 1945. U5, Hollis Number: 014010519

0596 清国山东省

1884 和 1894 年,日本参谋本部

山东省军用等高线地形图。测绘制版时间为明治十七年,部分于明治二十七年修订。空间范围为山东半岛东部,按经差 1°、纬差 40′分幅绘制。此为日军较早期测绘的军事地图,主要绘制交通沿线地形及沿海地形,非交通沿线地区则留下大片空白,内容方面也主要标注村庄和重要山峰,无更多其他要素,而越到后期,日军测绘的军事地图则越详细。

该图原藏于美国陆军制图局。

15 图,黑白,日文,37 cm×46 cm,1∶200000,118°00′—123°00′E/35°20′—38°40′N

Harvard Map Collection | MAP-LC | G7823. S4 s200. J3, Hollis Number: 013691954

0597 [山东省五万分一图]

民国二十二至三十四年(1933—1945),民国参谋本部陆地测量总局、军事委员会司令部第四厅等

山东省军用等高线地形图。按经差 15′、纬差 10′分幅绘制。详细绘制地形地貌、河流湖泊、地表植被、城镇村庄、交通路线等。馆藏部分主要为山东东部地区,包括黄河入海口地区,对于研究黄河河口的历史变迁有参考价值。

175 图,黑白,中文,36 cm×46 cm,1∶50000,115°00′—123°00′E/34°40′—38°20′N

Harvard Map Collection | MAP-LC | G7823. S4 s50. C4, Hollis Number:

013697014

0598 济南附近各国势力要图

1937 年 12 月 4 日，日军甲集团参谋部第二课

此图主要标注西方各国在济南的领事馆、银行、工厂、教会、学校、医院等机构的分布状况。该图以津浦铁路、胶济铁路和黄河为主，未绘制行政区，着重标注铁道沿线存有外国资产的站点。1937 年底，日军正大举进攻济南，此图正是日军参谋部为配合济南作战而绘制。

1 图，黑白，日文，79.0 cm×54.5 cm，1∶500000

Harvard Yenching Library | Manchuguo J-0865，Hollis Number：014634244

0599 胶州

光绪三十二年(1906)，北洋陆军参谋处

主要为胶州湾、山东南部和江苏北部军用地形图。

1 图，彩色，中文，57 cm×72 cm，1∶1500000，116°—126°E/31°—37°N

Harvard Yenching Library | Rare Book | T 3081 1377 (6)，Hollis Number：009406234

0600 [山东省牟平县、文登县]

民国三十六年(1947)，南京：民国国防部测量局

军用等高线地形图，标注山地、河流、植被、城镇、村庄、交通线、桥梁、关隘等信息。包括《文登县》和《牟平县》两图。《文登县》图除文登县外，也涉及威海卫市和荣成县部分地区，经纬度范围 122°00′—122°30′E/37°0′—37°20′N；《牟平县》图为牟平县北及渤海湾，经纬度范围 121°30′—122°00′E/37°20′—37°40′N。图上方标注“陆空联络限用次图”。原藏于美国陆军制图局。

2 图，黑白，中文，43.5 cm×56.8 cm，1∶100000

Harvard Map Collection | MAP-LC | G7823.S4 s100.C4，Hollis Number：013691984

华中地区

0601 汉口攻略パノラマ地图［武汉会战全景图］

1938年8月25日,(日)加藤隆四郎,日本东京:大日本雄辩会讲谈社

该图为在1938年8月间的中日武汉会战形势图。黑色绘制日军进攻路线,红色标示中国军队驻防阵地。日军已推进至九江、鄱阳湖一带,逼近南昌和武汉。

附插图2幅:《日·“满”·“支”交通地图》和《武汉三镇汉口·武昌·汉阳》。

1图,彩色,日文,38.8 cm×53.3 cm

Harvard Yenching Library | Manchuguo J-0875,Hollis Number:014634361

0602 “中支”方面“日支”兩軍態勢要圖［中国中部中日两军态势图］

1938年9月6日,陆军省新闻班,日本大阪:朝日新闻

该图反映1938年8月23日中日军队在长江中下游地区对峙部署状况,此时武汉会战正在激烈进行中。此图内容与条目0601、0603、0625等相似。

1图,彩色,日文,35 cm×51 cm,1∶3300000,108°—123°E/26°—35°N

Harvard Yenching Library | Manchuguo J-0835,Hollis Number:014624029

0603 “中支”方面“日支”兩軍態勢要圖［中国中部中日两军态势图］

1938年10月1日,陆军省新闻班、陆地测量部,日本东京:主妇之友社

此图反映1938下半年中日两军对峙形势。此时中国军队在华北地区已退却至黄河以南,中日军队对峙于黄河一线;在长江流域,中国军队则集结于武汉至南昌一带,日军已溯江而上,推进至鄱阳湖。这一时期,武汉会战是战争的焦点,因而该图以武汉地区为绘制重点,并在图后附文对武汉会战进行说明。10月27日,武汉即沦陷。

该图是作为日本《主妇之友》十月号特别附录出现,以鼓动日本民众情绪为目的。日军绘制该图时,使用的行政区划图仍为北洋时期的道制图。

1图,朱墨双色,日文,38.2 cm×53.6 cm,1∶3000000,108°—123°E/26°—35°N

Harvard Yenching Library | Manchuguo J-0871,Hollis Number:014634325

0604 “南支那”五万分一:兵要地誌圖［中国中部五万分一兵要地志图］

1938年,日本参谋本部陆地测量部

中国中部地区等高线地形图,主要为湖北东部和安徽南部。按经差30′、纬差20′

分幅绘制,图幅较大。详细绘制地形地貌、河流湖泊、地表植被、城镇村庄、交通路线、军营、学校、寺庙等,重点用蓝色标示河流、橙色标示交通干道,并注明河道水文特征和道路通行情况。

标注“军事极秘”,二战后为美军缴获,原藏于美国陆军制图局。

47 图,黑白,蓝色和橙色标注,日文,72.5 cm×93.5 cm,1∶50000,111°00′—117°25′E/30°00′—32°00′N

Harvard Map Collection | MAP-LC | G7820 s50. J31, Hollis Number:013878281

0605 新四军挺进敌后创建华中抗日根据地形势图

1940 年后

此图绘制 1937 年至 1940 年间新四军在南方各省集结并往北进入皖南、苏南地区以及从河南往东进入皖东北地区进军路线。同时标注了八路军 115 师进入苏北的路线以及华中抗日根据地的空间范围。

1 图,黑白,中文,54.3 cm×38.4 cm

Harvard Yenching Library | Manchuguo C-0246,Hollis Number:014604078

0606 河南省二万五千分一图

民国四至五年(1915—1916),河南陆军测量局

河南省新郑、长葛、许昌一带军用等高线地形图,详细绘制了地形地貌、河流湖泊、城镇村庄、交通线路、作物植被等要素。因采用较大比例尺,故村庄的形态轮廓大体可见,县城和稍大集镇的内部道路已较为清晰。部分图为 1947 年金谷印刷株式会社翻印。

9 图,黑白,中文,45.6 cm×52.3 cm,1∶25000,113°30′—114°00′E/34°00′—34°30′N

Harvard Map Collection | MAP-LC | G7823. H33 s25. C6, Hollis Number:013635388

0607 [河南省五万分一图]

民国八至三十六年(1919—1947),民国参谋本部陆地测量总局、军事委员会军令部第四厅

河南省军用等高线地形图。按经差 15′、纬差 10′分幅绘制。详细绘制地形地貌、河流湖泊、地表植被、城镇村庄、交通路线等要素。

357 图,黑白,中文,37 cm×46 cm,1∶50000,110°15′—116°45′E/31°20′—37°

00′N

Harvard Map Collection | MAP-LC | G7823. H33 s50. C4, Hollis Number: 013645066

0608 *Honan, China, 1 ∶ 100000*[河南十万分之一图]

1923—1929 年,日本参谋本部陆地测量部、"支那"驻屯军司令部、青岛守备军司令部

中原地区军用等高线地形图,包含 4 个系列:《假制"北支那"十万分一图徐州》《假制"北支那"十万分一图许州》《假制"南支那"十万分一图信阳》和《假制"南支那"十万分一图卢州》,空间上包括河南东南部、安徽西北部和湖北东北部等。绘制城镇村庄、道路交通、河流湖泊、植被类型、寺庙等。标注"军事极秘"。

45 图,黑白,日文,46 cm×58 cm,1∶100000,113°30′—117°12′E/31°30′—34°30′N

Harvard Map Collection | MAP-LC | G7823. H33 s100. J3, Hollis Number: 013646666

0609 "支那"五万分一圖:河南省[河南省五万分一图]

1935—1945 年,日本参谋本部陆地测量部、"支那"派遣军参谋部

河南省军用等高线地形图。原图为民国政府测绘,后由日军翻印。原图应有 485 幅,馆藏其中 256 幅,主要为河南中部、东部和北部部分地区。按经差 15′、纬差 10′分幅绘制。详细绘制地形地貌、河流湖泊、地表植被、城镇村庄、交通路线等要素。

原藏于美国陆军制图局。

256 图,黑白,中文、日文,37 cm×47 cm,1∶50000,110°15′—116°45′E/31°20′—37°00′N

Harvard Map Collection | MAP-LC | G7823. H33 s50. J3, Hollis Number: 013646735

0610 [湖北省]

民国四至二十七年(1915—1938),湖北陆军测量局、湖北省陆地测量局

武汉附近军用等高线地形图。包括两个版本,一是民国四至五年(1915—1916)测绘制版原图,测绘单位为湖北陆军测量局,为彩色图,计 13 幅;二是民国十八年至十九年(1929—1930)间修订、民国二十五至二十七年(1936—1938)陆续制版,测绘单位为湖北省陆地测量局,为黑白图,计 13 幅(个别图略有差异)。绘制地形地貌、河流湖泊、城镇村庄、市政公署、军营炮台、学校医院、工厂码头、交通线路、作物植被等要素。由

于两个版本为前后续修，因而两相对比，可以观察武汉及周边地区在这一时期的演变，如对比两个版本的《汉口》图，可看出汉口在此期间的发展，民国四年时，汉口京汉铁路西北侧仍是大片农田和空地，东南侧也有大量空地，而民国十九年时，铁路西北侧已兴建大片居民区、工厂、医院、公园、教堂等，城市空间已明显向西北扩展。

原藏于美国陆军制图局。

26 图，彩色、部分黑白，中文，44.6 cm×54.5 cm，1∶10000，114°12′—114°20′E/30°28′—30°40′N

Harvard Map Collection | MAP-LC | G7823.H64 s10. C4，Hollis Number：013652621

0611［湖北省］

民国二十七年（1938），民国军事委员会军令部陆地测量总局

航拍测绘的湖北军用等高线地形图，按经差 7.5′、纬差 5′分幅绘制，绘制地形、河湖、铁路、公路、城市、村镇、植被等要素。馆藏图幅主要集中于武汉周围，并未覆盖湖北全省。包括：《黄花涝》《童家湖》《祁家湾》《新集》《武昌县城》《横店镇》《黄陂县城》《罗汉寺》《磨山》《青山市》《五通口》《大咀店》《豹子澥》《葛店镇》《阳逻镇》《邱家咀》《段家店》《杨林头》《阳陂庙》《严家大湾》《刘家集》《界埠》《华容镇》。

原藏于美国陆军制图局。

23 图，黑白，中文，46.5 cm×56.5 cm，1∶25000

Harvard Map Collection | MAP-LC | G7823.H64 s25. C4，Hollis Number：013652724

0612［湖北省二万五千分一图］

民国二十七年（1938），民国军事委员会军令部陆地测量总局

航拍测绘的湖北军用等高线地形图，内容与前图（见条目 0611）相同，但少了《黄花涝》《横店镇》两图。

21 图，黑白，中文，46.5 cm×56.5 cm，1∶25000

Harvard Map Collection | MAP-LC | G7823.H64 s25. C41，Hollis Number：013654219

0613 汉口战局全图

1938 年 8 月 25 日，大阪每日新闻社

以武汉为中心的华中地区图，详细标注城镇村落、河流湖泊、交通路线等要素，以配合说明当时正在进行的武汉会战（1938 年 6—10 月）。但该图并未标注战争形势或

军事部署相关信息。此图为《大阪每日新闻》第19887号附录。

附插图2幅，一为华南地区略图，另一为中国内地略图。

1图，黑白，日文，50 cm×36 cm，1∶2000000，112°—120°E/26°—36°N

Harvard Map Collection | MAP-LC | G7823.A5S7 1938. O7，Hollis Number：012828692

0614 *Han-K'ou(Hankow)*［汉口］

1945年第3版，美国陆军制图局（U. S. Army Map Service）

美军绘制的百万分之一东亚地图系列之一。是汉口、九江、芜湖、无锡长江中下游地区的分层设色地形图，而非汉口城市地图。绘制了该区域的地形、河流、城镇、铁路、公路、电报线、矿产等要素。

1图，彩色，英文，66 cm×66 cm，1∶1000000，114°—120°E/28°—32°N

Botany Arnold (Cambr.) | MapCase 51，Hollis Number：014704683

0615 *Hankow*［汉口］

1945年2版，英国陆军部参谋总部地理处（Great Britain. War Office. General Staff. Geographical Section）美国陆军制图局（U. S. Army Map Service）

武汉地区军用等高线地形图，包括河流湖泊、城市格局和交通线路等。

1图，彩色，英文，96.5 cm×68.5 cm，1∶25000，114°14′—114°22′E/30°28′—30°38′N

Harvard Map Collection | MAP-LC | G7824.H241 1946. G71，Hollis Number：008615690

0616［湖北省陈家湖］

民国四年（1915），湖北陆军测量局

湖北省嘉鱼县陈家湖、密泉湖一带军用等高线地形图。绘制地形地貌、河流湖泊、村庄寺庙、交通线路、作物植被等要素。

原藏于美国陆军制图局。

1图，黑白，中文，44.6 cm×54.5 cm，1∶25000

Harvard Map Collection | MAP-LC | G7822.C38 1915. C4，Hollis Number：013652564

0617［湖南省五万分一图］

民国六至三十年（1917—1941），民国军事委员会军令部陆地测量总局、参谋本部

陆地测量总局

湖南省军用等高线地形图。按经差15′、纬差10′分幅绘制。详细绘制地形地貌、河流湖泊、地表植被、城镇村庄、交通路线等。馆藏部分主要集中于湖南东北部。

49图，黑白，中文，36 cm×46 cm，1∶50000，111°30′—114°20′E/26°50′—29°40′N

Harvard Map Collection | MAP-LC | G7823. H7s50. C4，Hollis Number：013654275

0618 “南支那”五万分一圖：湖南省［湖南省五万分一图］

1938—1944年，民国军事委员会军令部陆地测量总局原测，日本参谋本部陆地测量部翻印

湖南东北部军用等高线地形图。原图为民国政府测绘，后由日军翻印。按经差15′、纬差10′分幅绘制。详细绘制地形地貌、河流湖泊、地表植被、城镇村庄、交通路线等要素。

标注“军事秘密”，原藏于美国陆军制图局。

131图，黑白，中文、日文，37 cm×47 cm，1∶50000，111°30′—114°20′E/26°30′—29°40′N

Harvard Map Collection | MAP-LC | G7823. H7 s50. J3，Hollis Number：013654591

0619 *Hunan 1∶50000*［湖南省五万分一图］

1944—1945年，美国陆军制图局（U. S. Army Map Service）

民国参谋本部陆地测量总局、军令部第四厅、军令部湖南省陆地测量局于民国八至二十七年（1919—1938）测图，美军1944—1945年间复制。按经差15′、纬差10′分幅绘制。详细绘制地形地貌、植被类型、河湖水深，标注了村镇、县界、公路、铁路、政府、学校、医院、教堂、寺庙、工厂、电厂、矿产等要素。空间范围主要为湖南东北部（长沙以东、耒阳以北的湖南），未覆盖湖南全省。

38图，黑白，中文，51 cm×61 cm，1∶50000

Harvard Map Collection | MAP-LC | G7823. H7 s50. U5，Hollis Number：013654369

0620 *Changsha*［长沙］

1945年第1版，美国陆军制图局（U. S. Army Map Service）

美军绘制的百万分之一东亚地图系列之一，是长沙以北洞庭湖和江汉平原一带以及湘西和鄂西山地地带的分层设色地形图，而非长沙城市地图。绘制了该区域的地

形、河流、城镇、铁路、公路、电报线、矿产等要素。

1 图，彩色，英文，66 cm×71 cm，1∶1000000，108°—112°E/28°—32°N

Botany Arnold (Cambr.) | MapCase 51，Hollis Number：014704638

华南地区

0621 *South China Sea*［南海］

1940—1942 年，日本海军省水路部

此为日本海军省绘制的南海周边地区军用图，馆藏 3 幅：

(1)《"南支那海"北部》，南海北部及其周边地区，包括中国南部沿海、中南半岛、菲律宾群岛等，77 cm×108 cm，1∶2000000，103°30′—125°00′E/ 9°40′—23°45′N；

(2)《"南支那海"南部》，南海南部及其周边地区，包括中南半岛、马来半岛、加里曼丹岛等，77 cm×108 cm，1∶2000000，99°00′—120°20′E/1°00′—13°45′N；

(3)《台湾至バラオ诸岛》，台湾岛及东南海域，包括菲律宾群岛、帕劳群岛等，108 cm×77 cm，1∶2500000，118°00′—136°30′E/3°00′—28°30′N

底图为分层设色地形图，详细标注陆上和水上飞机场位置，并区分了海军机场、陆军机场和公共机场等不同类型。同时，标注了该海域内的灯塔、无线电站、军港要塞等。

3 图，彩色，日文

Harvard Map Collection | MAP-LC | G9237.S6P6 s2000. J3，Hollis Number：014502375

0622［广东二万五千分一图］

民国元年至三年(1912—1914)，广东陆军测量局

广东珠江口地区军用等高线地形图。按经差 10′、纬差 7.5′分幅绘制。多为黑底白线图，绘制地形地貌、河流湖泊、城镇村庄、寺庙祠堂、学校医院、交通线路、作物植被等要素。部分图添加有英文地名标注。

原藏于美国陆军制图局。

86 图，黑白，中文、英文，45 cm×58 cm，1∶25000，113°—114°E/22°—23°N

Harvard Map Collection | MAP-LC | G7823.G8 s25. G8，Hollis Number：013589437

0623 [广东省五万分一图]

民国六至十六年(1917—1927),广东陆军测量局

广东省军用等高线地形图,按经差7′、纬差5′分幅绘制。详细绘制地形地貌、河流湖泊、城镇村庄、植被类型等要素,由于比例尺较大,广州城内结构清晰可见。

原藏于美国陆军制图局。

5图,黑白,中文,36 cm×46 cm,1∶25000,113°00′—114°00′E/22°50′—23°15′N

Harvard Map Collection | MAP-LC | G7823.G8 s25.G81, Hollis Number: 013602097

0624 [广东省五万分一图]

民国二十至三十四年(1931—1945),军事委员会军令部陆地测量总局

广东省军用等高线地形图。按经差15′、纬差10′分幅绘制。详细绘制地形地貌、河流湖泊、地表植被、城镇村庄、交通路线等。

479图,黑白,中文,36 cm×46 cm,1∶50000,107°25′—117°20′E/18°00′—25°30′N

Harvard Map Collection | MAP-LC | G7823.G8 s50.C4, Hollis Number: 013602122

0625 广东香港明细地图·汉口南昌明细地图

1938年3月1日,(日)渊田忠良,日本东京:大日本雄辩会讲谈社

正面为《广东香港明细地图》,以珠三角为中心的行政图,包括香港,绘制了铁路、公路、河网和航空线,标注了县治及部分乡镇地名。

附插图3幅:《汕头附近》为粤东地区行政区划图;《广东》为广州城地形简图;《香港》为维多利亚港两岸等高线地形图。

背面为《汉口南昌明细地图》,西起洞庭湖,东至太湖西侧,南抵湘潭、抚州一线,北达南京、信阳一带,以长江中游汉口—南昌—南京为中心,包括洞庭湖、鄱阳湖、巢湖等。绘制了该区域较为详细的村镇地名和交通线。

背面的汉口图较广东图详细,应与此时日军正大举进攻武汉的战争局势密切相关。

2图,黑蓝两色,日文,39.5 cm×54.5 cm,1∶820000和1∶1500000

Harvard Yenching Library | Manchuguo J-0886, Hollis Number: 014636952

0626 [中国广东省]

1938—1947年,广东省陆地测量局、日本参谋本部陆地测量部、波集团参谋部、

“支那”派遣军参谋部

广东省军用等高线地形图。按经差15′、纬差10′分幅绘制。详细绘制地形地貌、河流湖泊、地表植被、城镇村庄、交通线路等要素。该系列图原由民国广东省陆地测量局测绘，后被日军翻印。原图703幅，馆藏其中320幅，主要为粤东、粤北、粤西等地，广东中部及海南岛的图幅较少。

二战后为美军缴获，原藏于美国陆军制图局。

320图，黑白，中文，36 cm×46 cm，1∶50000，107°30′—119°20′E/18°05′—25°30′N

Harvard Map Collection ｜ MAP-LC ｜ G7823.G8 s50.J3，Hollis Number：013611421

0627 民国制广东省二五万分一图

1943年，日本参谋本部陆地测量部

该系列图原为民国政府测绘的广东全省军用等高线地形图，后被日军获取后翻印而成。按经差6.5′、纬差5′分幅绘制。标绘地形地貌、河流湖泊、城镇村庄、交通路线等要素。馆藏其中4幅，为珠江口南岸香山县、中山县一带。

4图，黑白，中文，36 cm×46 cm，1∶25000，113°10′—113°25′E/22°10′—22°40′N

Harvard Map Collection ｜ MAP-LC ｜ G7823.G8 s25.J3，Hollis Number：013607338

0628 *Kwangtung*［广东］

1944年，美国陆军制图局（U.S. Army Map Service）

广东省军用等高线地形图。此系列地图原由中华民国军事委员会军令部陆地测量总局和广东陆地测量局于民国十六至二十六年（1927—1937）测图，民国二十一至二十八年（1932—1939）间陆续制版，后由美国陆军制图局于1944年复制，仅在地图周围添加了英文说明，地图主体部分并未转绘或改动，仍为中文，基本保持民国陆军测绘图的原貌。

内容上，该图绘制了严密的等高线、地形地貌（沙地、湿地、泥地、湖泊、流沙）、道路交通（公路、铁路、机场）、军事设施（军营、军港、炮台）、航运设施（商业港口、航道、渡口、灯塔、浮标）、地表植被（水田、茶、竹、林地、荒地、草地）、各类衙署（政府、警察局、监狱、法院）、公共机构（学校、医院、邮局）、宗教场所（教堂、寺庙、文庙、祠堂）等。

211图，黑白，中文、英文，51 cm×61 cm，1∶50000

Harvard Map Collection ｜ MAP-LC ｜ G7823.G8 s50.C41，Hollis Number：013616028

0629 *Kwangtung 1 ∶ 50000*[广东]

1945 年 2 版,美国陆军制图局(U. S. Army Map Service)

粤东地区五万分之一军用等高线地形图。该系列地图基于 1937—1939 年中央土地测量局(Central Land Survey)广东省 1∶50000 地图重绘,按经差 15′、纬差 10′分幅绘制。详细标注了村镇地名,绘制了县界、交通线路、等高线、植被等。

52 图,彩色,英文,50.8 cm×56.5 cm,1∶50000

Harvard Map Collection | MAP-LC | G7823. G8 s50. U6, Hollis Number: 013616248

0630 *Canton* [广州]

1945 年 2 版,美国陆军制图局(U. S. Army Map Service)

美军绘制的百万分之一东亚地图系列之一,为广州以西、南宁以东的两广地区分层设色地形图,并非广州的城市地图。绘制地形、河流、城镇、铁路、公路、电报线、邮局、矿产等要素。

1 图,彩色,英文,66 cm×81 cm,1∶1000000,108°—114°E/20°—24°N

Botany Arnold (Cambr.) | MapCase 51,Hollis Number:014704278

0631 *Sketch Plan of Nan-Hsiung*[南雄简图]

1945 年 12 月 29 日,美国国务院临时研究情报部(United States. Department of State. Interim Research and Intelligence Service),美国华盛顿:美国陆军部战略情报组(Washington, D. C.: War Department. Strategic Services Unit)

广东南雄简图,标绘城镇轮廓、街道、邮局、教堂和学校等,信息简略。

1 图,黑白,英文,27.2 cm×17.4 cm,1∶20000

Harvard Map Collection | MAP-LC | G7824.N372 1945. U5,Hollis Number: 013159056

0632 *Sketch Plan of Ch'ao-Yang*[潮阳简图]

1945 年 12 月 29 日,美国国务院临时研究情报部(United States. Department of State. Interim Research and Intelligence Service),美国华盛顿:美国陆军部战略情报组(Washington, D. C.: War Department. Strategic Services Unit)

广东潮阳简图,标绘城镇轮廓、街道和河流等,信息简略。

1 图,黑白,英文,32.3 cm×19.8 cm,1∶20000

Harvard Map Collection | MAP-LC | G7824.C447 1945. U5,Hollis Number: 012748616

0633 *Sketch Plan of Nan-Hai*[南海简图]

1945 年 12 月 29 日,美国国务院临时研究情报部(United States. Department of State. Interim Research and Intelligence Service),美国华盛顿:美国陆军部战略情报组(Washington, D. C.: War Department. Strategic Services Unit)

广东南海县简图,标绘城镇轮廓、街道和铁路等,信息简略。

1 图,黑白,英文,27 cm×17 cm,1∶33400

Harvard Map Collection | MAP-LC | G7824.N28 1945. U5,Hollis Number: 013169033

0634 *Sketch Plan of San-Shui*[三水简图]

1945 年 12 月 29 日,美国国务院临时研究情报部(United States. Department of State. Interim Research and Intelligence Service),美国华盛顿:美国陆军部战略情报组(Washington, D. C.: War Department. Strategic Services Unit)

广东三水略图,标绘城市轮廓、主要街道和火车站,信息简略。

1 图,黑白,英文,27.2 cm×17.4 cm,1∶20000

Harvard Map Collection | MAP-LC | G7824.S135 1945. U5,Hollis Number: 012744007

0635 *Sketch Plan of Chiang-Men*[江门简图]

1945 年 12 月 29 日,美国国务院临时研究情报部(United States. Department of State. Interim Research and Intelligence Service),美国华盛顿:美国陆军部战略情报组(Washington, D. C.: War Department. Strategic Services Unit)

广东江门简图,标绘城镇轮廓、街道和铁路等,信息简略。

1 图,黑白,英文,27.2 cm×17.4 cm,1∶20000

Harvard Map Collection | MAP-LC | G7824.J48 1945. U5,Hollis Number: 013159068

0636 *Sketch Plan of Hsin-Hui*[新会简图]

1945 年 12 月 29 日,美国国务院临时研究情报部(United States. Department of State. Interim Research and Intelligence Service),美国华盛顿:美国陆军部战略情报组(Washington, D. C.: War Department. Strategic Services Unit)

广东新会简图,标绘城镇轮廓、街道和河流等,信息简略。

1 图,黑白,英文,27.2 cm×17.4 cm,1∶20000

Harvard Map Collection | MAP-LC | G7824.X595 1945. U5,Hollis Number: 013169082

0637 *Sketch Plan of T'ai Shan (Sun-ing and T'ai Shan)*[台山简图]

1945年12月29日,美国国务院临时研究情报部(United States. Department of State. Interim Research and Intelligence Service),美国华盛顿:美国陆军部战略情报组(Washington, D. C.: War Department. Strategic Services Unit)

广东台山略图,标绘城市轮廓和主要街道,信息简略。

1图,黑白,英文,30 cm×30 cm,1:60000

Harvard Map Collection | MAP-LC | G7824.T25 1945. U5,Hollis Number: 012755152

0638 *Sketch Plan of Hsi-Ying (Ft. Bayard)*[西营简图]

1945年12月29日,美国国务院临时研究情报部(United States. Department of State. Interim Research and Intelligence Service),美国华盛顿:美国陆军部战略情报组(Washington, D. C.: War Department. Strategic Services Unit)

广东湛江略图,标绘城市轮廓、主要街道和医院,信息简略。

1图,黑白,英文,27.2 cm×17.4 cm,1:20000

Harvard Map Collection | MAP-LC | G7824.Z43 1945. U5,Hollis Number: 013169310

0639 *Sketch Plan of Mei-Hsien*[梅县简图]

1945年12月29日,美国国务院临时研究情报部(United States. Department of State. Interim Research and Intelligence Service),美国华盛顿:美国陆军部战略情报组(Washington, D. C.: War Department. Strategic Services Unit)

广东梅县简图,标绘城镇轮廓、街道和学校等,信息简略。

1图,黑白,英文,27.2 cm×17.4 cm,1:20000

Harvard Map Collection | MAP-LC | G7824.M33 1945. U5,Hollis Number: 013169038

0640 *Sketch Plan of Shih-Ch'i & Hsiang-Shan*[石岐—香山简图]

1945年12月29日,美国国务院临时研究情报部(United States. Department of State. Interim Research and Intelligence Service),美国华盛顿:美国陆军部战略情报组(Washington, D. C.: War Department. Strategic Services Unit)

广东石岐—香山县简图,标绘城镇轮廓、街道和河流等,信息简略。香山县于1925年改名为中山县,故该图信息应是1925年之前。

1图,黑白,英文,27 cm×17 cm,1∶21500

Harvard Map Collection | MAP-LC | G7824.Z7 1945. U5, Hollis Number: 013168988

0641 *Sketch Plan of Chieh-Yang*[揭阳简图]

1945年12月29日,美国国务院临时研究情报部(United States. Department of State. Interim Research and Intelligence Service),美国华盛顿:美国陆军部战略情报组(Washington, D.C.: War Department. Strategic Services Unit)

广东揭阳简图,标绘城镇轮廓、街道和河流等,信息简略。

1图,黑白,英文,27.2 cm×17.4 cm,1∶20000

Harvard Map Collection | MAP-LC | G7824.J517 1945. U5, Hollis Number: 013159061

0642 *Chieh-yang*[揭阳]

1946年,美国陆军制图局(U. S. Army Map Service)

美军绘制的广东揭阳地形图,包括城市布局、河流、道路及周边土地类型等要素。

1图,彩色,英文、中文,45.5 cm×45.5 cm,1∶12500,116°20′—116°21′E/23°32′—23°34′N

Harvard Map Collection | MAP-LC | G7824.J517 1946. U5, Hollis Number: 013159045

0643 *Kwangtung Province, 1∶25000*[广东二万五千分一图(惠阳、海丰)]

1947年,广东陆军测量局,日本东京:金谷印刷株式会社(Tokyo: Kanaya Printing Co., Ltd)

这批军事地图原为广东陆军测量局于民国三年(1914)测绘、民国四年(1915)制版,后被日军获取。二战结束后,经日本金谷印刷株式会社于1947年6月复制后,入藏美国陆军制图局。

该图用细密的等高线绘制了广东省惠阳县和海丰县局部地形,包括河流、湖泊、植被、城镇、村庄、交通线等要素。

4图,黑白,中文,51 cm×57 cm,1∶25000

Harvard Map Collection | MAP-LC | G7823.G8 s25. G82, Hollis Number: 013615918

0644 广西沿边各营驻防中越交界对汛法屯距界远近图

民国二十三年(1934),广西省官制,北平:故宫博物院

中法战争时期中越边境军事形势图。原存军机处,后由故宫博物院于1934年整理出版。该图绘制了东起广东防城县,西至云南广南府土富州约一千七百余里的中越边境。采用传统山水画的方式,绘制了中越边界上清军各营驻防、炮台(大炮台34座、中炮台48座)、碉堡(81座)、法军驻防、边界线、道路、河流、石山、土山等,并标注法军驻军里程等,是研究中法战争的重要史料。

1图,影印本、卷轴装,中文,52 cm×668 cm

Harvard Yenching Library | Offsite Storage (HD) | 3104 3019,Hollis Number:012117430

0645 *Kwangsi 1:50000*[广西五万分一图]

1945年,美国陆军制图局(U. S. Army Map Service)

广西五万分之一军用等高线地形图。此系列地图原由中华民国军事委员会军令部陆地测量总局、第四厅和广西省陆地测量局于民国二十七至三十一年(1938—1942)测图,民国二十八至三十三年(1939—1944)间陆续制版,后由美国陆军制图局于1944年间复印第一版,1945年印第二版,仅在地图周围添加了英文说明,地图主体部分并未转绘或改动,仍为中文,保持民国陆军测绘图的原貌。按经差15′、纬差10′分幅绘制。部分用晕渲法绘制地形。

内容上,该图绘制了严密的等高线、地形地貌(沙地、湿地、泥地、湖泊、流沙)、道路交通(公路、铁路、机场)、军事设施(军营、军港、炮台)、航运设施(商业港口、航道、渡口、灯塔、浮标)、地表植被(水田、茶、竹、林地、荒地、草地)、各类衙署(政府、警察局、监狱、法院)、公共机构(学校、医院、邮局)、宗教场所(教堂、寺庙、文庙、祠堂)等。

89图,黑白,中文、英文,50 cm×57 cm,1:50000

Harvard Map Collection | MAP-LC | G7823.G85 s50. C5,Hollis Number:013615992

0646 *Kweilin*[桂林]

1944年,美国陆军制图局(U. S. Army Map Service)

美军绘制的百万分之一亚洲地图系列之一。为柳州—桂林—衡阳一带的分层设色地形图,并非桂林的城市地图。绘制山地、河流、城镇、铁路、公路、邮局、电报线等要素,城镇按重要性划分为5个等级。

1图,彩色,英文,66 cm×71 cm,1:1000000,102°—108°E/24°—28°N

Botany Arnold (Cambr.) | MapCase 51, Hollis Number: 014704455

0647 *Hainan Island*[海南岛]

约 1935 年，民国参谋本部陆地测量总局

海南岛军用等高线地形地图，一县一图，标注道路、村庄、城镇、黎界等要素。

1943—1944 年间入藏美国陆军制图局。

12 图，黑白，中文，46 cm×62 cm，1∶190000，108°30′—110°50′E/18°20′—20°10′N

Harvard Map Collection | MAP-LC | G7823. H25 s190. H3, Hollis Number: 013626704

0648 海南岛全图

约 1939—1945 年，(日)日窒电气公司调查部

海南岛等高线地形图，按经差 1°、纬差 40′分幅绘制。详细绘制地形地貌、河流湖泊、地表植被、城镇村庄、交通路线、县界等，几乎与同时期日本军方测绘的军用地图无异。该图绘制与日窒电气在二战期间在海南岛拓展水电业务有关。原图 11 幅，馆藏其中 9 幅。

9 图，黑白，中文，45 cm×57 cm，1∶200000，109°—111°E/18°—20°N

Harvard Yenching Library | Offsite Storage | MLC-C, Hollis Number: 011942273

0649 *Hainan Island*[海南岛]

1944 年，民国军事委员会陆地测量总局原测，美国陆军制图局(U. S. Army Map Service)改绘

海南岛军用等高线地形图，按经差 30′、纬差 15′分幅绘制，包括地形、植被类型、交通线路、城镇聚落等要素。

10 图，黑白，英文，37.2 cm×57.4 cm，1∶100000

Harvard Map Collection | MAP-LC | G7823. H25 s100. U6, Hollis Number: 013630459

0650 *Hainan*[海南]

1945 年，美国陆军制图局(U. S. Army Map Service)

美军绘制的百万分之一东亚地图系列之一。海南岛及附近海域分层设色地形图。绘制地形、河流、城镇、铁路、公路、电报线、邮局、矿产、近海等深线和岛礁等要素。

1 图，彩色，英文，66 cm×76 cm，1∶1000000，108°—114°E/16°—20°N

Botany Arnold (Cambr.) | MapCase 51, Hollis Number: 014704263

0651 *Sketch Plan of Pei-Hai* [北海简图]

1945 年 12 月 29 日，美国国务院临时研究情报部(United States. Department of State. Interim Research and Intelligence Service)，美国华盛顿：美国陆军部战略情报组(Washington, D. C.: War Department. Strategic Services Unit)

北部湾北海略图，仅标绘城市轮廓和主要街道，信息简略。

1 图，黑白，英文，29.8 cm×22.2 cm，1∶21500，109°06′E/21°29′N

Harvard Map Collection | MAP-LC | G7824.B385 1945. U5, Hollis Number: 014100154

0652 *Sketch Plan of Chia-Chi* (*Kachek*)[嘉积镇简图]

1945 年 12 月 29 日，美国国务院临时研究情报部(United States. Department of State. Interim Research and Intelligence Service)，美国华盛顿：美国陆军部战略情报组(Washington, D.C.: War Department. Strategic Services Unit)

海南琼海嘉积镇略图，标绘城镇轮廓、街道和学校，信息简略。

1 图，黑白，英文，27.2 cm×17.4 cm，1∶20000

Harvard Map Collection | MAP-LC | G7824.J5142 1945. U5, Hollis Number: 012748568

0653 *Hong Kong*[香港]

1945 年第 2 版，英国陆军部参谋总部地理处(Great Britain. War Office. General Staff. Geographical Section)，美国陆军制图局(U. S. Army Map Service)

香港军事地形图。分为南北 2 幅，北幅题为 *Hong Kong and New Territory*，包括香港岛、新界、大屿山及附近海湾；南幅题为 *Hong Kong and Lema Islands*，包括香港岛、大屿山和南端担杆列岛及附近海域。绘制了细密的等高线，标注交通线路、山峰、河流、海岛、水深等要素。

2 图，彩色，英文，76.3 cm×106.5 cm，1∶80000，113°50′—114°30′E/21°55′—22°35′N

Harvard Map Collection | MAP-LC | G7823.H45 1945. G7, Hollis Number: 013126259

0654 *Hong Kong* [香港]

1945 年第 5 版,美国陆军制图局(U. S. Army Map Service)

美军绘制的百万分之一东亚地图系列之一,是香港、粤东和南海地区的分层设色地形图,非香港城市地图。绘制了该区域的地形、河流、城镇、铁路、公路、电报线、邮局、矿产等要素。

1 图,彩色,英文,65.6 cm×81.0 cm,1∶1000000,114°—120°E/20°—24°N

Botany Arnold (Cambr.) | MapCase 51,Hollis Number:014704291

西南地区

0655 *K'un-Ming*, *Yunnan*, *China to Chabua*, *Assam*, *India*[昆明至印度阿萨姆邦恰布阿镇航空路线]

1944 年 4 月,美国国家大地测量局(U. S. Coast and Geodetic Survey),美国华盛顿:美国陆军航空军(Washington, D. C.: U. S. Army Air Force)

美军绘制的西南地区军用航空地图。云南昆明至印度东北部的阿萨姆邦(Assam)的恰布阿镇(Chabua)间的航空线路。底图为这一区域的等高线分层设色地形图。地形信息时间为 1943 年,航空线路信息时间为 1944 年 3 月。使用兰伯特圆锥投影法。

1 图,彩色,英文,53 cm×104 cm,1∶1000000,94°—104°E/23°—29°N

Harvard Map Collection | MAP-LC | G7823. Y8P6 1944. U5,Hollis Number:013364247

0656 *Upper Mekong* [湄公河上游]

1945 年第 5 版,美国陆军制图局(U. S. Army Map Service)

美军绘制的百万分之一东亚地图系列之一。湄公河上游地区的分层设色地形图。绘制了该区域的地形、河流、城镇、铁路、公路、电报线、邮局、矿产等要素。

1 图,彩色,英文,66.0 cm×81.2 cm,1∶1000000,96°—102°E/28°—32°N

Botany Arnold (Cambr.) | MapCase 51,Hollis Number:014704564

0657 缅北行:缅战是怎样打胜的(附各次重要战役略图)

1945 年 3 月,(美)裴克(Graham Peck)著、陈翰伯译、金端苓制图,重庆:美国新闻处这本小册子纪录了中国远征军在1943—1944年前后在缅北与日军作战的情况，后附10幅这一时期中、美、英和日本战争形势略图。

10图，黑白，中文，12.5 cm×10.0 cm

Harvard Yenching Library | Offsite Storage (HD) | 2349 1341，Hollis Number：004931301

0658 *China 1 : 500000*［川滇交界地区五十万分一图］

1946—1947年，(美)J. F. 洛克(J. F. Rock)，美国陆军制图局(U. S. Army Map Service)

川滇交界金沙江附近的4幅地图，分别为I. Te-Ch'in(德钦)、II. Wei-Hsi(维西)、III. Li-Chiang(丽江)和IV. Yen-Yüan(盐源)。绘制了该地区城市、村镇、交通线路、河流，晕滃法绘制少数山峰。

该图于1945年绘制，依据是1923、1928、1930年的实地测绘以及英国军官亨利·鲁道夫·戴维斯(H. R. Davies)1895年的调查和奥地利植物学家韩马迪(H. Handel-Mazzetti)于1914—1916年间的调查。

4图，彩色，英文，55.4 cm×44.5 cm，1∶500000，98°—102°E/26°30′—29°30′N

Harvard Map Collection | MAP-LC | G7820 1946. U5，Hollis Number：009834903

0659 *Chunking*［重庆］

1945年第1版，美国陆军制图局(U. S. Army Map Service)

美军绘制的百万分之一东亚地图系列之一，为重庆—成都一带的四川盆地及周边地区的分层设色地形图，非重庆城市地图。绘制了该区域的地形、河流、城镇、铁路、公路、电报线、矿产等要素。

1图，彩色，英文，66.0 cm×81.2 cm，1∶1000000，102°—108°E/28°—32°N

Botany Arnold (Cambr.) | MapCase 51，Hollis Number：014704577

0660［中国四川二万五千分之一地图］

民国二至四年(1913—1915)，民国参谋本部制图局、四川陆地测量局、四川陆军测量局

四川省军用等高线地形图，馆藏图幅主要集中于成都附近。按经差7.5′、纬差5′分幅绘制。标绘地形地貌、河流湖泊、城镇村庄、寺庙祠堂、学校医院、交通线路、作物植被等要素。部分图为民国二十一年(1932)复制。

值得注意的是，民国时期这类大比例尺军用地图除了对地形、居民点、道路、植被

的要素测绘精细外，对寺庙、道观、祠堂等宗教、宗族活动场所的标绘也十分详细，如本条目下《周家场》一图，在约30平方公里的范围内，标注了17座寺庙，还有若干标记寺庙符号而未知名的寺庙，通过拼合相关地图，提取寺庙信息，理论上可以借此复原民国初年全国寺庙分布状况，获得全面的寺庙名录和地理位置数据。

17图，黑白，中文，45 cm×55 cm，1∶25000，103°85′—104°65′E/30°20′—31°00′N

Harvard Map Collection | MAP-LC | G7823.S55 s25. C41，Hollis Number：013708527

0661［四川省］

民国十八至三十年(1929—1941)，民国参谋本部四川省陆地测量局、军事委员会军令部四川省陆地测量局

四川省军用等高线地形图，空间范围大致为今四川省东部和重庆，标注村镇及以上地名，绘制河流、交通线路、耕地等。

原藏于美国陆军制图局。

103图，黑白，中文，51.3 cm×59.6 cm，1∶100000

Harvard Map Collection | MAP-LC | G7823.S55 s100. C4，Hollis Number：013708156

0662［四川省］

民国二十二至三十年(1933—1941)，民国参谋本部陆地测量总局、军事委员会军令部陆地测量总局

四川省军用等高线地形图，侧重于地形和地名的标注，包括地形地貌、河流湖泊、植被类型、城镇村庄、道路交通等，并绘有县界。

原藏于美国陆军制图局。

304图，黑白，部分彩色，中文，40 cm×50 cm，1∶100000，101°—110°E/26°—33°N

Harvard Map Collection | MAP-LC | G7823.S55 s100. C41，Hollis Number：013713228

0663［中国四川四十万分之一地图］

民国二十四年(1935)，民国军事委员会军令部四川省陆地测量局驻渝办事处

四川成都平原交通路线图。绘制了区域内的县界，标注乡镇及以上地名，并用红色直线表示城镇之间的道路，绘有河流，但无山地。

4图，彩色，中文，45.3 cm×54.3 cm，1∶400000，102°30′—106°00′E/28°00′—31°

30′N

Harvard Map Collection | MAP-LC | G7823.S55 s400.C4,Hollis Number:013708275

0664［四川省］

民国二十七至三十年(1938—1941),民国军事委员会军令部四川省陆地测量局

四川军用等高线地形图,馆藏部分主要集中于三峡一带,包括奉节、巫溪、巫山、云阳等地。标绘地形、城镇、村庄、小道、寺庙、植被、隘口等。

59图,黑白,中文,44.5 cm×53.5 cm,1∶25000,108°—110°E/30°—32°N

Harvard Map Collection | MAP-LC | G7823.S55 s25.C42,Hollis Number:013716943

0665［四川省—甘肃省—陕西省］

民国二十七至三十四年(1938—1945),民国军事委员会军令部四川省陆地测量局

汉中至广元川、陕、甘交界地带军用等高线地形图,按经差7.5′、纬差5′分幅绘制。绘有地形地貌、河流湖泊、地表植被、城镇村庄、交通路线等要素。

137图,黑白,中文,36 cm×46 cm,1∶25000,105°30′—107°45′E/32°00′—33°05′N

Harvard Map Collection | MAP-LC | G7823.S55 s25.C4,Hollis Number:013696870

0666 贵州省五十万分一图:兵要地志图

1941年6月,日本参谋本部陆地测量部

贵州军用等高线地形图,主要用于行军作战目的,突出绘制了交通线和河道,并标注各路线的通行情况及注意事项。

二战后为美军缴获,原藏于美国陆军制图局。

1图,彩色,日文,78.0 cm×107.5 cm,1∶500000,105°—110°E/25°—29°N

Harvard Map Collection | MAP-LC | G7823.G9 1941.J3,Hollis Number:013402676

0667 平滇战略图

约1915年,民国参谋本部办事员卢彤

内有6图,分别为:(1)《云南全省之形势》,为云南道级行政区划图,绘制山脉、河流、交通线、商埠、关隘等;(2)《云南关于各省之形势》,为云南在西南地区的相对位置

图;(3)《云南关于全国之形势》,为全国省级行政区划图,示意云南在全国的地理方位;(4)《清世祖三道平云南》,为康熙平定三藩图,绘制从成都、长沙、南宁三路进军昆明的路线;(5)《岑杨两路平云南》,为咸同年间岑毓英平定云南回变图,但该图仅绘制云南道级政区,并未见进军路线;(6)《现时平滇之战略》,1915 年 12 月 25 日蔡锷、唐继尧发动反对袁世凯的护国运动,图中北洋政府参谋本部提出征讨护国军的三条进军路线,认为上策是从武昌溯江而上,从宜宾经昭通进入昆明;中策是从西安经成都、宜宾、昭通进入昆明;下策是从西安向西绕至兰州经大小金川至大理后再进入昆明。

6 图,彩色,中文,26.5 cm×35.0 cm,1∶4000000, 97°—107°E/22°—29°N

Harvard Yenching Library | Offsite Storage (HD) | 3105 1366, Hollis Number:009205088

0668 [云南省五万分一图]

民国六年(1917)至 1952 年,民国军事委员会军令部陆地测量总局、军事委员会军令部第四厅、军事委员会云南陆地测量局、联合勤务总司令部测量处、云南省陆地测量局、云南省陆军测量局

云南省军用等高线地形图。按经差 15′、纬差 10′分幅绘制。详细绘制地形地貌、河流湖泊、地表植被、城镇村庄、交通路线等。馆藏部分主要涉及云南西北部、东北部和东南部。

482 图,黑白,中文,38 cm×46 cm,1∶50000,99°10′—105°30′E/22°40′—28°30′N

Harvard Map Collection | MAP-LC | G7823. Y8 s50. C4, Hollis Number: 013717013

0669 民国制云南省十万分一图

1940—1943 年,日本参谋本部陆地测量部

原为民国政府测绘的云南十万分之一军用等高线地形图,日军获取后,于昭和十五至十八年间复制发行(大部分发行于昭和十五年),因而地图标注为中文,周边标注为日文。按经差 30′、纬差 15′,分 300 多幅绘制云南地形,标注河湖、道路、村镇、植被等要素。

二战后为美军缴获,原藏于美国陆军制图局。

137 图,黑白,中文、日文,38.0 cm×58.5 cm,1∶100000

Harvard Map Collection | MAP-LC | G7823. Y8 s100. J3, Hollis Number: 013713402

0670［云南省五万分一图］

1943—1944年，民国军事委员会军令部陆地测量总局原测、日本波集团司令部写真印刷班、南方军写真印刷班、冈第一三七一部队、冈第一六〇一部队等改绘

云南省军用等高线地形图。原图为民国军事委员会陆地测量总局测绘，后被日军获取翻印。按经差15′、纬差10′分幅绘制。详细绘制地形地貌、河流湖泊、地表植被、城镇村庄、交通路线等要素。馆藏120幅，主要集中于云南东南部。

二战后为美军缴获，原藏于美国陆军制图局。

120图，黑白，中文，40 cm×52 cm，1∶50000，98°35′－106°10′E/21°50′－26°50′N

Harvard Map Collection ｜ MAP-LC ｜ G7823.Y8 s50.C41，Hollis Number：013718382

0671 *Kunming*（*Yunnan*）［昆明］

1944年，美国陆军制图局（U. S. Army Map Service）

美军绘制的百万分之一亚洲地图系列之一。为昆明至贵阳一带的分层设色地形图，非昆明城市地图。绘制山地、河流、城镇、铁路、公路、邮局、电报线、输电线等要素，城镇按重要性划分为5个等级。

1图，彩色，英文，66 cm×76 cm，1∶1000000，102°－108°E/24°－28°N

Botany Arnold（Cambr.）｜ MapCase 51，Hollis Number：014704339

0672 *Tali*［大理］

1945年第4版，美国陆军制图局（U. S. Army Map Service）

美军绘制的百万分之一东亚地图系列之一，是以大理为中心的滇西地区的分层设色地形图，非大理城市地图。绘制了该区域的地形、河流、城镇、铁路、公路、电报线、邮局、矿产等要素。

1图，彩色，英文，66 cm×81 cm，1∶1000000，96°－102°E/24°－28°N

Botany Arnold（Cambr.）｜ MapCase 51，Hollis Number：014704324

0673 西招图略

道光二十七年(1847)，(清)松筠撰，王师道重刊

清驻藏大臣松筠在此图略中记述了治理西藏的二十八条建议，以为后来驻藏官员提供参考。内有1总图、15分图和1幅乍了地舆图，绘制西藏山川地形、城镇寺庙等。初刻于嘉庆三年(1798)，此为道光二十七年王师道重刻本，其中《乍了地舆图》为重刻时新增。

17图，墨刻本，中文，20 cm×21 cm

Harvard Yenching Library | Offsite Storage (HD) | 3079.7 4382,Hollis Number:005639338

0674 西招图略

道光二十七年(1847),(清)松筠撰,王师道重刊

此本与前图(见条目0673)出自同一刻板,但内中排版顺序有所调整。此本虫蛀严重。

17图,墨刻本,中文,20 cm×21 cm

Harvard Yenching Library | Offsite Storage (HD) | 3079.7 4382c,Hollis Number:005639339

0675 *Tibet*[西藏]

1943年3月3日,美国经济战争委员会(United States. Board of Economic Warfare),美国华盛顿:美国战略情报局(Washington D. C.: Office of Strategic Services)

西藏(未包括西康部分)边界及河湖略图,无地名标注。

1图,黑白,英文,26.6 cm×33.0 cm,1∶5500000,79°—93°E/26°—36°N

Harvard Map Collection | MAP-LC | G7823. T5 1943. U6, Hollis Number:013812503

西北地区

0676 二百五十万分一"支那"辺疆圖(其一)[中国西北边疆二百五十万分一图(其一)]

1941年8月,日本参谋本部陆地测量部

中国西北地区等高线地形图,空间范围包括陕西、甘肃、宁夏、新疆、外蒙古、青海等。标注地名、交通线路、山地、河湖、植被等要素。

1图,彩色,日文,79.0 cm×108.5 cm,1∶2500000,76°—110°E/32°—51°N

Harvard Map Collection | MAP-LC | G7822. N7 1941. J3, Hollis Number:013369808

0677 陕西四镇图说

万历四十四年(1616),(明)刘敏宽、李楠等纂

明代官修陕西边防四镇图说，前有《全陕总图》，其后为四镇总图：《固镇总图》（后附所辖44城堡图）、《延镇总图》（后附所辖36城堡图）、《宁镇总图》（后附所辖32城堡图）、《甘镇总图》（后附所辖58城堡图），总图绘制山川形势，标注各府、镇、城、堡、州、县、驿等的相对位置，四镇总图后有所辖各城堡分图，一城一堡一图，后附图说，论及各镇军力配备和防守要义等。最后为《西域图略》，为嘉峪关以西地区，绘有人物、驼马、树木等。

176图，缩微胶片，中文，30.3 cm×24.1cm

Harvard Yenching Library | Microfilm | FC4314，Hollis Number：008583096

0678 [陕西省五万分一图]

民国二十六年（1937），民国参谋本部陆地测量总局

陕西省军用等高线地形图。按经差15′、纬差10′分幅绘制，标绘地形地貌、河流湖泊、城镇村庄、窑洞、寺庙等要素。由民国参谋本部陆地测量局于1916—1917年间测绘，1937年出版。原图众多，馆藏其中7幅，主要集中于渭河流域。

原藏于美国陆军制图局。

7图，黑白，中文，47 cm×57 cm，1∶50000

Harvard Map Collection | MAP-LC | G7823. S3 s50. C4，Hollis Number：013691761

0679 “支那”五万分一圖：陕西省 [陕西省五万分一图]

1938—1941年，日本参谋本部陆地测量部

陕西省军用等高线地形图。原图为民国政府测绘，后由日军翻印。馆藏部分主要为渭河流域、关中平原一带。按经差15′、纬差10′分幅绘制。详细绘制地形地貌、河流湖泊、地表植被、城镇村庄、交通路线等，另外还标绘了窑洞。

标注“军事秘密”，二战后为美军缴获，原藏于美国陆军制图局。

110图，黑白，中文、日文，36 cm×47 cm，1∶50000，106°00′—111°00′E/33°10′—35°40′N

Harvard Map Collection | MAP-LC | G7823. S3 s50. J3，Hollis Number：013691876

0680 [西安市区图]

民国二十二至二十四年（1933—1935），民国参谋本部陆地测量总局

西安附近军用等高线地形图。绘制地形地貌、河流湖泊、植被类型、城镇村庄、道路交通、寺庙墓地等，内容详细。由于比例尺较大，西安古城内街道和格局已清晰可

见。

57 图，黑白，中文，36 cm×46 cm，1∶10000

Harvard Map Collection | MAP-LC | G7824.X52 s10. J3，Hollis Number：013514688

0681 *Ch'ang-an*［长安］

1947 年，美国陆军制图局（U. S. Army Map Service）

美军绘制的百万分之一亚洲地图系列之一。秦岭一带的等高线地形图，包括渭水流域、汾河、黄河中下游、汉江流域等地。绘制了该区域的地形、河流、城镇、铁路、公路、电报线、矿产等要素。

1 图，彩色，英文，64.8 cm×71.6 cm，1∶1000000，108°—112°E/32°—36°N

Botany Arnold (Cambr.) | MapCase 51，Hollis Number：014705677

0682 要圖(空中寫眞測量)陝西省十万分一圖：耀縣［陕西省十万分一航空测绘图：耀县］

1942 年 7 月，日本“北支那”方面军参谋部测量班

日军航空测绘的陕西耀县等高线地形图，属于陕西省十万分之一图系列之一。1942 年 6 月航拍，详细绘制了耀县周边地区及淳化县、同官县部分地区的城镇村庄、道路交通、河流湖泊、植被类型、寺庙等。标注“军事秘密”。

1 图，黑白，日文，40.0 cm×56.3 cm，1∶100000，108°30′—109°00′E/34°36′—35°12′N

Harvard Map Collection | MAP-LC | G7823.Y436 1942. J3，Hollis Number：013696983

0683 民国制甘肃省十万分一图

1939—1942 年，民国政府参谋本部陆地测量总部原制，日本参谋本部陆地测量部翻印

甘肃省军用等高线地形图，按经差 30′、纬差 15′分幅绘制。标注详细的村镇及以上地名，绘制河流、交通线路、耕地等要素。

该系列图原由民国政府参谋本部陆地测量总部于民国十一至二十五年间(1922—1936)测绘，后被日军获取后翻印而成。二战后被美军缴获，1950 年 8 月入藏美国陆军制图局。

165 图，黑白，中文、日文，46 cm×58 cm，1∶100000，98°—108°E/32°—40°N

Harvard Map Collection | MAP-LC | G7823.G3 s100. J3，Hollis Number：

013589337

0684 *T'ien-shui*[天水]

1947 年,美国陆军制图局(U. S. Army Map Service)

美军绘制的百万分之一亚洲地图系列之一,是以天水为中心的陇南地区的等高线地形图,非天水城市地图。绘制了该区域的地形、河流、城镇、铁路、公路、电报线、邮局、矿产等要素。

1 图,彩色,英文,58.3 cm×88.8 cm,1∶1000000,102°—108°E/32°—36°N

Botany Arnold (Cambr.) | MapCase 51,Hollis Number:014705668

0685 西宁等处军务纪略:图说并附

1896 年后,(清)奎顺

光绪二十一年(1895)三月,第三次河湟事变爆发,循化、西宁一带数万撒拉族、回族人起事并围攻西宁城。该图说绘制了 10 幅西宁城战斗图,记述奎顺自光绪二十二年(1896)六月初一至九月二十五日间坚守西宁城与叛军作战的经过。该图绘制了西宁城及周边地形,不同时期清军各营驻扎位置以及与叛军战斗情景。该书还汇编了清廷与前线将领之间的往来电文。

10 图,黑白,石印本,中文,27.5 cm×44.0 cm

Harvard Yenching Library | Offsite Storage (HD) | 2887 1638,Hollis Number:005359156

0686 *Sinkiang* [新疆]

1945 年,美国陆军制图局(U. S. Army Map Service)

美军绘制的新疆阿尔泰山地区地形图。用晕渲法绘制山地地形,标绘较为详细的河流、湖泊、城镇、交通线。该图依据袁复礼的地图草稿绘制。

6 图,彩色,中文、英文,56 cm×76 cm,1∶500000,82°—94°E/46°—50°N

Harvard Map Collection | MAP-LC | G7823. X6 s500. U5, Hollis Number:012525910

0687 新疆省甘肃省二十五万分一图

1943 年 2 月,日本参谋本部陆地测量部

日军根据印度测绘局(India Survey Bureau)1919 年测绘地图改编而成的新疆甘肃等高线地形图。原图应有 47 幅,馆藏其中 4 幅,分别为甘肃甘州(2 幅)、新疆哈密地区和罗布泊南面的罕贡什巴—子瓦洛地区。标绘村镇、河流、绿洲、耕地、泉井、牧

场、遗址等信息。

4 图,彩色,日文,109.5 cm×79.8 cm,1∶250000,90°—102°E/37°—44°N

Harvard Map Collection | MAP-LC | G7823. X6 s250. J3, Hollis Number: 013868760

0688 *Kul'ja*[伊犁]

1943 年,美国陆军制图局(U. S. Army Map Service)

美军绘制的百万分之一西亚(Western Asia)地图系列之一。中国新疆伊犁至阿克苏一带,包括部分与哈萨克斯坦、吉尔吉斯斯坦接壤的边境地区。以晕渲法绘制山脉地形,配有等高线,同时绘制了河流、森林、草原、沙漠、冰川、城镇、公路、电报线、矿产等要素。

1 图,彩色,英文,63.5 cm×63.5 cm,1∶1000000,78°—84°E/40°—44°N

Botany Arnold (Cambr.) | Map Case 47, Hollis Number:014693260

城市地图

华北地区

0689 *Plan de la Ville de Peking Capitale de l'Empire de la Chine, Située par les 39.d 54 m. Lat. Septr.le*[中华帝国首都北京地图,位于北纬 39°54′]

1749 年,(法)雅克·尼古拉·贝林(Jacques Nicolas Bellin),荷兰海牙:皮埃尔·德·洪特(Hague: Pierre de Hondt)

北京城市地图,简要绘制北京内外城城墙轮廓和城门,标注少数宫殿和寺庙,信息简略。城墙轮廓绘制较为准确。

此图出自(法)安东尼·普雷沃:《旅行通史》,海牙:皮埃尔·德·洪特,1747—1767,卷 7 第 39 页(Antoine François Prévost. *L'Histoire Générale des Voyages*, Hague: Pierre de Hondt, 1747—1767, v. 7, p. 39)。

1 图,黑白,法文、荷兰文,21 cm×21 cm,1∶45000,116°17′31″－116°29′39″E/39°48′55″－40°01′13″N

Harvard Map Collection | MAP-LC | G7824. B4 1749, Hollis Number: 010916389

0690 京师城内首善全图

清前期(1644—1799)

清前期北京城市图。应为民间私刻,内外城比例失调,变形较大,宫城信息简略且不准确。

1 图,墨刻本,中文,60 cm×54 cm

Harvard Yenching Library | Rare Book | T 3086/1109, Hollis Number: 008690189

0691 京师全图

清乾隆年间

北京城市地图。内容上与前图(见条目 0690)一致,皆为民间私刻,至于二者之间翻刻关系尚不确定。内外城比例失调,变形较为严重。

1 图，墨刻本，中文，120 cm×115 cm

Harvard Yenching Library | Rare Book | T 3086/1109 (1744)，Hollis Number：008690190

0692 *Chinese Plan of the City of Peking*［北京城中文地图］

1843 年，（英）T. B. 杰维斯（T. B. Jervis），英国伦敦（London）

北京内城地图。该图原由一位长期居住在北京的意大利传教士带回那不勒斯，并在那里完成翻译和注音。1842 年被英国外交官伍德拜恩·帕里什（Woodbine Parish）购买后交由杰维斯在伦敦进行石印。图上绘制了北京内城各街道胡同、宫殿、王府、衙门、寺庙、城门等，对重要地名同时标注中文、英文和罗马字母注音。

1 图，彩色，石印，中文、英文，94 cm×116 cm，1：50000

Harvard Map Collection | MAP-LC | G7824.B4 1812. J4 1843 oversize，Hollis Number：010975441

0693 北京地里全图

约 1865 年，（清）周培春画

北京城地图，绘制紫禁城、皇城、内城、外城及城门，标注皇宫、府衙、使领馆、寺庙和主要街道。虽绘制了细密的街道里弄，但基本未注名。全图内容简洁、色彩明丽、疏朗美观。

1 图，彩绘，中文，80 cm×62 cm

Harvard Map Collection | MAP-LC | G7824.B4 1865. Z5 vf，Hollis Number：011067390

0694 *Pékin*［北京］

1900 年，（法）那世宝（Albert Nachbaur）

北京城市旅游地图，法国人那世宝（1880—1933）绘制，着重用红色标注旅游景点，如紫禁城、府衙、寺庙、商业街等，未绘制普通街道和居民区。刊发于那世宝主编的法文《北京新闻》（*Journal de Pékin*）上。

1 图，彩色，法文，60 cm×48 cm，1：25000，116°18′20″—116°28′18″E/39°49′44″—39°58′52″N

Harvard Map Collection | MAP-LC | G7824.B4 1900. A4，Hollis Number：010975286

0695 *Plan de Pékin*[北京地图]

1900 年,法国陆军地理局(Service Géographique de l'Armée)

八国联军侵华时期,法军绘制的北京城市图,着重标注紫禁城、府衙、领使馆、寺庙等,图上地名标序号,地图左侧为对应的地名列表。

1 图,彩色,法文,77 cm×88 cm,1∶15000,116°16′58″—116°27′08″E/39°51′30″—39°57′29″N

Harvard Map Collection | MAP-LC | G7824.B4 1900. F7 oversize,Hollis Number:010975303

0696 *Pekino a Volo d'Uccello*[北京鸟瞰图]

约 1900 年

北京城鸟瞰图,以素描方式绘制北京城结构、宫殿、城墙、城门、房屋等,标注使馆区和少数主要地名。

1 图,黑白,意大利文,40 cm×28 cm

Widener Library ICAS0316,Hollis Number:olvwork394157

0697 京城内外首善全图

约 1900—1911 年

清末北京城市舆图,绘制北京城内宫殿、府衙、使馆、寺庙、胡同等。该图出版信息缺,鉴于 1900 年《辛丑条约》签订后,东交民巷使馆区内清政府的衙署仅保留礼部、户部、吏部和宗人府,其余悉数迁出,而在这张图上,大清门东侧仅存这三部一府,由此推测,该图应绘制于 1900 年之后。该图在街道绘制上较为粗略,使馆等信息错误较多,应是清末民间私印本。

1 图,黑白,石印本,卷轴装,中文,101 cm×55 cm

Harvard Yenching Library | Offsite Storage (HD) | 3086 0442,Hollis Number:009405714

0698 *Peking*[北京]

1903 年,普鲁士土地测绘局(Preuss Landes-Aufnahme),德国柏林:皇室制图部(Berlin: Kartographische Abteilung der Königl)

德国东亚远征军于 1900—1901 年进占北京后绘制的北京城市地图,着重标注紫禁城、府衙、领使馆、寺庙等,绘制了街道,但大多未标路名。

1 图,彩色,德文,75 cm×64 cm,1∶17500

Harvard Map Collection | MAP-LC | G7824. B4 1903. P7, Hollis Number:

009394505

0699（最新详细）帝京舆图

宣统元年(1909)，日本东京：东新社发行，北京：饷华书社寄售

详细绘制了北京城内各宫殿、府衙、寺庙、领使馆、兵营、学校、城墙、城门、街道、胡同等要素。根据图左下方弁言，此图在功能上属于游览图，“帝国京师，巷曲纷繁，非有详图何足以供指示”。而地图数据则来源于“友人自绘”，但地图绘制得如此精细，恐怕不是普通人所能做到的。地图上方两侧用红色字体印有光绪三十四年(1908)八月初一慈禧颁布的关于推行新政的懿旨。中部两侧则附有各省在京会馆地址，计有154处。

1图，彩色，中文，78 cm×55 cm

Harvard Yenching Library | Rare Book | T 3086 1109 (1908)，Hollis Number：008690191

0700 北京地图 *Map of Peking*

1914年，天津：中东石印局

北京城市地图，主要范围为内外城，也包括部分城外地区。详细绘制城内各巷道、宫殿、衙署、使馆、学校、寺庙、医院、城门等。

1图，彩色，中文，79 cm×55 cm，1∶15850

Harvard Map Collection | MAP-LC | G7824. B4 1914. B4，Hollis Number：007996964

0701 北京 *Peking*

1920年，日本东京：日本国际观光局

北京城市图，侧重于标注宫殿、王府、寺庙、军政机构、使领馆、大学、医院等，未标注普通街道名和居民区，从功能上看应为旅游图。图下方附有公共机构的名录和地图索引。

1图，彩色，中文、英文，48 cm×35 cm，116°19′—116°27′E/39°50′09″—39°58′06″N

Harvard Map Collection | MAP-LC | G7824. B4 1920. J3，Hollis Number：010975297

0702 北京四郊地图

1923年，(日)丸山幸一郎

绘制北京城以北至长城一带的山地、河流、关隘、城镇、交通线等要素。以晕滃法

绘制山脉走势。

附插图 1 幅，描绘京城西北圆明园、万寿山一带交通线。

1 图，彩色，日文、中文，39.5 cm×55.0 cm，1∶300000

Harvard Yenching Library | Offsite Storage (HD) | J 3086 1060，Hollis Number：009406762

0703 最新北京全图

民国十四年(1925)，舆地测绘处，北京：学古堂

细致标注了北洋政府时期北京城内街道格局、机构和交通线。总统府、旧王府等军政机构和衙门着红色，寺庙着黄色，使馆区着蓝色，学校着绿色，使得这四类机构在图上较为醒目。图上方为当时全国省级行政区图，上方左右附有东西半球图，图中左右两侧附有各省在京会馆名录和地址。

1 图，彩色，中文，78 cm×54 cm，1∶17500

Harvard Yenching Library | Offsite Storage (HD) | 3086 6010，Hollis Number：009406744

0704 新测实用北平都市全图

民国十九年(1930)，苏甲荣，上海：日新舆地学社

详细绘制了 1930 年北京城的主要军政机构、学校、寺庙、街道、胡同等，也反映了北京城当时的新变化，如内城新拆除的位于今东西皇城根街所在的城墙、1928 年新设立的中山堂、当时位于中海西侧的河北省政府驻地等。

附插图 5 幅：《平津保一带全图》《颐和园图》《西山名胜图》《北海公园图》和《故宫博物院图》。地图左侧列有各省在京会馆名录和地址，右侧列有在京各党政机关、邮政、医院、学校、景点、商业区等名录和地址。地图左下方附电车站名线路示意图，右侧有北平公安分区图。

1 图，彩色，中文，71.5 cm×55.0 cm，1∶13500

Harvard Yenching Library | Offsite Storage (HD) | 3086 1114.4，Hollis Number：008726711

0705 北平市最新详细全图

民国二十二年(1933)，北平：文雅社

详细绘制了北京城内各街道、胡同、市政机构、学校、寺庙、使馆等要素。相对于同类京城地图而言，对街道和胡同的标注尤为详尽。该图上方附北平各市政机构名单，左右侧附旅馆公寓名单，下方附各类学校名单。

1 图，彩色，中文，78.0 cm×54.5 cm

Harvard Yenching Library | Offsite Storage C（HD）| 3086 1106，Hollis Number：009406758

0706 最新北平详图

1937—1949 年

北京城市旅游图。底图为北京内外城，细致标绘各巷道、军政部门、学校、医院、寺庙、公园等。外城分为外五区，内城分为内七区。地图四周附有城内外游览景点简介。

1 图，彩色，中文，78.0 cm×54.5 cm，1∶8000，116°28′E/39°54′N

Harvard Map Collection | MAP-LC | G7824. B4 1930. Z8，Hollis Number：012816255

0707 最新北京全图

约 1938—1945 年，王华隆

北京城市游览图，绘制街道、宫殿、衙署、学校、寺庙、医院等，按当时内六区、外五区的格局标注和着色，地图周围附北京各景点介绍、公交路线、影院戏院等旅游相关信息。

图下附插图 4 幅：《颐和园名胜图》《颐和园形势图》《四郊名胜图》和《西郊新市街全图》，背面为故宫博物院、中南海、西郊等地的单色简图。

1 图，彩色，中文，54.5 cm×78.2 cm，1∶16000

Harvard Map Collection | MAP-LC | G7824.B4E635 1925. W36，Hollis Number：010087041

0708 京师城内河道沟渠图说

民国三十年（1941），日本兴亚院华北连络部调查所今西春秋编，北京："建设总署"

该图专门反映清代北京城内河道沟渠的分布情况，墨色绘街道，朱色描沟渠。内含 3 图：

1.《京师城内河道沟渠图》，此图原本藏于故宫博物院，原系内府舆图房地图，大致成图于光绪初年。原图要素纷繁，该图说出版时，择取其中河道沟渠部分复制而成，反映的是北京内城的沟渠分布情况，无外城情形。图幅 85 cm×78 cm。

2.《乾隆代北京河道沟渠图》，反映乾隆年间北京内外城的河道沟渠分布。图幅 54.7 cm×39.5 cm。

3.《北京市内外城清代沟渠现位置想定图》，是根据北京市工务局调查测绘的《京师市内外城沟渠形势图》以及相关调查资料绘制而成，其中也包含部分民国新成的沟渠。图幅 109 cm×79 cm。

3 图，彩色，中文

Harvard Yenching Library | 3056 1109.78，Hollis Number：005646542

0709 *Peking*[北京]

民国时期

仅勾勒北京内外城、皇城和紫禁城的城墙轮廓，皇城用蜡笔涂红，无其他信息，疑为地图底稿。

1 图，彩色，英文，88 cm×55 cm

Harvard Yenching Library | Offsite Storage (HD) | 3086 1100，Hollis Number：009406694

0710 *Astor House*：*Map of Tientsin*[利顺德酒店：天津地图]

清末民初

该图为清末民初天津城市地图的制图底片，内容包括天津算盘城、使馆区及周边郊区街道格局等，突出标注使馆区利顺德酒店(Astor House)所在位置。该图方位上为西、右为北。

1 图，黑白，英文，27 cm×37 cm，1∶25000

Harvard Map Collection | MAP-LC | G7824.T5A15 1900. A7，Hollis Number：012764605

0711 最新天津地图

民国二十一年(1932)，舆地测绘处

天津城市详图，包括天津老城、周边及租界区，对街道胡同的名称标注详细，同时标注了军政部门、使领馆、医院、邮局、寺庙、学校、银行、工厂、会馆、商铺、剧院、公园、墓地、电车等。

左下附天津城和各租界面积及户口数表。

1 幅，彩色，中文、英文，81 cm×54 cm，1∶8000

Harvard Yenching Library | Offsite Storage (HD) | 3086 6013，Hollis Number：009406772

0712 *Plan of Tientsin*[天津地图]

1945 年，英国陆军部参谋总部地理处(Great Britain. War Office. General Staff. Geographical Section)，美国陆军制图局(U. S. Army Map Service)

天津城市街道图。对城南各国使馆区的街道绘制较为细致，并绘制了各使馆区的分界线，对天津老城内的绘制简略。

1图，黑白，水域用蓝色，英文，106.5 cm×76.5 cm，1：25000，117°09′—117°14′E/39°05′—39°10′N

Harvard Map Collection | MAP-LC | G7824.T5 1945. G71，Hollis Number：013169275

0713 *North China, Hopeh Province, Wang-Tu*［河北望都图］

1945年7月18日，美国战略情报局（U. S. Office of Strategic Services）

河北省望都县城结构图，绘制了城墙、护城河、街道、城内主要公共建筑、郊区居民区、寺庙和耕地等。

1图，黑蓝，英文，29 cm×20 cm，1：5900

Harvard Map Collection | MAP-LC | G7824.W19 1945. U5，Hollis Number：013169267

东北地区

0714 盛京舆地全图

乾隆元年（1736）之后

盛京地图册，共有14幅图，分别为：《盛京城图》《大政殿图》《宫阙图》《盛京舆地全图》《奉天将军所属形势图》《奉天府形势图》《锦州府形势图》《宁古塔将军所属形势图》《黑龙江将军所属形势图》《长白山图》《医巫闾山图》《北镇庙图》《千山图》及《万寿亭图》，所绘之图为盛京山川形势、宫阙楼台等。封面题“柴野栗山藏”。

该图册绘者和时间不详，查其内容与吕耀曾等编修的四十八卷乾隆《盛京通志》（咸丰二年〔1852〕刻板重修）前所载地图一致，应是据此转绘而来，在转绘过程中，将部分字体改为日文汉字或遗漏，如通志图上用“廟”，而该图简写成“庙”；通志上“關”字，该图写为“関”；《千山图》上的“炼魔石”漏写为“魔石”等。

14图，黑白，钞本，经折装，中文，26 cm×33 cm

Harvard Yenching Library | Rare Book | T 3083/5109，Hollis Number：008972417

0715 奉天案内特別地圖［奉天指南专门地图］

1922 年，（日）福田英雄，奉天：山阳堂书店

奉天（沈阳）西侧奉天站附近新城的街道图，详细标注了商店、公司、学校、邮局、警署、军营、寺庙、墓地等。图背为奉天各类军政机构和商业机构名称列表。

1 幅，黑白，日文，55 cm×79 cm，1∶6000

Harvard Yenching Library | Manchuguo J-0806，Hollis Number：014621972

0716 最新奉天市街图

1925 年，（日）滨井松之助，奉天：大阪屋号书店

正面为《最新奉天市街图》，详细绘制奉天（沈阳）各街道，标注衙署、学校、医院、寺庙、墓地、牌坊、工厂、银行、邮局等各类场所。图上奉天大致分为以故宫为中心的老城和西面奉天火车站附近的新城两部分。附插图 1 幅：《奉天附近图》，为奉天城周围示意图。

背面为《奉天"附属地"番地入平面图》，为城西奉天火车站附近规划新区的街道门牌详图。

2 幅，黑白，日文，54.2 cm×79.0 cm，1∶15000

Harvard Yenching Library | Manchuguo J-0814，Hollis Number：014622053

0717 实测最新奉天市街附近地图

1933 年 5 月六版，（日）宫阪德治郎

该图形制与内容大致与前图（见条目 0716）相同，正面为《实测最新奉天市街附近地图》，详细绘制奉天各街道，标注衙署、学校、医院、寺庙、墓地、牌坊、工厂、银行、邮局等各类场所，其中对街道的标注尤为详细。此时奉天的整体开发程度已较前图有大幅度提高，老城和新城之间空间上已合为一体。附《前清宫殿全图》，较为细致绘制奉天故宫的结构。背面为《奉天附属番地入实测图》，彩图，为城西奉天火车站附近规划新区的街道门牌详图。

2 幅，黑白，日文，50.3 cm×67.0 cm，1∶22500

Harvard Yenching Library|Manchuguo J-0851，Hollis Number：014629849

0718 奉天省城市街全图

民国十六年（1927），王华隆

奉天（沈阳）城市街道图。详细绘制奉天街道、军政机构、工厂、商铺、学校、医院、寺庙、公交路线等。

附插图 3 幅：《奉天省城附近图》《奉海铁路奉天车站市场全图》及《清室皇宫大政

殿及文溯阁全图》。

1 图,彩色,中文,52 cm×75 cm,1∶11000

Harvard Yenching Library | Manchuguo C-0234,Hollis Number:014603683

0719 奉天名所图绘:附抚顺名所

1930 年 4 月 10 日再版,(日)篠田六三,奉天:大阪屋号书店

奉天鸟瞰图,由西向东、以空中 45°角俯视,用绘画地图风格绘制了奉天城、浑河、棋盘山、北陵、东陵以及东面的抚顺城。奉天城绘制了北部故宫和南部新城的街道、重要建筑、工厂、学校以及奉天火车站,重要建筑用红色标签标注。

1 图,彩色,日文,51 cm×73 cm

Harvard Map Collection | MAP-LC | G7824.S5A3 1930. S5,Hollis Number:012809059

0720 *Mukden Fengtien*[奉天]

1930 年, 大连:南满州铁道株式会社

这是一张旅游观光折页上的英文地图。绘制了奉天老城街区及城西火车站附近的新城,简要标注了若干机构如南满铁路、日本旅游局等地。对道路名称的标注简略。

地图四周附有 18 张奉天和抚顺等地的医院、火车、煤矿、炼油厂、城楼等景观照片。

1 图,彩色,英文,24 cm×34 cm

Harvard Map Collection | MAP-LC | G7824.S5E635 1930. M8,Hollis Number:012801180

0721 大奉天最新美术图

1936 年,(日)贞冈说二、赤松纯平,奉天:美术图刊行会

奉天城市地图,相对于常规的城市地图,该图色彩较为浓重,部分高层建筑绘制三维效果,对郊区农田、林地、宫殿、机场等采用偏形象化的彩绘风格。对地名的标注相对较少。

1 图,彩色,日文、中文,78 cm×108 cm

Harvard Yenching Library | GEN,Hollis Number:012808849

0722 跃进の大奉天全图[跃进的大奉天全图]

1938 年,(日)大野都美男,奉天:商业美术社

宣传画性质的奉天城市地图,突出绘制了奉天站附近日本人新规划的大和区及铁

西区，并用较大比例尺绘制，而其他区的街道标注十分简略。该图在画风上带有明显的宣传画风格，对部分地标如工厂、宫殿、陵园等的绘制较为形象，色彩鲜艳。

附插图 1 幅：《奉天市行政区域图》，为奉天城 11 个分区图。

1 图，彩色，日文，73 cm×106 cm，各区比例尺不一致，大和区和沈阳区1：15000，铁西区 1：20000，其他区 1：25000

Harvard Yenching Library | Manchuguo J-0880，Hollis Number：014636935

0723 地番入奉天市地图

昭和十六年(1941)5 月，(日)饭尾耕平，京城府(今韩国首尔)：至诚堂

伪满时期奉天(沈阳)城市地图。详细绘制了城市巷道，并标注各居民区门牌号，标注各类军政机构、学校医院、公园广场等公共机构。不少区、街道、公园、广场等地名具有浓厚的日本殖民色彩。

该图附有奉天电车、列车时刻表，折页装，性质上应是旅行地图。

插图 1 幅：《大奉天市行政区划图》，为当时奉天城各区范围简图。

1 图，彩色，日文，51 cm×73 cm，1：15000

Harvard Yenching Library | Manchuguo J-0854，Hollis Number：014629889

0724 大连市街全图

1907 年，"大连民政署"

日本占领大连时期城市街道简图。

1 图，黑白，中文，18 cm×25 cm，1：30000

Harvard Map Collection | MAP-LC | G7824.D3 1907. D3，Hollis Number：012748734

0725 大連市改正町名地番入市街圖［大连市修订街道门牌号图］

1923 年 8 月 15 日，(日)伊东猛雄，大连：大连奖学会本田美义、朝鲜书籍印刷株式会社

正反面两张地图。正面是日本为大连市重新划定的街道门牌号图，图中详细标注大连市重要机关和居民区的门牌编号，此图为彩色。反面为此前旧有的街道门牌号地图，此图为黑白。

附插图 2 幅：《大连略图》，为大连市街道和市区略图；《小岗子市街》，为大连西部小岗子市旧有街道门牌号地图。

2 图，日文，76.5 cm×106.5 cm，1：6000

Harvard Yenching Library | Manchuguo J-0812，Hollis Number：014622041

0726 大连港概况说明项目

1934—1945 年,日本陆军运输部大连出张所

日军绘制的大连港区地形图,着重绘制南岸码头及设施。原图未标注时间,图说中有"昭和九年"(1934)进出口贸易情况,故应在 1934 年或之后。

1 图,黑白,日文,39.5 cm×54.5 cm,1∶20000

Harvard Yenching Library | Manchuguo J-0862,Hollis Number:014634213

0727 大連案内略圖[大连指南略图]

1939 年,大连:高村清吉

大连城市街道简图,是大连甘栗天津号土产商社的宣传图。

1 图,彩色,日文,23.0 cm×35.5 cm

Harvard Yenching Library | Manchuguo J-0755,Hollis Number:014607530

0728 "*Manchuria*": *An-Shan*[鞍山]

1946 年 1 月 17 日,美国国务院地图情报与制图处(United States. Department of State. Division of Map Intelligence and Cartography)

绘制 1944 年 8 月鞍山城市街道分布情况,突出标示了昭和制钢所厂房、配套区和工人居住区。

1 图,彩色,英文,33 cm×59 cm,1∶32500

Harvard Map Collection | MAP-LC | G7824.A66 1946. U5,Hollis Number:012816329

0729 *Changchun*[长春城市旅游图]

约 1917 年,大连:日本旅游局大连分部

长春城市街道简图,为日本旅游局发行的长春旅游折页的一部分,用代号在图上标注车站、酒店、银行、邮局、警局、学校、寺庙、工厂等要素。背面为长春景点和现代建筑的照片和介绍,以及车费、交通、住宿等旅行相关信息。

1 图,彩色,英文,43 cm×32 cm,1∶15000

Harvard Map Collection | MAP-LC | G7824.C415E635 1917. J3,Hollis Number:012875044

0730 "国都"建设计划用途地域分配并事业第一次施行分区图

1933 年,伪满洲国政府国务院国都建设局

伪满洲国“定都”之初对“新京”(长春)的城市建设规划图,用不同色块标注居民区、重工业区、轻工业区、政府用地、军事用地、公园等不同种类用地规划。

1 幅,彩图,日文,25 cm×21 cm

Harvard Yenching Library | Manchuguo J-0915,Hollis Number:014663604

0731 “国都”建设计划用途地域分配并事业第一次施行分区图

与前图相同,见条目 0730。

Harvard Yenching Library | Manchuguo J-0864,Hollis Number:014634235

0732 主要街路图

1933 年,伪满洲国政府国务院国都建设局

此图与前图(条目 0730)配套,为伪满洲国对“新京”(长春)的城市街道规划图。

1 幅,彩色,日文,24 cm×28 cm

Harvard Yenching Library | Manchuguo J-0916,Hollis Number:014663610

0733 最新调查“新京”特别市街地图

1938 年,国际地学协会,长春:森野商店

伪满洲国“首都”“新京”(长春)的城市街道图。标注街道名、皇宫、学校、会社等要素。左上角附有地图地名索引。

该图未标注成图时间,根据图左下方标注的“满洲映画株式会社”推测,应在 1937 年 8 月之后,中央西公园下标注为“儿玉公园”,而西公园是在 1938 年为纪念儿玉源太郎而改名的,故该图应在 1938 年之后。此外,图右下方有“新京医科大学”,而该大学是 1938 年由“新京医学校”升格而来,同样,还有“中央师道训练所”,也是在 1938 年由教员讲习所升格而成,因此,该图应成图于 1938 年或之后。另外,图右下方有“国立新京工矿技术院”,而该技术院于 1939 年 1 月已升格为“新京工业大学”,仍标注旧名,推测绘图时间应在 1939 年 1 月之前。综上,如果地图标注准确,那么该图成图时间应在 1938 年。

1 图,彩色,日文,79.0 cm×54.7 cm

Harvard Yenching Library | Manchuguo J-0843,Hollis Number:014628117

0734 最新地番入“新京”市街地圖[最新长春街道门牌号地图]

1939 年,长春:三重洋行

伪满洲国“首都”“新京”(长春)城市街道图。以不同色块标注住宅区、商业区、工业区、军政机构、学校寺庙等,并详细标注了各建筑的门牌编号。

附插图 2 幅:《"新京"国都建设计画图》,为城市规划简图;《"新京"游览バス游览经路图》,为"新京"游览路线示意图。

1 图,彩色,日文,106 cm×76 cm,1∶10000

Harvard Yenching Library | Manchuguo J-0845,Hollis Number:014628142

0735 最新地番入"新京"市街地圖[最新长春街道门牌号地图]

1941 年 4 月 1 日,长春:三重洋行

在前图(条目 0734)基础上修订,详细绘制了 1941 年长春的城市街道格局与门牌号。标注了城内皇宫、政府、工厂、公园、学校、医院等。

附插图 1 幅:《"新京"国都建设计画图》。

1 图,黑白,日文,106 cm×77 cm,1∶10000

Harvard Yenching Library | Manchuguo J-0846,Hollis Number:014628130

0736 [吉林城图]

同治、光绪年间(1867—1909)

此为吉林城街道图,未标注成图时间。根据筑城过程,同治六年(1867),原木墙改为土墙,并新增 4 城门,吉林城由原 4 门变为 8 门:迎恩门、福绥门、德胜门、致和门、北极门、巴尔虎门、朝阳门、东莱门,与该图上城门标注一致,据此认为,该图时间上限不早于同治六年(1867)。同时,图中一座房屋标注"烟酒税",表明此时已有专门机构开征烟酒税,而吉林开征烟酒税也是始于同治年间。另外,1909 年在朝阳门和东莱门之间增加了新开门,而图上并无此门,据此推测成图时间下限为 1909 年。

图上正中沿河位置标注将军府,应为吉林将军。图上标注了各府衙和寺庙所在。多数街道并未标注路名,而是详细标注了距离,并以"弓"为单位,如从东莱门至朝阳门五百五十一弓,一弓约五尺。但图上距离并不准确,存在弓数较大的街道在图上反而短于弓数较小的街道这样的问题。吉林城北靠山,南面水,北山用传统山水画法绘制。

1 图,彩绘,中文,65.5 cm×103.0 cm

Harvard Yenching Library | Rare Book | T 3083/5109.1, Hollis Number:008986287

0737 *Harbin*[哈尔滨]

约 1910 年,日本旅游局大连分局

哈尔滨城市旅游图,绘制哈尔滨城市街道和主要建筑。地图周边附有 20 幅哈尔滨城市景观照片,背面为旅游信息。

1 幅,彩色,日文, 23.2 cm×33.6 cm

Harvard Map Collection | G7824.H3E635 1910.J3,Hollis Number:002939667

0738 *Map of Harbin*[哈尔滨地图]

1930 年,万国卧车公司(Wagons-Lits and Thos. Cook & Son)

哈尔滨旅行地图折页。褐色线条勾勒哈尔滨城区街道图,用代码在图上标注了宾馆、俱乐部、车站、银行、领事馆、教堂、剧院、电报局、公园等。

1 图,褐色,英文,30.6 cm×54.4 cm

Harvard Map Collection | G7824.H3 E635 1930.T4,Hollis Number:008239759

0739 哈尔滨市街全图

1932 年 10 月 1 日第七版,(日)宝珠山弥高,哈尔滨:哈尔滨商品陈列馆

哈尔滨城市街道图,绘制街道、铁路、电车路线等,用代号标注市区军政机构、银行、工厂、寺庙等要素。背面为旅馆、商会等广告,该图在用途上应是旅游图。

1 幅,彩色,日文,54.7 cm×74.2 cm,1∶20000

Harvard Yenching Library | Manchuguo J-0858,Hollis Number:014631436

华东地区

0740 *Map of Shanghae*[上海英租界地图]

1849 年 4 月,美国纽约:乔治·斯奈德(New York: Geo. Snyder)

此图绘制上海英租界于道光二十八年(1848)扩张后的空间范围。道光二十五年(1845),《上海租地章程》划定的英租界范围为南至洋泾浜(今延安东路)、北至李家厂(今北京东路、圆明园路一带)、东至黄浦江,次年定西界于界路(今河南中路)。道光二十八年,英租界向北扩展至苏州河,向西扩展至周泾浜(今西藏中路)。图中简要标绘扩界后英租界边界、四角界碑及界内道路、建筑及编号。

此图为纽约乔治·斯奈德公司为上海同珍洋行(Bull, Nye&Co.)绘制。

1 图,彩色,石印,英文,55 cm×41 cm,1∶6626

Harvard Map Collection | MAP-LC | G7824.S2 1849. B8, Hollis Number: 012578404

0741 *Plan of Shanghai*[上海租界地图]

1904 年 5 月,上海工部局(International Settlement. Municipal Council)

上海工部局编绘的上海租界区地图，分为东部、北部、西部、中部和法租界区，标示区内干道和重要建筑。

1 图，彩色，英文，55 cm×132 cm，1∶12000

Harvard Map Collection | MAP-LC | G7824.S2G45 1904. S5，Hollis Number：012786574

0742 *Plan of Shanghai*［上海地图］

1923 年 5 月，上海工部局(International Settlement. Municipal Council)

上海工部局编绘的上海城市地图，以租界为主，标绘公共租界中、东、北、西 4 块、法租界以及老城区。

1 图，彩色，英文，71 cm×181 cm，1∶12000

Harvard Map Collection | MAP-LC | G7824.S2G45 1923. S5 ultra，Hollis Number：015208509

0743 *Plan of Shanghai*［上海地图］

1928 年，上海工部局(International Settlement. Municipal Council)

上海工部局编绘的上海租界地图。用不同色块和字母标绘公共租界 1846、1848、1863、1899 年等历次扩张的空间范围以及越界筑路范围；用数字标绘法租界 1849、1861、1900、1914 等历次扩张的空间范围，因而此图可看作是近代上海租界扩张演变的历史地图。

1 图，彩色，英文，52 cm×102 cm，1∶25000

Harvard Map Collection | MAP-LC | G7824.S2G45 1928. S5 oversize，Hollis Number：012786526

0744 实测上海城厢租界图

宣统二年(1910)初版，上海：商务印书馆

该图反映清末上海租界区及老城区街道格局。尽管 1863 年英美租界已合并为公共租界，但该图仍将英美租界单独标出，并着不同颜色加以区分。图中苏州河、黄浦江以北地区标为“美租界”，同时又在虹河以西标注“美国新租界”；在苏州河以南、泥城河以东、洋泾浜以北地区标注“英租界”；苏州河以南、泥城河以西则标注“公共新租界”；在洋泾浜以南、上海县城以北标注“法租界”，同时又在县城以西标注“法国新租界”。这可以反映清末上海社会对租界的观念和认识。

左下方附有上海中英文对照的街道名及在图上的位置索引。

1 图，彩色，中文、英文，110 cm×154 cm，1∶12000

Harvard Yenching Library | Offsite Storage (HD) | 3099 2135.01, Hollis Number: 012110552

0745 上海新地图

1928 年,(日)杉江房造,上海:日本堂书店

上海租界地图。租界按日文写法标注为"共同租界"(公共租界)和"佛租界"(法租界)。详细绘制了租界及黄浦江沿岸地区的道路、电车线路以及工部局、各国领事馆、衙门、监狱、巡捕房、跑马场、寺庙、学校、墓地等,对黄浦江两岸的码头和工厂的标注尤为详细。略绘闸北、老城区和南市等非租界区。徐家汇一带标注了天文台、圣母院、东亚同文书院、南洋大学等若干重要机构。地图底部为以外滩、黄浦江为中心的上海全景图。

杉江房造是近代日本摄影师、书商,长期旅居上海,在上海虹口开设日本堂书店,拍摄了大量民国时期南京、上海等长三角地区的照片,也绘制了不少该地区相关地图,除了本幅图外,还编制了《江苏浙江交通明细地图》(1938)、《最新实测大上海新地图》(1938)、《最新大上海地图》(1941)等,其地图多为日文和英文双语标注。

1 图,彩色,中文、英文、日文,55 cm×75 cm,1∶20000

Harvard Yenching Library | Offsite Storage (HD) | 3099 2304, Hollis Number: 009406755

0746 最新上海地图

1932 年 3 月 5 日,日本大阪朝日新闻社

上海公共租界和法租界街区图。此图作为《大阪朝日新闻》第 18076 号附录。

附插图 3 幅:《上海吴淞略图》《"支那"中南部略图》和《南京地图》。左下方附外滩照片。

1 图,彩色,日文、英文,53.8 cm×78.0 cm,1∶12000

Harvard Yenching Library | Manchuguo J-0805, Hollis Number: 014621967

0747 *Greater Shanghai*[大上海]

1932 年,美国安娜堡:密歇根地理研究所(Ann Arbor: The Geographical Institute)

上海城市街道简图。勾勒公共租界、法租界、上海老城界线以及街道分布,仅标注少数地名,无街道名。

附上海周边地区插图 1 幅。

1 图,黑白,英文,25 cm×39 cm,1∶41500

Botany Gray Herbarium | MapCase 51, Hollis Number: 014703210

0748 最新测绘大上海新地图

民国二十六年(1937)十月订正四版,上海:申新舆地学社

上海城市地图。详细绘制了上海各区县分界、街道、租界区、市政机关、公共场所、市镇村宅、电车和公交车路线、码头轮渡等要素,对江湾一带新规划建设的上海市政中心绘制较为详细。

1图,彩色,中文,55 cm×79 cm,1∶37000,121°20′—121°36′E/31°00′—31°24′N

Harvard Map Collection | MAP-LC | G7824.S2 1937. S54, Hollis Number: 010083660

0749 大上海都市建设计划图

1938—1941年

1937年日军侵占上海后,于次年12月炮制了"建设上海大都市计划",在上海东北部原国民政府的大上海计划基础上,进行规划改建。此图即日伪大上海都市建设计划图,图上标注了大场镇飞机场等若干建设工程。但是,到1941年12月日军进占上海公共租界和法租界后,便逐渐放弃了大上海都市建设计划。此图仍是未完成的草稿,仅绘制了上海街道,未标注地名,其中租界区空白,应是日军进占租界之前。因此,估计此图绘制于1938—1941年间,以1938年可能性较大。

1图,彩色,日文,131 cm×92 cm,1∶25000

Harvard Yenching Library | Manchuguo C-0236, Hollis Number: 014603830

0750 上海新都市计划图

1939年,(日)上海恒产株式会社

日军占领上海后,于1938年10月发布的《"上海大都市计划"》规划图,该图是在原国民政府的大上海计划的基础上删改而成,原规划的"中"字形市中心设计已被抹去,并增加亲日元素,如将周家嘴岛(今复兴岛)改为昭和岛。分色绘制居民区、工业区、公共区、公园等用地规划。该图方位左为北。

1图,彩色,日文,77 cm×53 cm,1∶25000

Harvard Yenching Library | Manchuguo J-0803, Hollis Number: 014579795

0751 最新大上海地图

1939年,(日)森武久绘图,杉江房造著作兼发行,上海:日本堂书店

相对于常见的上海城市地图,该图除了绘制市区的租界和老城外,还着重绘制了大上海计划中的殷行、江湾、吴淞等地的城市建设规划,用不同色块表示大上海计划的

工业区、商业区、居民区、仓储区、公园等的规划范围，并较为细致地绘制了主要街道、河道、村落以及市政府、赛马场等公共机构。租界区则主要绘制街道和公共机构（衙署、使领馆、学校、医院、会馆、码头等）。

附插图1幅：《上海主要部详图》，为市中心地图。

1图，彩色，日文，110 cm×80 cm，1∶24000

Harvard Yenching Library | Manchuguo J-0869，Hollis Number：014560183

0752 最新上海市街地圖、早わかり上海附近鳥瞰圖［最新上海市街地图、速览上海附近鸟瞰图］

1939年，（日）日下伊兵卫，日本大阪：和乐路屋

正反两面各一图，一面为《最新上海市街地图》，主体部分为租界区和上海县城，绘制街道、工厂、码头、军政机构、领事馆、学校、医院等要素，附插图《上海附近详图》，绘制上海至苏州之间的河流和交通线路。

另一面为《早わかり上海附近鳥瞰圖》，以较为写意的风格，从空中俯视的角度绘制的中国东部地区图。俯视垂直视角位于长三角地区，因而该区域较为详细且占据版面较大。同时也涉及北方长城附近以及西南成都附近，但较为简略，且因俯视中心位于长三角地区，因而周边地区进行变形处理。

2图，彩色，日文，52 cm×75 cm，市街图1∶20000

Harvard Yenching Library | Manchuguo J-0847，Hollis Number：014628191

0753 上海共同租界图

1941年10月，日本参谋本部陆地测量部

日军根据1933年英文地籍图绘制的上海租界区详图。原图有4幅，哈佛馆藏其中3幅：《上海共同租界图（中央）》，比例尺1∶4119，为苏州河以南、西藏路以东、黄浦江以西的公共租界区；《上海共同租界图（左部东）》，比例尺1∶5861，为黄浦江北岸、今九江路以东、兰州路以西的公共租界区；《上海共同租界图（右部东）》，比例尺1∶5347，为黄浦江北岸、今兰州路以东的公共租界区。

用不同颜色表示公共租界内各地块的承租国，主要标注了日本、英国、美国、法国、工部局等租界地块。

3图，彩色，日文，57 cm×87 cm

Harvard Map Collection | MAP-LC | G7824.S2 1941.J3，Hollis Number：012790959

0754 *Plan of Shanghai*[上海地图]

1945 年第 2 版，英国陆军部参谋总部地理处(Great Britain. War Office. General Staff. Geographical Section)，美国陆军制图局(U. S. Army Map Service)

上海城市地图，详细绘制了上海街道、绿地、河流、码头、建筑、机构等要素。分为东西两幅，东半幅为租界区和陆家嘴，西半幅租界区以西部分。

2 图，彩色，英文，71.0 cm×106.5 cm、76.3 cm×86.0 cm，1∶15840，120°19′—121°34′E/31°10′—31°38′N

Harvard Map Collection | MAP-LC | G7824.S2 1945. G71，Hollis Number：008798459

0755 大上海区域计划总图初稿

民国三十五年(1946)，上海市都市计划委员会

此图作为《大上海都市计划总图草案报告书》附图，标绘了上海市规划的工业、居住、店铺、商业、港口、城镇、机场、公路、铁路等分布情况，对研究民国大上海计划及近代上海城市变迁有参考价值。

1 图，黑白，中文，38.3 cm×25.5 cm，1∶665000

Harvard Yenching Library | Offsite Storage (HD) | 3069 2135.21，Hollis Number：008378170

0756 上海市街道详图

民国三十六年(1947)，中国史地图表编纂社马宗尧编制，金擎宇校订，上海：亚光舆地学社出版、大中国图书局发行

此图反映抗战胜利后的上海城市街道分布状况，标注公共汽车和电车路线等。

附插图 2 幅：《上海市》和《市中心街市图》，插图以大上海计划中江湾地区的“中”字形街道区域为市中心。附路名索引。

1 图，彩色，中文，45 cm×72 cm，1∶17500

Harvard Yenching Library | Offsite Special Collections (HD) | 3099 2135.5，Hollis Number：009255588

0757 金陵图咏

天启三年(1623)，(明)陈沂撰，朱之蕃辑，陆寿柏绘图，香雪草堂藏版

上卷为金陵城四十景观图及图咏，下卷为金陵城历代舆图。舆图部分有《吴越楚地图》《秦秣陵县图》《汉丹阳郡图》《孙武都建邺图考》《东晋都建康图》《南朝都建康图》《隋蒋州图》《唐升州图》《南唐江宁府图》《宋建康府图》《元集庆路图》《国朝都城图》《应

天府境方括图》《境内诸山图》《境内诸水图》及《历代互见图》，绘制历代南京城及周边地图。

16 图，墨刻本，黑白，中文，22 cm×31 cm

Harvard Yenching Library | Rare Book | T 3069/4209.29, Hollis Number: 008094497

0758 金陵省城古迹全图

约 1890—1904 年

标注南京城古迹位置，以明代遗迹为主，包括明城墙、城门、明故宫、徐达墓、常遇春墓、李文忠墓、方孝孺墓等，也标注若干早期古迹，如孙权作石头城等。

未标注成图时间，图中可见创立于 1890 年的文正书院，且尚绘有 1904 年裁撤的织造局，因此该图约翻刻于 1890—1904 年间。

1 图，墨刻本，中文，109.5 cm×90.5 cm

Harvard Yenching Library | Rare Book | T 3099/4209, Hollis Number: 008690192

0759 *Plan de L'enceinte de la Ville de Nan-king, ou Kyang-ing-fou, Capitale de la Province de Kyang-nan; Su-chew-fu, Plan de la Ville de Su-tcheou-fou: Cette Ville a Environ 3 Grandes Lieues de Tour*[南京地图；苏州地图]

1749 年，(法)雅克・尼古拉・贝林(Jacques Nicolas Bellin)，荷兰海牙：皮埃尔・德・洪特(Hague: Pierre de Hondt)

这张地图上分别绘制了南京和苏州城市略图。南京图仅绘制城墙，苏州图绘制城墙和城内外河道，两者皆未绘制城内详细信息，也无文字标注，极为简略。

此图出自(法)安东尼・普雷沃：《旅行通史》，海牙：皮埃尔・德・洪特，1747—1767，卷 7 第 119 页(Antoine François Prévost. *L'Histoire Générale des Voyages*, Hague: Pierre de Hondt, 1747—1767, v. 7, p. 119)。

1 图，黑白，法文、荷兰文，15.8 cm×10.4 cm 和 15.8 cm×12.9 cm，1∶45000

Harvard Map Collection | MAP-LC | G7824.N3 1749.S3, Hollis Number: 013860719

0760 江宁省城图

同治年间，苏州：张凤荣纸铺监制

南京城舆图，绘制了南京城墙、城门、城内街道、衙署、寺庙、园林、桥梁等。对城门、部分寺庙和巷道等在图上标注文字解说。

本图与咸丰六年(1856)兴化袁青绶翻刻本、同治十二年(1873)姑苏尹德纯翻刻本,内容相同,仅改落款。本图落款题为“板存藏金陵聚宝门内武定桥西大街姑苏张凤荣纸铺监制”,其他文字与袁氏、尹氏翻刻本相同。

1 图,墨刻本,中文,63 cm×108 cm

Harvard Yenching Library | Offsite Storage (HD) | 3099 4209.1,Hollis Number:009201115

0761 江宁府城图

1898 年,(法)方殿华(Père Louis Gaillard),上海:天主教会(Shanghai: Mission Catholique)

清末南京城市地图,由法国汉学家、传教士方殿华(Père Louis Gaillard, 1850—1900)绘制。该图着重于标注南京城内及附近地区的宗教场所,如寺、庙、祠、庵、宫、坛、教堂等。除此以外,标注较多的为古迹、景点和衙署。虽有绘制街道,但除乌衣巷之类的古迹街道外,大多未注街名。

1 图,彩色,中文、法文,94 cm×72 cm,1:15000

Harvard Map Collection | MAP-LC | G7824.N3 1898. G3,Hollis Number:009728771

0762 洪武京城图志

民国十八年(1929),明洪武礼部,南京:中社

明南京城图志,原为洪武二十八年(1395)礼部所修,洪武刊本无存,此为 1929 年中社根据明弘治五年(1492)王鸿儒刊本翻印。内分为《皇城图》《大祀坛、山川坛》《庙宇寺观图》《官署图》《国学图》《街市桥梁图》及《楼馆图》。

6 图,黑白,中文,21 cm×28 cm

Harvard Yenching Library | 3069 830,Hollis Number:005584642

0763 新南京地图

民国二十一年(1932),苏甲荣,上海:日新舆地学社

绘制南京城墙范围内街区状况,以橙色表示党政部门和学校所在地,黄色表示居民区。

附插图 3 幅:《京沪沪杭路线图》,绘制南京、上海、杭州之间的铁路线;《上海交通线路图》,绘制上海租界区交通干道;《南京市区全图》,简单勾勒南京市区范围。

1 图,彩色,中文,79 cm×54 cm,1:20000

Harvard Yenching Library | Offsite Storage (HD) | 3099 4209.4,Hollis Num-

ber:009259429

0764 南京城市图

民国二十四年(1935)初版,陈铎,上海:商务印书馆

绘制南京城内国民政府中央各军政机构、领使馆、高校及街道分布。城东紫金山绘制了详细的等高线,中山陵和明孝陵在图上较为突出。

附插图2幅:《首都干路系统》,绘制南京城内主要街道;《南京市区图》,简要反映南京市行政区范围。

1图,彩色,中文,88 cm×100 cm,1∶14500

Harvard Yenching Library | Offsite Storage (HD) | 3099 4209.7,Hollis Number:012116955

0765 最新南京地图

1938年10月,(日)出光卫,上海:至诚堂书店

南京城市街道图,城外为分层设色地形图。右上方插图绘制长三角地形图。

1图,彩色,日文,77.5 cm×53.6 cm,1∶20000

Harvard Yenching Library | Manchuguo J-0830,Hollis Number:014623990

0766 *Map of Nanking & Vicinity*[南京及周边地图]

1946年5月18日,美国陆军工程兵部队(Army Corps of Engineers, U. S. Army)

南京城市街道地图。

1图,彩色,英文,50.8 cm×57.0 cm,1∶25000,118°44′—118°51′E/32°00′—32°06′N

Harvard Map Collection | MAP-LC | G7824. N3 1946. N3, Hollis Number:013168964

0767 苏城厢图

约1888—1903年

绘制苏州城内各巷道、府署衙门、寺庙、书院、桥梁等。此图只绘制了娄、齐、葑、阊、胥、盘6城门,为清晚期的城门格局。

1图,墨刻本,中文,59 cm×54 cm,计里画方

Harvard Yenching Library | Rare Book | T 3099 2406, Hollis Number:009406209

0768 新测苏州城厢明细全图

民国三年(1914)四月,吴振麟,苏州:苏州图书总汇处

苏州城市地图,详细绘制城内各巷道、河流、警署、医院、学校、寺庙、邮局、会馆、公园、工厂、车站等,同时绘制警署分区并分别着色。据图上作者序,自民国以来,官衙局所名称屡经改易,警区所辖范围也多有变更,因而新修此苏州城市图。

1 图,彩色,中文,65 cm×59 cm,1∶2000

Harvard Map Collection | MAP-LC | G7824.S88 1914. W8, Hollis Number: 012764434

0769 *Plan de la Ville de Hang-Tcheou-Fou ou Hang-Chew-Fu, Capitale de la Province de Che-Kiang*[浙江省会杭州府地图]

1749 年,(法)雅克·尼古拉·贝林(Jacques Nicolas Bellin), 荷兰海牙:皮埃尔·德·洪特(Hague: Pierre de Hondt)

浙江杭州府城地图,简要绘制杭州城墙和西湖。

此图出自(法)安东尼·普雷沃:《旅行通史》,海牙:皮埃尔·德·洪特,1747—1767,卷 7 第 431 页(Antoine François Prévost. *L'Histoire Générale des Voyages*, Hague: Pierre de Hondt, 1747—1767. v.7, p. 431)。

1 图,黑白,法文、荷兰文,19 cm×16 cm,1∶30000

Harvard Map Collection | MAP-LC | G7824. H2 1749. P5, Hollis Number: 012520794

0770 实测杭州西湖图

民国十八年(1929)第三版,上海:商务印书馆

杭州城和西湖一带等高线分层设色地形图。绘制杭州城市图、西湖周边景点、西湖西南面各山峰和寺庙等。

附插图 1 幅:《孤山附近详图》。

1 图,彩色,中文,106.0 cm×78.5 cm,1∶14500

Harvard Map Collection | MAP-LC | G7824.H2 1929. S5 oversize, Hollis Number:008249644

0771 *China, East Coast, City of Ning-Po (Yin-Hsien)*[宁波城市地图(鄞县)]

1944 年 10 月 24 日,美国战略情报局(U. S. Office of Strategic Services)

宁波城市图。美军在一幅中文鄞县城市地图上添加河道以及标注若干学校、邮

局、教堂等的英文地名后形成。底图的中文街道名称字小，多难以辨认。

1图，黑蓝，英文、中文，61.0 cm×63.3 cm，1∶7300，121°33′23″E/29°53′14″N

Harvard Map Collection | MAP-LC | G7824.N5 1944. U5，Hollis Number：013168953

0772 温州府城全图

同治九年(1870)，(清)郭式昌编纂，李永澜增刊

该图于同治九年在知府郭式昌的主持下调查测绘制作而成。全图绘制了温州府城城墙、城内府衙、巷道、寺庙、桥梁等要素。对各类寺庙的标记较为详细。图上还标绘了温州建城以来留存的28口古井的位置。图上有后人添加的基督教和天主教教堂、学校、医院以及温州师范学校、中学堂的位置。图上部分寺庙用红色圈出，城内道路绘淡蓝色，应该也是后人添加。

1图，墨刻本，中文，62.5 cm×105.5 cm

Harvard Yenching Library | 3100 3132，Hollis Number：009268384

0773 福建省会城市全图

清末

福州城市图，绘制城内街道格局，标注衙署、寺庙等，无城外信息。图上另有红色标注师范学堂、政法学堂、武备学堂、警察学堂等。

该图未标注时间，从图上总督府、布政使署、洋务局等衙署机构看，应是印于清末。

1图，黑白，石印，中文，51 cm×41 cm

Harvard Yenching Library | 3102 3632，Hollis Number：009267954

0774 厦门城市全图

民国八年(1919)，厦门：全闽新日报社

民国初期厦门城市地图。此图原为1911年全闽新日报社四周年纪念日时发行的赠品图，1919年十二周年纪念时重印。空间范围为厦门岛西侧，但未包括鼓浪屿。较为详细标注各街道名。

1幅，黑白，中文，78 cm×55 cm，1∶5000

Harvard Yenching Library | Rare Book | T 3102/0740，Hollis Number：009406147

0775 厦门市街图

1912—1949 年

日本绘制的厦门城市街道图，主要为鼓浪屿和厦门岛西侧部分区域。绘制了街道，标注各国领事馆、公司、邮局、医院、寺庙等。郊区山地绘制等高线。成图时间未标注，厦门岛上城内原水师提督署处已改为“司令部”。

1 图，黑白，日文，54.0 cm×48.5 cm，1∶8000

Harvard Yenching Library | Rare Book | T 3102/0702，Hollis Number：009406129

0776 泉州市全图

1944 年再版，日本参谋本部陆地测量部

泉州城市地图。原图为“台湾总督府”文教局学务课于昭和十三年(1938)依据泉州市政局 1924 年所绘的地图编制，日军参谋本部 1944 年复制此图。该图详细绘制了泉州城市格局，包括街道分布、寺庙、教堂、学校、医院、邮局等重要机构所在，并绘制了郊区农作物和植被类型。

1 图，黑白，中文，87 cm×60 cm，1∶7200

Harvard Map Collection | MAP-LC | G7824. Q8 1944. J3，Hollis Number：012801158

0777 台北州街图

1942 年，美国陆军制图局(U. S. Army Map Service)

台北市城市街道图。该图原为日本新高堂书店于昭和七年(1932)绘制并发行，后由美军地图服务部翻印并添加经纬网。该图详细绘制台北市街道格局，标注“总督府”、法院、医院、学校、寺庙、邮局等。

附插图 2 幅：《台北州管内全图》和《北投温泉附近图》。

1 图，黑白，日文、英文，69 cm×48 cm，1∶13000，121°29′—121°33′E/25°00′—25°05′N

Harvard Map Collection | MAP-LC | G7914. T5 1942. N5，Hollis Number：014000400

0778 台南市鸟瞰图

1930 年，台湾日日新报社台南支局

从空中由北向南俯视台南市，绘制城市格局和港口地形，标注学校、医院、寺庙、军政机关等。图背面为日文台南概况和历史名胜介绍等。彩绘折页，应服务于宣传或旅

游目的。

1 图，彩色，日文，27 cm×100 cm

Harvard Map Collection | MAP-LC | G7914.T4E635 1930. T35，Hollis Number：010135414

0779 台南市全图

1942 年，(日)小林德太郎，美国陆军制图局(U. S. Army Map Service)

台南市城市街道图。该图原为日本小林德太郎绘制，森田屋商店于昭和三年(1928)发行，后由美军地图服务部翻印并添加经纬网。该图详细绘制台南市街道格局，标注司令部、警署、医院、学校、墓地等。

附插图 1 幅：《安平街全图》。

1 图，黑白，日文、英文，51 cm×72 cm，1∶6000，120°11′— 120°13′E/22°59′—23°01′N

Harvard Map Collection | MAP-LC | G7914.T4 1942. K6，Hollis Number：014000320

0780 济南市街道图

1932—1937 年，山东书局

济南城市街道图。老城西北方为 1932 年济南市政府规划建设的“模范市”，其中有华盛顿路、安哥拉路、柏林路、伦敦路、罗马路、维也纳路、马德里路、利斯本路等以外国城市命名的道路，从图上看应处于规划初期，建筑物稀少。经七路以南、齐鲁大学以西地区曾被日本进行改造，但这张图上尚未见到，因此，该图显示的应是二十世纪三十年代中期的济南城市状况。老城和城西街道里弄的绘制和标注较为详细，标注了军政部分、使领馆、学校、寺庙、医院、教堂、工厂、商铺、会所等要素。图两侧有关于济南大明湖、趵突泉、龙洞、千佛山等名胜的介绍。

1 图，彩色，中文，44 cm×61 cm，1∶10000

Harvard Yenching Library | Manchuguo C-0239，Hollis Number：014603936

0781 最新大济南新区划明细地图

1940 年 5 月 15 日，(日)新井惣次郎，济南：“满洲”日日新闻社济南支局

日本占领下的济南城市街道图，包括老城区和城西部，绘制了较为详细的街道、官署、医院、学校等。

附插图 2 幅：《“北支”铁道略图》和《“北支”关系略图》，为华北地区铁路线路图。

1 图，彩色，日文，55 cm×79 cm，1∶10000

Harvard Yenching Library | Manchuguo J-0844, Hollis Number: 014628121

0782 青島地番一覽圖［青岛市土地编号一览图］

1917—1922 年，"青岛民政署"编制

当时青岛市土地编号图，详细标注青岛各街道地块的编号。同时标注军政机构、公司、码头、邮政、学校、医院等。东南方向万年山一带绘制等高线地形图，详细标注地形和植被，山区标有军营、练兵场、兵工厂、司令官官邸、测候所等。

附插图 2 幅：《山东省全图》和《胶州湾图》。

1 图，彩色，日文，73 cm×88 cm，1∶7500

Harvard Yenching Library | Rare Book | T 3087/5242, Hollis Number: 009406175

华中地区

0783［仿泰西笔法武汉三镇图］

清代

彩绘武汉三镇图，在传统山水工笔画法的基础上，加入西洋画的透视法等技艺绘制，绘图视角是从北面的汉口往南眺望，图上为南、下为北。长江从图右上方流向左下方，武昌城位于左上方江东南，城墙高大。黄鹤楼为全图中心，俯望长江。江面上行驶着巡抚大船、盐法道大船、两艘粮道船、三艘红色救生船以及众多商船。图下方为汉口居民区及商业街，图左为鹦鹉洲。该图对寺观的标注尤为详细。

1 图，彩绘，中文，77.8 cm×152.0 cm

Harvard Yenching Library | Rare Book | T 3095/1318, Hollis Number: 008992310

0784 *Hankow Showing the Foreign Concessions*［汉口租界区图］

1919 年 1 月 15 日，汉口：景明洋行（Hankow: Hemmings & Berkeley）

汉口外国使馆区街道图，由英国建筑师事务所景明洋行绘制。该图详细绘制了英、俄、法、德（前）、日等使馆区道路、建筑分布，每个街区有编号。

1 图，蓝图，英文，42.3 cm×138.8 cm，1∶3000，114°16′E/30°35′N

Harvard Map Collection | MAP-LC | G7824.H22 1919. H3, Hollis Number: 015068737

0785 汉口市土地区图一览图

民国二十三年(1934)十月,汉口市政府

汉口市土地区划图,按区、图二级,绘制汉口市下辖 8 个区、117 图的范围和界线。底图为汉口城市图,标绘街道、河湖、军政机构、使领馆、工厂、寺庙、学校、医院等。

1 图,彩色,中文,74 cm×101 cm,1∶20000, 114°06′00″—114°17′15″E/30°34′30″—30°41′0″N

Harvard Yenching Library|Manchuguo C-0240,Hollis Number:014603947

华南地区

0786 *Map of Canton*[广州城图]

1880 年,(美)富文(D. Vrooman),香港:别发洋行(Hong Kong: Kelly & Walsh, etc.)

由旅居广州的美国牧师富文(1818—1895)绘制的广州城市街道图,详细标绘了广州城及周边地区街道、督抚衙门、军营、寺庙、教堂等。该图出自约翰·格拉斯哥·克尔的《广州指南》(第二版)(John Glasgow Kerr. *The Canton Guide*, 2nd ed.)。

1 图,黑白,英文、中文,36 cm×58 cm

Harvard Map Collection | MAP-LC | G7824.G8 1880. V7, Hollis Number: 008726195

0787 粤东省城图

光绪十年(1884),(清)冯活泉续绘、陈信民辑说

广州城市地图,详细绘制了清末广州城区格局道路、地名、衙门、领事馆、寺庙等要素,对街道的绘制较为细致,可资研究清末广州城市形态等问题。图下方附有“省会城郭图说”,介绍广州城墙的修建历史、扩建过程、城门变迁等。

此图受近代西方绘图技术影响明显,城区街道主体部分已采用现代地图绘图方式,用双线表示主干道,单线表示小街道,各主要地名使用抽象符号注记,对广州城墙形态的绘制比较准确,附有指北针。与此同时,也保留着明显的传统山水画法的影响痕迹,如城北、城东等周边山脉、城内花塔、城外炮台等,也缺少现代地图常见的图例、经纬线等要素。

1 图,彩色,刻本,中文,57 cm×63 cm

Harvard Map Collection | MAP-LC | G7824.G8 1884. Y8, Hollis Number: 012335180

0788 粤东省城图

光绪二十六年(1900),广州:澄天阁点石书局

此图内容与光绪十年本《粤东省城图》(条目 0787)一致,应是据此版本改绘。

1 图,彩色,中文,57 cm×63 cm

Harvard Yenching Library |3103 0832, Hollis Number:009268049

0789 *Map of Canton and Suburbs*[广州城及郊区地图]

1904 年 3 月

广东城市街道图,绘制广州城及周边地区主要衙署、军营、寺庙、教堂和学校等。

1 图,黑白,中文、英文,35 cm×55 cm

Harvard Yenching Library | Offsite Storage | G7824.G8 1904. M3, Hollis Number:013175862

0790 广州城市及其马路全图

民国十一年(1922)三月再版,广州:远安堂

广州城市地图,标注了 1921 年孙中山在广州任职中华民国非常大总统时的总统府(今广州中山纪念堂所在地)。总统府存在时间短暂,1922 年 6 月毁于陈炯明"六一六事变"的炮火。该图绘制于 1922 年 3 月,恰好在总统府存在的短暂时期内。此图对广州城西及珠江南岸的街道绘制十分细致,并标注了当时新式学校、军政机关、商埠等反映时代特征的诸多要素。

1 图,彩色,中文,56 cm×72 cm,1∶10000

Harvard Yenching Library | Offsite Storage (HD) | 3103 0340, Hollis Number:009406285

0791 广州市第贰期马路全图

民国十一年(1922),广州:远安堂

广州城市街道图。在广州城旧街道地图上加绘广州第一、第二期新筑马路,红色虚线绘制广州 10 个警区分界线,红色圆圈或三角形标注广州各类学校和衙署位置。

1 图,彩色,中文,53 cm×68 cm,1∶10000

Harvard Map Collection | MAP-LC | G7824.G8P2 1922. G8, Hollis Number: 012711041

0792 最新广州市马路全图

民国十三年(1924),广州:远安堂

广州城市街道图。详细绘制了广州大小街道里巷并逐一标注名称,绘有广州警署12个辖区界及各分署界,同时也标注政府部门、领事馆、公园、寺庙等,以街道信息最为详细。

1图,彩色,中文,54 cm×79 cm,1∶4000

Harvard Yenching Library | 3103 0832.1,Hollis Number:009268444

0793 *Map of Hong Kong with British Kowloon*[香港岛和英属九龙地图]

1888年,英国伦敦:爱德华·斯坦福公司(London: Edward Stanford Ltd.)

绘制香港岛及九龙半岛的地形、港湾、主要街道、港口航线等。

1图,彩色,英文,50 cm×69 cm,1∶21453,114°5′—114°15′E/22°5′—22°20′N

Harvard Map Collection | MAP-LC | G7822.H63 1888. E3 vf,Hollis Number:012572133

0794 最新香港详细街道全图

约1900年

香港岛旅游地图,主要为香港岛维多利亚港一带,绘制详细的街道格局。地图方位上南下北,从九龙望港岛的方位。

1图,黑白,中文、英文,38 cm×54 cm

Harvard Map Collection | MAP-LC | G7824.H5E635 1900. Z8,Hollis Number:012828821

0795 最新香港九龙新界全图

1906—1910年

香港九龙新界地图,绘制香港海岸轮廓,中英文标注地名。除简要标注几处山头外,未配地形,也无街道。影印手绘图,绘制略显粗糙。

该图未注成图时间,图上九广铁路除心田至九龙城段尚未修通外,英段其他部分已修成,该铁路1906年动工,1910年10月落成,因此该图绘制时间应在1906—1910年间,以1908年或1909年可能性较大。

1图,黑白,中文、英文,32 cm×46 cm,1∶84500,113°50′—114°28′E/22°10′—22°35′N

Harvard Map Collection | MAP-LC | G7823.H45 1900. Z8,Hollis Number:

012828721

0796 *Hong Kong and the New Territories*[香港及新界]

1946 年 3 月第 3 版，英国陆军部参谋总部地理处(Great Britain. War Office. General Staff. Geographical Section，GSGS)

香港和新界土地利用调查图,包括林地、灌木、草地、耕地、沼泽、住房、公园等。底图是英国 GSGS 系列 3961 号图。

1 图,彩色,英文,76 cm×101 cm,1∶80000,113°50′—114°30′E/22°10′—22°35′N

Harvard Map Collection | MAP-LC | G7941.G4 1946. H6，Hollis Number：009142653

0797 *Plan de la Ville et du Port de Macao*[澳门港城市地图]

1749 年,(法)雅克·尼古拉·贝林(Jacques Nicolas Bellin)，荷兰海牙:皮埃尔·德·洪特(Hague：Pierre de Hondt)

澳门半岛城市和港口简图。

此图出自(法)安东尼·普雷沃:《旅行通史》,海牙:皮埃尔·德·洪特,1747—1767,卷 7 第 9 页(Antoine François Prévost. *L'Histoire Générale des Voyages*，Hague：Pierre de Hondt，1747—1767，21 v. 7，p. 9)。

1 图,黑白,法文、荷兰文,18 cm×17 cm,1∶50000

Harvard Map Collection | MAP-LC | G7823.M2 1749. B4，Hollis Number：012522905

0798 *Planta da Peninsula de Macau*[澳门半岛图]

1889 年 3 月 15 日,(葡)安东尼奥·赫托(Antonio Heitor)，葡萄牙里斯本:国家出版社(Imprensa Nacional)

该图反映 19 世纪末澳门半岛的开发情况。半岛南部已经开发,标注了街道、教堂、医院、学校等,北部仍是耕地和水田。地图上有里斯本地理学会,1875(Sociedade de Geographia de Lisboa，1875)的徽章。

1 图,彩色,葡萄牙语,81 cm×57 cm,1∶5000,113°33′E/22°11′N

Harvard Map Collection | MAP-LC | G7823.M2 1889. H4，Hollis Number：012572084

西南地区

0799 重庆府治全图

光绪十二年(1886),(清)张云轩绘,重庆捕署张宅藏版

以传统舆图画法绘制的近代重庆城市地图。东起朝天门,西至浮图关,南为长江,北为嘉陵江,详细标绘了重庆府各衙署、会馆、巷道、寺庙、城门、牌楼等,绘制了楼台的具体形态,笔触精细、内容详尽。如右下图序记述,重庆地势"形如龟而活泼、颈似鹅以高扬",该图视野开阔,在刻画了城市细节的同时,又生动地展示重庆的整体形态。

右下方有"岩田文库"印,图中下都邮街和鸡街交汇处有贴签,上有"日本领事馆"字样。

1 图,墨刻本,中文,82 cm×150 cm

Harvard Yenching Library | Rare Book | T 3094/2104 Oversize,Hollis Number:012108690

西北地区

0800 *Villes de la Province de CHENSI*, *Si-Ngan-Fu*: *Capitale*, *Hoofdftad* [陕西省首府西安]

1749 年,(法)雅克·尼古拉·贝林(Jacques Nicolas Bellin),荷兰海牙:皮埃尔·德·洪特(Hague: Pierre de Hondt)

西安城墙轮廓和渭河简图。

此图出自(法)安东尼·普雷沃:《旅行通史》,海牙:皮埃尔·德·洪特,1747—1767,卷 7 第 455 页(Antoine François Prévost. *L'Histoire générale des voyages*, Hague: Pierre de Hondt, 1747—1767, 21 v. 7, p. 455)。

1 图,黑白,法文、荷兰文,28 cm×44 cm,1∶50000

Harvard Map Collection | MAP-LC | G7823.S43 1749. V5,Hollis Number:012520753

0801 新疆省迪化（ウルムチ）市街圖[新疆乌鲁木齐市街图]

1938 年，日本参谋本部陆地测量部、厚和陆军特务机关

乌鲁木齐城市街道梗概图，信息简略，仅标注省政府、财政厅、公安局、苏联领事馆等若干政府机关所在地。标注“军事秘密”字样。

1 图，黑白，日文，57.3 cm×50.8 cm

Harvard Map Collection | MAP-LC | G7824.U5 1938.J3，Hollis Number：012786611

河道海岸图

海岸图

0802 海防图论

天启元年(1621),(明)胡宗宪主持,郑若曾撰,闵声、闵映张辑

闵声、闵映张辑《兵垣四编》本,内有《海防图》一幅,为倭寇入侵中国东部沿海路线示意图。

1 图,朱墨套印本,中文,20.5 cm×30.0 cm

Harvard Yenching Library | Rare Book | T 8910/7462 (4),Hollis Number:007892505

0803 海防图论

咸丰四年(1854),(明)胡宗宪主持,郑若曾撰,(清)庄肇麟辑,过客轩藏版

庄肇麟辑《长恩书室丛书》本,内有改绘的《日本岛夷入寇之图》。

3 图,墨刻本,中文,20.5 cm×29.0 cm

Harvard Yenching Library | Offsite Storage (HD) | 9100 7363 (13),Hollis Number:007277038

0804 海防图论

同治年间,(明)胡宗宪主持,郑若曾撰,(清)吴坤修辑,半亩园藏书

吴坤修辑《兵法汇编》本,内容同前图(见条目 0803)。

Harvard Yenching Library | Offsite Storage (HD) | 8910 7322,Hollis Number:009113000

0805 海防图论

光绪十六年(1890),(明)胡宗宪主持,郑若曾撰,(清)鲍廷爵辑,常熟:后知不足斋

鲍廷爵辑《后知不足斋丛书》本,内容同前图(见条目 0803)。

Harvard Yenching Library | Offsite Storage (HD) | 9100 2613.2B (59),Hollis Number:006947677

0806 筹海图编

天启四年(1624),(明)胡宗宪主持,郑若曾、邵芳撰,胡维极重刻

《筹海图编》十三卷是胡宗宪在浙江督军抗倭时,出于防御倭寇的实际需要,聘请郑若曾、邵芳等编撰的沿海军事图籍。其中,卷一为沿海山沙图,包括《舆地全图》1幅、《广东沿海山沙图》11幅、《福建沿海山沙图》9幅、《浙江沿海山沙图》21幅、《直隶沿海山沙图》8幅、《山东沿海山沙图》18幅、《辽阳沿海山沙图》5幅。各图将海岸线拉平,上为海,下为陆,海面绘波涛纹,陆地详细标绘沿岸的卫所、烽堠、县城、巡检司、村落、山峰、海岛、河流等,以烽堠的标注最为详细;卷二有《日本国图》和《日本岛夷入寇之图》2幅,为日本国地图和倭寇入侵路线图;卷三为《广东沿海总图》以及广东各府图《廉州府境图》《雷州府境图》《高州府境图》《广州府境图》《惠州府境图》《潮州府境图》7幅;卷四为《福建沿海总图》以及福建各府图《漳州府境图》《泉州府境图》《兴化府[境]图》《福州府境图》《福宁州境图》6幅;卷五为《浙江沿海总图》以及浙江各府图《温州府境图》《台州府境图》《宁波府境图》《绍兴府境图》《杭州府境图》《嘉兴府境图》7幅;卷六为《直隶沿海总图》以及直隶各府图《松江府境图》《苏州府境图》《常州府境图》《镇江府境图》《扬州府境图》《淮安府境图》7幅;卷七为《山东沿海总图》以及山东各府图《登州府境图》《莱州府境图》3幅;卷八为《辽阳总图》以及辽东湾沿岸的广宁右屯卫、义州卫、广宁中屯卫和左屯卫、宁远卫、广宁前屯卫、盖州卫、复州卫、金州卫等卫所及周边墩台屯堡分布图9幅。卷三至卷八沿海府境图主要绘制陆上府县、巡检司、驿站以及山川河流等,与卷一山沙图侧重于沿海卫所和烽堠有所不同。该系列图内容详备,对研究明代海防、卫所、抗倭、海上交通、中日关系等诸多问题有重要参考价值。

114图,墨刻本,中文,20 cm×30 cm

Harvard Yenching Library | Rare Book | T 3034/4233, Hollis Number: 007760658

0807 *A Chart of the Bay of Chin-Chew or Chang-Chew in China*[泉州和漳州港图]

1743年,(英)托马斯·萨尔蒙(T. Salmon)著,G.蔡尔德(G. Child)刻

厦漳泉一带海湾航道图,包括厦门岛、金门岛及附近海岸线和岛礁,内容简略。

1图,黑白,英文,15 cm×21 cm,1∶250000,118°41′25″—118°45′16″E/24°47′58″—24°50′23″N

Harvard Map Collection | MAP-LC | G7824.Q8 1743. C4, Hollis Number: 014746070

0808 *Carte de l'Isle de Cheu-Chan ou Isle de Chusan, de la Province de Che-Kiang: avec les Costes et Isles Voisines*[浙江舟山群岛地图:海岸及海岛]

1749 年,(法)雅克·尼古拉·贝林(Jacques Nicolas Bellin),荷兰海牙:皮埃尔·德·洪特(Hague: Pierre de Hondt)

浙江舟山群岛附近海岸、海岛地图,标注附近水深。

此图出自(法)安东尼·普雷沃:《旅行通史》,海牙:皮埃尔·德·洪特,1747—1767,卷 7 第 434 页(Antoine François Prévost. *L'Histoire Générale des Voyages*, Hague: Pierre de Hondt, 1747—1767, v. 7, p434)。

1 图,黑白,法文、荷兰文,22 cm×32 cm,1∶500000,121°45′—122°45′E/30°00′—30°30′N

Harvard Map Collection | MAP-LC | G7822. Z5 1749. B4, Hollis Number: 012513980

0809 *Carte de la Baye d'Hocsieu et des Entrées de la Riviere de Chang Situées dans la Province de Fokyen: Tirées de Manuscrits Hollandois* [福州港及闽江入海口地图]

1749 年,(法)雅克·尼古拉·贝林(Jacques Nicolas Bellin),荷兰海牙:皮埃尔·德·洪特(Hague: Pierre de Hondt)

闽江自福州城以下至入海口河段地形图,绘制河道、岛礁及入海口附近岛屿,标注水深。

此图出自(法)安东尼·普雷沃:《旅行通史》,海牙:皮埃尔·德·洪特,1747—1767,卷 7 第 434 页(Antoine François Prévost. *L'Histoire Générale des Voyages*, Hague: Pierre de Hondt, 1747—1767, v. 7, p417)。

1 图,黑白,法文、荷兰文,27 cm×20 cm,1∶20000,119°20′—120°00′E/25°50′—26°20′N

Harvard Map Collection | MAP-LC | G7822. M38 1749. B4, Hollis Number: 012515049

0810 *Carte de la Baye de Chin-Chew ou Chang-Chew, Avec les Isles d'Emowi et de Quemowi: Dressée sur Divers Manuscrits*[漳州湾、厦门岛和金门岛地图]

1749 年,(法)雅克·尼古拉·贝林(Jacques Nicolas Bellin),荷兰海牙:皮埃尔·德·洪特(Hague: Pierre de Hondt)

绘制漳州湾、厦门、金门附近海岸线、岛屿等地形，标注近海水深。

此图出自(法)安东尼·普雷沃:《旅行通史》，海牙:皮埃尔·德·洪特，1747—1767，卷7第166页(Antoine François Prévost. *L'Histoire Générale des Voyages*, Hague: Pierre de Hondt, 1747—1767, v. 7, p166)。

1图，黑白，法文、荷兰文，21 cm×29 cm，1∶250000，117°50′—118°50′E/23°55′—24°20′N

Harvard Map Collection | MAP-LC | G7912.T34 1749.B4，Hollis Number: 012514032

0811 *L'Isle Taiwan et Partie des Costes de la Chine: Suivant les Cartes et les Observations les plus récentes et entre autres des RR. PP. Jesuites*[台湾岛及福建沿海]

1749年，(法)雅克·尼古拉·贝林(Jacques Nicolas Bellin)，荷兰海牙:皮埃尔·德·洪特(Hague: Pierre de Hondt)

台湾岛及福建海岸地形图，绘制海岸线、岛礁、河流、港口等。

此图出自(法)安东尼·普雷沃:《旅行通史》，海牙:皮埃尔·德·洪特，1747—1767，卷7第74页(Antoine François Prévost. *L'Histoire Générale des Voyages*, Hague: Pierre de Hondt, 1747—1767, v. 7, p74)。

1图，黑白，法文、荷兰文，22 cm×27 cm，1∶2000000，117°—122°E/30°00′—30°30′N

Harvard Map Collection | MAP-LC | G7910 1749.B4, Hollis Number: 012513955

0812 *Pas-kaart van de Chineesche Kust, langs de Provincien Quantung en Fokien, als ook het Eyland Taiwan*[中国广东、福建及台湾海岸图]

1753年，(荷)约翰内斯·科伊伦(Johannes Van Keulen)，荷兰阿姆斯特丹(Amsterdam)

荷兰早期绘制的中国广东、福建及台湾海岸图。此图为复印件。

1图，彩色，荷兰文，47 cm×61 cm，1∶1200000，115°—122°E/21°—27°N

Harvard Yenching Library | Offsite Storage (HD) | 3102 J67，Hollis Number: 009406727

0813 七省沿海全图

1787—1820年

清代沿海海防图卷，上为陆、下为海，将东部海岸线拉直绘于长卷轴之上，自右向左铺展。绘制了北起鸭绿江、南至北部湾的东部沿海海岸线，标注沿海岛礁、滩涂、河口、府县、卫所、堡垒、村镇、桥梁等要素，并在紧要口岸用文字标注港口停泊情况、海防形势及防范匪患要义等。沿海山脉绘制具有较浓的山水画色彩。相比于其他版本，本图尚缺少《琼州图》《澎湖图》《台湾图》《台湾后山图》部分。

自清雍正年间陈伦炯绘制《沿海全图》及《海国闻见录》后，后人不断地在其沿海图的基础上进行重绘，形成多个题名相近的彩绘长卷本，散布于海内外多个馆藏机构。据《舆图要录》，中国国家图书馆藏有 11 幅不同时期绘制的沿海全图，南京博物院藏有雍正年间《沿海全图》、辽宁省档案馆藏乾隆年间《七省沿海图》、国家博物馆藏乾嘉年间《七省沿海图》、台北故宫博物院藏乾嘉年间《各省沿海口隘全图》、第一历史档案馆藏同光年间《七省沿海全洋图》和光绪年间《沿海疆域图》、美国国会图书馆藏乾嘉年间《海疆洋界形势全图》和光绪七年的《七省沿海全图》等。哈佛馆藏两种，一是哈佛地图馆藏本，即本图，由费正清捐赠，另一是哈佛燕京图书馆藏本，见条目 0814。

该图未标注绘制时间，台湾岛上标注“嘉义县”，而嘉义县是在乾隆五十二年(1787)由诸罗县改名而来，故成图时间应晚于此；图中“宁波”“宁德”“福宁”“海宁”等未避道光讳，故应绘于 1821 年之前，鉴于此，该图绘制时间初步判定在 1787—1820 年之间。此外，清廷于嘉庆十五年(1810)设立了川沙厅，嘉庆十六年(1811)设立了噶玛兰厅，但图上皆无，可能是绘图之时尚未设立，因而成图时间可能提早至 1810 年，鉴于也有可能是绘者无意遗漏，因而川沙厅和噶玛兰厅的信息仅供参考。

1 图，彩绘本，卷轴装，中文，33 cm×662 cm

Harvard Map Collection | MAP-LC | G7822.C6A5 1840. Q5z，Hollis Number：014711507

0814［海防图卷］

咸丰同治年间(1858—1875)

哈佛燕京图书馆藏《七省沿海全图》，该本无图题，题名“海防图卷”为后人所加。主体为清代东部沿海海防图，上为陆、下为海，将海岸线拉直绘于长卷轴之上，包括《环海全图》《七省沿海全图》(前两幅图名缺)《琼州图》《澎湖图》《台湾图》《台湾后山图》6 个部分，其中以《七省沿海全图》为主。相较于哈佛地图馆藏本，燕京本内容完整，年代稍晚，色彩较淡。

全图渤海湾“牛庄城”附近及《台湾图》下有“咸丰年间西国在此通商”字样，此处应指咸丰八年(1858)《天津条约》中开放沿海通商口岸。同时，1860 年的《北京条约》开放天津和大沽，然而天津大沽附近并未标注通商字样，如果此处标注完全准确，那么应在 1858—1860 年间，但考虑到绘图者信息迟滞或忽略的可能性，作为断定成图时间下限的依据并不完全可靠。另外,《台湾图》中仅标注台湾府(注:位于今台南)及嘉义县、彰化县、凤山县和淡防同知,尚未出现台北府(1875 年设立)或建省后的台湾府,因此,该图绘制于咸丰后期至同治年间的可能性较大。

1 图,彩绘本,卷轴装,中文,28 cm×855 cm

Harvard Yenching Library | Rare Book | T 3080/3769, Hollis Number: 009451871

0815 [艋舺街至浊水海道图说]

清嘉庆之后

清代台湾基隆、宜兰一带地理交通图。该图以传统山水画法绘制,原图无图名及作者,哈佛燕京图书馆依图右关于交通路线的题注,将其命名为"艋舺街至浊水海道图说"。根据图上地名和题注可大致判断,该图空间范围相当于今台湾基隆、宜兰及周边海域。图左指向东北,故今台东宜兰地区位于图上部,基隆位于下部,中央山脉横贯于中部。图中并未出现噶玛兰厅治所,也不见五围,但已筑成四围、小围等,因此可以推断,该图所表达的空间信息时间应在嘉庆五年(1800)之后、嘉庆七年占领五围之前。

这一时期,该地区见于文献记载的地图只有漳州人萧竹(友)为噶玛兰建城占卜风水时所绘制的《噶玛兰图》。时人谢金銮称,萧竹图"专写四围……为图坐乾向巽,其言后山之迭脉,水法之回抱,皆为四围而言之,仅可称四围图……古图与杨太守图皆背西北(笔者注:"北"应为"面")东,视竹之图方向大异"。(谢金銮《蛤仔难纪略》,载于陈淑均《噶玛兰厅志》卷二)这些描述与本图完全相符,故可以断定该图应在四围建立之初,萧竹(友)为其占卜风水之时所绘之图或后世摹绘图。该图将噶玛兰山川环境纳入到风水框架中,处处彰显此地为风水宝地。这种将风水观念融入舆图的现象,可能颠覆以往对于中国传统舆图的认知,值得进一步探讨。

日本天理大学图书馆藏有一幅相似的《噶玛兰图》(索取号:292.2-チ21),1955 年天理大学图书馆出版的《中文地志目录》收录有此图信息,台湾"中央研究院"(识别号:T0357M0013)与哈佛燕京图书馆(Barcode:7354093)亦有此图复印件,图上所载内容与本图大体相同。

1 图,彩绘,卷轴装,中文,91 cm×60 cm

Harvard Yenching Library | Rare Book | T 3102/2221, Hollis Number: 009406361

注:此提要由王一帆撰写。

0816 *China Sea. Sheet* Ⅰ [中国南海,图 1]

1811 年,(英)詹姆斯・霍斯伯格(James Horsburgh)

中国南海南部航海图,空间范围包括南海南部、中南半岛南部、马来半岛和马六甲海峡、婆罗洲岛(Borneo Island)、巴拉望岛(Palawan Island)等。绘制该海域的主要岛屿和岛礁,并标注水深,绘制了4条南北向连接香港和东南亚的航线。此图是在1806年的版本上修订而成。

詹姆斯·霍斯伯格(1762—1836)是苏格兰海洋测绘专家,曾供职于东印度公司,测绘了大量东南亚地区航海路线。

1图,黑白,英文,59 cm×86 cm,1∶2200000,102°00′—122°30′E/0°30′S—12°00′N

Harvard Map Collection | MAP-LC | G9237.S6P5 1811. H6,Hollis Number:013808911

0817 *China Sea. Sheet* Ⅰ[中国南海,图1]

1833年,(英)詹姆斯·霍斯伯格(James Horsburgh)

中国南海南部航海图,是在1821年版本的基础上修订而成,内容参见前图(条目0816)。

1图,黑白,英文,65 cm×98 cm,1∶2200000,102°00′—122°30′E/0°30′S—12°00′N

Harvard Map Collection | MAP-LC | G9237.S6P5 1833. H6,Hollis Number:014602468

0818 *China Sea. Sheet* Ⅱ[中国南海,图2]

1823年,(英)詹姆斯·霍斯伯格(James Horsburgh)

中国南海北部航海图,空间范围包括台湾岛南部、广东沿海、中南半岛和菲律宾群岛等地。绘制南海北部海湾和岛礁,标注水深和地名,绘制4条从香港往东南亚的主要航线。空白处绘有23处海湾剖面图。

1图,黑白,英文,64 cm×97 cm,1∶2200000,102°14′—122°12′E/12°02′—24°12′N

Harvard Map Collection | MAP-LC | G9237.S6P5 1823. H6,Hollis Number:014602448

0819 *China Sea. Sheet* Ⅱ[中国南海,图2]

1848年,(英)詹姆斯·霍斯伯格(James Horsburgh)

中国南海北部航海图,是在1823年版本的基础上修订而成,参见前图(条目0818)。

1图,黑白,英文,70 cm×103 cm,1∶2200000,102°14′—122°12′E/12°02′—24°12′N

Harvard Map Collection | MAP-LC | G9237.S6P5 1848. H6, Hollis Number: 009433565

0820 *Chart of the Coast of China to the Eastward of the Great Ladrone* [万山群岛以东的中国海岸图]

1814 年,(英)丹尼尔·罗斯(Daniel Ross)、詹姆斯·霍斯伯格(James Horsburgh)

珠江口万山群岛以东的香港岛、大鹏湾、大亚湾、汕尾、碣石湾至惠来县西港一带的广东海岸地形图。标注近海水深、沿海城镇、卫所等。

1 图,黑白,英文,45 cm×69 cm,1∶25000,114°00′—116°40′E/21°50′—23°20′N

Harvard Map Collection | MAP-LC | G7823.H45P5 1814. R6, Hollis Number: 013860577

0821 *China Sea* [中国南海]

1821—1823 年,(英)詹姆斯·霍斯伯格(James Horsburgh)

南海航道图,分南北两幅,绘制南海及周边海域航线,尤其是新加坡至中国香港航线,详细标注港口和近海水深。南部绘制时间是 1821 年 10 月,北部绘制时间是 1823 年 2 月。

2 图,黑白,英文,126 cm×97 cm,1∶2300000, 103°00′—122°30′E/0°30′S—24°00′N

Harvard Map Collection | MAP-LC | G9237.S6P5 1821.H6, Hollis Number: 014472295

0822 *Eastern Passages to China. Sheet* Ⅰ [通往中国的东航道,图 1]

1824 年 5 月 1 日,(英)詹姆斯·霍斯伯格(James Horsburgh)

印度尼西亚爪哇海、弗洛勒斯海附近海岛地形图及通往中国的航线图。

1 图,黑白,英文,61 cm×80 cm,1∶2200000,107°00′—122°30′E/0°30′S—12°23′N

Harvard Map Collection | MAP-LC | G8071.P5 1824. H6, Hollis Number: 014492931

0823 *Eastern Passages to China. Sheet* Ⅱ [通往中国的东航道,图 2]

1826 年 1 月 2 日,(英)詹姆斯·霍斯伯格(James Horsburgh)

印度尼西亚西里伯斯海、班达海附近海岛地形图及通往中国的航线图。

1 图，黑白，英文，92 cm×63 cm，1∶2200000，122°30′—134°51′E/12°23′S—6°00′N

Harvard Map Collection | MAP-LC | G8071.P5 1826. H61，Hollis Number：014492938

0824 *Eastern Passages to China. Sheet* Ⅲ［通往中国的东航道，图 3］

1828 年 6 月 2 日，(英)詹姆斯·霍斯伯格(James Horsburgh)

菲律宾马尼拉岛附近海域及通往中国的航线图。

1 图，黑白，英文，92 cm×63 cm，1∶2200000，122°03′—134°57′E/6°00′—23°58′N

Harvard Map Collection | MAP-LC | G8061.P5 1828. H6，Hollis Number：014493012

0825 *Chart of of the East Coast of China*［中国东部海岸图］

1835 年，(英)詹姆斯·霍斯伯格(James Horsburgh)

辽东半岛至福建的中国东部海岸图。绘制海湾、海岛、河口、近岸水深、沿海城市和卫所等。中英文标注地名，江苏一带仍按习惯标注为江南省。此图由供职于英国东印度公司的水道制图家詹姆斯·霍斯伯格绘制，对中国海岸的绘制已十分精确，表明这一时期英国东印度公司已对中国沿海进行了详细的测绘。

插图 9 幅，分别绘制芝罘(烟台)、威海卫、长江口、闽江口、厦门、东山湾(漳江入海口)、南澳、基隆、冲绳那霸 9 处河口海港的地形和通航情况。

1 图，黑白，英文、中文，98 cm×63 cm，1∶1900000，114°56′—129°03′E/23°14′—40°32′N

Harvard Map Collection | MAP-LC | G7821.P5 1835. H6 oversize，Hollis Number：013809681

0826 *Chart of the China Sea*［中国南海图］

1840 年，(英)约翰·威廉·诺里(John William Norie)

珠江口一带航道图，包括珠江广州城以下至入海口河段，以及珠江口两侧东北至大亚湾、西南至山川岛一带的海岸线及岛礁，详细标注水深及航线。

1 图，黑白，英文，60 cm×75 cm，1∶350000，112°35′—115°10′E/21°18′—23°12′N

Harvard Map Collection | MAP-LC | G7822.P4 1840. N6，Hollis Number：009433144

0827 *Chart of the Coast of China: Extending from Hongkong to the River Yang-Tse: with Plans on a Large Scale of the Principal Harbours &c*.[中国海岸图:从香港到长江口,附主要港口图]

1852 年,英国伦敦:詹姆斯·伊姆雷父子公司(London: James Imray and Son)

从长江口到香港的中国东南及台湾岛海岸图,细致绘制海岸线,标注海湾、海岛和近海水深。

附插图 8 幅,为香港、厦门港、扬子江、吴淞江、闽江、东山港、深沪湾和围头湾、舟山群岛的港口地形图。

此图根据英国海军军官亨利·奇力(Henry Kellett)和理查德·科林森(Richard Collinson)的实测数据编绘。

1 图,黑白,英文,96 cm×123 cm,1∶1200000,112°29′—124°43′E/20°57′—32°18′N

Harvard Map Collection | MAP-LC | G7821.P5 1852. J3 ultrasize,Hollis Number:013809601

0828 *Canton and its Approaches, Macao and Hong Kong*[广州及珠江航道、澳门和香港]

1853 年,(英)爱德华·卑路乍(Edward Belcher),英国伦敦:乔治·考克斯(London: George Cox)

这张地图上共有 4 幅图,分别是广州城市街道地图、澳门半岛及周边海湾图、香港岛及周边海湾图、澳门至广州的珠江河道图。水域部分标注了细密的水深,以便航行。

4 图,彩色,英文,36 cm×43 cm

Harvard Map Collection | MAP-LC | G7822. P4 1853. B4, Hollis Number: 012522963

0829 *Amoy Inner Harbour*[厦门内港图]

1892 年 11 月,(英)W. C. 霍华德(W. C. Howard)测绘

厦门港航行图,以鼓浪屿为中心,绘制了厦门港内附近地形、航道、岛屿,并标注海水深度。对鼓浪屿绘制较为详细,厦门岛仅绘制西侧海岸部分,老城内未绘制。

1 图,彩色,英文、中文,55 cm×69 cm,1∶7500

Harvard Yenching Library | Rare Book | T 3102/W92, Hollis Number: 009406171

0830 中国江海险要图志

光绪二十七年(1901),(清)陈寿彭译,上海:经世文社

该图志摘译自英国海军海图局1894年编定的《中国海航行指南》(*China Sea Directory*)第三卷中国江海相关部分。陈寿彭于光绪二十四年(1898)开始翻译,次年成书。该书翻译于甲午战败之后,此时清朝海疆洞开、国运飘摇,因而陈寿彭编译此书有强烈的救国保江海的意愿。该书出版后广受推崇,上海经世文社石印2000部,旋即售空。

该图南起琼州海峡,北达天津港,分208图逐段绘制海岸和长江的地形情况,内容细致详尽。分2函15册,1—10册为图说,11—15册为图。

208图,黑白,石印,中文,18.5 cm×12.3 cm

Harvard Yenching Library | Offsite Storage (HD) | 3037 7954a,Hollis Number:009242652

0831 中国江海险要图志

光绪三十三年(1907),(清)陈寿彭译,广东:广雅书局

此本系重印自光绪二十七年(1901)的经世文社本。该书初版后广受推崇,销售一空,然而此时经世文社已倒闭,故将版权转赠给广东广雅书局进行重印。此图背景与内容等信息参见前图(条目0830)。

208图,黑白,石印,中文,19.0 cm×12.5 cm

Harvard Yenching Library | Offsite Storage (HD) | 3037 7954,Hollis Number:005514538

0832 新绘沿海长江险要图

光绪二十八年(1902),(清)余宏淦撰,上海:鸿文书局

清末中国江海门户洞开,旅大、威海卫、胶州湾、广州湾以及香港、台湾等沿海港湾和岛屿被侵占。当时西方对中国沿海、沿江的地形测绘详细程度远高于清朝。该图的绘制,有着强烈的增强海防和江防的军事意图。沿海图分18幅,分段绘制了北起鸭绿江口,南至广东防城县的沿海七省形势图;长江图分9幅,分别绘制了长江沿岸地形和炮台。内容涉及沿海沿江各岛屿、港湾、河流、炮台、商埠、城镇、航线、铁路、电线、驿站等要素。后有《新编沿海险要图说》16卷和《新编长江险要图说》5卷。

27图,黑白,石印,中文,总图62.0 cm×44.5 cm

Harvard Yenching Library | Offsite Storage (HD) | 3034 8933,Hollis Number:005514557

0833 *China - Coastal Survey*［中国海岸测绘图］

1906—1970年，日本水路部

中国东部近海图，分多幅详细绘制东部海岸线、港口、近海地形、水深等，尤其对近岸海域的水深做了细致标注。地图信息主要来自日本海军测绘，也有来自美国、英国等国海军的测绘图。出版时间最早为明治三十九年（1906），最晚至1970年，主体部分是在昭和年间陆续出版。各图空间范围和比例尺不一，以万分之一等级比例尺居多，对于诸如旅顺港、威海卫等重点港口则用更大比例尺绘制。由于测绘精度高、内容详尽，该系列图对于研究近代河口海岸变迁等问题具有参考价值。

93图，黑白，部分彩色，日文、英文，117 cm×98 cm

Harvard Map Collection | MAP-LC | G7820 svar. J3, Hollis Number: 013943248

0834 宝山海塘图说

民国九年（1920），朱日宣，上海：宝山塘工岁修局

长江口宝山海塘图。总图《宝山县塘工全图》1幅，分段图15幅，绘制每段海塘名称、位置、走向、修筑时间、长度以及塘后的城镇、村庄、码头、炮台、工厂等，对研究近代长江口海塘与海岸线变迁等问题有较大的参考价值。总图图幅38.7 cm×60.0 cm，分图25.5 cm×60.0 cm，总图比例尺1∶54500，分图1∶4000。

后附《宝山塘工岁修局图》，为塘工岁修局建筑平面图和宝山县城街道要图，图幅43 cm×59 cm。

17图，黑白，石印本，中文

Harvard Yenching Library | Offsite Storage (HD) | 3038 2963, Hollis Number:005514524

0835 *Chart of Shantung: Sketch Map of China Coast, Loochoos, "Formosa", Japan, Korea, Manchuria & Shantung for Paper "Japan's Expansion"*［山东海图：中国海岸、琉球、台湾、日本、朝鲜、东北与山东简图］

1920年12月6日，（美）C. W.利皮特（Lippitt, C. W.）

手绘黄海、渤海地区示意图，包括黄海、渤海、琉球群岛、中国台湾岛、日本、朝鲜、中国东北和山东等地，标注了该地区若干城市地名，绘制铁路线，信息简略。是未完成的手稿图。

1图，彩色，英文，102 cm×68 cm，1∶900000，116°—132°E/20°—46°N

Harvard Map Collection | MAP-LC | G7800 1920. L5, Hollis Number: 013360221

0836 七省沿海形胜图

民国十五年(1926)再版,童世亨,上海:商务印书馆

此图数据来自山阴朱吉臣在沿海地区进行的实地勘察,但图未及出版,朱吉臣便离世,勘察手稿经交由童世亨后,不幸在日本遗失,仅留部分,后童世亨根据日本邮船会所刊行的航海图,结合朱吉臣残稿及浙江、福建、广东舆图整理绘制成此图。民国三年(1914)初版,十五年(1926)再版。共有5图:《自鸭绿江至东楮岛》《自东楮岛至吴淞口》《自吴淞口至南日屿》《自南日屿至三夹口》及《自三夹口至白龙尾》,北起鸭绿江,经辽东半岛、渤海湾、山东半岛、江苏、浙江、福建、广东沿海,过雷州半岛至北部湾,涵盖整个中国东部海岸地带,细致绘制了海岸线和海岛。标注了涨潮和退潮方向、水道、灯塔、灯船、浮筒灯,并用绿色数字标注近海各处的水深。同时,以插图形式绘制了沿海主要港口、河口、海湾和城市,包括《旅顺口分图》《威海卫分图》《胶州湾分图》《云台山分图》《镇江分图》《江阴分图》《吴淞口分图》《舟山群岛及象山港分图》《三门湾分图》《瓯江口分图》《沙埕港分图》《三都墺分图》《闽江口分图》《厦门港分图》《汕头港分图》《香港九龙分图》《澳门附近分图》《广州附近分图》及《广州湾分图》。用红色字体标注港口被列强侵占的情况。

5图,彩色,中文,39.5 cm×54.5 cm,1∶1500000,108°—124°E/16°—41°N

Harvard Yenching Library | 3080 0140.49 Oversize,Hollis Number:009201036

0837 江南浙江沿海图

民国二十六年(1937),许宝生,上海:中华书局

该图空间范围包括浙江省、江苏南部、福建北部,绘制了这一地区河流、铁路、公路干道、沿海航线、省县治所和部分乡镇地名。

1图,彩色,中文,48.0 cm×36.5 cm,1∶2000000,117°—123°E/26°—33°N

Harvard Yenching Library | Offsite Storage (HD) | 3100 0432 FOLIO,Hollis Number:008726713

0838 *Carte du Territoire de Quang-Tchéou*[广州湾地图]

1900—1901年,(法)夏尔·厄德·博南(Charles Eudes Bonin),越南河内:法属印度支那地理情报局(Hanoi: Service Géographique de l'Indo-Chine)

1899年11月《中法互订广州湾租界条约》签订,法国租借广州湾(今湛江),随后即对港口进行测绘,绘制此系列图。陆地部分绘制地形、植被、城镇、村落、道路以及军事设施等要素;水域部分绘制海岸线、沙滩、岛礁,并标注等深线。

12图,彩色,法文,63 cm×86 cm,1∶25000,119°40′—120°20′E/23°10′—23°45′N

Harvard Map Collection | MAP-LC | G7822.Z43 s25. S4, Hollis Number: 013604121

0839 *Mer de Chine* : *les Paracels* : *d'Après les Levés des Officiers Allemands de la Freya et de l'Iltis* (1881-83) [中国南海:西沙群岛]

1939 年,巴黎:法国海军海图与地图库(Paris: Dépôt des Cartes et Plans de la Marine)

西沙群岛及其附近海域图,标注岛礁和水深。原图出版于 1885 年,1926 年 11 月再版,1937 年 11 月修正第三版,这应是第四版,是提交给法国海军的军用地图。

1 图,黑白,法文,46 cm×61 cm,1∶355900,111°10′—112°55′E/15°40′—17°08′N

Harvard Map Collection | MAP-LC | G9237.P3P5 1939. F7, Hollis Number: 014488430

0840 *Bancs et Récifs dans la Mer de Chine Méridionale*[中国南海海岸与珊瑚礁]

1939 年,巴黎:法国海军水文情报局(Paris: Service Hydrographique de la Marine)

法国海军编印的南海海图。分为 2 图:

(1)Ile et Récif Pratas, d'aprés les levés Anglais et Chinois de1858 *à* 1911[东沙群岛,1858—1911 年英国和中国测绘],绘制东沙群岛岛礁及附近区域,并标注水深,34 cm×45 cm,1∶86840,116°35′36″—116°58′32″E/20°34′25″—20°51′14″N;

(2)Banc Macclesfield, d'aprés les levés Anglais de 1892 et 1893[中沙群岛,1892—1893 年英国测绘],绘制中沙群岛岛礁及附近区域,并标注水深,31 cm×45 cm,1∶396700,113°38′13″—115°01′46″E/15°19′36″—16°17′00″N

1 幅 2 图,黑白,法文

Harvard Map Collection | MAP-LC | G9237.P7P5 1939. F7, Hollis Number: 014488626

0841 *Nördlicher Stiller Ozean*, *Ostküste von China*: *Samsa Bucht bis Yangtse Mündung*[北太平洋和中国东海岸:三沙湾至长江口]

1941 年 12 月 31 日,德国国防军海军司令部(Oberkommand der Kriegsmarine),柏林:迪特里希·赖默尔出版社(Berlin: Dietrich Reimer)

该图原由德国海军于 1912 年 5 月绘制,后经多次修订。该图范围北起长江口北岸,南抵福建宁德三沙湾,绘制了长三口、杭州湾、浙江沿海、福建东北部海岸线,详细标注了沿海的水深、海湾地形、岛屿等。以晕滃法绘制了沿岸山地。

1 图，黑白，德文，95.2 cm×71.2 cm，1∶750000，119°20′—124°20′E/26°10′—32°05′N

Harvard Map Collection | MAP-LC | G9237.E3 1941.G4，Hollis Number：013373926

0842 *China South Coast*：*Navigable Waterways*［中国南方海岸：通航水道］

1944 年 12 月 22 日，美国战略情报局（U. S. Office of Strategic Services）

广东和海南岛河道及沿海地区通航水道图，分别绘制不同等级的轮船和帆船可通航情况。

1 图，彩色，英文，32.0 cm×48.3 cm，1∶2400000，108°—117°E/20°—25°N

Harvard Map Collection | MAP-LC | G7821.P53 1944.U5，Hollis Number：013349738

黄河图

0843 河防一览

万历十八年（1590），（明）潘季驯

明代治河名家潘季驯论述治理黄河、淮河、漕河的著作。内有《祖陵图说》《皇陵图说》和《全河图说》。明祖陵和皇陵位于黄河、淮河交汇处，与两河的治理密切相关。《全河图说》详细绘制了黄河与漕河的河道、堤坝、沿岸州县等，并标注各河段的河防要点。该图着眼于标注河道的相对位置，并将河道拉直，忽略方向，如将东西向的黄河与南北向的运河平行绘制。

3 图，微缩胶卷，中文，《祖陵图说》和《皇陵图说》图幅为 22.3 cm×30.1 cm，《全河图说》合并图幅 22.3 cm×1284.0 cm

Harvard Yenching Library|Microfilm|FC5355，Hollis Number：008357032

0844 河防一览榷

明末（1621—1644），（明）潘季驯撰，潘大复榷

万历《河防一览》的修订本，内容大致相同，删除了《祖陵图说》和《皇陵图说》，保留《全河图说》。

1 图，微缩胶卷，中文，合并图幅 22.1 cm×1114.0 cm

Harvard Yenching Library | Microfilm | FC5342，Hollis Number：008570679

0845 黄河图

乾隆嘉庆年间(1736—1820)

内有《黄河图》(18 cm×325 cm)绘制黄河河口至星宿海全河段干道、支流及附近府县、地形等，图中黄河经淮河入海；《古今黄河道塞图》(18 cm×26 cm)绘制黄河古今河道变迁；《淮水图》(18 cm×169 cm)为淮河流域图；《汉水江水图》(18 cm×494 cm)为汉江和长江全图；《济水图》(18 cm×169 cm)河南山东济河全图；《运河图》(18 cm×832 cm)从杭州到北京的大运河全图；《太湖图》(18 cm×26 cm)；《清江浦图》(18 cm×26 cm)；《卫河图》(18 cm×52 cm)及《禹王台图》(18 cm×26 cm)。

《运河图》后有言"淮南运河自靳文襄而后三十余年不言疏浚矣，黄河水涨惟以筑堤为事"，靳文襄即靳辅，清代治河名臣，康熙十六年(1677)起任河道总督，多年从事河道治理，直到康熙三十一年(1692)去世。由此推测，"靳文襄而后三十余年"即应在雍正前期。另外，运河图后还记载"先皇帝上谕有□□□专以筑堤，终属无益"，而据杜诏《山东通志》四库全书本卷十八《河防》记载，"专以筑堤，终属无益"这正是康熙帝在康熙三十八年(1699)巡视黄河工程后发布的谕旨，由此可知，文中"先皇帝"即是康熙帝，这与本图绘制于雍正年间的判断正好相符。

与此同时，《古今黄河道塞图》后的图说中，为避讳乾隆，明"弘治"被改为"宏治"，因此此本应出现在乾隆及以后，非雍正原刻本。同时，这个"宏"字与其他字体明显不同，显然后期新增，而且是在雍正的原刻板上修改。

基于以上几点推断，该图原刻于雍正年间，并于乾嘉年间重印。

10 图，墨刻本，中文

Harvard Yenching Library | Offsite Storage (HD) | 3039.2 7248，Hollis Number：009354484

0846 黄运河口古今图说

道光二十一年(1841)，(清)麟庆，云荫堂

题中"黄运河口"指位于洪泽湖东北岸江苏清河县附近(今江苏淮安市清河、淮阴一带)的黄河与大运河交汇口。道光年间黄河水患严重，同时漕运也关系到国家命脉，黄河与运河交汇口遂成为治理河务的重点。该图由时任江南河道总督麟庆主持编纂，麟庆经实地勘测，编定这一河口演变图说。该图方位上南下北，分别绘制了明嘉靖年间、清康熙十一年(1672)、康熙十五年(1676)后、康熙三十四年(1695)后、乾隆三十年(1765)前、乾隆四十一年(1776)、乾隆五十年(1785)、嘉庆十三年(1808)、道光七年(1827)、道光十八年(1838)10 个年份的河口形势图，每图后附图说。

10 幅，墨刻本，中文，约 25 cm×30 cm

Harvard Yenching Library | Offsite Storage（HD） | 3039.814 3232，Hollis Number：005555662

0847 太平湾以南舆图

同治六年(1867)，(清)李春晖

黄河自山东东明县以下至入海口段的彩绘河道图，沿岸包括濮州、范县、寿张、东阿、平阴、长清、齐河、济南、济阳、齐东、蒲台、利津等地。绘制了该河段黄河沿岸河堤、山地、县城、村庄、寺庙、道路等要素。在风格上具有一定的山水画特征。

1 图，彩绘，经折装，中文，38 cm×1210 cm

Harvard Yenching Library | Rare Book | T 3039.2 4056 Oversize，Hollis Number：009406333

0848 山东直隶河南三省黄河全图

光绪十六年(1890)，(清)吴大澂、李鸿章、倪文蔚、张曜等修，上海：鸿文书局

光绪十五年(1889)三月，河道总督吴大澂、直隶总督李鸿章、山东巡抚张曜、河南巡抚倪文蔚等奏请测绘黄河下游河段，获准后即从福州船政局、上海机器局、天津制造局、广东舆图局等洋务机构抽调二十余名掌握现代测绘方法的测绘人员进行勘测，并于次年三月测绘完毕，形成 5 册 157 幅分段河图。该图较为准确地绘制了黄河的走势、宽度、水流、河滩形态、沿河府州、村镇、支流、山脉、渡口、堤坝等要素，为黄河水利建设提供参考。

这是黄河历史上最早的现代测绘地图，尽管在形态上仍为传统舆图，但其在图例运用、图形比例、经纬测定等方面已向现代地图转变，地图的精度也明显高于传统舆图。

157 幅，黑白，石印，中文，单幅尺寸 24 cm×25 cm，计里画方

Harvard Yenching Library | 3039.2 1943 Oversize，Hollis Number：005544148

0849 历代黄河变迁图考

光绪十九年(1893)，(清)刘鹗，袖海山房

黄河自陕西韩城龙门口以下至入海口河段历代变迁图集，分为《禹贡全河图》《禹河龙门至于孟津图》《禹河孟津至于大陆图》《禹贡九河逆河图》《周至西汉河道图》《东汉以后河道图》《唐至宋初河道图》《宋二股河图》《南河故道图》及《见今河道图》等图，图后附说。

10 图，缩微胶片，中文，28 cm×20 cm

Harvard Yenching Library | Microfilm | FC5494 (8), Hollis Number: 008630452

0850 历代黄河变迁图考

民国二十五年(1936),(清)刘鹗,南京:水利委员会

原为清末刘鹗著,袖海山房石印,民国时期水利委员会刊行,论述黄河自陕西韩城龙门口以下至入海口河段历代变迁,内容与前图(条目0849)相同。

10图,缩微胶片,中文,28 cm×20 cm

Harvard Yenching Library | Microfilm | FC5494 (8), Hollis Number: 008630453

0851 治河图略

民国十年(1921),(元)王喜,上海:博古斋

元代治理黄河水患的著作。元至正四年(1344),黄河于白茅口决堤,大水泛滥七年,朝廷访求治河方略,王喜进呈本图略。王喜治河方案的核心,一是疏浚南向入淮旧道,二是新开北面河道,形成南北分流之势。为辅助阐述作者的治河理念,供治河参考,该图说绘制了历代黄河图,包括《禹河之图》《汉河之图》《宋河之图》《今河之图》《治河之图》和《河源之图》。

上海博古斋据嘉庆十六年(1811)《墨海金壶》本影印。

6图,影印本,中文,14.5 cm×20.5 cm

Harvard Yenching Library | 9100 6138 (65), Hollis Number: 007120105

0852 治河图略

1935—1937年,(元)王喜,上海:商务印书馆

此为上海商务印书馆据嘉庆十六年(1811)《墨海金壶》本影印。内容参考前图民国十年(1921)影印本(见条目0851)。

6图,影印本,中文,14.5 cm×20.5 cm

Harvard Yenching Library | Offsite Storage (HD) | 9100 3525 (1486), Hollis Number: 008037948

0853 豫冀鲁三省黄河图

民国二十五年(1936),南京:全国经济委员会水利处

黄河下游河道图,绘制范围西起河南武陟县沁河与黄河交汇处,沿河而下,经过开封、濮阳、济南,最后东到黄河入海口利津县。标注了黄河两岸大堤、小埝、坝工、护滩、

埽工等各类防洪工程以及渡口。同时，标注了历史上黄河决口处，并注明决口与合拢时间。

1 图，黑白，经折装，中文，约 26 cm×570 cm，1∶120000

Harvard Yenching Library | Offsite Storage (HD) | 3039.2 8623，Hollis Number：009259367

0854 新黄河流域图

1940 年 1 月 12 日，(日)多田部队参谋部

日军测绘的黄河流域图。1938 年 6 月 9 日，国民党军为阻滞日军南下，在花园口炸开黄河南岸堤坝，黄河改道向南入贾鲁河、颍河，经淮河入海，造成淮北大面积泛滥。在此背景下，日军对改道后的黄河进行测绘，因而标题称之为“新黄河流域图”。

该图的底图是民国参谋本部陆地测量总局于民国十一年至民国二十五年(1922—1936)间测绘的黄河流域的五万分之一等高线地形图。日军于 1939 年 9 月对黄河河道进行航拍测绘，并用蓝色将河道绘制于民国地图上。同时，派地面侦察部队进行实地测量。对河道主要水文特征进行了说明。

原图应有 27 幅，哈佛馆藏其中 9 幅，空间范围主要是洛阳至郑州河段和豫东南周口附近河段。

9 图，彩色，日文、中文，46 cm×58 cm，1∶50000

Harvard Map Collection | MAP-LC | G7823. H33 s50. J31，Hollis Number：013646855

0855 古今治河图说

民国三十一年(1942)，吴君勉，南京：水利委员会

论述历代黄河变迁、水患和治理情况，附有《黄河六大变迁图》《禹河前身图》《禹河形势图》《禹河初徙图》《西汉河患及塞治图》《贾让三策形势想象图》《王莽河形势图》《东汉王景治绩图》《汉宋间大河形势图》《宋代商胡大河形势图》《宋代回河图》《金明昌大河图》《黄河夺淮初步图》《元至元河决白茅图》《明初河患图》《明景泰徐有贞治绩图》《明弘治白昂治绩图》《明弘治刘大夏治绩图》《明正德嘉靖河患图》《明潘季驯初任治绩图》《明潘季驯再任治绩图》《明潘季驯三任治绩图》《明潘季驯四任治绩图》《明季河患图》《清初河患图》《清靳辅治绩图》《清张鹏翮治绩图》《清乾嘉大河塞治图》《清咸丰河徙图》《近代大河形成图》《清光绪十三年郑工决口形势图》《民国二年濮阳决口形势图》《民国二十二年二十三年冯楼堵口前后形势图》《民国二十二年二十三年冯楼贯台决口形势图》《民国二十四年董庄决口灾区图上》《民国二十四年董庄决口灾区图下》《民国二十四年董庄堵口工程图》《孟津至海口黄河略图其一、其二》《孟津至海口黄河略图其

三、其四、其五》《孟津至海口黄河略图其六》《民国二十五年海口乱子寿光圩裁湾工程图》《民国二十七年郑州中牟决口灾区图》及《豫冀鲁三省接界黄河详图》。为《水利委员会水政丛书》第2种。

40图，黑白，中文，13 cm×26 cm

Harvard Yenching Library | 8730 2312，Hollis Number：006329286

长江图

0856 长江图说

同治十年(1871)，(清)马征麟，武昌：湖北崇文书局

长江入海口至荆州河段图。太平天国运动时期，清军长江防务空虚，太平军顺江而下，占尽地利。鉴于此，战后清军着力整顿江防，本图说正是在此背景下编制而成。该图详细绘制了长江走势、支流、岛屿、沿岸港口、城市、驻军营汛等要素，并着重记载了沿江山地。同时，参考《读史方舆纪要》等历史地理著作，标注沿江地区历史沿革和重要历史事件。

在绘图方式上，遵照裴秀"制图六体"，计里画方，红色方格，每方五里。编排上仿照康乾内府舆图方式，横纵分幅，共分6册，每册12幅。

72图，墨刻本，中文，27.7 cm×27.2 cm

Harvard Yenching Library | Offsite Storage (HD) | 3038 7220，Hollis Number：005598619

0857［光绪水道图］

光绪三十年(1904)

虽题为水道图，但主要是长江中下游地区厘卡图及相关档案，其中又以江西居多，兼及浙江嘉兴、台湾等地。厘金制度形成于咸丰年间，是地方上为了筹措对太平天国作战所需军饷而设立的临时性商业税，在交通要道上设卡对过往货物进行抽税，战后逐渐固定并推广，厘卡即是收取厘金的关卡。光绪三十年，江西省牙厘茶盐总局要求各县将辖区内厘卡所在方位及相距里程等信息绘制成图上报。该系列图的主要部分，即是江西各县上报的原始舆图及奏报公文，部分公文上还有总局的批复贴条。该系列图详细绘制了各县所辖厘卡的具体位置以及相应的道路、河流、里程等，部分标注了来往货物情况、盗匪出没情况等，是研究清末厘金和厘卡制度的重要原始档案。

具体包括：1.《南康塘江厘卡河道水程方向图说》《雩都统税分口兼峡山子口舆图》

《金溪县许湾厘卡舆图》《下关厘卡舆图》《袁河口煤厘总卡水道方向图》《李家渡卡申送正分两卡方向并相距里数图说》《泰和县沿溪渡厘卡图说》《万载厘卡舆图》;2.《湖南各县分都舆图》(编者注:此为湖南湘乡县分都图,与厘卡无关,共45幅);3.《吴城厘卡舆图》《九江厘卡舆图》《湖口统税分口舆图》《嘉兴水道图》《饶州厘卡舆图》《萍乡县统税分口暨各子口相距并至省里数及东西南北方向图说》《德安乌石厘卡并蓝桥分卡图说》《柘矶厘卡舆图》《彭泽厘卡舆图》《清江樟树镇兼浮桥脑厘卡图》《三湖厘卡舆图》;4.《谢埠厘卡舆图》《袁州统税分局暨各分口相距里数及东西南北方向图说》《台湾凤山县厘卡舆图》《市汊五卡全图》《江西省城厘卡舆图》《万安县良口厘卡申覆》《姑塘厘卡舆图》《江口兼茅店厘卡委员申覆并图说》《角山正分枝卡方向里数图说》《赣县西关厘卡申覆》;5.《湖口厘卡正分各卡处所方向并相距里数图说》、《会昌县筠门岭统税分口舆图》、《直隶山东航海图》(编者注:此为黄渤海海域贸易航线图)、《大庾统税分口舆图》、《古县渡卡水地道图》、《彭泽统税分口舆图》、《神冈山厘卡图》、《九江统税分口舆图》、《吉水县三曲滩兼住岐厘卡水道程途全图》、《义宁厘卡舆图》、《涂家埠厘卡舆图》、《瑞昌分口图说》、《饶州统税分局舆图》;6.《绘造江南清黄河道各工事宜全图》《宝应县湖西各镇舆图》《都昌厘卡申覆》《信丰县厘卡申覆》《赣州府东关厘卡申覆》《乌石门正卡及蓝桥分卡东西南北方向并相距里数》《瑞洪兼康山厘卡申覆》及《临川县李家渡厘卡申覆》,其中申覆仅有公函,无图。

87图(含《湖南各县分都舆图》45幅),写绘本,中文

Harvard Yenching Library | Rare Book | T 3080/9223, Hollis Number: 010136374

0858“支那”揚子江[长江水道图]

1919—1941年,日本海军省水路部

日本海军省水路部编绘的长江水道详图,包括长江干流重庆至镇江段、洞庭湖水系(主要为湘江、沅江、资江)及鄱阳湖水系。大图幅、大比例尺分段绘制,详细标注了各段河道形态、水深、堤坝、滩涂、两岸山地、沿岸城市、交通线、码头、灯塔、炮台等要素,内容详尽,对于研究近代以来长江、洞庭湖、鄱阳湖等河道水系变迁等问题具有重要参考价值。

日本水路部编绘此系列图主要依据已有测绘图,其中重庆至镇江干流及湘江主要依据中华民国海军部1919—1939年间测绘的水道图,宜昌至岳阳段参考法国和英国海军1912—1913年测绘图,沅江部分为日军明治后期测绘。主体部分是根据中华民国海军部的水道图绘制。

该条目下另有民国海军部于1924年测绘的《中华民国海军部水道图》原图,包括镇江至南京、南京至芜湖、安庆至九江、九江至汉口段等11幅。

44 图，黑白，部分彩色，中文、日文、英文，100 cm×68 cm，1∶25000，106°30′—120°00′E/27°30′—32°30′N

Harvard Map Collection | MAP-LC | G7822.Y3P5 svar. J3，Hollis Number：013878186

0859 川江图说集成

民国十二年(1923)，杨宝珊，重庆：中西书局

该图册绘制了宜昌至重庆段长江航道情况，包括沿线城镇、渡口、滩涂、礁石、水流漩涡、危险程度以及其他航行注意事项，以便航行使用。主图采用素描方法绘制沿江两岸地形。

2 图，黑白，石印，中文，总图 19.7 cm×43.3 cm，1∶800000

Harvard Yenching Library | Offsite Storage (HD) | 3039.823 4231，Hollis Number：005555678

0860 扬子江水道详图：汉口至九江段

民国十二至十三年(1923—1924)，扬子江技术委员会测量处测绘、扬子江水道讨论委员会印行

逐段绘制长江河道及沿岸地形。馆藏 2 幅，分别是《九江》和《得胜洲》附近河段。绘制河道走势、等深线、沙滩礁石、河堤、两岸山地、湖泊、农作物、村庄、植被、道路等。《九江》河段绘制了 5 幅河流横切面图，76.0 cm×105.5 cm，115°50′—116°04′E/28°41′—29°49′N；《得胜洲》河段绘制 7 幅横切面图，104.5 cm×75.0 cm，114°50′—115°00′E/30°20′—30°33′N。

2 图，黑白，中文，1∶25000

Harvard Map Collection | MAP-LC | G7822.Y3P5 1923. Y3，Hollis Number：013868653

其他河图

0861 汉书地理志水道图说，附：考正德清胡氏禹贡图

约同治十一年(1872)，(清)陈澧，广州：西湖街富文斋

《汉书地理志水道图说》成于道光二十八年(1848)，馆藏为《东塾丛书》本。陈澧，号东塾，《东塾丛书》为陈澧著作的合集。图说目录后有门人黎永椿的题识，时间为同

治十一年三月。

该图说以康乾内府舆图为底图，对《汉书地理志》中的水道进行重新考证并绘制成图。全书分七卷，卷一为西北水道，卷二为东北水道，卷三为黄河及支流，卷四为江淮地区水道，卷五为长江及其支流水道，卷六为郁水及支流，卷七为西南诸水道。每卷后附一幅水道图。

《考正德清胡氏禹贡图》成于同治二年(1863)，共有九州图、冀州图、兖州图、青州图、徐州图、扬州北图、扬州南图、荆州图、豫州图、梁州北图、梁州南图、雍州北图、雍州南图、导山导水北图、导山导水南图 15 幅。该图是为康熙年间胡渭的《禹贡锥指》配图。陈澧认为胡渭的《禹贡锥指》乃禹贡研究的集大成者，但当时康乾内府地图尚未编绘，因而其配图不精，为此，在完成汉书地理志水道图后，陈澧决定以康乾内府地图为依据，为《禹贡锥指》配图。绘制禹贡图时，陈澧年事已高，眼昏不能绘，遂让其子陈宗谊绘制，可惜图未成而宗谊死。馆藏另有民国十年(1921)吴承志撰《汉书地理志水道图说补正》二卷。

22 图，墨刻本，中文，21.3 cm×28.8 cm

Harvard Yenching Library | 9118 7931 (12—14)，Hollis Number：007426312

0862 漕河图志

弘治九年(1496)，(明)王琼

京杭大运河全图，南起扬州、北至京城，绘制运河形态、沿岸府县、水闸、支流湖泊等。此为方志前插图，绘制较为粗略。

1 图，缩微胶片，中文，拼合图幅约 21 cm×265 cm

Harvard Yenching Library | Microfilm | FC4876 (534)，Hollis Number：008357029

0863 直隶河渠志图

道光四年(1824)，(清)陈仪撰，吴邦庆辑，益津吴氏

《畿辅河道水利丛书》第一种。该图绘制直隶境内主要河网分布，并标注各河段流向和水文特征。方位上南下北。

1 图，墨刻本，中文，40 cm×45 cm，计里画方

Harvard Yenching Library | Offsite Storage (HD) | 3039.9 2533 (1-2)，Hollis Number：005615852

0864 水利营田图说

道光四年(1824)，(清)吴邦庆辑，益津吴氏

《畿辅河道水利丛书》第五种。分县绘制直隶境内主要河网分布，并标注主要河段流向和水文特征，一县一图，方位上南下北。

37 图，墨刻本，中文，19 cm×22 cm，计里画方

Harvard Yenching Library | Offsite Storage (HD) | 3039.9 2533 (5-10), Hollis Number:005615856

0865 五省沟洫图说

光绪五年(1879)，(清)沈梦兰著，陆钢绘图，邓月秋镌刻

内有《五省水道图》，乃直隶、山西、河南、陕西、甘肃以及山东北部地区河道图。另有《荆江图》1 幅，内容简略。此为《所愿学斋书钞》本。

2 图，重刊本，中文，拼合图幅 38 cm×72 cm，计里画方，每方二百里

Harvard Yenching Library | Offsite Storage (HD) | 9118 3144 (4), Hollis Number:007428366

0866 直省五河图说

民国四年(1915)，黄国俊撰，直隶河道测勘处绘

内有《直省河道平面总图》，为海河流域的北运河、永定河、大清河、子牙河、南运河五条主要支流的河道图。

1 图，铅印本，中文，95.3 cm×80.0 cm，1∶403200

Harvard Yenching Library | Offsite Storage (HD) | 3039.714 4862, Hollis Number:009013390

0867 直隶治水全图

民国六年(1917)，河工讨论会编

该图附于《河工讨论会议事录》中，主要为直隶境内的北运河、北塘河、永定河、大清河、滹沱河、滏阳河、卫河等流域范围。

1 图，黑白，中文、英文，93 cm×66 cm，1∶1000000

Harvard Yenching Library | Offsite Storage (HD) | 3039.814 3100, Hollis Number:005555659

0868 嫩江水路图

民国四年(1915)三月，黑龙江巡按使署，上海：中华书局

绘制嫩江干道走势、形态、支流、沿河村镇、道路等。原图折叠断裂为 2 幅。绘图风格上兼具传统舆图和现代地图的特征。

1 图，彩色，中文，143.5 cm×47.5 cm，1∶456800

Harvard Map Collection | MAP-LC | G7822.N28 1915. N46，Hollis Number：010102126

0869 额尔古讷河水路图

民国四年(1915)三月，黑龙江巡按使署，上海：中华书局

额尔古纳河(当时称为额尔古讷河)发源于大兴安岭西侧，是黑龙江的上游，也是呼伦贝尔地区的中俄界河。该图分 5 段详细绘制了额尔古纳河水道走势、形态、河中岛礁、两岸等高线地形、沿河村镇、卡伦、界碑、道路、植被等要素。绘图风格上兼具传统舆图和现代地图的特征。

1 图，彩色，中文，35.5 cm×292.8 cm，1∶100000

Harvard Map Collection | MAP-LC | G7822.A7 1915. E37，Hollis Number：010104200

0870 黑龙江航路图

民国四年(1915)三月，黑龙江巡按使署，上海：中华书局

分 11 段详细绘制了黑龙江水道走势、形态、航线、河中岛礁、两岸地形、沿河村镇、卡伦、界碑、道路、植被等要素。绘图风格上兼具传统舆图和现代地图的特征。

1 图，彩色，中文，35 cm×705 cm，1∶270000

Harvard Map Collection | MAP-LC | G7822.A6 1915. H45，Hollis Number：010104091

0871 淮扬水利图说

道光二十年(1840)，(清)冯道立

这部水利工程著作内有《淮扬水利全图》《淮黄交汇入海图》《御坝常闭水不归黄沿江分泄图》《漕堤放坝下河筑堤束水归海图》《漕堤放坝水不归海汪洋一片图》《东台水利来源图》《东台水利去路图》《东台杨堤加高图》等水利地图，作者冯道立是清中期重要的水利专家，该图说是在对淮扬水道进行多次实地考察的基础上绘制而成。

7 图，墨刻本，中文，30 cm×32 cm

Harvard Yenching Library | Offsite Storage (HD) | 3039 3230，Hollis Number：005599300

0872 江苏水利图说

宣统二年(1910)，(清)李庆云原著，陆钟琦选刊

光绪十五年(1889),李庆云利用同治以来的多种旧牍,编撰了《续纂水利全案》五十二卷。宣统二年,陆钟琦认为该书对江苏四府一州(苏松常镇太)的河道编纂条目清晰,有益于当地水利建设,可惜刻印有限,流传不广,于是选取全书图说部分另行刊印,遂有此图说。

全图说有《江苏四府一州水利全图》《太湖全图》《苏常镇三府运河图》《吴淞江全图》《重浚太湖溇港图》《重浚吴淞江图》《重浚昭文徐六泾图》《重浚太仓七浦图》《重浚震泽烧香河图》《重修元和吴县吴江震泽桥窦图》《重修无锡沿塘桥图》《新筑江阴黄田港土坝图》《重浚徒阳运河图》《重浚常州运河图》《重浚江阴运河图》《重筑昭文白茆港土坝图》《重浚镇江京口运河新河合图》《重修太仓七浦闸图》《重浚武进孟渎超瓢港图》《重修高淳下坝图》《重浚丹徒运河图》《重浚常熟福山塘河图》《重浚丹阳小城河图》《重修江阴黄田港塘闸图》《复浚丹徒丹阳二县运河图》《吴县洞庭西山后埠港石坝图》《重浚江阴运河黄田港图》《重浚武进孟渎图》,每图后附简要图说。

28 图,墨刻本,中文,23.0 cm×14.5 cm

Harvard Yenching Library | 3037 4401 Oversize,Hollis Number:005599292

0873 通境水陆道图、通州五属图

清末,(清)保思毓,通州:厚生图书仪器社

《通境水陆道图》为江苏通州直隶州河道图,标注河道与桥梁。右上方附插图《通州城乡图》1 幅,为通州城简图。

《通州五属图》为通州下辖通州、泰兴、如皋以及与从通州划分出去的海门厅等地图,以区域内河道、道路为主,标注乡镇、村落、桥梁、港口等。

2 图,黑白,中文,50 cm×69 cm、50 cm×97 cm,1∶150000

Harvard Yenching Library | Offsite Storage (HD) | 3099 4233,Hollis Number:009208953

0874 南湖考

光绪五年(1879),(明)陈幼学原撰,(清)梅启照增修,梁恭辰校,张大昌绘图,杭州:浙江书局

此南湖指浙江余杭南湖(杭州西湖以西约 20 公里处),其水利对于当地农业至关重要。内有《南湖总图》(又题为《南湖形势详考图》)、《陈令创筑之图》、《傅院清理之图》、《土人指示之图》、《奸豪侵占之图》和《苕溪总会之图》,反映南湖的历史变迁。

6 图,墨刻本,中文,18 cm×25 cm

Harvard Yenching Library | Offsite Storage (HD) | 3040 4232,Hollis Number:005587356

0875 湖北汉水图说

光绪二十七年(1901),(清)田宗汉,汉川:田氏对古楼

该图由田宗汉私人绘制,其主要目的是为了整治汉江水利,包括防洪救灾和通航利商两个方面。田氏曾撰写多部汉江水利著作,并对汉江进行大量实地考察,在此基础上绘成此图。因其主要目标是治理水患和通航,所以着重描绘河道宽窄迂直、沙滩、堤坝、支流、两岸山势等要素,而对水道沿革、田赋物产、不受灾的城镇村落等关系不大的要素则忽略不计。绘图范围是汉江自湖北郧西县至武昌段。以穿过京师的经线为中央经线绘制经纬网,同时计里画方,按工部尺计算,每方格五里,分 36 幅对汉江进行逐段绘制。

36 幅,墨刻本,中文,24 cm×25 cm

Harvard Yenching Library | 3039.824 3313 Oversize,Hollis Number:005555687

0876 *Carte Particulière de l'entrée de Canton*[广州入口河道图]

1730—1770 年,(荷)约翰内斯·斯派克(Johannes van der Spyck)刻板

珠江广州至入海口河段航道图,标注河道、岛礁和水深。

附插图 1 幅:*Plan and Quang-Tcheou-Fou Canton*,为广州城略图,将广州城分为北部满洲和南部汉军居住区两部分,方位上南下北。

1 图,黑白,法文,39 cm×24 cm,1∶515000,112°40′—114°00′E/21°35′—23°20′N

Harvard Map Collection | MAP-LC | G7824.G8 1730. C3, Hollis Number:013809530

0877 *Carte des Isles qui sont a l'Embouchure de la Riviere de Canton: Dressée sur les Observations des Navigateurs*[珠江口群岛地图:基于航海观测]

1749 年,(法)雅克·尼古拉·贝林(Jacques Nicolas Bellin),荷兰海牙:皮埃尔·德·洪特(Hague: Pierre de Hondt)

绘制珠江口附近地形、海岸线、岛屿等,包括澳门岛,标注海岸附近水深。

此图出自(法)安东尼·普雷沃:《旅行通史》,海牙:皮埃尔·德·洪特,1747—1767,卷 7 第 488 页(Antoine François Prévost. *L'Histoire Générale des Voyages*, Hague: Pierre de Hondt, 1747—1767, v. 7, p448)。

1 图,黑白,法文、荷兰文,19 cm×30 cm,1∶500000,113°20′—114°20′E/21°25′—22°15′N

Harvard Map Collection | MAP-LC | G7822.P4 1749. B5, Hollis Number:012514963

0878 *Carte de l'Entrée de la Riviere de Canton: Dressée sur les Observations les plus Récentes*[珠江入海口地图:来自最新探测资料]

1749 年,(法)雅克·尼古拉·贝林(Jacques Nicolas Bellin),荷兰海牙:皮埃尔·德·洪特(Hague: Pierre de Hondt)

珠江口(广州到澳门段)地形图,绘制海岸线、岛礁、河流等。

此图出自(法)安东尼·普雷沃:《旅行通史》,海牙:皮埃尔·德·洪特,1747—1767,卷 7 第 5 页(Antoine François Prévost. *L'Histoire Générale des Voyages*, Hague: Pierre de Hondt, 1747—1767, v. 7, p5)。

1 图,黑白,法文、荷兰文,26 cm×19 cm,1∶500000,113°—114°E/22°00′—23°15′N

Harvard Map Collection | MAP-LC | G7822.P4 1749.B4, Hollis Number: 012513928

0879 *Chart of Choo Keang or Canton River*[珠江口河道图]

1831 年 7 月 1 日,(英)詹姆斯·霍斯伯格(James Horsburgh)

珠江口河道图,从广州到入海口段,标注河道形态、水深、沙滩、岛礁等。中英文标注地名。

附插图 2 幅,分别为珠江广州城到狮子洋河道图和金星门港口图。

1 图,黑白,英文、中文,99 cm×64 cm,1∶50000,113°15′—114°10′E/21°50′—23°10′N

Harvard Map Collection | MAP-LC | G7822.P4 1831.H6, Hollis Number: 012570418

地形图

全国

0880 *The Kingdome of China*[中华帝国]

1626 年,(英)约翰·斯皮德(John Speed),英国伦敦(London)

中国地形图,基本形态沿袭奥特利乌斯(A. Ortelius)和巴布达(Luiz Jorge de Barbuda)1584 年的《中国新图》(*Chinae, olim sinarum regionis, nova descriptio, auctore Ludouico Georgio*),北方长城绘城半圆弧,连接长条形星宿海以及南北向山脉为中国分界线,黄河长江水系尚未分开。该图较奥特利乌斯和巴布达图的主要改进之处在于增绘了渤海湾,使得辽东半岛和山东半岛初具形态,台湾岛面积有所增大。地图四周绘制了 12 幅关于中国和日本的插图,包括中国人物肖像、死刑的执行方式、交通方式等,其中中国男人和女人的画像基本上是欧洲人面孔,死刑执行方式为耶稣被钉在十字架上的殉难方式,这些插画也反映出当时欧洲对中国的许多认识停留在传闻和想象阶段。

1 图,彩色,英文,35 cm×43 cm,1∶15000000,70°—150°E/18°—50°N

Harvard Map Collection | MAP-LC | G7810 1626. S6, Hollis Number: 012524481

0881 *CHINA Veteribus SINARVM REGIO nunc Incolis TAME dicta*[中国地图]

1635 年,(荷)威廉·布劳(Willem Janszoon Blaeu),荷兰阿姆斯特丹(Amsterdam)

17 世纪早期荷兰绘制的中国地图。在这幅图上,中国的轮廓有着明显的扭曲,北方长城绘成半弧形,从辽东到西北,分隔内地和蒙古,而长城南端连接着南北向狭长的星宿海(Lacus Cincui Hay),星宿海南端则连着南北向的未注名山脉,山脉的西边则标记为印度以及恒河。这条半弧形的长城、狭长的星宿海和南北向山脉构成中国的内地边界。长城以内的河网系统混乱,福建、广东沿海一带标注相对详细,内地地名标注简略。朝鲜半岛被绘成一个南北向的岛,黄海成了狭长的海峡。这是早期欧洲地图上常见的中国地理形象。

作者威廉·布劳是 17 世纪早期阿姆斯特丹著名的绘图师,他曾从同一时期另外一名知名的绘图师约道库斯·洪第乌斯(Jodocus Hondius)那购置地图铜版,比较约道库斯·洪第乌斯于1619年刊行的一幅题为CHINA的中国地图,很容易看出两者在中国轮廓与河道系统等方面的绘制几乎完全一致,可以认为布劳图中关于中国地理的信息来自于洪第乌斯的地图,而洪第乌斯图与奥特利乌斯和巴布达的中国地图绘制方式几乎一致,洪第乌斯图应直接或间接来自于后者。

16、17世纪早期欧洲人对中国的地理认知,主要依靠西班牙、英国、荷兰等航海信息及耶稣会士的传述,这点也与这张图上福建广东沿海地名相对详细而内地信息简略的特征相契合。布劳的这幅图后来不断被翻印,包括1638年由马特乌斯·梅里安(Matthuäs Merian)翻印的同名黑白版、1642年重印本、1658年由扬·扬松(Jan Janssonius)翻印本等。

1图,彩色,拉丁文,40 cm×48 cm,1∶11750000

Harvard Map Collection | MAP-LC | G7810 1635. B5, Hollis Number: 012524532

0882 *CHINA Veteribus SINARVM REGIO nunc Incolis TAME dicta*[中国地图]

1649—1658年,(荷)扬·扬松(Jan Janssonius),荷兰阿姆斯特丹(Amsterdam)

该图在威廉·布劳1635年的同名地图上翻印,地理信息相同,只有着色和装饰花纹有所变动,删掉了经线,只保留纬线。参见前图(条目0881)。

1图,彩色,拉丁文,40 cm×48 cm,1∶11750000

Harvard Map Collection | MAP-LC | G7810 1649. J3, Hollis Number: 012008452

0883 *La Chine Royaume*[中华帝国]

1656年,(法)尼古拉·桑松(Nicolas Sanson),法国巴黎:皮埃尔·马里耶特(Paris: Pierre Mariette)

长城以南的中国内地分省地形图。该图由法国制图师桑松绘制,有可能参考了耶稣会士罗明坚(Michele Ruggieri)的手稿图,比较该图与罗明坚手稿,两者有一定的相似度,尤其是辽东地区对海岸线、河道、长城等形态的绘制基本相同,而罗明坚的辽东手稿又与《广舆图》基本相似,但与卫匡国图的辽东部分则明显不同。此外桑松对福建省的轮廓和河道的绘制也与罗明坚手稿图有较大的相似之处,但是地名标注则有较大的差异。桑松或许还参考了其他的数据。该图是桑松最早的一幅中国地图,载于1658年发行的地图集《世界各地全图》(*Cartes Generales de Toutes les Parties du Monde*)。

1 图，彩色，法文，40 cm×52 cm，1∶9500000

Harvard Map Collection | MAP-LC | G7820 1656. S2，Hollis Number：012524511

0884 *Carte des Indes et de la Chine*：*Dressée sur Plusieurs Relations Particulieres Rectifiées par Quelques Observations*［印度和中国地图］

1705 年，（法）纪尧姆·德利勒（Guillaume de L'Isle），荷兰阿姆斯特丹：科文斯和莫蒂公司（Amsterdam：Jean Cóvens et Corneille Mortier）

东亚、东南亚和南亚地形图。该图绘制了这一地区海岸轮廓、主要河流、山脉、疆域范围等，对南亚和东南亚的绘制较为准确，但东北亚地区轮廓偏差较大。长江、黄河水系大体准确，但西南地区的水系则延续奥特利乌斯和巴布达地图的绘制方式。可以反映当时欧洲对亚洲的地理认识程度。该图出自纪尧姆·德利勒编纂的《新地图集》（*Atlas Nouveau*，*Contenant Toutes les Parties du Monde*，*ou Sont Exactement Remarquees les Empires*，*Monarchies*，*Royaumes*，*Etats*，*Republiques &c*）中第 35 幅图。以穿过耶罗岛（l'Isle de Ferro）的经线为本初子午线。

1 图，彩色，法文，63 cm×65 cm，1∶10000000，58°—159°E/10°S—50°N

Harvard Map Collection | MAP-LC | G7400 1720. L5，Hollis Number：014474432

0885 *Carte des Indes et de la Chine*：*Dressée sur Plusieurs Relations Particulieres Rectifiées par Quelques Observations*［印度和中国地图］

1730 年，（法）纪尧姆·德利勒（Guillaume de L'Isle），荷兰阿姆斯特丹：科文斯和莫蒂公司（Amsterdam：Jean Cóvens et Corneille Mortier）

东亚、东南亚和南亚地形图。在 1720 年版本修订而成，参考前图（条目 0884）。

1 图，彩色，法文，62 cm×63 cm，1∶10000000，58°—159°E/10°S—50°N

Harvard Map Collection | MAP-LC | G7400 1730. L5，Hollis Number：014474794

0886 *La Chine avec la Korée et les Parties de la Tartarie les plus Voisines*：*tirées des Cartes que les Jesuites Missionaires ont levées les Années 1708 jusqu'en 1717*［中国、朝鲜及蒙古：来自耶稣会传教士 1708—1717 年的地图］

1749 年，（法）雅克·尼古拉·贝林（Jacques Nicolas Bellin），荷兰海牙：皮埃尔·德·洪特（Hague：Pierre de Hondt）

中国内地及朝鲜半岛地形图，包括阴山以南、青海湖以东地区，也涉及蒙古南部地区。绘制区域内的山脉、河流、湖泊，标注省、府地名。

该图地理信息应来自唐维尔的《中国新地图集》(*Nouvel Atlas de la Chine*)。

此图出自(法)安东尼·普雷沃:《旅行通史》，海牙:皮埃尔·德·洪特，1747—1767，卷8第1页(Antoine François Prévost. *L'Histoire Générale des Voyages*, Hague: Pierre de Hondt, 1747—1767, v. 7, p1)。

1图，黑白，法文、荷兰文，27 cm×31 cm，1:10000000，96°—130°E/22°—45°N

Harvard Map Collection | MAP-LC | G7810 1749. B4, Hollis Number: 012513869

0887 *L'empire de la Chine pour Servir a l'Histoire Generale des Voyages* [中华帝国:《旅行通史》配图]

1749年，(法)雅克·尼古拉·贝林(Jacques Nicolas Bellin)，荷兰海牙:皮埃尔·德·洪特(Hague: Pierre de Hondt)

清朝内地十八省地形图。该图地理信息应来自唐维尔的《中国新地图集》(*Nouvel Atlas de la Chine*)。

此图出自(法)安东尼·普雷沃:《旅行通史》，海牙:皮埃尔·德·洪特，1747—1767，卷8第1页(Antoine François Prévost. *L'Histoire Générale des Voyages*, Hague: Pierre de Hondt, 1747—1767. v.8, p. 1)。

1图，黑白，法文、荷兰文，27.2 cm×38.7 cm，1:10000000，91°—133°E/18°—42°N

Harvard Map Collection | MAP-LC | G7810 1749. B41, Hollis Number: 013809380

0888 *Chinesisches Reich* [中华帝国]

1880年，(德)赫尔曼·贝格豪斯(Hermann Berghaus)，德国哥达:尤斯图斯·佩尔特斯出版社(Gotha: Justus Perthes)

清朝地形图。绘制清朝国界、省界等，反映清末西方对中国疆域的认识，尤其是东南海疆以及西北疆域。以晕滃法绘制山地，河流、湖泊、海岸线等地理要素已有较高的准确度。

1图，彩色，德文，38.8 cm×47.9 cm，1:12500000，73°29′—135°23′E/17°44′—53°46′N

Harvard Map Collection | MAP-LC | G7810 1880. B4, Hollis Number: 013822636

0889 *Chinesisches Reich*［中华帝国］

1884年,(德)赫尔曼·贝格豪斯(Hermann Berghaus),德国哥达:尤斯图斯·佩尔特斯出版社(Gotha: Justus Perthes)

清朝地形图。在1880年版同名地图上修订,内容参考前图(条目0888)。

1图,彩色,德文,38.8 cm×47.9 cm,1∶12500000,73°29′—135°23′E/17°44′—53°46′N

Botany Arnold (Cambr.) | Atlases | G1019. H3 188x no. 66 AislE76, Hollis Number:014759127

0890 *Stanford's Map of the Empires of China and Japan with the Adjacent Parts of the Russian Empire*, *India*, *Burma & c*.［斯坦福中国和日本及周边地区图］

1898年3月,斯坦福地理学会(Standford's Geographical Establishment),英国伦敦:爱德华·斯坦福公司(London: Edward Stanford Ltd.)

甲午战后中、日、韩及周边地区地形图,绘有国界线,以晕滃法绘制山脉,标绘河流、湖泊、省界、铁路、县级地名等要素。

1图,彩色,英文,65 cm×100 cm,1∶7000000,66°—148°E/16°—56°N

Harvard Map Collection | MAP-LC | G7820 1898. S8, Hollis Number: 012570161

0891 *Stanford's Map of China and Japan with the Adjacent Parts of the Russian Empire*, *India*, *Burma & c*.［斯坦福中国和日本及周边地区图］

1920年8月7日,斯坦福地理学会(Standford's Geographical Establishment),英国伦敦:爱德华·斯坦福公司(London: Edward Stanford Ltd.)

中国、日本及周边地区地形图。以晕滃法绘制山脉,标示河流湖泊、铁路、电报线、通商口岸等。该图将民国全境标注CHINESE REPUBLIC,而将内地标为CHINA,与"满"、蒙、疆、藏并列。

1图,彩色,英文,67.5 cm×103.0 cm,1∶7000000,64°—148°E/16°—52°N

Harvard Map Collection | MAP-LC | G7820 1920. E3 vf, Hollis Number: 013234271

0892 *The Century Atlas*. *China*, *Eastern Part*［世纪地图集:中国东部］

1898年,美国纽约州布法罗:马修斯·诺思拉普公司(Buffalo, New York: The

Matthews - Northrup Company)

中国东中部地形图，绘制山脉、河湖、省界、铁路、公路、航线、电报线、通商口岸、灯塔等。

1 图，彩色，英文，41 cm×27 cm，1∶7200000，107°—127°E/18°—42°N

Harvard Map Collection | MAP-LC | G7820 1900. C4, Hollis Number: 013276412

0893 *Asie*［亚洲］

1904 年，法国陆军地理局（Service Géographique de l'Armée, France）

法国陆军地图处测绘的东北亚地形图，空间范围包括中国东部和东北、朝鲜半岛和日本及附近海域。以晕渲法绘制山地，标绘河流湖泊及近海水深。图幅大，对地名的标注较为详细，尤其是燕山附近长城各关口。地名标注重点是辽东半岛区域以及山东半岛、华北平原、朝鲜半岛及沿海地区。

1 图，彩色，法文，136 cm×176 cm，1∶1000000，115°28′—134°15′E/32°00′—43°30′N

Harvard Map Collection | MAP-LC | G7900 1904. F7 oversize, Hollis Number: 014161643

0894［中国］

1917 年，（日）若林平三郎、大冈力藏、中野钲三郎，日本东京：东京地学协会

中国等高线地形图，按经差 2°30′、纬差 1°30′分幅绘制。空间上，馆藏 8 幅主要为福州、南昌、梧州、岳阳、成都、阆中等地及其周边地区，未覆盖全国。内容上，每图仅绘制交通干道及沿线地形，非干道地区则大片空白，这种军事地图的绘制形式，与明治年间日本军部对中国的测绘地图如出一辙，如馆藏明治十七至二十七年（1884—1894）的《清国山东省》，这套图很有可能是参照明治时期日本军方测绘的中国地图改绘而成。

8 图，彩色，日文，51 cm×65 cm，1∶400000，约 102°—120°E/20°—30°N

Harvard Map Collection | MAP-LC | G7820 svar. W3, Hollis Number: 013899409

0895 最新"支那"實用地圖［最新中国实用地图］

1922 年 7 月 1 日，（日）增田义一

本图出自《实业之日本》1922 年 7 月 1 日号附录，介绍中国基本国情。主图为中国地形图，以晕渲法绘制地形，但精度较差。

附插图 4 幅：《人种分布图》《言语分布图》《人口密度图》和《东方要部》（即华北和

江淮地区省级行政区划图)。

1 图,彩色,日文,54.0 cm×78.6 cm,1∶9600000,75°—140°E/18°—53°N

Harvard Map Collection | MAP-LC | G7820 1922. S3, Hollis Number: 014655478

0896 中国地图 *Picture Map of China*

约 1932 年,(美)弗兰克·伦道夫·索瑟德(Frank Randolph Southard),美国纽约:友谊出版社(New York: Friendship Press)

漫画风格绘制的中国内地山川河流简图,标绘若干城市。地图周边配有中国民众日常生活的插图。

1 图,黑白,英文,97 cm×127 cm,1∶16000000

Harvard Map Collection | MAP-LC | G7821. A5 1932. S6, Hollis Number: 009384490

0897 *The Far East*[远东]

约 1932—1933 年,(英)约翰·巴塞洛缪(John Bartholomew),英国爱丁堡:巴塞洛缪父子公司(Edinburgh: John Bartholomew & Son)

青藏高原以东的中国、蒙古、朝鲜和日本的分层设色地形图。绘制中国中东部省级行政区划、地形、河流等信息。

未明确标注成图时间,图上绘制了 1932 年成立的伪满洲国,但其范围尚未包括热河,而热河是 1933 年被日本占领后划入伪满,据此推测,该图反映的应是 1932—1933 年左右或稍后的地理信息。

该图属于《巴塞洛缪世界总图系列》(Bartholomew's General World Series),图左下角标注 The Edinburgh Geographical Institute。

1 图,彩色,英文,77.4 cm×73.0 cm,1∶6000000,96°—148°E/16°—53°N

Harvard Map Collection | MAP-LC | G7800 1935. J6, Hollis Number: 013314551

0898 *Landforms of China* [中国内地地形图]

1937 年,(美)欧文·劳伊斯(Erwin Raisz),美国麻省剑桥:哈佛燕京学社(Cambridge, Mass: Harvard Yenching Institute)

中国内地地形简图,以晕渲法绘制地形,无文字标注,是中国地形底图稿纸,用于标绘其他地理要素。该图由欧文·劳伊斯于 1937 年在哈佛大学地理研究所(Institute of Geographical Exploration)绘制。

1 图,黑白,英文,71.2 cm×71.2 cm,1∶4000000,95°—125°E/20°—40°N

Harvard Map Collection | MAP-LC | G7821.C2 1937. R31, Hollis Number: 013175857

0899 *Landforms of China* [中国内地地形图]

1937 年,(美)欧文·劳伊斯(Erwin Raisz),美国麻省剑桥:哈佛燕京学社(Cambridge, Mass: Harvard Yenching Institute)

前图(条目 0898)的缩小版,内容形制相同。

1 图,黑白,英文,44 cm×46 cm,1∶6000000,95°—125°E/20°—40°N

Harvard Map Collection | MAP-LC | G7821.C2 1937. R3;Cabot Science | Off-site Storage (HD) | G7821.C2 1937. R3,Hollis Number:010091770

0900 *Outline Map of China*[中国内地地形概图]

1937 年,(美)欧文·劳伊斯(Erwin Raisz),美国麻省剑桥:哈佛燕京学社(Cambridge, Mass: Harvard Yenching Institute)

前图(条目 0898)的缩略版,内容形制基本相同,删除支流,对山脉绘制相对简略。

1 图,黑白,英文,41 cm×43 cm,1∶6000000,95°—125°E/20°—40°N

Harvard Map Collection | MAP-LC | G7821.C2 1937. R32, Hollis Number: 013234281

0901 *China and Japan*[中国和日本]

1943 年,英国陆军部参谋总部地理处(Great Britain. War Office. General Staff. Geographical Section),美国陆军制图局(U. S. Army Map Service)

中国、日本及相邻地区分层设色地形图,绘制区域内的铁路、公路、水路交通线。采用圆锥等角投影,全图呈扇形。根据英军二战时期 G.S.G.S.系列地图第 4065 和 2957 号绘制。

1 图,彩色,英文,71 cm×86 cm,1∶8000000,90°—150°E/20°—56°N

Harvard Map Collection | MAP-LC | G7800 1943. G7, Hollis Number: 013295823

0902 *China, Terrain and Transportation*[中国地形和交通图]

1944 年 3 月 27 日,美国战略情报局(U. S. Office of Strategic Services)

中国立体地形图,并绘制了铁路(分标准轨、宽轨、窄轨、被毁)和主要公路交通线路。

1图，彩色，英文，58.8 cm×94.1 cm，1∶3500000，80°—140°E/18°—42°N

Harvard Map Collection | MAP-LC | G7820 1944. U5, Hollis Number: 013187739

0903 *China*[中国]

1944年6月19日，美国战略情报局(U. S. Office of Strategic Services)

中国地形简图，绘制了中国及周边地区主要的地貌类型(平原、丘陵、沙漠、山地等)、主要地名和交通线路等要素。

1图，彩色，英文，38.0 cm×45.7 cm，1∶15000000，70°—145°E/15°—60°N

Harvard Map Collection | MAP-LC | G7821. C2 1944. U5, Hollis Number: 013222921

0904 *Eastern China and Korea*[中国东部和朝鲜]

1944年，美国战略情报局(U. S. Office of Strategic Services)

中国东部和朝鲜半岛地形图。以晕渲法绘制地形，绘有铁路和主要公路交通线。图上还绘有以东京为中心，距离1125英里和1500英里的两条半圆弧。

1图，灰白，英文，78.5 cm×66.2 cm，1∶3500000，108°—132°E/22°—42°N

Harvard Map Collection | MAP-LC | G7820 1944. U53, Hollis Number: 013349797

0905 大中国立体地形图

民国三十六年(1947)六月，中国史地图表编纂社顾颉刚主编，张务聪、周其义编制，卢村禾、金擎宇校订，上海：亚光舆地学社出版、大中国图书局发行

以晕渲法(光源自西北向东南向的立体投影)绘制的全国地形图。

1图，彩色，中文，76.0 cm×103.5 cm，1∶6300000，68°—148°E/16°—53°N

Harvard Map Collection | MAP-LC | G7821. C2 1947. Z56, Hollis Number: 010098642

华北地区

0906 *Carte du Katay ou Empire de Kin*, *Pour Servir a l'Histoire de Jenghiz Khan*, *Raportée dans l'Histoire Generale des Voyages*, *Tirée de l'Anglois* [中国北方地图:《旅行通史》配图]

1749 年,(法)雅克·尼古拉·贝林(Jacques Nicolas Bellin),荷兰海牙:皮埃尔·德·洪特(Hague: Pierre de Hondt)

黄河中下游地区、辽东半岛及朝鲜半岛等地的地形图,绘制山脉、河流、长城等要素。该图地理信息应来自唐维尔的《中国新地图集》(*Nouvel Atlas de la Chine*)。

此图出自(法)安东尼·普雷沃:《旅行通史》,海牙:皮埃尔·德·洪特,1747—1767(Antoine François Prévost. *L'Histoire Générale des Voyages*, Hague: Pierre de Hondt, 1747—1767)

1 图,黑白,法文、荷兰文,20 cm×31 cm,1∶7250000,104°—136°E/33°—46°N

Harvard Map Collection | MAP-LC | G7810 1749. B3, Hollis Number: 012515053

0907 *Karte von Tschili und Schantung* 直隶山东舆地图

光绪三十三年(1907),德国陆军参谋处测量部

德国陆军测绘的直隶山东地形图,该系列原 63 幅,馆藏其中 1 幅《五台县》图,绘制五台、繁峙一带地形、河流、交通线路等。

1 图,彩色,德文、中文,37 cm×44 cm,1∶200000,113°00′—114°00′E/38°40′—39°20′N

Harvard Map Collection | MAP-LC | G7823. S4 s200. P7, Hollis Number: 013400001

0908 *Chine*: *Feuille Nord*[中国北部]

1922 年,(法)G. 巴热(G. Bagge)绘、D. 托艾夫(D. Aïtoff)编、E. 德洛纳(E. Delaune)刻、P. 迪马沃泽特(P. Dumas-Vorzet)注说,法国巴黎:阿谢特书店(Paris: Librairie Hachette)

中国北方地形图,空间范围大致为北纬 30°以北、长城以南。标绘地形、河流、地名和交通线等。该图出自法国路易·费雯和施拉德尔主编的《全球地理图集》(L.

Vivien de Saint Martin, F. Schrader. *Atlas Universel de Géographie*, Paris: Librairie Hachette, 1920—1923)第 49 图。

1 图,彩色,法文,45 cm×57 cm,1∶5000000,93°53′—125°24′E/29°09′—44°50′N

Harvard Map Collection | MAP-LC | G7810 1922. B3, Hollis Number: 013363206

0909 *Tatariae Sinensis Mappa Geographica*[中国鞑靼地形图]

1749 年,(德)托比亚斯·梅耶(Tobias Mayer),德国纽伦堡:霍曼公司(Nuremberg: Curis Homannianorum Heredum)

黄河以北的华北、蒙古和东北地形图,绘制较为细致的山脉和河流。该图地理信息应来自唐维尔的《中国新地图集》(*Nouvel Atlas de la Chine*)。

1 图,彩色,拉丁文、法文,49 cm×78 cm,1∶5000000,95°—145°E/34°—55°N

Harvard Map Collection | MAP-LC | G7822. M2 1749. H6, Hollis Number: 011888498

0910 *Tatariae Sinensis Mappa Geographica*[中国鞑靼地形图]

1749 年,(德)托比亚斯·梅耶(Tobias Mayer),德国纽伦堡:霍曼公司(Nuremberg: Curis Homannianorum Heredum)

该图与前图(条目 0909)内容基本相同,只是省略了朝鲜和日本的省(县)界,着色略有差异。

1 图,彩色,拉丁文、法文,49 cm×78 cm,1∶5000000,95°—145°E/34°—55°N

Harvard Map Collection | MAP-LC | G7810 1749. M3, Hollis Number: 012570294

0911 *Carte de la Tartarie Occidentale: Pour servir a l'Histoire Generale des Voyages*[蒙古西部地图:《旅行通史》配图]

1749 年,(法)雅克·尼古拉·贝林(Jacques Nicolas Bellin),荷兰海牙:皮埃尔·德·洪特(Hague: Pierre de Hondt)

长城以北蒙古地区地形图,空间范围南抵长城、北达贝加尔湖、西起阿尔泰山、东至大兴安岭,实际上包括整个内外蒙古地区,并不局限于蒙古西部。绘制主要山脉、河流和交通线。

此图出自(法)安东尼·普雷沃:《旅行通史》,海牙:皮埃尔·德·洪特,1747—1767,卷 10(Antoine François Prévost. *L'Histoire Générale des Voyages*, Hague: Pierre de Hondt, 1747—1767, v. 10)。

1 图,黑白,法文、荷兰文,19 cm×29 cm,1∶5400000,101°—133°E/39°—52°N

Harvard Map Collection | MAP-LC | G7895 1749. B4, Hollis Number: 012515062

0912 *Troisième Partie de la Carte d'Asie, Contenant la Sibérie, et Quelques Autres Parties de la Tartarie*[亚洲地图第三部分:西伯利亚、鞑靼及其他部分]

1753 年,(法)唐维尔(Jean Baptiste Bourguignon d' Anville),法国巴黎(Paris)

唐维尔绘制的长城以北蒙古、西伯利亚以及黑龙江流域图。

1 图,黑白,法文,52 cm×108 cm,1∶7150000,42°E—176°W/38°—80°N

Harvard Map Collection | MAP-LC | G7270 1753. A6, Hollis Number: 011888551

0913 *Tabula Geographica Regiones ad Irtisch Fluvium, a Fontibus eius inde, vsque ad Omskaja Krepost sitas, et priscas Kalmuccorum Sengoricae stirpis sedes, quarum situs antea parum cognitus fuit, exhibens*[额尔齐斯河以东的蒙古地区地形图]

1788 年,(俄)约翰·艾斯尼耶夫(Joh. Islenieff),俄国圣彼得堡:俄国皇家科学院

内外蒙古地形图,西起额尔齐斯河、东至呼伦湖、南抵长城、北达贝加尔湖,主要绘制区域内的山脉与河流。

1 图,彩色,拉丁文,45 cm×55 cm,1∶4400000,63°38′—102°24′E/37°11′—55°56′N

Harvard Map Collection | MAP-LC | G7212.I78 1788. I7 vf, Hollis Number: 014514264

0914 内外蒙古图

清光绪五年(1879)

清末内外蒙古地形图,主要标绘河流、湖泊、山脉以及蒙古各旗所在地,范围为内外蒙古,南抵长城,北达俄罗斯,西起中国伊犁塔尔巴哈台城,东至中国吉林打牲乌拉城。

1 图 2 幅,墨刻本,中文,62.3 cm×64.3 cm

Harvard Yenching Library | Rare Book | T 3107.1/4234, Hollis Number: 009445108

0915 *Carte de la Mongolie Orientale*[蒙古东部地图]

1914年3月29日,(日)鸟居龙藏(Riuzo Torii)和鸟居君子(Kimiko Torii)

蒙古东部、大兴安岭一带等高线地形图,红色线条绘制交通线路,为手稿图。该图出自日本人类学家鸟居龙藏夫妇的论文 Populations Primitives de la Mongolie Orientale, *Journal of the College of Science*, Tokyo Imperial University XXXVI, 其中 Article 4 是该论文的配图手稿。

1图,彩色,法文,28 cm×22 cm

Harvard Map Collection | MAP-LC | G7823. I5 1913. T6, Hollis Number: 014940679

东北地区

0916 *A Map of Eastern Tartary as Surveyed by the Jesuits in 1709, 10 & 11*[东部鞑靼地图:耶稣会士1709年测绘]

约1743年,(英)托马斯・基钦(Thomas Kitchin),英国伦敦(London)

黑龙江全流域地形图,包括呼伦湖和贝尔湖以东至库页岛、沈阳以北至黑龙江入海口,标绘河网和山脉。

1图,黑白,英文,15 cm×22 cm,1∶10000000,111°—141°E/41°—55°N

Harvard Map Collection | MAP-LC | G7822. M2 1743. K5, Hollis Number: 014746036

0917 *Carte de la Province de Quan-tong ou Lyau-tong et du Royaume de Kau-li ou Corée*[中国辽东以及朝鲜半岛地图]

1749年,(法)雅克・尼古拉・贝林(Jacques Nicolas Bellin),荷兰海牙:皮埃尔・德・洪特(Hague: Pierre de Hondt)

辽东半岛及朝鲜半岛地形图,绘制山脉、河流、沿海口岸等要素。该图地理信息应来自唐维尔的《中国新地图集》(*Nouvel Atlas de la Chine*)。

此图出自(法)安东尼・普雷沃:《旅行通史》,海牙:皮埃尔・德・洪特,1747—1767,卷8第395页(Antoine François Prévost. *L'Histoire Générale des Voyages*, Hague: Pierre de Hondt, 1747—1767, v. 8, p395)。

1图,黑白,法文、荷兰文,26 cm×21 cm,1∶5000000,120°—130°E/33°—44°N

Harvard Map Collection | MAP-LC | G7900 1749. B4, Hollis Number:

012522915

0918 *Carte de la Tartarie Orientale*: *pour Servir a l'Histoire Générale des Voyages* [鞑靼东部地图:《旅行通史》配图]

1749 年,(法)雅克·尼古拉·贝林(Jacques Nicolas Bellin),荷兰海牙:皮埃尔·德·洪特(Hague: Pierre de Hondt)

黑龙江全流域及两侧地形图,包括呼伦湖以东至库页岛的东北地区及西伯利亚地区。绘制山脉、河流、湖泊、城镇等,对黑龙江的绘制已较为准确。

该图来自(法)安东尼·普雷沃:《旅行通史》,海牙:皮埃尔·德·洪特,1747—1767,卷 10(Antoine François Prévost. *L'Histoire Générale des Voyages*, Hague: Pierre de Hondt, 1747—1767. v. 10)。

1 图,黑白,法文、荷兰文,19 cm×29 cm,1∶8000000,113°—152°E/42°—56°N

Harvard Map Collection | MAP-LC | G7822.M2 1750.B4,Hollis Number: 012515107

0919 *Korea*, *Nordost-China*, *und Süd-Japan*[朝鲜、中国东北和日本西部]

约 1894 年,波兰格沃古夫:卡尔·弗莱明公司(Glogau: Carl Flemming)

甲午战前朝鲜半岛、中国辽东半岛、中国山东半岛、日本西部等地形图。

附插图 3 幅,分别为北京、东京和首尔略图。

1 图,彩色,德文,35 cm×45 cm,1∶4500000,114°48′—140°49′E/30°23′—45°51′N

Harvard Map Collection | MAP-LC | G7800 1894.C3,Hollis Number: 013861434

0920 "*Mandchourie*", *Corée*, *Japon et Côtes Orientales de la Chine*[中国东北、韩国、日本和中国东部沿海]

1904 年,(法)R.奥塞尔曼(R. Hausermann),法国巴黎:奥古斯丁·沙拉梅尔(Paris: Augustin Challamel)

东北亚地形图,空间范围包括中国东部和东北、朝鲜半岛和日本及附近海域。主要根据俄罗斯、日本和德国的相关资料绘制。以晕渲法绘制地形。同时绘制以格林威治子午线和巴黎子午线为中央经线的两套经纬网。

附插图 1 幅,为东亚连接欧洲的铁路和海路路线图。

1 图,彩色,法文,96 cm×69 cm,1∶3500000,114°50′—146°20′E/21°41′—52°08′N

Harvard Map Collection | MAP-LC | G7811.P3 1904. H3 oversize，Hollis Number：014169076

0921 “南满洲”地质略图

1918 年 6 月，南满洲铁道株式会社地质课

中国东北东南部地质图，以不同色块表示不同地质类型，空间范围大致为松花江以南、辽河以东地区，即今辽宁和吉林东部地区。按地质时期分为 12 类，其中以白头山一带的玄武岩、吉林中部的花岗岩、辽南的片麻岩以及辽河沿岸的第四纪冲积层面积较大。同时，该图还标注金、银、铜、铁、铅、煤、石棉、萤石等矿产分布情况，配有地质调查说明书一份。

1 图，彩色，日文、英文，69 cm×76 cm，1∶1000000，121°—130°E/39°—45°N

Cabot Science | Offsite Storage (HD)，Hollis Number：014719732

0922 *The Topographic Map of “Manchoukuo”*[伪满洲国地形图]

1933 年，日本东京：小林株式会社(Tokyo: M. Kobayashi & Co.)

伪满洲国分层设色地形图。绘制 1933 年伪满省级政区，此时热河已被并入。

1 图，彩色，英文，108 cm×79 cm，1∶2000000，116°—136°E/36°—53°N

Harvard Map Collection | MAP-LC | G7822. M2 1933. M2，Hollis Number：013782878

0923 *The Topographic Map of “Manchoukuo”*[伪满洲国地形图]

与前图相同(见条目 0922)。

Harvard Map Collection | MAP-LC | G7822. M2 1933. M21，Hollis Number：013782906

0924 *Outline Map of Japan and “Manchuria”*[日本和中国东北概图]

1937 年，(美)欧文・劳伊斯(Erwin Raisz)，美国麻省剑桥：哈佛燕京学社(Cambridge, Mass.: Harvard Yenching Institute)

日本、中国东北和朝鲜半岛地形简图，无文字标注。该图由欧文・劳伊斯于 1937 年在哈佛大学地理研究所(Institute of Geographical Exploration)绘制。

1 图，黑白，英文，56.0 cm×44.5 cm，1∶6000000，117°—146°E/32°—53°N

Harvard Map Collection | MAP-LC | G7961. A1 1937. R3，Hollis Number：014145368

0925 *Physiographic Map*, "*Manchukuo*"[伪满洲国地文图]

1943 年,(美)P. G. 唐斯(P. G. Downes)

东北地文图,用较为形象的手法绘制山脉、河流、沼泽等地形,其主要目的是为了展示东北整体地貌概况,而不追求地形绘制的精度。

1 图,黑白,英文,71.5 cm×56.0 cm,1∶2800000,116°—136°E/38°—53°N

Harvard Map Collection | MAP-LC | G7822.M2C2 1943. D6,Hollis Number: 013772790

0926 *Manchuria Terrain*[中国东北地形图]

1946 年 2 月,美国国务院地图情报与制图处(United States. Department of State, Division of Map Intelligence and Cartography)

晕渲法绘制东北地区地形图。

1 图,浅褐色,英文,38.2 cm×35.5 cm,1∶5300000,117°—133°E/38°—53°N

Harvard Map Collection | MAP-LC | G7822.M2C2 1946. U5,Hollis Number: 013753817

0927 吉林省

光绪三十二年(1906),北洋陆军参谋处

东北嫩江平原、三江平原地带地形图,主要标注嫩江沿岸、乌苏里江沿岸及中东铁路沿线的城市分布。以晕滃法绘制山脉。

1 图,彩色,中文,57 cm×72 cm,1∶1500000,125°—131°E/43°—49°N

Harvard Yenching Library | Rare Book | T 3081 1377 (1),Hollis Number: 009406220

0928 珲春城

光绪三十二年(1906),北洋陆军参谋处

长白山和朝鲜半岛北部地形图,以图们江入海口附近的珲春城命名。以晕滃法绘制山脉。

1 图,彩色,中文,57 cm×72 cm,1∶1500000,126°—136°E/37°—43°N

Harvard Yenching Library | Rare Book | T 3081 1377 (4),Hollis Number: 009406230

0929 黑龙江图

清末

黑龙江省地形图，对河流的标注较为详细，应是据光绪会典舆图改绘。图上印有“Printed in Japan”。

1 图，黑白，中文，30 cm×46 cm，1∶2770000，116°—132°E/46°—53°N

Harvard Map Collection | MAP-LC | G7823. H3 1860. H4，Hollis Number：012242771

华东地区

0930 *The Lower Yangzi Region*［扬子江下游地区］

清末

长三角地区分层设色地形图。

1 图，彩色，中文、英文，24 cm×20 cm，1∶2250000，118°—123°E/28°—33°N

Harvard Map Collection | MAP-LC | G7822. Y312 1900. L6，Hollis Number：013359921

0931［*Relief Map of Southeast China*］［东南地形图］

1943 年 6 月 24 日，美国战略情报局（U. S. Office of Strategic Services）

中国东南地区地形图，以晕渲法绘制地形。

1 图，黑白，英文，21.0 cm×26.8 cm，1∶8000000

Harvard Map Collection | MAP-LC | G7822. C47 1943. U5，Hollis Number：013350058

0932 *Asia：South China Sea （Nan-Hai）. Taiwan Strait and Taiwan with the Adjacent Coast of China from Hong Kong to Foochow*［中国东南沿海地形图］

1945 年，美国海军水文局（U. S. Navy Hydrographic Office）

美军绘制的东南沿海地区等高线地形图，包括台湾、福建江西南部、广东东部等地。

1 图，彩色，英文，81 cm×109 cm，1∶900000，112°31′—124°00′E/20°12′—26°23′N

Cabot Science | Offsite Storage （HD） |缺，Hollis Number：014551971

0933 高田参订台湾全岛图

1874 年,(日)高田义甫,协力社藏版

台湾及澎湖地形图。根据图题,该图是在西方测绘台湾地图的基础上删改而成。图上台湾北部海岸和南端海岸轮廓仍有较大偏差,对中央山地地区的了解也较为有限。

1 图,黑白,日文,18.0 cm×26.5 cm,1∶1500000,119°30′—122°30′E/21°40′—25°20′N

Harvard Yenching Library | Offsite Storage | G7910. T35 1874, Hollis Number:011877987

0934 *Taiwan*[台湾地形图]

1944 年 2 月,美国地质调查局(U. S. Department of Interior, Geological Survey)

台湾岛及澎湖以晕渲法绘制的地形图,无文字标注,仅为地形图层,地形绘制精度高。该图是美国地质调查局为军方提供的地形素材图。

1 图,彩色,英文,76 cm×55 cm,1∶500000,119°—122°E/22°—25°N

Harvard Map Collection | MAP-LC | G7911.C2 1944. G4, Hollis Number:013953257

0935 *Geological Map of Kiangsi*[江西省地质图]

1943 年,P. Kao,南昌:江西地质矿业调查所和江西资源委员会钨业管理处(Nanchang: Geological Survey of Kiangsi & Woltram Administration of National Resources Commission)

江西省地质图,反映对江西钨矿的调查情况。

1 图,彩色,中文、英文,64 cm×49 cm,1∶1000000,114°—118°E/25°—30°N

Cabot Science | Offsite Storage (HD) | G7823.J5C5 1943. K3, Hollis Number:010121065

0936 *Province of Shan-Tung*[山东地形图]

1906 年 4 月,英国陆军部参谋总部地理处(Great Britain. War Office. General Staff. Geographical Section)

山东省地形图,以晕渲法绘制地形,标绘河道、公路、铁路、电报线路和站点、通商口岸、传教点等要素。

1 图,彩色,折页册装,英文,69 cm×86 cm,1∶1000000,114°—123°E/34°—39°N

Harvard Map Collection | MAP-LC | G7823.S4 1905. G7; Botany Arnold (Cambr.) | Atlases | G2305. G78,Hollis Number:012901519

0937 山东省地质略图

民国二十八年(1939),青岛:山东省自然历史博物馆

山东省地质情况分布简图。

1 图,彩色,中文,51 cm×76 cm,1∶1000000,114°—118°E/25°—30°N

Cabot Science | Offsite Storage (HD) | G7823.S4C5 1939. G4,Hollis Number:010092679

0938 东亚细亚:德属胶澳全图 *Ostasien. Schantung: Deutsches Schutzgebiet Kiautschou*

1907 年,杨可斌(Jakoby)绘画,高景陶译注,胶州土地清丈局印(Katasteramtes Kiautschou)

详细绘制了德国胶澳租借地,尤其是胶东半岛、胶州湾沿岸的等高线地形、市镇、村落、道路等。河流与海岸着淡蓝色,等高线用黄褐色,其他要素用黑色。

附插图 2 幅:《水灵山》和《乍连岛》。

1 图,淡彩色,德文、中文,99 cm×123 cm,1∶50000,119°59′42″—120°44′42″E/35°51′49″—36°21′10″N

Harvard Map Collection | MAP-LC | G7822.J39 1907. J3 oversize,Hollis Number:014417075

0939 国际关系地图第三

1912 年,日本东京:外交时报社

与中国相关的有如下 6 幅:

1.《胶州保护领》:胶州湾等高线地形图,绘有居民点和铁路线。黑白,日文、中文,14.5 cm×18.0 cm;

2.《青岛市附近》:青岛市区及周边地形图,包括街区、道路、兵营、炮台、公园等。黑白,日文、中文,18.0 cm×13.5 cm;

3.《云南铁道图》:昆明往南至河内铁路线,包括沿线站台、公路线及河流。黑白,中文、日文,27.4 cm×18.0 cm,1∶1000000,100°—104°E/22°—25°N;

4.《白头山(长白山)附近略图》:长白山周边地形图。黑白,日文,22.8 cm×27.5 cm;

5.《满州に于ける日・鲜人分布图》:东北地区各地日本人和朝鲜人分布情况,以圆圈大小表示各地人数多寡。图下方附统计表,朝鲜人 328,587 人,日本人 89,659 人,朝鲜人多分布于长白山、鸭绿江一带,日本人多分布于辽河平原,尤其是大连、旅

顺、奉天、抚顺等地，其中大连 35,113 人，占东北日本人数的近 40%。黑白，日文，25.0 cm×17.8 cm；

6.《自清朝至现时"支那"领域变迁图》：日、英、俄、法、德、葡等各国在中国的租界和势力范围。黑白，日文，17.8 cm×25.0 cm，1∶20000000。

Harvard-Yenching | J 2380 2064(3)，Hollis Number：012095909

0940 *North China, Shantung Province, Wei-Hai-Wei*[威海卫地形图]

1945 年 6 月 16 日，美国战略情报局(U. S. Office of Strategic Services)

威海卫港等高线地形图，包括威海卫城、港湾和刘公岛等。

1 图，黑白，英文，33 cm×49 cm，1∶18000，122°06′—122°11′E/37°29′—37°32′N

Harvard Map Collection | MAP-LC | G7824.W25 1945. U5，Hollis Number：013169273

华南地区

0941 *Chine Méridionale et Tonkin*[华南和东京湾]

1903 年，(法)让·弗里格农(Jean-Baptiste Friquegnon)，法国巴黎：殖民地地理情报局(Paris：Service Géographique des Colonies)

中国北部湾、越南北部和中国两广一带地形图。以晕渲法绘制地形。

1 图，彩色，法文，66 cm×102 cm，1∶2000000，93°35′—116°20′E/19°00′—30°55′N

Harvard Map Collection | MAP-LC | G7820 1903. F7，Hollis Number：013363208

0942 *South East Asia*[东南亚]

1944 年，英国军情九处(Great Britain. MI9)

中国南部和东南亚地区分层设色地形图。其中涉及中国部分为：

Sheet 44/N. *S. Hunan. S. Kiaingsi. E. Kwangtung. Fukien. Taiwan*，覆盖福建、台湾等地，85 cm×109 cm，113°—122°E/20°—27°N；

Sheet 44/O. S. Honan. N. Hunan. S. Kiangsu. E. Hupeh. N. Kiangsi. Chekiang. Anhwei，覆盖浙江、江苏、江西等地，85 cm×109 cm，113°—123°E/27°—34°N；

Sheet 44/L. China (part of) French Indo China (part of)，覆盖雷州半岛、广西、

贵州一带，98 cm×63 cm，107°—112°E/19°—27°N；

Sheet 44/M. China (part of) French Indo China (North)，覆盖广西西部、云南东部，98 cm×63 cm，102°—107°E/19°—27°N；

Sheet 44/B. Burma (north east). Siam (Thailand) (north). French Indo China (part of). China (part of)，覆盖云南西部，98 cm×63 cm，97°—102°E/19°—27°N。

地图材质为布料。

5 图，彩色，英文，1∶1000000

Harvard Map Collection | MAP-LC | G8000 s1000. G7, Hollis Number: 014502112

0943 *Relief Map of Hainan Island*［海南岛地形图］

1943 年 10 月，美国地质调查局(U. S. Department of the Interior, Geological Survey)海南岛地形图，以晕渲法绘制地形。此图非实测，根据已有的数据绘制。

1 图，彩色，英文，60.6 cm×78.5 cm，1∶500000，93°—108°E/12°—18°N

Harvard Map Collection | MAP-LC | G7823.H25C2 1943. G4, Hollis Number: 013384424

0944 *Sketch of the Typa and Macao*［氹仔和澳门简图］

约 1780 年，英国伦敦：亚历山大·霍格(London: Alexander Hogg)

澳门和氹仔岛地形图，标注附近海湾水深，注明潮汐等航行相关信息。内容较为简略。

1 图，彩色，英文，25 cm×21 cm，1∶70000

Harvard Map Collection | MAP-LC | G7822. T27 178-. H6, Hollis Number: 012523064

西南地区

0945 *Sketch Map Showing Distribution of Glaciers on The Yün-Nan Tibet Frontier*［云南西藏交界地带冰川分布略图］

1910—1919 年

云南和西藏交界横断山脉地区等高线地形图，主要绘制萨尔温江和湄公河之间的冰川分布。

1 幅，黑白，英文，10 cm×19 cm，1∶750000，98°00′—99°30′E/28°00′—28°45′N

Harvard Map Collection | MAP-LC | G7823.T5C38 1910. S5，Hollis Number：013836735

0946 *Map of Yün-Nan*［云南地形图］

1906 年 4 月，（英）亨利·鲁道夫·戴维斯（Henry Rodolph Davies），英国陆军部参谋总部地理处（Great Britain. War Office. General Staff. Topographical Section）

云南省地形图，以晕渲法绘制地形，图中仍有不少地区因未进行探测而留白。另绘有河道、公路、铁路、电报线路和站点、通商口岸、传教点等要素。

1 图，彩色，折页册装，英文，92 cm×78 cm，1∶1267200，98°—106°E/21°—30°N

Harvard Map Collection | MAP-LC | G7823.Y8 1906. D3 oversize；Botany Arnold (Cambr.) | Map Case 51，Hollis Number：012903574

0947 *Map to Illustrate the Paper by F. Kingdon Ward on The Snow Mountains of Yunnan*［弗朗西斯·金顿·沃德所著论文《云南的雪山》中的地图插图］

1924 年 9 月，英国伦敦：皇家地理学会（London：Royal Geographical Society）

横断山脉地区等高线分层设色地形图，标注该区域的主要河流与地名。该图出自《地理杂志》（*The Geographical Journal*）1924 年 9 月刊，是英国植物学家弗朗西斯·金顿·沃德（Francis Kingdon Ward）所作论文《云南的雪山》（*Snow Mountains of Yunnan*）中的配图。

1 图，彩色，英文，29.6 cm×25.8 cm，1∶2000000，70°—100°E/34°—44°N

Harvard Map Collection | MAP-LC | G7823.Y8C2 1924. R6，Hollis Number：013378941

0948 云南地震考：附地图

民国十五年（1926），童振藻，昆明：云南省公署枢要处第四课

该书整理了云南历史上的地震记录，并绘制了云南地震地图：

1.《云南烈震分区图》，标示全省地震多发区域，26.0 cm×16.5 cm，1∶5600000；

2.《嶍峨等属地震分区图》，标示嶍峨、玉溪、通海交界地震多发区域及村镇受灾情况，26.0 cm×16.5 cm，1∶500000；

3.《大关等属地震分区图》，标示大关、彝良一带地震多发区及村镇受灾情况，26.0 cm×16.5 cm，1∶500000；

4.《云南大理凤仪等属地震分区图》，标示洱海一带的大理、凤仪、祥云、蒙化、南涧

等地震多发区域及各村镇受灾情况，56.0 cm×48.0 cm，1∶250000；

5.《云南西部地震图》，绘制民国十四年（1925）3 月 16 日地震震中所在位置示意图。

5 图，彩色，石印，中文

Harvard Yenching Library | Offsite Storage (HD) | 7412.34 0154，Hollis Number：005963315

0949 *Carte du Grand Thibet*：*Pour Servir a l'Histoire Generale des Voyages*［西藏地图：《旅行通史》配图］

1749 年，（法）雅克·尼古拉·贝林（Jacques Nicolas Bellin），荷兰海牙：皮埃尔·德·洪特（Hague：Pierre de Hondt）

青藏高原地形图。最初的地理信息来自 1717 年西藏喇嘛绘制的地图，1749 年由雅克·贝林重新绘制。虽已绘出羊卓雍措、纳木措、青海湖以及雅鲁藏布江、黄河等，但此时对青藏高原的地理认识仍较为有限，整体准确度较低。

该图来自（法）安东尼·普雷沃：《旅行通史》，海牙：皮埃尔·德·洪特，1747—1767（Antoine François Prévost. *L'Histoire Générale des Voyages*，Hague：Pierre de Hondt，1747—1767）

1 图，黑白，法文、荷兰文，18 cm×29 cm，1∶8000000，73°—100°E/26°—38°N

Harvard Map Collection | MAP-LC | G7823. T5 1750. B4，Hollis Number：012515189

0950 *Tibet and the Surrounding Regions*［中国西藏及周边地区］

1904 年，（英）亨利·沙伯（Henry Sharbau），英国伦敦：皇家地理学会（London：Royal Geographical Society）

青藏高原及周边地区地形图。该图以晕渲法绘制了喜马拉雅山脉、前藏地区、天山、葱岭、塔里木盆地等地的地形，并标绘河流、交通线路和地名等。此时对西藏地区的探测仍在进行中，青藏高原内部尤其是后藏地区仍有大片的空白，图上标注为探测地区。

1 图，彩色，英文，44 cm×62 cm，1∶3800000，78°—102°E/26°—41°N

Harvard Map Collection | MAP-LC | G7823. T5 1904. S4，Hollis Number：013812620

0951 *Tibet and Adjacent Countries*[中国西藏及周边国家]

1914 年,印度测绘局(Survey of India Office),英国伦敦:西夫顿·普雷德有限公司(London: Sifton, Praed & Co. Ltd.)

青藏高原及北部塔里木盆地、天山山脉一带等高线分层设色地形图。绘制地形、河流、湖泊、交通线路等。

1 图,彩色,英文,91.0 cm×137.5 cm,1∶2500000,72°—102°E/26°—44°N

Harvard Map Collection | MAP-LC | G7823. T5C2 1914. S8, Hollis Number: 013812671

0952 *Tibet and Adjacent Countries*[中国西藏及周边国家]

1917 年,印度台拉登:印度测绘局(Dehra Dūn: Survey of India Office)

由 1914 年版图改绘而成(见条目 0951),范围缩小,裁减塔里木盆地和天山一带,为昆仑山脉以南的青藏高原地区。地形绘制由分层设色地形改为晕渲法绘制,标注更加细密的等高线。

1 图,彩色,英文,71.0 cm×103.6 cm,1∶2500000,72°—102°E/26°—38°N

Harvard Map Collection | MAP-LC | G7823. T5 1917. S8, Hollis Number: 013812482

0953 *Highlands of Tibet and Surrounding Regions*[青藏高原及周边地区]

1936 年,印度台拉登:印度测绘局(Dehra Dūn: Survey of India Offices)

青藏高原及周边塔里木盆地、天山、葱岭等地的等高线分层设色地形图。分为 2 幅。

1 图,彩色,英文,86 cm×124 cm,1∶2500000,68°—104°E/26°—44°N

Harvard Map Collection | MAP-LC | G7823. T5C2 1936. S8; Botany Arnold (Cambr.) | Map Case 55, Hollis Number: 013817769

0954 *Highlands of Tibet and Surrounding Regions*[青藏高原及周边地区]

1936 年,印度台拉登:印度测绘局(Dehra Dūn: Survey of India Offices)

青藏高原及周边塔里木盆地、天山、葱岭等地的等高线分层设色地形图。此图为前图(条目 0953)的复印件,分为 4 幅。

1 图 4 幅,黑白,英文,86 cm×124 cm,1∶2500000,68°—104°E/26°—44°N

Harvard Map Collection | MAP-LC | G7891. C2 1936. S8, Hollis Number: 008975314

0955 *Tibet and Adjacent Countries*[中国西藏及周边国家]

1938 年,印度台拉登:印度测绘局(Dehra Dūn: Survey of India)

青藏高原等高线地形图。以晕渲法绘制山脉,标注河流、湖泊、铁路、公路、城镇、村落等。原图于 1919 年绘制,1938 年修订,兰伯特投影。

1 图,彩色,英文,68.8 cm×100.6 cm,1∶2500000,72°—102°E/26°—38°N

Harvard Map Collection | MAP-LC | G7823. T5 1919. T5, Hollis Number: 009030330

0956 西康西藏详图

民国二十四年(1935),赵璇、李炳卫,上海:商务印书馆

西藏西康地区等高线分层设色地形图。

附插图 3 幅,为《拉萨图》《康定图》及《西藏印度间之交通要道图》。

1 幅,彩色,中文,55 cm×102 cm, 1∶240000,75°—100°E/25°—37°N

Harvard Yenching Library | Offsite Storage (HD) | 3109 4344, Hollis Number: 012117122

0957 *The Salween and Tsangpo Basins, Southeastern Tibet*[西藏东南萨尔温江和雅鲁藏布大峡谷]

1935—1936 年,(英)罗纳德·考尔巴克(Ronald Kaulback),英国伦敦:皇家地理学会(London: Royal Geographical Society)

怒江上游和雅鲁藏布大峡谷一带地形图。以晕渲法绘制地形,绘制了怒江上游河段的地形、支流、城镇村落以及骡马道和步行道。

1 图,彩色,英文,39 cm×41 cm,1∶1000000,94°—98°E/28°—32°N

Harvard Map Collection | MAP-LC | G7823. T5 1935. K3, Hollis Number: 013824337

0958 西藏地方详图

民国二十八年(1939),张庚金编制、葛绥成校订,上海:中华书局

西藏地区等高线地形图,绘制西藏及周边地区地形、河流、湖泊、山峰以及主要交通路线、寺庙、通商口岸等。绘有前藏、后藏和阿里分界线。采用单标准纬线圆锥法投影。

附插图 2 幅:《中国行政区域图》,为全国省级行政区简图;《拉萨街市图》,简要绘制拉萨街道、寺庙和交通线。

1 图,彩色,中文,106 cm×120 cm,1∶1250000,78°—93°E/26°—36°N

Harvard Yenching Library | Offsite Storage (HD) | 3109 1308, Hollis Number:008726800

西北地区

0959 *Carte de l'Empire de Hya et Partie de Tangut*: *pour Servir a l'Histoire Générale des Voyages*[西北地图:《旅行通史》配图]

1749年,(法)雅克·尼古拉·贝林(Jacques Nicolas Bellin),荷兰海牙:皮埃尔·德·洪特(Hague: Pierre de Hondt)

山西以西至新疆喀纳斯湖的大西北地形图,也包括蒙古高原南部、青藏高原北部等地,以嘉峪关内的甘肃、陕西、青海东部等地绘制相对详细。绘制长城、山脉、河流、沙漠、城镇和交通线路等要素。

该图来自(法)安东尼·普雷沃:《旅行通史》,海牙:皮埃尔·德·洪特,1747—1767,卷9(Antoine François Prévost. *L'Histoire Générale des Voyages*, Hague: Pierre de Hondt, 1747—1767. v9.)

1图,黑白,法文、荷兰文,19 cm×29 cm,1∶7600000,73°—102°E/32°—45°N

Harvard Map Collection | MAP-LC | G7823.G3 1750. B4, Hollis Number: 012515194

0960 河西新疆五十万分一地图集

民国三十二年(1943)四月,国立中央大学理科研究所地理学部编,重庆:国立中央大学地理系

新疆及甘肃河西走廊地区等高线地形图。按经差2°、纬差2°,分42幅图绘制(前另有索引图1幅),空间范围自张掖、居延海以西至帕米尔,涵盖河西、新疆,绘制了该地区山川、河湖、隘口、沙漠、草地等自然要素,以绿色表示耕地,同时标注了井泉、寺庙、道路、堡、城、烽火台、古迹等要素。该图的重点是地形,等高线绘制细密。此本为册装。

包括《疏附、吉水》《蒲犁》《中哈拉》《叶尔羌、疏勒》《叶城》《乌什、阿克苏、柯坪》《巴楚、和阗、皮山》《喀喇昆仑山口、普萨》《哈拉玉尔滚、拜城》《和阗河》《于阗、洛浦》《玉龙哈什河》《库车》《克里雅河》《尼雅》《库尔勒、轮台》《且末》《焉耆、尉犁》《阳吉苏、阿拉尔吉》《哈达里克》《吐鲁番、奇台》《辛格尔、楼兰古城》《喀喇枯顺、婼羌》《七角井、鄯善》《罗布泊》《洛瓦子》《哈密、镇西》《玉门关、安南坝》《星星峡》《西安、敦煌》《布隆吉》《玉

门、昌马》《金塔、鼎新》《酒泉、高台》《居延海、额济纳河》《张掖》《迪化》《昌吉、绥来》《乌苏》《精河》《塔城》及《绥定、伊宁》等。

43 图，黑绿双色，石印本，中文、英文，55 cm×39 cm，1∶500000，74°—102°E/34°—48°N

Harvard Yenching Library｜Offsite Storage（HD）｜G2320. C8 1943，Hollis Number：010899945

0961［中国新疆及甘肃走廊五十万分之一地图］

民国三十二年（1943）四月，国立中央大学理科研究所地理学部编，重庆：国立中央大学地理系

新疆及甘肃河西走廊地区等高线地形图。内容同前图（条目 0960），但缺 14 号图《克里雅河》。

42 图，黑白，中文、英文，55 cm×39 cm，1∶500000，74°—102°E/34°—48°N

Harvard Map Collection｜MAP-LC｜G7823. X6 s500. Z4，Hollis Number：013812429

0962 *Carte de la Petite Bukharie et Pays Voisins：Pour Servir a l'Histoire Générale des Voyages*［新疆地形图：《旅行通史》配图］

1749 年，（法）雅克·尼古拉·贝林（Jacques Nicolas Bellin），荷兰海牙：皮埃尔·德·洪特（Hague：Pierre de Hondt）

嘉峪关以西至葱岭一带地形图，绘制山脉、河流、沙漠、城镇和交通线路等。

该图来自（法）安东尼·普雷沃：《旅行通史》，海牙：皮埃尔·德·洪特，1747—1767（Antoine François Prévost. *L'Histoire Générale des Voyages*，Hague：Pierre de Hondt，1747—1767）

1 图，黑白，法文、荷兰文，19 cm×29 cm，1∶8500000，73°—102°E/35°—48°N

Harvard Map Collection｜MAP-LC｜G7823. X6 1750. B4，Hollis Number：012515132

0963 *Eastern Turkistan*［帕米尔高原地形图］

1908 年 2 月第 4 版，印度加尔各答：印度测绘局（Calcutta：Survey of India Office）

帕米尔高原地形图，包括中国新疆西南部及与印度、阿富汗等交界地带，标注河网和地名。

1 图，彩色，英文，34 cm×48 cm，1∶2000000，72°—82°E/34°—38°N

Harvard Map Collection | MAP-LC | G7405 1908. S8, Hollis Number: 011971171

0964 *Курля*[库尔勒]

1942 年 11 月重印,苏联工农红军总参谋部,美国陆军(U. S. Army)翻印

此图原由苏联工农红军总参谋部于 1938 年绘制,1942 年美军复制。该图为新疆库尔勒以南的塔克拉玛干沙漠及昆仑山一带地形图,以晕渲法绘制山地和沙漠,标注城镇、交通线、河湖等。

1 图,黑白,俄文,61.0 cm×66.5 cm,1∶1500000,81°—90°E/36°—42°N

Harvard Map Collection | MAP-LC | G7823.X6 1938. S6 1942,Hollis Number: 013820603

交通邮政图

全国

0965 *Map of China, Japan and the Eastern Archipelago*［中国、日本和东印度群岛地图］

1859年11月，（英）詹姆斯·怀尔德（James Wyld），英国伦敦（London）

空间范围包括中国、日本、东南亚及南亚，绘制电报线路和航线。

1图，黑白，英文，43 cm×54 cm，1∶20000000，64°—162°E/15°S—56°N

Harvard Map Collection | MAP-LC | G7400 1859. W9，Hollis Number：013822133

0966 *Line of the China Submarine Telegraph Company Limited: from Singapore to Shanghai, and Intended Extensions to Peking and Yedo*［中国海底电报有限公司线路：从新加坡至上海，并计划延伸至北京和江户］

1869年，英国伦敦：梅奇姆父子公司（London：Metchim & Son）

英国人约翰·彭德（John Pender）掌控的海底电缆线路图。从地图上看，当时从伦敦经地中海、红海至印度、新加坡的海底电缆已建成。为进一步向东亚扩展，1869年约翰·彭德成立了中国海底电报公司（The China Submarine Telegraph Company），用以修建从新加坡到中国香港、上海等地的海底电缆。图上显示，新加坡至香港、厦门、福州、上海段电缆正在修建，同时还计划修建从上海至北京、中国上海至日本长崎和江户段线路。

1图，黑白，英文，30 cm×41 cm，1∶4000000，157°E—19°W/45°S—63°N

Harvard Map Collection | MAP-LC | G7401. P93 1869. L5，Hollis Number：013861559

0967 *Bahnbau und Bahnprojekte in China*［中国铁路和铁路建设工程图］

民国前期，德国柏林：G. 海尼克石印厂（Berlin：Steindruckerei G. Heinicke）

全国铁路图，但内容简略，不完整且不少相互抵牾之处，如1906年通车的沪杭铁路在图上标为计划修建线路，而1936年通车的粤汉铁路却已标绘为已运营路线，陇海铁路则完全未标记。

1 图，彩色，德文，64 cm×48 cm，1∶7000000，99°—134°E/18°—53°N

Harvard Map Collection | MAP-LC | G7811.P3 1902.L5，Hollis Number：013251465

0968 *China Postal Working Map* 大清邮政公署备用舆图

1903 年，海关总税务司署、邮政总署(Inspectorate General of Customs and Post，Postal Secretary Office)，上海：东方出版社(Shanghai：Oriental Press)

清末全国邮政系统总图，标注各地邮局和邮路。已设邮局的地点用全黑符号，未设立邮政机构的地点用红色符号，设立邮政总局的地名则加注英文，并加红色下划线。底图素净，仅简要绘制干流、省界和府界。华北、长三角、珠三角、江汉平原、成都平原等地邮局邮路相对密集。空间范围主要为长城以内，未包括蒙古、新疆、西藏等边疆地区。

附插图 3 幅：《杭州邮界分图》《广州邮界分图》及《东三省分图》。

1 图，彩色，英文、中文，97 cm×102 cm

Harvard Map Collection | MAP-LC | G7821.P8 1903.C5，Hollis Number：011764976

0969 大清邮政舆图 *China Postal Album：Showing the Post Offices and Postal Routes in Each Province*

1907 年，海关总税务司统计司(Statistical Department of the Inspectorate General of Customs)，上海：通商海关造册处印

此图册分省绘制清末邮局和邮路空间分布情况，共有《全图目录》(注：为内地分省索引图)、《东三省》、《直隶省》、《直隶省附图》、《江苏省》、《安徽省》、《山东省》、《山西省》、《河南省》、《陕西省》、《甘肃省》、《福建省》、《浙江省》、《江西省》、《湖北省》、《湖南省》、《四川省》、《广东省》、《广东省附图》、《广西省》、《云南省》、《贵州省》、《中国官职图》及《中国电线图》24 幅地图。其中《中国官职图》标注各城市所驻的督抚提镇道府等高级官员，《中国电线图》绘制清末电报线路和站点分布。各省邮政图中，已设邮局的地点用全黑符号，已设立邮政代办处的地点用黑边中空符号，未设立邮政机构的地点用红色符号，设立邮政总局的地名则加注英文，并加下划线。同时，标注电报局所在地。底图素净，仅简要绘制干流、省界、府界和邮界。直隶、长三角、珠三角、成都平原等地邮局邮路相对密集，东北的邮局主要分布在铁路沿线。

22 图，彩色，中文、英文，46.5 cm×60.5 cm

Widener | Offsite Storage (HD) | EcoN3682.8 PF，Hollis Number：004869163

0970 大清邮政舆图 *China Postal Album: Showing the Post Offices and Postal Routes in Each Province*

1907 年,海关总税务司统计司(Statistical Department of the Inspectorate General of Customs),上海:通商海关造册处印

此图与前图(条目 0969)相同。

Harvard Yenching Library | Offsite Storage (HD) | 3080 3037,Hollis Number:005643108

0971 国际关系地图第贰

1911 年,日本东京:外交时报社

与中国相关的有如下 5 幅:

1.《"支那"铁道列强关系图》,为 1912 年英、法、德、俄、日等列强在华控制的铁路线分布图,并绘制日本在中国沿海的航线。黑白,中文地名、日文图例,27.5 cm×28.5 cm,1∶9000000,95°—122°E/20°—41°N;

2.《满州铁道日露关系图》,主要绘制日本和俄国在东北控制的铁路线路,包括已建成铁路和规划路线。黑白,日文,28.2 cm×21.5 cm,1∶6500000,115°—135°E/37°—54°N;

3.《"支那"物产图》,中国东中部及东北地区物产分布图,主要为各种农牧产品,如米、茶、豆、丝、木材、皮毛等,也有少数铅、金、煤等矿产。黑白,日文,28.3 cm×22.8 cm,1∶13600000,115°—138°E/17°—52°N;

4.《东蒙满洲一带住民种别区分图》,主要绘制东北和蒙古东部地区人口的民族和国别分布,包括汉人、满洲旗人、朝鲜人、蒙古人、俄国人等。黑白,日文,38.2 cm×42.5 cm,1∶6000000,110°—142°E/34°—54°N;

5.《黑龙江铁道路线图》,主要绘制东起黑龙江和乌苏里江河口的哈巴罗夫斯克(伯力),沿黑龙江蜿蜒向西至尼布楚东北的比安金的铁路线,该线当年尚未建成。附东北铁路缩略图。黑白,英文、日文,20.6 cm×54.1 cm,1∶2500000,116°—135°E/47°—56°N

Harvard Yenching Library | J 2380 2064(2),Hollis Number:012095909

0972 "支那"現未鐵道線路開市場及東亞同文書院學生旅行線路一覧圖[中国铁路分布及东亚同文书院学生旅行路线一览图]

1915 年 10 月,日本:东亚同文会

中国铁路线分布图,标注各铁路线所属国。图上用红线标示出东亚同文书院学生旅行路线。图左附文介绍东亚同文书院概况、历年毕业生数、毕业生就业状况等。

1 图，彩色，日文，35 cm×45 cm

0973 民国六年中华邮政舆图 *Postal Map of China*，*1917*

1918 年，交通部邮政总局

民国六年(1917)邮政网络分布图。全国邮局按照邮务管理局、一等邮局、二等邮局、三等邮局、邮寄代办所 5 个等级绘制。邮务管理局为地方最高等级邮局，基本上设立于省会城市。邮路按交通方式分为邮差邮路、轮船邮路和民船邮路三类。受自然条件影响，内地以邮差邮路为主，长三角和珠三角等地轮船邮路则较多。全国范围内，以华北平原、长三角、珠三角、东北辽河流域、江汉平原、四川盆地等地邮局和邮路密度较大。民国六年新增邮路和邮局另用红色标记，图上新增邮局邮路数量较多，显示邮政事业处于扩张阶段。

附插图 2 幅，为珠三角和长三角地图邮政图。

1 图，彩色，英文、中文，156 cm×207 cm，1∶2400000，94°—126°E/18°—43°N

0974 民国九年中华邮政舆图 *Postal Map of China*，*1920*

1920 年，交通部邮政总局，上海：商文印刷有限公司(Shanghai：Mercantile Print. Co.)

民国九年(1920)全国邮政图。形制与民国六年(1917)全国邮政图相似，仍按不同等级邮局和邮路绘制。图中民国九年新增邮路和邮局另用红色标记

附插图 5 幅：《蒙古附图》《新疆附图》《江浙附图》《东三省附图》《广州附图》，分别显示这些地区的邮局邮路分布。

1 图，彩色，英文、中文，150 cm×143 cm，1∶2000000，94°—126°E/18°—43°N

0975 民国九年中华邮政舆图 *Postal Map of China*，*1920*

1920 年，交通部邮政总局，上海：商文印刷有限公司(Shanghai：Mercantile Print. Co.)

内容与前图(条目 0974)相同。

0976 中国电报线路图

民国八年(1919)七月，交通部电政司考工科线路课编制

标注全国范围的电报线路和电报局分布。电报线分为一等陆线、二等陆线、三等陆线、海线、无线电、外国陆线与海线等，国内线用不同形态的红色线表示，外国线用黑色线条。电报局也用不同符号标注一等局、二等局、三等局、报房、军工局、河工局、外蒙局、外国局等。此时的电报线路已覆盖除青海和后藏外全国各省区，东部地区电报线路相对密集，上海和香港是重要的电报站，除了广泛连接长三角和珠三角外，同时还有多条通往日本、东南亚等地的国际电报线。黄河下游两岸敷设了专门的河工局电报线路。该图底图素净整洁，仅绘制省界、水域、长城等少量要素，地名只标设有电报站点的地点，无则未标，以突出显示电报线路和站点。

1 图，彩色，中文，106 cm×146 cm，1∶4050000

Harvard Yenching Library | Offsite Storage (HD) |4525 0301，Hollis Number：008725788

0977 *Railway Map of China*[中国铁路图]

1921 年，(美)保罗·惠瑟姆(Paul P. Whitham)，美国纽约：牛津大学出版社(New York：Oxford University Press)

1918 年 10 月中国全境铁路路线图(含已建成和拟修建路线)。该图由美国商务部保罗·惠瑟姆绘制。该图出自美国驻华公使马慕瑞(John Van Antwerp MacMurray)主编的《列国对华约章汇编(1894—1919)》(*Treaties and Agreements with and Concerning China*，1894—1919，New York：Oxford University Press，1921)

1 图，彩色，英文，45 cm×40 cm，1∶10000000，90°—130°E/15°—55°N

Harvard Map Collection | MAP-LC | G7811.P3 1921 R3，Hollis Number：012791316

0978 *Map of China and Adjacent Regions Showing Railways and Principal Caravan Routes*[中国及周边地区铁路和驼队路线图]

1932 年 12 月，美国国务院情报研究局地理处(United States. Department of State. Office of the Geographer)

中国及周边地区的铁路和驼队商贸路线图。铁路分为标准轨、俄轨、印度轨、窄轨等不同类型绘制。驼队商贸路线主要是沿河西走廊向西至新疆和中亚，或从张家口向西北经蒙古往中亚等地。

1 图，彩色，英文，48.5 cm×65.0 cm，1∶10000000，65°—155°E/15°—60°N

Harvard Map Collection | MAP-LC | G7821.P3 1932. U5 oversize,Hollis Number:013137150

0979 *Map Showing Air Lines in China*[中国航空路线图]

1934 年 5 月,Wang, Z. W., 上海:中国航空公司(Shanghai: China National Aviation Corporation)

民国年间航空路线图,分为 4 图:

图 1. *Map Showing Air Lines in China*,为中国东部航空路线简要图,标注通航城市及航线,22 cm×25 cm;

图 2. *Shanghai - Canton line* 沪粤线,为上海至广东航线图,1∶3000000,46 cm×23 cm;

图 3. *Shanghai - Pieping line* 沪平线,为上海至北平航线图,1∶3000000,45 cm×22 cm;

图 4. *Shanghai - Hankow - Chengtu line* 沪蓉线,为上海至成都航线图,1∶3000000,22 cm×65 cm。

4 图,黑白,英文、中文

Harvard Map Collection | MAP-LC | G7821.P62 1934. W3,Hollis Number:013364481

0980 中华民国交通全图

1936 年 10 月 1 日,日本铁道省运输局,日本东京:朝日新闻社

主要绘制中国铁路线及各站点分布,同时绘制航空线和沿海航线,未绘公路线。底图为民国省级行政区划图。

1 图,彩色,日文,53.7 cm×71.4 cm,10000000,70°—140°E/18°—53°N

Harvard Yenching Library | Manchuguo J-0859,Hollis Number:014631450

0981 中华民国公路路线图(甲种)

民国二十七年(1938),全国经济委员会公路处

中国内地各类公路线路图,包括有路面通车路线、土路通车路线以及兴建中和计划中的路线。

附插图 1 幅:《中华民国边省公路略图》,标注内地通往东北、蒙古、新疆、西藏等边疆地区的主要公路干线,以土路为主。

1 图,彩色,中文、英文,79 cm×108 cm,1∶4000000

Harvard Yenching Library | Offsite Storage (HD) | 4490 8623; Harvard Map

Collection 1 MAP-LC G7821.P2 1936. Q3，Hollis Number：008726876

0982 中华民国铁道图

1937 年 12 月

中国内地铁道线路图。以红色实线绘制既成铁路线，虚线表示未成线，标注各站点名称。该图作为《财政》杂志第 3 卷第 1 号附录。

1 图，红墨双色，日文，53.6 cm×39.0 cm，1∶5000000

Harvard Yenching Library | Manchuguo J-0870，Hollis Number：014634340

0983 中华民国公路全图

民国二十至二十九年(1931—1940)，全国经济委员会公路处

按不同等级绘制全国公路路线，包括有路面通车路线、土路通车路线、兴筑中路线和计划路线，每种区分了干线和支线。底图为民国省级行政区划图，绘有铁路线。

1 图，彩色，中文、英文，102 cm×140 cm，1∶4000000，72°—140°E/18°—53°N

Harvard Map Collection | MAP-LC | G7821.P2 1930. Q3，Hollis Number：013175849

0984 *China Waterways and Stage Routes*［中国水路陆路交通图］

1942 年 5 月 30 日，美国战略情报局(U. S. Office of Strategic Services)

中国南方的轮船路线、帆船路线和陆地交通路线图。同时绘制了 1942 年 2 月日军占领区域。

1 图，黑白，英文，32.5 cm×31.0 cm，1∶12000000，96°—120°E/20°—45°N

Harvard Map Collection | MAP-LC | G7821.P5 1942. U5，Hollis Number：013137289

0985 *Land Communications of China*［中国内地陆地交通图］

1942 年 6 月 5 日，美国战略情报局(U. S. Office of Strategic Services)

中国内地铁路和公路交通路线图，铁路分为标准轨、窄轨、在建、被毁等几类绘制，公路分为主路、被毁路段、在建路段等。同时绘制了 1942 年日军占领区域。

1 图，黑白，英文，36.5 cm×34.5 cm，1∶9700000，96°—120°E/20°—45°N

Harvard Map Collection | MAP-LC | G7821.P1 1942. U5，Hollis Number：013222962

0986 *Far East, Japanese Occupied Area, Major Railroads*[远东日占区主要铁路线]

1943年3月12日,美国战略情报局(U. S. Office of Strategic Services)

1943年日本及其占领区铁路线路图,包括日本本土、朝鲜半岛、中国东北、中国华北、中国长江中下游、中国台湾、东南亚等,铁路按状态分为运营中、被毁、在建三类绘制。数据由美国经济战争委员会提供。

1图,彩色,英文,64.5 cm×41.0 cm,1∶12500000,94°—150°E/10°S—55°N

Harvard Map Collection | MAP-LC | G7801.P3 1943. U52, Hollis Number: 013295808

0987 *China: Railroads*[中国铁路简图]

1944年5月31日,美国战略情报局(U. S. Office of Strategic Services)

中国内地主要交通路线简图,绘制了主要铁道、被毁铁道、滇缅公路、运河、河道等。图上未标注地名。

1图,黑白,英文,53.8 cm×55.2 cm,1∶5600000,97°—122°E/20°—44°N

Harvard Map Collection | MAP-LC | G7821.P3 1944. U5, Hollis Number: 013234318

0988 *China Transportation*[中国交通地图]

1944年,美国外国经济管理局(U. S. Foreign Economic Administration)

中国内地交通地图,分为2幅:*Section One - North China* 和 *Section Two - South China*。绘制了南北方的铁路(分为标准轨在营、标准轨被毁、标准轨在建、窄轨铁道)、公路(硬化路面和非硬化路面)、运河等。

另标注了煤、铁、铜、铝等重要矿产所在地。

两图共有插图11幅,为广州、香港、汉口、上海、南京、杭州、青岛、北平、秦皇岛、塘沽等11个城市交通缩略图。

2图,黑白,英文,61 cm×94 cm,1∶2600000,102°—126°E/18°—43°N

Harvard Map Collection | MAP-LC | G7821.P1 1944. U54, Hollis Number: 013187917

0989 *China Transportation*[中国交通地图]

1945年6月15日,美国外国经济管理局(U. S. Foreign Economic Administration)

中国内地交通图,包括铁路(宽轨、窄轨、单轨、双轨、运营、在建、被毁等类型)、公路、航运等交通线路。

1 图，彩色，英文，109.5 cm×89.0 cm，1∶2750000，103°—123°E/18°—42°N

Harvard Map Collection | MAP-LC | G7821.P1 1945. U5，Hollis Number：009143210

0990 *China Transportation*［中国交通地图］

1945 年 6 月 15 日，美国外国经济管理局（U. S. Foreign Economic Administration）

前图（条目 0989）副本，内容相同。

Harvard Map Collection | MAP-LC | G7821.P1 1945. U52，Hollis Number：013194234

0991 *Asia Transportation Map 1∶2000000*［二百万分之一亚洲交通地图］

1945 年 8 月，美国总参谋部（United States. War Department. General Staff），美国陆军制图局（U. S. Army Map Service）

虽题为亚洲交通地图，但实际上是中国内地交通地图。分为 4 图：北京［*PEI-P'ING（PEKING）*］为华北江淮地区；兰州［*KAO-LAN（LANCHOW）*］为西北地区；广州［*KUANG-CHOU（CANTON）*］为东南地区；昆明［*KUN-MING（YÜNNANFU）*］为西南地区。绘制了四大区公路、铁路和水路交通线及不同的道路等级。

4 图，彩色，英文，80.3 cm×81.3 cm，1∶2000000，92°—125°E/18°—42°N

Harvard Map Collection | MAP-LC | G7821.P1 1945. U5，Hollis Number：009402846

0992 *Pei-P'ing- Kuang-Chou（Canton）Railroad：Showing Connecting Railroads*［京广铁路图］

1946 年 3 月，美国国务院地图情报与制图处（United States. Department of State，Division of Map Intelligence and Cartography）

反映 1945 年 8 月 15 日京广铁路、京沪铁路、陇海铁路等走势及修建情况，包括在抗战期间被毁路段和正在修复的路段。

1 图，彩色，英文，38 cm×30 cm，1∶6700000，110°—125°E/18°—40°N

Harvard Map Collection | MAP-LC | G7821.P3 1946. U5，Hollis Number：013369680

华北地区

0993 *Imperial Railways of North China and Connections* 北京至奉天铁路全图

宣统二年(1910),唐山厂邸文治,英国伦敦:库克与哈蒙德(London: Robt. J. Cook & Hammond)

绘制京奉铁路及各站点。附沿线地形剖面图。

1图,彩色,中文、英文,69 cm×86 cm,1∶1000000,115°—123°E/39°—42°N

Harvard Map Collection | MAP-LC | G7822.M2P3 1910. I6,Hollis Number: 013360154

0994 *Map of Agencies & Sub-Agencies in Tientsin Area*[天津地区代理商和分支机构地图]

1921—1929年

绘制京津冀地区交通路线和两级代理机构所在地,但图上并未注明是何机构。另标注天津前往东北、西北、西南和南方的4条交通路线所需日程和费用。原图未注明时间,图上京绥铁路已修通,应在1921年之后。

1图,蓝图,英文,66 cm×83 cm

Harvard Map Collection | MAP-LC | G7823.H26 1920. M3,Hollis Number: 013384057

0995 "北支""蒙疆"鐵道略圖[华北、蒙古铁路简图]

1939年7月,北京:华北交通株式会社

华北地区铁路线和站点图,包括京汉线、津浦线、同蒲线、京山线、京古线、京包线、陇海线、正太线、胶济线等。

附插图2幅:《铁道连络图》为全国铁道网简图;《北京附近详细图》为北京城周边铁路线。另有附表罗列沿线著名景点。

1图,彩色,日文,65.0 cm×37.6 cm

Harvard Yenching Library | Manchuguo J-0808,Hollis Number:014622005

0996 *Yellow Sea Area, Roads and Waterways*[黄海附近陆路和水路交通图]

1945年6月5日,美国战略情报局(U. S. Office of Strategic Services)

环渤海地区铁路、公路和水路交通路线。

1图,彩色,英文,53.5 cm×48.0 cm,1∶2300000,115°—126°E/35°—43°N

Harvard Map Collection | MAP-LC | G7821.P2 1945. U5, Hollis Number:013346027

0997 最新北京交通图

1939年11月20日,(日)富永奈良太郎,北京:大陆交通案内所

北京旅游交通图。用红线绘制电车路线,标注故宫、景山、雍和宫等十余处著名景点。底图下方和背面为北京城市概况及著名景点介绍。

1图,彩色,日文,55.0 cm×39.5 cm,1∶20000

Harvard Yenching Library | Manchuguo J-0863, Hollis Number:014634223

0998 津浦铁路拟设天津车站图

1908—1912年,天津:中东石印局

主要标绘津浦铁路在天津拟设定的车站位置和津浦线走势,同时也绘制了天津城市街道、租界区和郊区交通线路和土地类型。

津浦铁路修建时间是1908—1912年,从图上标注的拟在天津城北和城西修建的6个车站看,应是津浦铁路规划建设的初期,作为津浦铁路的起点站,车站的建设应与铁路线的建设时间一致,此规划图的成图时间最有可能是1908年。这一时间,也与图上"奥国租界"的存在时间吻合,奥国租界建立于1902年12月,收回于一战期间(1917年8月)。图右方的"北洋机器东局"于1900年毁于战火,此时仍标注可能是表示遗址。

1图,黑白,石印,中文,50.0 cm×54.6 cm,1∶30000

Harvard Yenching Library | Offsite Storage (HD) | 4500 3386, Hollis Number:009258502

0999 山西 *Shansi*

1919年,北京:交通部邮政总局

中国邮政地图集系列之山西省图,绘制山西全省邮局分布(分为邮务管理局、一等邮局、二等邮局、三等邮局、邮政代办所、村镇邮差所经地等)、邮局之间的邮路里程和通邮时间,同时绘有全省河流及水上邮路。太原附近及晋西南平阳、绛州、运城一带邮

局和邮路较为密集。

出自《中华邮政舆图》，北京：中华民国邮政总局，1919，第 4—5 页（*Postal Atlas of China*. Peking：Directorate General of Posts，1919，p. 4-5）。

1 图 2 幅，彩色，中文、英文、法文，62 cm×74 cm，1∶900000，109°—116°E/34°—42°N

Harvard Map Collection | MAP-LC | G7823.S43P8 1919. S43，Hollis Number：012696906

1000 山西邮务区舆图

1924 年 8 月 31 日，财政部印刷局

民国山西省邮政网络分布图，邮局分为邮务管理局、一等邮局、二等邮局、三等邮局、邮寄代办所、村镇新柜、村镇邮差所经之处等不同等级绘制，邮政线路则按递送时间间隔分为逐日邮班、间日邮班、每三日或多日邮班等绘制，可反映山西邮政系统发展状况。从图可知，这一时期山西邮政系统集中于中部太原地区和晋西南一带。

附插图 1 幅：《山西北部》。

1 图，彩色，中文、英文、法文，135 cm×91 cm，1∶450000，111°00′—114°00′E/34°30′—40°10′N

Harvard Map Collection | MAP-LC | G7823.S43P8 1924. S44，Hollis Number：012696823

东北地区

1001 *Outline Railway Map of Manchuria & Adjacent Regions*［中国东北及附近铁路概图］

1911 年 6 月，（美）马慕瑞（John Van Antwerp Macmurray）

中国东北及临近的中国华北、朝鲜、西伯利亚等地铁路示意图。该图根据俄国地图《1904 年俄国亚洲地区交通图》（*Map of the Ways of Communication of Asiatic Russia*，*1904*）及其他资料绘制而成。

1 图，蓝图，英文，29.0 cm×33.6 cm，1∶8400000，104°—140°E/34°—53°N

Harvard Map Collection | MAP-LC | G7822.M2P3 1911. M3，Hollis Number：013744592

1002 *Stanford's Map of the Siberian Railway: the Great Land Route to China and Korea*［斯坦福西伯利亚铁路图：通往中国和朝鲜］

1914 年，英国伦敦：爱德华·斯坦福公司（London: Edward Stanford Ltd.）

西伯利亚铁路路线图，标注乌拉尔山以东路段各站点，包括中国东北、华北和朝鲜境内铁路线。

1 图，彩色，英文，77 cm×114 cm，1∶7000000，4°E—176°W/32°—76°N

Harvard Map Collection | MAP-LC | G7116.P3 1914.E3，Hollis Number：014576578

1003 *South Manchuria Railway*［南满铁路图］

约 1920—1929 年，《远东评论》杂志（*Far Eastern Review*）

南满铁路及站点分布图，是《远东评论》（*Far Eastern Review*）的附录。

附插图 1 幅，为中国南满铁路、朝鲜半岛铁路及黄海海运路线简图。

1 图，彩色，英文，36 cm×25 cm，1∶2000000，121°—126°E/39°—44°N

Harvard Map Collection | MAP-LC | G7822.M2P3 1920.S6，Hollis Number：013744537

1004 *Карта Северной "Маньчжурии"*［中国东北北部交通图］

1926 年，中东铁路经济局

俄制东北地区交通地图，详细绘制东北地区的铁路、公路及沿线城镇等，以晕渲法绘制地形，图幅广大。

附插图 1 幅，为东北亚简图。

1 图，彩色，俄文，174.5 cm×185.0 cm，1∶840000，113°17′—135°21′E/41°26′—54°14′N

Harvard Map Collection | MAP-LC | G7822.M2P3 1926.C5，Hollis Number：013789983

1005 *South "Manchuria" Railway*［南满铁路图］

1926 年，南满洲铁道株式会社

这是一张旅游宣传折页，绘制南满铁路及沿线各站点，主要为长春—奉天—大连以及奉天—安东段。地图周边配有工商业及景点照片，图后为英文解说。

1 图，彩色，英文，36.0 cm×34.5 cm，1∶2000000，119°—128°E/39°—45°N

Harvard Map Collection | G7831.P3 1926.S6；Widener | Offsite Storage (HD) | Ch 260.01，Hollis Number：003093600

1006 *Япония н “Маньчжурия”*[日本到中国东北]

约1930年,苏联工农红军总参谋部(Генеральный штаб PKKA)

中国东北与日本间的交通路线,主要是日本到中国大连、海参崴、中国上海等主要港口的航线以及东北的铁路和航空路线。

1图,彩色,俄文,39.8 cm×29.2 cm,1∶8700000,115°—145°E/21°—55°N

Harvard Map Collection | MAP-LC | G7961.P3 1930. I2, Hollis Number: 013774895

1007 *Railway Map of “Manchuria” and Mongolia*[中国东北与蒙古铁路图]

1930年,(美)金纳(Henry W. Kinney)

东北地区铁路分布图,分日本控制、中国控制、在建路线等不同类型绘制。

1图,蓝图,英文,109 cm×72 cm,1∶2000000,115°—137°E/38°—55°N

Harvard Map Collection | MAP-LC | G7822.M2P3 1930. K5, Hollis Number: 013782865

1008 *“Manchuria”, Mongolia and Chosen*[中国东北、蒙古和朝鲜]

1931年4月30日,大阪每日新闻、东京日日新闻(The Osaka Mainichi & the Tokyo Nichi Nichi)

中国东北和朝鲜铁路交通路线图,刊登于1931年4月30日的《大阪每日新闻》和《东京日日新闻》。

1图,黑白,英文,53 cm×37 cm

Harvard Map Collection | MAP-LC | G7822.M2 P3 1931. M3, Hollis Number: 014160360

1009 *Map of Manchuria and Adjacent Regions, Showing Railways and Principal Motor Routes*[中国东北交通路线图]

1932年1月修订,美国国务院情报研究局地理处(United States. Department of State. Office of the Geographer)

东北地区交通路线图,原图绘制于1931年1月,1932年2月修订。铁路路线区分了宽轨、窄轨和俄轨,并分别区分为在建线路和已成线路;公路绘制机动车道。地名仅标注交通沿线城镇。底图为满铁1927年绘制的东北省级政区图。

1图,彩色,英文,66 cm×52 cm,1∶3000000,114°—136°E/38°—54°N

Harvard Map Collection | MAP-LC | G7822.M2 1932. U5, Hollis Number:

013777226

1010 *Map of Manchuria and Adjacent Regions, Showing Railways and Principal Motor Routes*[中国东北交通路线图]

1933年2月再修订，美国国务院情报研究局地理处(United States. Department of State. Office of the Geographer)

东北地区交通路线图，原图绘制于1931年1月，1932年2月修订，此为再次修订，增加部分新修路段，如从赤峰到开鲁的公路线、海伦至克山的铁路(未完成)，其他内容基本与前图(条目1009)一致。底图仍沿用满铁1927年绘制的东北省级政区图，此时虽伪满洲国已成立，但政区未更改。

1图，彩色，英文，66 cm×52 cm，1∶3000000，114°—136°E/38°—54°N

Harvard Map Collection | MAP-LC | G7822. M2 1933. U5 oversize, Hollis Number:013777384

1011 *Transportation Map of "Manchoukuo"*[伪满洲国交通图]

1935年，南满洲铁道株式会社

伪满洲国交通图，包括铁路、在建铁路、公路、航道、航空线等，同时标注各地主要矿产和农牧产品，如铁矿、金矿、铜矿、煤矿、石油以及小麦、水稻、大豆、高粱、棉花、烟草、木材、猪、马、牛、羊等。以晕滃法绘制主要山脉。附地名索引表。

1图，彩色，英文，45.0 cm×38.5 cm

Harvard Map Collection | MAP-LC | G7822.M2P1 1935. M5, Hollis Number: 013772953

1012 *Japan-"Manchoukuo"-China Tourist Map*[日本—中国旅行图]

1939年5月，日本观光局(Japan Tourist Bureau)

日本绘制的中国东北和东部、日本、朝鲜等地区旅游示意图，标注主要城市旅游景点和城市间交通路线等。

1图，彩色，日文，48 cm×64 cm

Harvard Yenching Library | Manchuguo W-0034, Hollis Number:014675417

1013 南满洲铁道株式会社铁道线路及委托经营铁道线路略图

1940年3月，南满洲铁道株式会社调查部资料课

标绘东北地区铁路分布和各路段所有权归属。底图为伪满洲国省级行政区划图。

1图，彩色，日文，48.5 cm×34.0 cm，1∶5000000

Harvard Yenching Library | Manchuguo J-0809,Hollis Number:014622012

1014 *Manchuria, Korea Land Communications*[中国东北和朝鲜陆地交通图]

1942 年 3 月 5 日,美军情报协调局地理处(U. S. Office of Coordinator of Information, Geographic Division)

中国东北和朝鲜地区铁路和公路交通路线图。公路部分绘制了机动车可通行的干道。

1 图,黑白,英文,44.0 cm×33.2 cm,1∶5400000,115°—136°E/34°—54°N

Harvard Map Collection | MAP-LC | G7822.M2P1 1942. U5,Hollis Number:013772704

1015 *Railroads: Japan, Manchuria, Korea* [铁路图:日本、中国东北和朝鲜]

1942 年 7 月 9 日,美国战略情报局(U. S. Office of Strategic Services)

中国东北、中国华北、朝鲜和日本等地的交通路线简图,铁路按轨道种类分为俄制、中制、日制、双轨、窄轨等绘制。

1 图,黑白,英文,42 cm×49 cm,1∶6500000,108°—148°E/30°—54°N

Harvard Map Collection | MAP-LC | G7801.P3 1942. U5,Hollis Number:013314600

1016 *China Manchuria Transportation*[中国东北交通地图]

1945 年 8 月,美国外国经济管理局(U. S. Foreign Economic Administration)

中国东北地区交通图,包括铁路(宽轨、窄轨、单轨、双轨、运营、在建、被毁等类型)、公路、河流等交通线路。

1 图,彩色,英文,80.0 cm×73.5 cm,1∶2200000,114°—134°E/39°—53°N

Harvard Map Collection | G7831.P1 1945.U5,Hollis Number:004411901

华东地区

1017 沪宁铁路地图

约1905年，中国铁路总公司

沪宁铁路路线图，从上海经苏州、常州、镇江至南京，简要绘制沿线地形。

1图，黑白，中文，60 cm×101cm，1∶250000，119°00′—122°30′E/31°00′—32°30′N

Harvard Map Collection | MAP-LC | G7821.P3 1905. Z5 oversize，Hollis Number：012642502

1018 沪嘉路线

1909—1912年，上海：中国图书公司代印

上海至嘉善的铁路路线图。该段铁路属于沪杭铁路，兴建于1906年，1909年通车。该线由上海车站向西南经莘庄、华亭、娄县至枫泾。底图要素相对简洁，仅为沿线河道、村落、桥梁、县界等。

根据沪杭铁路修建时间(1906—1909)，该图应绘于1909年之后；另松江府的华亭和娄县于1912年合并为华亭县，而图上仍标注两县及其县界，因而推测该图应绘制于1912年之前，即1909—1912年间。

1图，黑白，石印，中文，50.0 cm×54.6 cm，1∶69000

Harvard Yenching Library | Offsite Storage (HD) | 4500 3486，Hollis Number：009258486

1019 京沪沪杭甬铁路地域全图

民国二十一年(1932)，苏甲荣，上海：日新舆地学社

南京至上海、上海至杭州、杭州至宁波的铁路线路图。标注了铁路沿线各站点及里程数，同时也绘制了长三角地区详细的公路交通线和内河航线，以及部分地点之间交通时间，如"京沪快车需时九时四十七分，京沪江轮需一日二夜"。该图还标注了铁路沿线地区知名特产和景观等信息，如钱塘江八月观潮处、莫干山游览时间等，故性质上，此图应是旅游交通图。

附插图3幅：《江苏浙江合图》，绘制了江苏、浙江两省交通干线；《上海交通路线图》，简要绘制上海电车和公交车线路分布；《淞沪详图》，绘制了上海公共租界以北至

宝山一带。另附有南京、苏州、镇江、杭州、宁波5个城市缩略图。

1图，彩色，中文、英文，55 cm×79 cm，1∶650000，118°18′—122°48′E/29°30′—32°36′N

Harvard Yenching Library | Offsite Storage（HD）| 3099 4969；MAP-LC G7823.J48P3 1932. S8，Hollis Number：008725809

1020 苏浙皖京沪五省市互通公路运输情形示意图

民国二十三年(1934)，南京：全国经济委员会公路处

长三角地区公路线路图，用红线的宽度表示两点之间日均来往汽车数，并标注每日公共汽车来往次数。南京、上海、杭州与周边地区之间以及江阴与无锡之间的汽车来往量较大。

1图，彩色，中文，50.5 cm×50.0 cm，1∶900000

Harvard Map Collection | MAP-LC | G7823.J48P21 1934. C5，Hollis Number：012743964

1021 *Tourists' Road Map of the South-Eastern Provinces of China*［中国东南省份旅行路线图］

1935年1月，南京：全国经济委员会公路局

东南地区旅游交通路线图，空间范围西起九江、东至杭州湾、南抵福州、北达南京，着重绘制区域内的公路线，同时标注公路沿线地名、电报站、航运码头等。

1图，彩色，英文，46.5 cm×40.5 cm，1∶2000000

Harvard Map Collection | MAP-LC | G7822.C47P2 1935. C5，Hollis Number：013349895

1022 长江流域六省交通详图

民国二十七年(1938)再版，上海：远东舆地学社

武汉以下长江中下游地区交通图。绘制铁路、公路、航路、电报线路、商埠、沿海灯塔等要素。

1图，彩色，中文，54.2 cm×78.0 cm，1∶1000000，114°—122°E/28°—32°N

Harvard Yenching Library | Offsite Storage（HD）| MLC-C，Hollis Number：012051726

1023 *North and Central China*［中国东中部简图］

约1939年，日本东京：日本外务协会(Tokyo：the Foreign Affairs Association of

Japan)

长江中下游地区及江淮地区铁道路线简图。

1 图,黑白,英文,26.7 cm×19.2 cm,1∶7800000

Harvard Map Collection | MAP-LC | G7820 1939. N6, Hollis Number: 013349955

1024 *China, Transportation Routes between Shang-Hai and Chekiang*[上海至浙江交通路线图]

1944 年,美国战略情报局(U. S. Office of Strategic Services)

长三角(上海)至浙东南(温州)一带交通路线图,包括铁路、公路和运河,区分在营、在建、被毁等状态。

1 图,淡蓝色,英文,31.7 cm×33.6 cm,1∶1500000,119°30′—123°30′E/28°00′—31°00′N

Harvard Map Collection | MAP-LC | G7823.Z5P1 1944. U5, Hollis Number: 013369954

1025 *Shang-Hai — Yung-Chia Roads and Railroads*[上海—永嘉公路铁路图]

1945 年 5 月 22 日,美国战略情报局(U. S. Office of Strategic Services)

长三角及浙江东部、南部地区的铁路和公路交通图,绘制在营、被毁、在建等不同路况。

1 图,黑蓝,英文,33.5 cm×35.0 cm,1∶1500000,114°—124°E/34°—41°N

Harvard Map Collection | MAP-LC | G7823.Z5P1 1945. U5, Hollis Number: 013369973

1026 上海商埠交通图

民国十八年(1929),李卓吾,上海:中国城市制图社

本图册为私商出版的上海出行指南,内中有《上海总图》《法租界及域内图》《法新租界图》《南市图》《闸北图》《公共租界中区图》《公共租界东区图》《公共租界西区图》和《公共租界北区图》9 幅上海街道图,详细绘制上海租界区和老城区的街道,并标注最新的公交车、电车路线和站点。

9 图,彩色,中文,17 cm×35 cm,各图比例尺不一,1∶12000—1∶26000

Harvard Yenching Library | Offsite Special Collections (RD) | 3099 2135.4, Hollis Number: 009260719

1027 *Province of Chê-Chiang*[浙江省]

1906 年 5 月，英国陆军部参谋总部地形处(Great Britain. War Office. General Staff. Topographical Section)

浙江省交通线路图，主要绘制浙江省及周边地区河道、公路与铁路，并以此串起沿岸、沿线大小地名，用不同符号表示府厅州县各等级城镇和村镇，同时绘制了电报线路和站点、通商口岸、传教点等，未绘制山地和府县界。

1 图，彩色，英文，64.0 cm×55.5 cm，1∶1000000，118°—123°E/27°—32°N

Botany Arnold (Cambr.) | Atlases | G2305. G78，Hollis Number：012903565

1028 *Map of Taiwan*[台湾地图]

1920 年

台湾铁路线路图，红色绘制官营铁路，黑色绘制其他铁路。

1 图，彩色，英文，41 cm×28 cm，1∶1000000，119°18′—122°10′E/21°58′—25°05′N

Harvard Map Collection | MAP-LC | G7910 1920. M3，Hollis Number：011788278

华中地区

1029 *Province of Ho-Nan*[河南省]

1906 年，英国陆军部参谋总部地理处(Great Britain. War Office. General Staff. Geographical Section)

河南省交通线路图，主要绘制河南省及周边地区公路、铁路、河道，并以此串起沿岸、沿线大小地名，用不同符号表示府厅州县，同时绘制电报线路和站点、通商口岸、传教点等，未绘制山地和府县界。

1 图，彩色，英文，77.2 cm×69.5 cm，1∶1000000，110°—117°E/31°—37°N

Harvard Map Collection | MAP-LC | G7823. H33 1906. G7；Botany Arnold (Cambr.) | Atlases | G2305. G78，Hollis Number：012903598

1030 河南 *Honan*

1919 年，北京：交通部邮政总局

中国邮政地图集系列之河南省图，绘制河南全省邮局分布（分为邮务管理局、一等邮局、二等邮局、三等邮局、邮政代办所、村镇邮差所经地等）、邮局之间的邮路里程和通邮时间，同时绘有全省河流及水上邮路。除豫西邮政网点较少外，河南全省邮政网点分布较为均匀。

出自《中华邮政舆图》，北京：中华民国邮政总局，1919，第 6 页（*Postal Atlas of China*. Peking: Directorate General of Posts, 1919, p. 6）。

1 图，彩色，中文、英文、法文，55 cm×66 cm，1：900000，110°－116°E/31°－37°N

Harvard Map Collection | MAP-LC | G7823.H33P8 1919. H46，Hollis Number：012696865

1031 湖北驿站四至舆图册

乾隆二十九年（1764），（清）石礼嘉、朱椿

湖北驿站舆图，逐个绘制湖北省内各驿站，一站一图，并标注该站至临近驿站和县城的里程，共计 182 个驿站。前有湖北全省驿站总图一幅。

编者石礼嘉原为湖北省驿盐使，经理该省邮政，掌握邮驿系统数据，并历时四年编撰成此图册。该图册对于研究清代驿站系统有重要参考价值。

183 图，墨刻本，中文，27.0 cm×15.5 cm

Harvard Yenching Library | Rare Book | T 3095/1634，Hollis Number：010244636

1032 鄂省州县驿传全图

光绪年间，武昌：湖北官书局

分上下册，前有湖北全省驿传总图《鄂省州县驿传全图》，后每州、县各一图，绘制州县境内驿站、铺递、线路和里程，其中驿站路线用圆点虚线表示，铺递路线用横丝线表示。写印俱佳。

66 图，墨刻本，中文，全图尺寸 30.3 cm×62.0 cm，分图 30.3 cm×31.0 cm，计里画方

Harvard Yenching Library | Rare Book | T 3095/0.3135，Hollis Number：010244594

华南地区

1033 *China, South Coast Roads and Railroads*[中国南部沿海公路和铁路]

1945 年 2 月 22 日,美国战略情报局(U. S. Office of Strategic Services)

广东和海南铁路和公路交通路线图,公路分为机动车全天通行道、机动车晴天通行道、马车道、在建道、被毁道等;铁路分为标准轨、窄轨、在建、被毁等类型。以晕渲法绘制地形。

1 图,彩色,英文,32.0 cm×48.2 cm,1∶2400000,109°—117°E/19°—26°N

Harvard Map Collection | MAP-LC | G7822.C47P2 1945. U5,Hollis Number:013397063

1034 *China: the Hunan-Kwangsi Railroad*[中国:湖南—广西铁路图]

1945 年 3 月 9 日,美国战略情报局(U. S. Office of Strategic Services)

衡阳—桂林—柳州—南宁—镇南关铁路线路图,绘制不同路段轨道类型,如标准轨在营、在建、被毁、窄轨铁道等以及沿途的桥梁、隧道和维修站。

1 图,彩色,英文,53 cm×51 cm,1∶1575000,107°—113°E/21°—28°N

Harvard Map Collection | MAP-LC | G7821. P3 1945. U5,Hollis Number:013349712

1035 *Hong Kong-Kowloon Area: Map No. Ⅰ*[香港—九龙地区:1 号图]

1944 年,美国战略情报局(U. S. Office of Strategic Services)

香港维多利亚港两岸的码头分布图,共标注了 17 个大小码头。

1 图,黑白底图、红字标注,英文,51.5 cm×69.8 cm,1∶34000,114°03′—114°14′E/22°15′—22°23′N

Harvard Map Collection | MAP-LC | G7823.H45P55 1944. U5,Hollis Number:013126707

1036 *Hong Kong-Kowloon Area: Map No. Ⅲ*[香港—九龙地区:3 号图]

1944 年,美国战略情报局(U. S. Office of Strategic Services)

香港和九龙地区无线电和电报站分布图,共标注了 20 个站点。

1 图,黑白底图、红字标注,英文,51.5 cm×69.8 cm,1∶34000,114°03′—114°14′

E/22°15′—22°23′N

Harvard Map Collection | MAP-LC | G7823.H45P95 1944. U5, Hollis Number: 013126701

西南地区

1037 *Carte du Tonkin et du Sud de la Chine: en Vue de la Construction des Chemins de fer Tonkin*[东京湾和中国南方地图:至东京湾的铁路建设]

1910年,法国里尔:里尔菲沃公司(Lille: Compagnie de Fives-Lille)

法国铁路机车和桥梁公司里尔菲沃准备修建从云南昆明经河内至东京湾(今北部湾)的铁路线,因而绘制了这幅中国南方和中南半岛地图,核心部分是昆明至河内一带。标注河内附近、云南及贵州西南等地的各类矿产资源分布,如金、银、铜、铁、锡、煤等。

1图,彩色,法文,90 cm×118 cm,1∶2000000,94°—118°E/16°—32°N

Harvard Map Collection | MAP-LC | G7811.P3 1910. C6 vf oversize, Hollis Number:014508669

1038 *Yunnan-Burma Highway*[滇缅公路]

1941年3月15日,C. D. F. C.

滇缅公路线路图,详细标注沿线城镇、中转站、修理站、无线电站等,同时绘有滇缅地区的铁路与河流。

1图,蓝图,英文、中文,44.0 cm×63.5 cm,1∶1267200,97°—105°E/23°—27°N

Harvard Map Collection | MAP-LC | G7822.B8 1941. Y8, Hollis Number: 013378885

1039 中国西部交通网

1941年11月11日

中国西南地区交通路线图,包括云南、贵州西部、四川西南部、西康东南部以及沿边地区,主要为铁路和公路。

1图,蓝图,英文、中文,37 cm×54 cm,1∶3000000,90°—110°E/20°—30°N

Harvard Map Collection | MAP-LC | G7822.C45P1 1941. W4, Hollis Number: 013350124

1040 *South-West China Transportation Routes: Schematic Diagram*[中国西南交通路线示意图]

1941 年 7 月 21 日，美国华盛顿(Washington D. C.: C. D. S. - K. H. T.)

京广线以西、陇海线以南的大西南地区交通路线示意图。绘制了该地区各类铁路、公路、航空路线，侧重于突出各城市之间的交通链接关系和相对位置，因而城市之间的铁路公路都被简化为直线。

1 图，蓝图，英文，45.5 cm×61.3 cm

Harvard Map Collection | MAP-LC | G7822.C475P1 1941. S6，Hollis Number: 013635153

1041 *Asia Transportation Map 1 : 2000000, K'un-Ming (Yünnanfu)*[亚洲二百万分之一交通图：昆明(云南府)]

1944 年 8 月 1 日，美国陆军情报局(United States. War Department. Military Intelligence Service)，美国陆军制图局(U. S. Army Map Service)

西南地区铁路和公路交通路线图，空间范围覆盖中国云南全省、中国西康大部、中国四川南部、中国贵州和广西西部、越南和缅甸北部，绘制了该区域不同尺寸和通行状况的铁路和公路路线。

1 图，彩色，英文，91.2 cm×81.2 cm，1 : 2000000，94°—108°E/18°—32°N

Harvard Map Collection | MAP-LC | G7821. P1 1944. U5，Hollis Number: 008570447

1042 *Province of Ssŭ-Ch'uan: Eastern Sheet*[四川省东中部]

1905 年，英国陆军部参谋总部地形处(Great Britain. War Office. General Staff. Topographical Section)

四川东中部交通线路图，主要绘制四川中东部及周边地区河道与公路线，并以此串起沿岸、沿线大小地名，用不同符号表示府厅州县。同时绘制了电报线路和站点、通商口岸、传教点等。未绘制山地。

1 图，彩色，英文，68.3 cm×95.5 cm，1 : 1000000，103°—111°E/28°—33°N

Botany Arnold (Cambr.) | Ve G79，Hollis Number: 014950991

1043 *Kuyung Chou* 古勇州 *& The Map of Chienkanchang* 箭杆场

1942—1943 年，美军中缅印战区(U. S. Armed Forces in China)，印度加尔各答：印度测绘局(Calcutta: Survey of India Offices)

滇缅边境交通图，由美军根据云南陆地调查局测绘的数据改绘而成。原图应有15幅，馆藏2幅，分别是《古勇州》(1942年出版)和《箭杆场》(1943年出版)。《古勇州》主要为腾冲县附近，《箭杆场》主要为云龙县附近。绘制城镇村寨、干道、小道、河流、桥梁、寺庙等，以交通路线为主要内容。

2图，黑白，中文、英文，76.3 cm×111.0 cm，1∶100000，《古勇州》经纬范围98°00′—99°00′E/25°30′—26°00′N；《箭杆场》99°00′—100°00′E/26°00′—26°30′N

Harvard Map Collection | MAP-LC | G7823. Y8 1943. Y8，Hollis Number：013732366

1044 卫藏图识

乾隆五十七年(1792)，(清)马揭、盛绳祖辑

此图编纂之际，正值廓尔喀入侵后藏日喀则，乾隆帝派兵进藏，收复失地，并攻入廓尔喀境内，直逼都城阳布。该图着重绘制和记述从成都进藏至廓尔喀的路线、道里和所需日程。从成都起，共绘制以下线路图：成都至打箭炉、打箭炉至里塘、里塘至巴塘、巴塘至察木多、察木多至拉里、拉里至前藏、前藏至后藏、拉萨佛境图、后藏至聂拉木9幅舆图，而聂拉木再往西南，即出边境到廓尔喀境内。另绘有一幅《卫藏全图》。开本较小，方便旅途携带。

10图，墨刻本，中文，13.8 cm×18.8 cm

Harvard Yenching Library | 3290 0.729，Hollis Number：007378977

1045 最近国际关系地图

1911年，日本东京：外交时报社

日本外交时报社编《最近国际关系地图》包含一系列国际和地区地图，其中与中国相关的主要有《西藏要路图 The Road to Lhasa》和《蒙古新疆地图》。

《西藏要路图 The Road to Lhasa》为从拉萨往西南至印度大吉岭路线图，绘制从拉萨经羊卓雍错、江孜、康马、嘎拉、亚东至甘托克(Gangtok)、噶伦堡(Kalinpong)、西里古里(Siliguri)和大吉岭(Darjeeling)一线。地名主要以英文标注，同时以中文标注了亚东、噶大克、江孜等通商口岸，以及拉萨、大吉岭、春丕等地名。黑白，日文，22 cm×41 cm，1∶1000000，87°—92°E/26°—30°N。

《蒙古新疆地图》的空间范围东起京汉铁路，西至里海，南抵雅鲁藏布江，北达西伯利亚，主要标绘新疆、内蒙古和中亚地区主要铁路、商队路线以及地名。黑白，日文，16.2 cm×27.5 cm。

Harvard-Yenching | J 2380 2064(1)，Hollis Number：012095909

西北地区

1046 *Northwest China Transportation*[中国西北交通路线图]

1945年3月1日，美国战略情报局(U. S. Office of Strategic Services)

中国中西部地区交通路线图，包括陕西、甘肃、青海、宁夏、四川北部等地的公路、铁路和水路。

附插图2幅，一为 *Routes to Northwest China Through Russia and India*，绘制中国经俄国和印度通往欧洲的路线，一为本图所绘区域位置示意图。

1图，彩色，英文，81.5 cm×65.0 cm，1∶3000000，90°—111°E/28°—43°N

Harvard Map Collection | MAP-LC | G7822.C45P1 1945. U5，Hollis Number：013346077

1047 陕西 *Shensi*

1919年，北京：交通部邮政总局

中国邮政地图集系列之陕西省图，绘制陕西全省邮局分布(分为邮务管理局、一等邮局、二等邮局、三等邮局、邮政代办所、村镇邮差所经地等)、邮局之间的邮路里程和通邮时间，同时绘有全省河流及水上邮路。陕西邮政集中于关中平原。

出自《中华邮政舆图》，北京：中华民国邮政总局，1919，第7—8页(*Postal Atlas of China*. Peking: Directorate General of Posts, 1919, p. 7-8)。

1图2幅，彩色，中文、英文、法文，62 cm×74 cm，1∶900000，106°—112°E/31°—39°N

Harvard Map Collection | MAP-LC | G7823.S3P8 1919. S42，Hollis Number：012705207

1048 甘肃 *Kansu*

1919年，北京：交通部邮政总局

中国邮政地图集系列之甘肃省图，绘制甘肃全省邮局分布(分为邮务管理局、一等邮局、二等邮局、三等邮局、邮政代办所、村镇邮差所经地等)、邮局之间的邮路里程和通邮时间，同时绘有全省河流及水上邮路。甘肃邮政密度较为稀疏，以兰州、平凉、巩昌等地相对较多。

出自《中华邮政舆图》，北京：中华民国邮政总局，1919，第10—11页(*Postal Atlas of China*. Peking: Directorate General of Posts, 1919, p. 10—11)。

1图2幅，彩色，中文、英文、法文，56 cm×67 cm，1∶900000，100°—108°E/33°—

40°N

Harvard Map Collection | MAP-LC | G7823.G3P8 1919. C5, Hollis Number: 013397284

1049 甘肃邮务区舆图

1922 年 12 月 31 日,财政部印刷局

民国甘肃省邮政网络分布图,邮局分为邮务管理局、一等邮局、二等邮局、三等邮局、邮寄代办所、村镇新柜、村镇邮差所经之处等不同等级绘制,邮政线路则按递送时间间隔分为逐日邮班、间日邮班、每三日或多日邮班等绘制,可反映甘肃邮政系统发展状况。

1 图,彩色,中文、英文、法文,99 cm×135 cm,1∶1050000,93°—110°E/32°—42°N

Harvard Map Collection | MAP-LC | G7823.G3P8 1922. P6 ultrasize, Hollis Number:013364302

1050 新疆 *Sinkiang*

1919 年,北京:交通部邮政总局

中国邮政地图集系列之新疆省图,绘制全疆邮局分布(分为邮务管理局、一等邮局、二等邮局、三等邮局、邮政代办所、村镇邮差所经地)、邮局之间的邮路里程和通邮时间,同时绘有全省河流及水上邮路。新疆邮政主要分布于天山及环塔里木盆地地区。

出自《中华邮政舆图》,北京:中华民国邮政总局,1919,第 12—13 页(*Postal Atlas of China*. Peking: Directorate General of Posts, 1919, p. 12—13)。

1 图 2 幅,彩色,中文、英文、法文,67 cm×56 cm 和 56 cm×32 cm,1∶2500000,70°—96°E/34°—50°N

Harvard Map Collection | MAP-LC | G7823.X6P8 1919. C5, Hollis Number: 013800540

其他专题图

宗教地图

1051 *New Map of China, Corea, Anam and Siam, with Portions of Burmah and Malaysia*［中国、朝鲜和东南亚传教站分布新地图］

约 1881—1889 年，美国芝加哥：兰德·麦克纳利公司(Chicago: Rand McNally & Co.)

欧美各教派在华建立传教站的分布情况，底图为清朝内地省级行政区划图，包括朝鲜半岛和东南亚地区。在已建立传教站的城市名下方标注红色圆圈和下划线。图下方附清朝各省人口总数表、各教派名单及在华传教站统计表以及传教站分布城市列表等，统计表信息截止为 1881 年。

1 图，彩色，英文，49 cm×33 cm，1：10000000，94°25′—131°04′E/0°25′S—41°36′N

Harvard Map Collection | MAP-LC | G7820 1885. R3, Hollis Number: 013822227

1052 *China, Showing the Stations of the China Inland Mission*［中国内地会传教站分布图］

1895 年前，伦敦斯坦福地理学会(Stanford's Geographical Establishment)，英国伦敦：爱德华·斯坦福公司(London: Edward Stanford Ltd)

中国内地会在华传教站分布图，以长三角地区和关中晋南地区居多。底图为中国省级行政区划简图。

中国内地会(China Inland Mission)，由英国传教士戴德生(James Hudson Taylor，1832—1905)于 1865 年建立，旨在将基督教信仰传入中国内地，而不仅仅停留在沿海。

图上未直接标注时间，但与 1905 年及 1916 年出版的同名地图相对比，该图的传教站点明显较少，鉴于当时传教活动处于扩张阶段，因而该图应是早期的传教点分布图。该图将台湾划为中国一部分，而 1905 年及 1916 年的同名地图已将台湾划出，据此推测，该图可能绘于 1895 年《马关条约》签订之前。

1 图，彩色，英文，45 cm×59 cm，1：7000000，96°—128°E/18°—41°N

Harvard Map Collection | MAP-LC | G7821.E424 1911. C4, Hollis Number: 013137214

1053 *Map of China: Prepared for the China Inland Mission, 1903*[中国地图:中国内地会专图,1903]

1903年,(俄)薄乃德(Emil Bretschneider),英国伦敦:斯坦福地理学会(London: Stanford's Geographical Establishment)

标注中国内地会及新教在中国建立传教站的位置,建有中国内地会传教站的地方,其地名下方标红线;新教传教站地名下标蓝线。底图为中国内地十八省地形图。从图上看,内地会已在关中、四川盆地、长江中下游等地区建立大量传教站。

1图,彩色,英文,95.0 cm×112.5 cm,1∶3200000,95°—130°E/18°—42°N

Harvard Map Collection | MAP-LC | G7820 1903. E3, Hollis Number: 013276467

1054 *Map of China: Prepared for the China Inland Mission, 1905*[中国地图:中国内地会专图,1905年]

1905年,(俄)薄乃德(Emil Bretschneider),英国伦敦:斯坦福地理学会(London: Stanford's Geographical Establishment)

该图在同名地图1903年版的基础上修订而成,主要标注中国内地会及新教在中国建立的传教站的位置,参见前图(条目1053)。

1图,彩色,英文,95.0 cm×112.5 cm,1∶3200000,95°—130°E/18°—42°N

Botany Arnold (Cambr.) | Atlases | G7810. B74 1905x For Supplement v, Hollis Number: 006781776

1055 *Map of China: Prepared for the China Inland Mission, 1905*[中国地图:中国内地会专图,1905年]

该图内容与前图相同(条目1054)。

Harvard Map Collection | MAP-LC | G7821.E424 1905. C5 vf, Hollis Number: 011792515

1056 *A Map of China: Prepared for the China Inland Mission, 1905*[中国地图:中国内地会专图,1905年]

1905年,爱丁堡地理研究所(Edinburgh Geographical Institute),英国伦敦:中国内地会(London: China Inland Mission)

标绘中国内地会在中国建立的传教站的位置。下标红色横线表示有建立中国内地传教站的地方，空间范围为中国内地十八省，未绘制地形。与上一幅同年出版的同名地图相比（见条目 1054），本图标绘的传教站点较少，地形数据也不同。

附插图 2 幅，一是北京城市简图，二是英格兰和威尔士同比例面积对比图。

1 图，彩色，英文，46.5 cm×53.5 cm，1∶6000000，96°—128°E/18°—42°N

Harvard Map Collection | MAP-LC | G7821.E424 1905. J6，Hollis Number：013248203

1057 *A Map of China Prepared for the China Inland Mission, 1916*［中国地图：中国内地会专图（南方），1916 年］

1916 年，伦敦斯坦福地理学会（Stanford's Geographical Establishment），英国伦敦：爱德华 · 斯坦福公司（London：Edward Stanford Ltd.）

中国内地会在中国传教站分布图。空间范围大致为长江以南地区。图上显示，内地会的传教站在南方以东部沿海及四川居多。

该图与后图（条目 1058）一南一北合为全国图。

1 图，彩色，英文，53.5 cm×89.0 cm，1∶3000000，96°—128°E/18°—32°N

Harvard Map Collection | MAP-LC | G7821.E424 1916. E3，Hollis Number：013248144

1058 *A Map of China Prepared for the China Inland Mission, 1916*［中国地图：中国内地会专图（北方），1916 年］

1916 年，伦敦斯坦福地理学会（Stanford's Geographical Establishment），英国伦敦：爱德华 · 斯坦福公司（London：Edward Stanford Ltd.）

基督教中国内地会在中国传教站分布图。空间范围大致为长江以北地区。图上显示，内地会的传教站在北方以关中和河南等地居多。

该图与前图（条目 1057）一南一北合为全国图。Hollis 系统著录该图信息时，与南方图分散，故该条信息记录出现偏差。

1 图，彩色，英文，53.5 cm×89.0 cm，1∶3000000，96°—128°E/32°—52°N

Harvard Map Collection | MAP-LC | G7820 1920. C5，Hollis Number：013223007

1059 *China, Showing Mission Stations Except the Roman Catholic*［中国传教站分布图（不含罗马天主教）］

1924 年，通用制图公司（General Drafting Co.）塞缪尔 · 博格斯（S. W. Boggs）、

R. 比奇（R. Beach），美国纽约：美加宣教运动（New York：Missionary Education Movement of the U. S. and Canada）

近代中国内地基督教传教站分布图，底图为中国内地省级行政区划图，图上标注已设立传教站的地名。右下方附有基督教各教派名单以及对应的地名索引表。所列教派主要来自美国，少数来自欧洲。空间上，传教站相对集中于东部的河北、江苏、浙江、福建、广东和中部的山西、河南、湖南及四川等省份。

1 图，彩色，英文，91 cm×116 cm，1∶3250000，96°—135°E/18°—44°N

Harvard Map Collection | MAP-LC | G7821.E424 1924. G4 *，Hollis Number：013158733

1060 *China, Showing Mission Stations Except the Roman Catholic*［中国传教站分布图（不含罗马天主教）］

1932 年，通用制图公司（General Drafting Co.）塞缪尔·博格斯（S. W. Boggs）、R. 比奇（R. Beach），美国纽约：美加宣教运动（New York：Missionary Education Movement of the U. S. and Canada）

欧美基督教各团体在中国建立的传教站分布图。底图为中国内地省级行政区图。附各基督教团体名单。

1 图，彩色，英文，96.6 cm×121.5 cm，1∶3250000，96°—138°E/18°—42°N

Harvard Map Collection | MAP-LC | G7821.E424 1932. G4 * oversize，Hollis Number：013181286

1061 中华天主教区全图 *Missions Catholiques en Chine*

约 1930 年，朱明斋、杨兴宝，上海：徐家汇光启社（土山湾印书馆）

民国时期全国天主教教区分布图，绘制了天主教大教区界和教区界。一个省往往被划为约 1—5 个教区，教区界多与省界相重合，但也有跨省教区。该图有助于研究民国时期天主教在华传播情况。

附插图 2 幅：《*Densit'e de la Population Catholique* 各教区教友密度比较图》，绘制全国各地天主教徒人口密度；《*Champ d'apostolat des Missionnaires* 各教区传教士一览图》，绘制各地传教士所属教会。

另有各省天主教徒人数统计表、100 个教区教徒人数统计表、全国 1905—1929 年教徒人数增长统计图等。

1 图，彩色，中文、法文，113 cm×131 cm，1∶4700000，75°—135°E/18°—54°N

Harvard Map Collection | MAP-LC | G7821.E424 1930. Z4，Hollis Number：013137278

1062 *Se-Tch'ouan Occidental*, *1908－1910* 四川西境及北境图

1915 年，(法)禄方济(François Roux)，上海：中国图书公司和记印刷所，上海徐家汇土山湾印书馆寄售(Shanghai：China Publishing & Printing Co.)

法国传教士禄方济绘制的四川东部和北部地图，空间范围为岷江以东、重庆以北、嘉陵江渠江以西、陕甘以南地区。底图为河网图，未绘制山地。主要标注已建立传教站的地点。

附插图 2 幅，为雅州府图和四川东部、北部地形图。

1 图 4 幅，彩色，法文、中文，109 cm×123 cm，1∶400000，103°12′－108°24′E/29°18′－32°48′N

Harvard Map Collection ｜ MAP-LC ｜ G7823.S55 1915. R6，Hollis Number：013708460

人口地图

1063 中国人口密度图

民国二十四年(1935)初版，陈铎，上海：商务印书馆

中国人口密度图，为中学地理教科挂图，以红色中空圆点表示人口密度，每点代表 10 万人，底图为省级行政区划，底色浅黄色。人口密集区包括长江流域的长三角地区、四川盆地、江汉平原；华北平原的北京、天津、济南、开封地区；珠江三角洲地区等。

地图两侧附有各省人口数、面积和人口密度简要数据，左上方为上海、北平、天津、广州等八大都市人口数量比较表，下方为中国各省人口比例饼图和中国各省面积比例饼图，另配有以人形大小表示各省人口数量多寡的示意图。

1 图，彩色，中文，74 cm×84 cm，1∶5550000，73°－135°E/18°－53°N

Harvard Yenching Library ｜ Offsite Storage (HD) ｜ 4337 7984，Hollis Number：009200025

1064 *North China Density of Population by Hsien*[华北分县人口密度图]

1945 年，美国战略情报局(U. S. Office of Strategic Services)

河北、山东分县人口密度等级图。

1 图，彩色，英文，33 cm×40 cm，1∶2600000，114°－124°E/34°－41°N

Harvard Map Collection ｜ MAP-LC ｜ G7823.H26E2 1945. U5，Hollis Number：

013345943

1065 “满洲”农业移民入植图

1935 年 11 月

以伪满洲国省级行政区为底图，标注日本 1—4 次向东北地区农业移民的迁入地。从图上看，日本农业移民主要集中于嫩江下游的三江平原地带。

1 图，彩色，日文，78.0 cm×54.5 cm

Harvard Yenching Library | Manchuguo J-0877，Hollis Number：014634389

1066 “满洲”农业移民入植图

1939 年，日本东京：拓务省

主要标注日本农业移民人口在东北的安置点。当地日本移民人口既有官方组织的，如青年义勇队训练所、集团农业移民、铁道自警村等，也包括自由移民。安置点的空间分布上，主要集中于哈尔滨—吉林一线以东的嫩江中下游地区。安置点多集中在铁路沿线地带。

1 图，彩色，日文，75.5 cm×54.5 cm

Harvard Yenching Library | Manchuguo J-0816，Hollis Number：014622122

1067 “*Manchuria*” *Principal Ethnic Groups*：*Chinese* （*including Sinicized Native Tribes*）[中国东北主要民族分布图：汉族]

1946 年 1 月，美国国务院地图情报（United States. Department of State，Division of Map Intelligence and Cartography）

主要标绘东北各省汉族人口比重，同时绘制满族、蒙古族、朝鲜族以及日俄移民分布区域。

1 图，彩色，英文，33 cm×32 cm，1：5800000，117°—133°E/38°—53°N

Harvard Map Collection | MAP-LC | G7822.M2E1 1946. U5，Hollis Number：013753852

1068 “*Manchuria*” *Number of Koreans*[中国东北朝鲜族人口分布图]

1946 年 8 月，美国国务院地图情报与制图处（United States. Department of State，Division of Map Intelligence and Cartography）

1945 年东北地区朝鲜族人口分省等级图。人口分布自东南向西北递减，以中朝边界为多。

1 图，彩色，英文，43 cm×41 cm，1：4500000，117°—133°E/38°—53°N

Harvard Map Collection | MAP-LC | G7822.M2E1 1946. U51, Hollis Number: 013753948

1069 "*Manchuria*" *Density of Population*, *1940*: *by Hsien or Banner*[中国东北分县旗人口密度图]

1946年1月,美国国务院地图情报与制图处(United States. Department of State, Division of Map Intelligence and Cartography)

1940年东北地区分县旗人口密度分布等级图,中部平原地带及辽东半岛人口密度最大,呈带状分布。右下角附插图1幅,为东北各省人口性别比,大小兴安岭及长白山等山地地区性别比偏高。

1图,彩色,英文,48.5 cm×46.0 cm,1∶3900000,117°—133°E/38°—53°N

Harvard Map Collection | MAP-LC | G7822.M2E2 1946. U5, Hollis Number: 013753908

1070 哈尔滨附近移民地关系位置要图

1935年9月,南满洲铁道株式会社经济调查会

1931年九一八事变后,日本开始大规模、有计划地向东北组织移民,满铁经严密的实地调查,提出了一套完整的移民计划,包括土地、移民招募、安置经费、交通设施、供电供水、教育医疗、警备设施等,形成《满洲农业移民方策》。本图附于该方案后,绘制计划在哈尔滨附近的4个移民点概况,包括长岭子移民地、黄山移民地、杨姑屯移民地和赵家移民地。除了哈尔滨总图外,每个移民点各配一图,简要绘制移民点周边地形、河流、公路和村落。

5图,彩色,日文,39.2 cm×45.8 cm,总图1∶100000,分图1∶50000

Harvard Yenching Library | J 4359.11 4338.22 (2), Hollis Number: 007765636

1071 山东黄河南岸十三州县迁民总图

光绪二十年(1894),(清)黄玑

光绪十五年(1889)黄河在利津韩家垣处决口,山东黄河南岸大面积受灾。黄玑提议并受命组织移民,将南岸村庄就近向后迁至地势较高处。累计迁出村庄502处,新建村庄501处。该图上南下北,标注了沿岸迁出村庄和新建村庄名称和所在位置。

12图,黑白,石印,中文,26 cm×26 cm

Harvard Yenching Library | Offsite Storage (HD) | 3039 4815, Hollis Number: 005599303

1072 *China, South Coast, Density of Population*[中国南部分县人口密度]

1945年1月22日,美国战略情报局(U. S. Office of Strategic Services)

广东和海南县级土地人口密度的分段设色图。珠三角地区人口密度最高,其次为潮汕地区。

1图,彩色,英文,32.0 cm×48.2 cm,1∶2400000,109°—117°E/19°—25°N

Harvard Map Collection | MAP-LC | G7822.C47E2 1945. U5,Hollis Number:013396939

工商业地图

1073 *The "Daily Mail" Commercial Map of China* [《每日邮报》中国商业地图]

约1900年,英国伦敦、利物浦:乔治·菲利普父子公司(London & Liverpool:George Philip & Son)

晚清商业地图,主要绘制人口、交通、矿产等与商业相关要素。标注各省人口总数及密度、二级河流通航河段、通商口岸城市、全国煤矿分布及交通网,铁路绘制较为详细,并用不同符号表示英、俄、法、德、比、意、美、日等国所控制路段。

1图,彩色,英文,59 cm×48 cm,1∶8000000,90°—140°E/10°—60°N

Harvard Map Collection | MAP-LC | G7821.P3 1900. G5,Hollis Number:013276439

1074 *A Commercial Map of China and its Dependencies, Showing the Areas Owned or Leased by Foreign Powers*[中国商业地图,兼及列强在华租界及势力范围]

1903年,伦敦斯坦福地理学会(Stanford's Geographical Establishment),英国伦敦:爱德华·斯坦福公司(London:Edward Stanford Ltd.)

清末中国商业地图,底图为省级行政区划图,用不同颜色斜线绘制英、法、德、俄四国在中国的势力范围,其中德国势力范围为山东省,法国为广西和云南,俄国为长城以北蒙古、新疆和东北,但英国的势力范围仅绘制晋南豫北地区、威海卫和香港。此外,该图用五角星标注通商口岸城市,红色实线和虚线分别表示在营和在建铁路线,用蓝色线条的粗细表示内河通航能力大小。该图着重表示交通要素,未标注各地物产。

1图,彩色,英文,55 cm×77 cm,1∶7600000,70°—145°E/18°—53°N

Harvard Map Collection | MAP-LC | G7821.G1 1903. E3, Hollis Number: 013240344

1075 最新中华全图 *The New Map of China*

1914—1915 年,(英)丁格尔(Edwin John Dingle)、诺曼·肖(Norman Shaw),上海:远东地理学会(Shanghai: Far Eastern Geographical Establishment)

中国内地商业地图,主要标注中国内地农、林、牧、矿等物产及手工产品,以及铁路、公路、沿海航线等。底图为中国内地省级行政区划图,标注省府州县名,无省以内行政区划分界线,标绘河网,但未绘制山地。中英文标注地名。

京张铁路阳高至大同段线路于 1914 年 1 月通车,而大同至丰镇段则于 1915 年 9 月通车。该图中,阳高至大同段标绘为"造成线",而大同至丰镇段则标绘为"现造线",因此判断,该图的绘制时间应在这两者之间。图中地名系统仍标注为府州厅县,应是因循旧图。

1 图,彩色,中文、英文,168 cm×147 cm,1∶1676850,94°40′—124°50′E/20°00′—43°50′N

Harvard Map Collection | MAP-LC | G7820 1910. S4 oversize, Hollis Number: 013131172

1076 最新中华全图 *The New Map of China*

1915 年 9 月至 1916 年,(英)丁格尔(Edwin John Dingle)、诺曼·肖(Norman Shaw),上海:远东地理学会(Shanghai: Far Eastern Geographical Establishment)

中国内地商业地图,在前图(条目 1075)的基础上修订而成,该图图幅广大,图背衬有纱布,现已断裂为 4 幅。相较于上图,该图中京张铁路已向西延伸至大同丰镇,而该段于 1915 年 9 月通车,故该图应在此之后。查丁格尔曾于 1916 年为亚细亚火油公司(The Asiatic Petroleum Co. Ltd.)出版题为 *Map of China, Compiled from the Latest and Most Authentic Surveys by the Far Eastern Geographical Establishment, Shanghai* 的地图,内容与本图相似,且丁格尔于 1917 年重返英国,因而估计本图的出版时间应在 1915 年 9 月至 1916 年。

1 图,彩色,中文、英文,168 cm×147 cm,1∶1676850,94°40′—124°50′E/20°00′—43°50′N

Harvard Map Collection | MAP-LC | G7820 1890. S4 * oversize, Hollis Number: 013861568

1077 中国商业地图

1916 年 1 月 1 日，日本横滨和中国天津：东方地理学会（Yokohama & Tientsin: Oriental Geographical Society）

中国内地各地主要经济作物（棉花、麻、丝、漆、芝麻、花生、蜡、鬃毛等等）及矿产（煤、铁、石油、金、银、铜等）分布图。底图为中国内地省级行政区。

1 图，彩色，中文、英文，133.5 cm×121.2 cm，1∶2000000，96°—124°E/22°—44°N

Harvard Map Collection | MAP-LC | G7821.G1 1916. O7 oversize，Hollis Number：013240439

1078 *Map of China*［中国地图］

1918 年 1 月，（美）安立德（Julean Herbert Arnold），北京：弗兰克・厄珀姆公司（Peking: Frank S. Upham & Co.）

中国商业地图，底图为全国省级行政区划图。此图由美国驻华大使馆绘制，旨在向美国工商界推介中国。标注了美国使领馆在中国分布、主要铁路线和沿海航线。图左解说部分介绍了中国人口、面积、交通、贸易、关税、邮政、银行、美国在华人数和工商业情况等，另有中国进出口贸易（1886—1915）趋势图和中国及东亚主要城市美国人口统计表。

1 图，彩色，英文，60.5 cm×91.0 cm，1∶8800000，72°—148°E/12°—53°N

Harvard Map Collection | MAP-LC | G7820 1918. A7，Hollis Number：013240323

1079 *Philips' Commercial Map of China*［菲利普斯中国工商业地图］

1922 年，（英）谢立山（Alexander Hosie），英国伦敦：乔治・菲利普父子公司（London: George Philip & Son Ltd.），伦敦地理研究所（The London Geographical Institute）

民国时期中国工商业地图，以中国省级行政区划图为底图，用红色字体标注全国各地的农牧产品（大米、小麦、大豆、烟草等 30 多种）分布；蓝色字体标注矿产（煤、铁、金、银、铝、铜等近 30 种）分布；红色符号标注工业（纺织、面粉、化工、水泥、造纸、印刷等 30 多种）分布。同时，绘制铁路、公路、通商口岸、无线电路、河流通航情况等交通通讯相关信息，其中河道通航情况分别用红色河段表示大型轮船通航、蓝色河段表示小型轮船通航、黑色河段表示舢舨通航及不通航。绘制沿海航线并标注里程。

插图 3 幅：《上海—南京地区》《北京—天津地区》和《新疆》。

1 图，彩色，英文，147 cm×110 cm，1∶3000000，90°—135°E/18°—55°N

Botany Arnold (Cambr.) | Ve H79 34343；Law School | Rare | 137 40，Hollis

Number:006750705

1080 *Philips' Commercial Map of China*[菲利普斯中国工商业地图]

内容形制与前图(条目 1079)相同。

1081 *Philips' Commercial Map of China*[菲利普斯中国工商业地图]

1948 年改版,(英)谢立山(Alexander Hosie),英国伦敦:乔治·菲利普父子公司(London: George Philip & Son Ltd.)

民国时期中国工商业地图,主要内容为全国各地农牧产品、矿产和工业分布以及交通通讯等信息。该图是在 1922 年出版的同名地图上增补修订而成,这一时期,中国省级行政区发生较大变化,尤其是塞北、东北以及西南地区。同时对工矿业分布进行修订,图幅和比例尺略缩小。具体内容参看前图(条目 1079)。

附插图 2 幅:《上海—南京地区》和《新疆》。

1 图,彩色,英文,108 cm×85 cm,1∶3800000,90°—135°E/18°—55°N

1082 孙中山先生实业计划图

民国十八年(1929)三版,苏甲荣,上海:日新舆地学社

该图主要演示孙中山实业计划中筑港、整治河道、建筑铁路等三项内容,地图上绘制了密集的铁路线规划图,用《千字文》为顺序标注各规划建设的铁路线,并标注各地主要矿产。弁言中称:"凡信仰先生主义者,不可不读《建国方略》一书,读《建国方略》者不可不备本图。"经纬网以经过北京的经线为中央经线。

附插图 5 幅:《整治扬子江计划图》《整治广州河汉计划图》《改良上海计划图》《以乍浦为东方大港计划图》及《计划的北方大港位置图》,计划在渤海湾乐亭县滦河、青河口建设北方大港,在杭州湾北岸乍浦建设东方大港,或改良上海港为东方大港。左上方附《孙中山先生遗像》一幅。图后附《孙中山先生事业计划大纲》一份,罗列发展港口、疏浚河道、建筑铁路、开发矿产等孙中山实业计划大纲内容。

1 图,彩色,中文,53 cm×77 cm,1∶9000000,73°—135°E/18°—53°N

1083 全“支那”交通産業地圖［中国交通产业地图］

1937—1945 年

该图以绘画地图形式绘制了中国内地地形、省份、农林矿等物产及铁路线等。从绘图风格看，可能是作为中学教学用图或者宣传图。从图上内蒙古位置标注的“蒙古自治共和政府”“满洲国”以及陇海线西安至宝鸡段业已修成等判断，该图应成图于在1937—1945 年间。

1 图，彩色，日文，90.5 cm×61.8 cm

Harvard Yenching Library | Manchuguo J-0824，Hollis Number：014623807

1084 *Chart Showing Goods Carried by S. M. R. Co. Manchuria Lines During Fiscal Year 1922－1923*［“南满铁路”1922—1923 财年货物运输图］

1923 年，大连南满洲铁道株式会社（Dalian：South Manchuria Railway Company）

该图绘制 1922—1923 财年（1922 年 4 月 1 日至 1923 年 3 月 31 日）南满铁路沿线各站点货物吞吐量（仅绘制货物吞吐量超过 5 万吨的站点）。以饼状图大小表示货物吞吐量，饼状图绿色部分表示货物输出，橙色表示输入，标注主要进出口货物类型和数量。从图上看，大连和抚顺是货物吞吐量最大的站点，大连以输入为主，煤炭和大豆最大；抚顺以煤炭输出为大宗。同时，该图还标示了站点城市之间的运输距离。

附货物比例、货物运输量和大连港进出口统计图 3 幅。

1 图，彩色，英文，74 cm×50 cm，1∶2000000

Harvard Map Collection | MAP-LC | G7822.M2P3 1923. C4，Hollis Number：013777246

1085 南满洲铁道株式会社货物运输图表

1930 年 10 月，大连：南满洲铁道株式会社

该图绘制 1929 财政年度南满铁路沿线各站点货物吞吐量（仅绘制货物吞吐量超过 10 万吨的站点）。以饼图大小表示货物吞吐量，饼图绿色部分表示货物输出，紫色表示输入，标注主要进出口货物类型和数量。从图上看，大连和抚顺是货物吞吐量最大的站点，大连以输入为主，以煤炭和大豆最大，抚顺以煤炭输出为大宗。该图还标示了站点城市之间的运输距离。

附东北主要农产品、货物运输和大连港进出口统计图 3 幅。

1 图，彩色，日文、英文，78 cm×54 cm，1∶2000000

Harvard Map Collection | MAP-LC | G7822.M2P3 1930. M5，Hollis Number：013782996

1086 *Commercial Map of Manchuria*[中国东北商业地图]

1931年5月22日,(日)中村武夫,大连:大连出版社(大连プレス)

东北商业地图,主要标注农牧矿产分布及铁路线路。农产品包括大豆、高粱、小麦、水稻、旱稻、棉花等,畜牧业包括牛、马、驴、羊、猪等,矿产包括金、铁、煤等,以及盐和木材。铁路线则按照中、日、俄三国控制和修建情况分别绘制,标注主要城市之间铁道里程。

附插图1幅,绘制东北各地耕地、森林、草地等不同土地类型。

1图,彩色,英文、日文,104 cm×74 cm,1∶2000000,115°—135°E/35°—55°N

Harvard Map Collection | MAP-LC | G7822.M2G1 1931. N3 ultrasize,Hollis Number:013777548

1087 掌中"满洲"产业图

1940年,(日)谷光世,"新京"(长春):"满洲事情案内所"

内含6幅地图:

(1)《"满洲帝国"行政地图》:是伪满洲国省级行政区划图(含县旗界线),包括奉天省、安东省、锦州省、热河省、兴安西省、兴安南省、兴安东省、兴安北省、吉林省、龙江省、滨江省、牡丹江省、间岛省、通化省、东安河、三江省、北安省、黑河省18个省,另有"新京"特别市。伪满洲国成立之初,维持着原有的黑龙江、吉林和奉天三省行政区划,后不断分省,省级单位不断增多,到1941年成立四平省之时,省级单位最多,为19个省。此图成图之时,省级单位已有18个。后期因大兴安岭、长白山地区人口稀少,部分省份兼并,省级单位数量有所减少。此图有县级(含旗)行政区界和县城地名。另有铁路线和定期航空线路。

(2)《"满洲帝国"交通地图》:以县旗行政区为底图,绘制了东北地区航空线路(细分了"满洲"航空、中华航空、日本航空路线)、铁路、铁道总局自动车路线、海上航线、内河航线等。

(3)《"满洲帝国"矿产地图》:以县旗行政区为底图,绘制了东北地区矿产资源分布情况,包括煤矿、金矿、铁矿、铜矿、铅矿、镁矿、石油、石灰石等。图上显示,当时对于东北矿产的勘探,主要集中于东南部如辽东半岛等地,小兴安岭地区勘探了一系列金矿。

(4)《"满洲帝国"农业地图》:以县旗行政区为底图,绘制了东北地区植被类型(森林、平原、沼泽、耕地)、等降水量线、水稻种植区等,并标注了10个"国立"农业试验场及分场所在地。

(5)《"满洲帝国"农·畜·水产地图》:以县旗行政区为底图,绘制了东北地区主要农牧渔产品分布情况,农产品主要包括水稻、高粱、小麦、玉米、大豆、人参、烟草等;畜牧产品包括马、牛、羊、猪等；水产主要是盐和鱼，其中盐主要在辽东半岛海域。

(6)《“满洲”开拓农民入植图》：主要标绘“日满”组织的拓荒地分布情况，拓荒民众及地点类型包括：青年义勇大队训练所、青年义勇小队训练所、青年义勇队特别训练所、开拓农民干部养成训练所、集合开拓农民、林业开拓民、烟草开拓民、青年义勇队满铁训练所等等。空间上主要集中于松嫩平原北部和东北部，反映当时“日满”政权对东北北部的农业开发状况。

6 幅，彩色，中文、日文，36.0 cm×29.5 cm，1∶5000000，134°—164°E/41°—54°N

Harvard Yenching Library｜(W) G2307. M2 1942. S5, Hollis Number: 015124488

1088 台湾统计地图

民国三十五年(1946)，台北：台湾省行政长官公署统计室

二战后台湾社会经济统计地图集，包括总类(即行政区划图)、地理、交通、气象、人口、农业(农产、水果、牲畜、森林)、水产、矿产、工业和贸易 9 大类 83 幅图，每图前都有解说和统计数据表，反映战后初期台湾社会经济的方方面面。

83 图，彩色，中文，21 cm×15 cm

Harvard Yenching Library｜4033.18 4392.1，Hollis Number：007503595

1089 *Chine, Birmanie et Indo-Chine, Routes Commerciales, 1878*[中国、缅甸和中南半岛贸易路线，1878 年]

1878 年，(法)保罗·梅亚(Paul Méa)，法国巴黎(Paris)

长江以南至中南半岛地区的商业贸易路线图，底图为晕滃法绘制的地形图。

1 图，黑白，法文，25 cm×30 cm，1∶26000000，87°47′—122°47′E/8°22′—35°13′N

Harvard Map Collection｜MAP-LC｜G8001. P1 1878. M4, Hollis Number: 014489394

语言地图

1090 *Eastern China Principal Languages: Needed by Interpreters in These Areas*[中国东部语言分布图]

1942 年 2 月 28 日，美军情报协调局地理处(U. S. Office of Coordinator of Information, Geographic Division)，美国战略情报局(U. S. Office of Strategic Services)

中国内地主要语言分布图，包括普通话、吴语、闽语、粤语、客家话等。图上还标绘了1942年2月日本占领区。

1图，黑白，英文，26.9 cm×23.7 cm，1∶225000，102°—120°E/18°—45°N

Harvard Map Collection | MAP-LC | G7821.E3 1942. U5，Hollis Number：013222942

1091 *China, Principal Languages*[中国主要语言分布图]

1942年5月30日，美军情报协调局地理处(U. S. Office of Coordinator of Information, Geographic Division)，美国战略情报局(U. S. Office of Strategic Services)

中国内地语言分布图，包括普通话、吴语、闽语、粤语、客家话以及周边蒙古语、藏语、傣语等多种。图上还标绘了1943年5月日本占领区。

1图，黑白，英文，31.6 cm×31.1 cm，1∶115000，95°—120°E/15°—45°N

Harvard Map Collection | MAP-LC | G7821.E3 1942. U51，Hollis Number：013222975

1092 *The Provinces of China: Pronunciation of Names Given in the Yale System of Romanization*[中国省名的发音：基于耶鲁拼音系统]

1946年，(美)芳亨利(Henry Courtenay Fenn)

底图为省级政区简图，主要内容是以耶鲁拼音标注民国各省名称的发音注音。

1图，黑白，中文、英文，28.0 cm×21.5 cm，100°—130°E/18°—45°N

Harvard Map Collection | MAP-LC | G7820 1940. F4，Hollis Number：013234515

1093 *Language Map of China* [中国语言地图]

1949年，(美)芳亨利(Henry Courtenay Fenn)

中国语言分区简图，包括北方官话、西南官话、南方官话以及吴语、福建话、客家话、广东话、苗语、泰语、彝语、藏语、维吾尔语、蒙古语等。

1图，黑白，英文，20 cm×24 cm

Harvard Map Collection | MAP-LC | G7821.E3 1949. F4，Hollis Number：013194281

1094 *China Dialects*[中国东南地区方言简图]

1944年8月31日，美国战略情报局(U. S. Office of Strategic Services)，美国华盛顿：中央情报局(Washington, D.C.: Central Intelligence Agency)

中国东南沿海地区(浙江、福建、广东、台湾、海南)主要方言分布,包括吴语、闽南语、粤语、客家话等。

1图,黑白,英文,29.5 cm×22.7 cm,1∶10000000,108°—123°E/18°—40°N

Harvard Map Collection | MAP-LC | G7821.E3 1944. U5,Hollis Number:013234501

1095 *China, South Coast, Principal Ethnic Groups and Dialects*[中国南部主要民族和方言]

1945年1月24日,美国战略情报局(U. S. Office of Strategic Services)

广东和海南民族及方言分布图。民族主要为汉族、客家、黎族、瑶族、苗族等。方言主要有粤语、闽南语、客家话等。

1图,彩色,英文,32.0 cm×48.2 cm,1∶2500000,109°—117°E/19°—25°N

Harvard Map Collection | MAP-LC | G7822.C47E1 1945. U5,Hollis Number:013396957

古迹地图

1096 [明十三陵图]

清后期

以山水画法细致描绘明十三陵全景,包括帝陵、后妃陵、太监墓、陵监、附近村庄、庙观等,逐一标注各陵宫信息,重要的建筑标注修建时间,对各陵宫、白玉石牌坊、御道两侧石人石兽像等陵内建筑的刻画尤为细腻。全图视野开阔、格局疏朗、绘制精美、色彩明亮。

1图,彩绘,中文,98 cm×184 cm

Harvard Yenching Library | Rare Book | T 3086/6417,Hollis Number:009406308

1097 [颐和园]园内路线一览表

民国四年(1915)

颐和园游览图,绘制颐和园昆明湖周边主要景点和道路。

1图,彩色,中文,40.0 cm×54.5 cm

Harvard Map Collection | MAP-LC | G7824.B4:2Y4A5 1915. Y8,Hollis Num-

ber:012816302

1098 故宫图说

约 1925 年，故宫博物院编，北平：国立北平故宫博物院

内有 3 幅故宫博物院平面图：《故宫博物院内中路平面全图》，绘制从乾清门至顺贞门的故宫格局，包括乾清宫、坤宁宫等，尺寸 69.2 cm×33.4 cm；《故宫内西路平面图》，绘制故宫西侧咸福宫、永寿宫等部分格局，尺寸 47.8 cm×37.4 cm；《故宫外东路路线图》，绘制皇极殿等部分宫殿格局和路线，尺寸 44.7 cm×18.6 cm。

3 图，黑白，中文，1∶500

Harvard Yenching Library | Offsite Storage (HD) | 9241 4342.2，Hollis Number:007718394

1099 增订故宫图说

民国二十四年(1935)，北平：国立北平故宫博物院

所载 3 幅故宫博物院平面图《故宫博物院内中路平面全图》《故宫内西路平面图》和《故宫外东路路线图》，内容与前图(条目 1098)相同。

3 图，黑白，中文，1∶500

Harvard Yenching Library | 9241 4342.21，Hollis Number:007412385

1100 颐和园图

民国二十三年(1934)，北平市管理颐和园事务所绘制，北平：永华印刷局

颐和园万寿山地形图，配有等高线，详细绘制各宫殿楼阁、遗址、庙宇、道路、碑墙、植被、山石、水井等。

附插图《全园形势图》1 幅。

1 图，彩色，中文、英文，44 cm×70 cm，1∶2000

Harvard Map Collection | MAP-LC | G7824.B4:2Y4A5 1934. B4，Hollis Number:012821221

1101 颐和园简明图说

民国二十四年(1935)，北平市管理颐和园事务所编

内有《颐和园图》，详细绘制了颐和园内各宫殿楼台、园林景点、道路桥梁，并绘制了万寿山的等高线和土地利用类型。图说中英文各一册，各配一幅相同的地图。

1 图 2 份，黑白，中文、英文，29.0 cm×39.5 cm，1∶2000

Harvard Yenching Library | Offsite Storage (HD) | 3048 7826，Hollis Num-

ber:009025314

1102 明清两代宫苑建置沿革图考

民国三十六年(1947),朱偰,上海:商务印书馆

主要论述明清北京紫禁城宫殿建制,后有《明代宫禁图》和《清代宫禁图》,绘制紫禁城内的宫殿格局。

2图,朱墨套印,中文,20.5 cm×28.0 cm,1∶4200

Harvard Yenching Library | 3045 2923.6,Hollis Number:005586964

1103 西陵各陵陵基地图

民国年间,文物研究会

清西陵等高线地形图。绘制泰陵、昌陵、慕陵、崇陵及周边陵墓所在位置、陵墓结构、周围山地、河流、道路、村庄、桥梁等。

1图,彩色,石印,中文,62 cm×103 cm,1∶10000

Harvard Yenching Library | Rare Book | T 3044/3217.1, Hollis Number:010242512

1104 浙江名景胜迹西湖最新图

民国五年(1916),鑫记主人重绘,杭州:西湖鑫记图书社

以传统山水画法绘制了西湖与周边景点及其相对地理方位。

1图,黑白,中文,58 cm×63 cm

Harvard Map Collection | MAP-LC | G7822.W45E635 1916. X54,Hollis Number:012801087

1105 普陀山全图

民国时期

普陀山地形和寺庙分布图。该图对普陀山岛屿轮廓测绘准确度高,绘制了精细的等高线,并对岛上沙地、田地、湿地、沼泽、森林等各土地类型用不同符号标示,码头也用现代通用的锚形符号标示,显然,此图是由专业测绘人员绘制,相应的测绘技术已经达到较高水准。岛西南海岸标有"僧教育会",该教育会成立于1908年,因而成图时间至少在1908年之后。该图纸张酸化严重,应是民国纸。

附插图1幅:《洛伽山图》,绘制普陀山岛东南方的洛伽山岛地形及寺庙。

1图,黑白,石印,中文,78.0 cm×54.5 cm,1∶10000,122°18′-122°24′E/29°54′-30°00′N

Harvard Yenching Library | Rare Book | T 3100/8728, Hollis Number: 009406217

1106 福建泉州开元寺平面图

清末民国,泉州路工局雷先生绘

福建泉州开元寺的建筑平面图,手绘于一张特殊的塑料纸上。开元寺始建于唐垂拱二年(686),初名莲花寺,后多次改名,唐玄宗开元二十六年(738)改为开元寺,是东南地区久负盛名的寺庙。

1 图,黑白,中文、英文,71 cm×90 cm,1∶400

Harvard Yenching Library | Offsite Storage (HD) | 3102 3123,Hollis Number:009406778

1107 *Maps*: *1. Near Eastern Ceramic Centers*; *2. Chingtechen and the Kilns of Fouliang*; *3. Chinese Kiln Sites* [1.近东地区陶瓷中心;2.景德镇和浮梁的窑址;3.中国陶瓷窑址分布图]

1944 年,(英)A. D. 布兰斯顿(A. D. Brankston),美国纽约:皇冠出版社(New York: Crown Publishers)

一纸三图,图 1 题为 *Near Eastern Ceramic Centers*,绘制近东地区最早的陶器发源地,22.7 cm×14.7 cm,1∶46000000;图 2 题为 *Chingtechen and the Kilns of Fouliang*,绘制景德镇和浮梁的地形及瓷窑分布,22.7 cm×14.7 cm,1∶200000;图 3 绘制中国内地历史上的陶瓷窑遗址分布,标注史前、唐代、宋元、明清四个阶段的窑址分布,空间上以黄河中下游、华北平原、山东半岛、江浙闽赣粤等东南省份居多,45.6 cm×28.9 cm,1∶8000000,106°—125°E/20°—41°N。

3 图,黑白,英文

Rubel (Fine Arts) | Offsite Storage (HD) | Map-C M297, Hollis Number: 009781750

1108 泰山图

光绪二十年(1894),永增书店

刻绘泰山各寺庙观阁、山峰洞潭以及泰安县城等。

1 图,墨刻本,中文,110 cm×63 cm

Harvard Yenching Library | Rare Book | T 3087/5026, Hollis Number: 009406626

1109 泰山全图

民国拓片

刻绘泰山各寺庙观阁、山峰洞潭以及泰安县城，内容形制上与前图（条目 1108）相同。

1 图，黑白，中文，111 cm×62 cm

Harvard Yenching Library | Offsite Storage (HD) | TP0890，Hollis Number：009766583

1110 泰山全图

民国拓片

此图内容与前图（条目 1108）一致，但清晰度较上一幅差，不少字迹湮灭不清。以上三幅泰山图内容形制相同，但字迹有较大差异。

1 图，黑白，中文，111 cm×62 cm

Harvard Yenching Library | Offsite Storage (HD) | TP0898，Hollis Number：009768210

1111 关中胜迹图志

乾隆后期，（清）毕沅，经训堂

是书由陕西巡抚毕沅于乾隆四十一年（1776）编撰，配有多幅舆图和山川名胜图，是研究陕西历史地理的重要文献。其中舆图有：《西安府疆域图》《同州府疆域图》《凤翔府疆域图》《汉中府疆域图》《延安府疆域图》《榆林府疆域图》《商州疆域图》《乾州疆域图》《邠州疆域图》《兴安州疆域图》《鄜州疆域图》及《绥德州疆域图》12 幅。

12 图，墨刻本，中文，20.8 cm×26.0 cm

Harvard Yenching Library | Rare Book | T 3060/6031b，Hollis Number：008026871

1112 关中胜迹图志

民国二十三年（1934），（清）毕沅，西安：西京日报社

此为民国翻印本，内容参见前图（条目 1111）。

12 图，黑白，中文，8.5 cm×10.2 cm

Harvard Yenching Library | 3060 6031，Hollis Number：005619757

历史地图

1113 春秋列国图

明代,(北宋)胡安国撰,金陵:奎壁斋莆阳郑元美刻

标注春秋列国、禹贡九州五服、山脉河流等,载于《奎壁春秋》。

1 图,墨刻本,中文,18.9 cm×24.8 cm

Harvard Yenching Library | Rare Book | T 690/4236d, Hollis Number: 007879332

1114 今古舆地图

崇祯十六年(1643),(明)沈定之、吴国辅等

明末编纂的历史地图集,在性质和体例上延续了北宋税安礼的《历代地理指掌图》,主要用于辅助读史。古朱今墨,双色套印。

卷上有《今古华夷区域总要图》、《大明肇造图》、《大明万世一统图》、《九边图》、《帝喾九州图》、《虞舜十有二州图》、《禹贡九州图》、《禹迹随山浚川图》、《增定禹贡敷土随山刊奠图》、《禹贡九州告成图》(该图缺,只有图说)、《商九有图》;

卷中有《周职方图》《春秋列国图》《七国壤地图》《秦初并天下图》《秦郡县天下图》《楚汉之际诸侯王图》《西汉郡国图》《汉异姓八王图》《汉吴楚七国图》《汉书诸侯王表图》《东汉郡国图》《东汉十三州部刺史图》《三国鼎峙图》《西晋郡国图》《西晋十九州部刺史图》《东晋中兴江左图》《刘宋南国图》《萧齐南国图》《萧梁南国图》《南陈南国图》《元魏北国图》《高齐北国图》《后周北国图》《隋郡名图》《唐十道图》《唐郡名图》《唐十五采访使图》《唐十道节度经略使图》《唐藩镇疆界图》《朱梁及十国图》《后唐及五国图》《石晋及七国图》《刘汉及六国图》《郭周及七国图》;

卷下有《宋初列国图》、《宋封域及外国总图》、《宋元丰九域图》、《宋府州军监图》、《宋史二十六路图》、《南宋中兴图》、《元十二省图》、《元行省行台廉访宣慰司图》、《元路府州县图》、《历代华夷山名图》、《历代华夷水名图》、《汉书地理志列国分野图》、《二十八舍辰次分野合太乙奇门宫次图》(非地图)、《九州二十八宿分野图》、《唐一行山河两戒图》,共计 59 图(舆图 58 幅),附图说。

钤印“中山氏藏书之记”“嘉诚”“静先”。

58 图,朱墨套印本,中文, 25.0 cm×31.5 cm

Harvard Yenching Library | Rare Book | T 3020/2365, Hollis Number:

007770186

1115 六经图考

康熙元年(1662),(南宋)杨甲撰,毛邦翰补,(清)潘寀鼎重订,礼耕堂刻印

内有《禹贡随山浚川图》《禹贡导山》《禹贡九州疆界之图》《禹贡治水先后图》和《禹贡导川》5 图,以及《禹贡九州谱图》和《禹贡九山名数图》2 表。

5 图,墨刻本,中文,19.6 cm×13.2 cm

Harvard Yenching Library | Rare Book | T 149/4260, Hollis Number: 007918035

1116 中夏古今州郡图谱

明末清初,(日)中村惕斋撰绘

此为日本中村惕斋(1629—1702)撰写的六卷本《中国历史沿革图说》中的配图,卷首为沿革图,有《禹贡九州地理图》《唐虞三代地理图》《战国分界图》《汉十三部四十郡图》《唐十五道图》《宋二十三路图》《元十二省二十二道图》和《明两京十三省图》,各图详略不一,以唐代图最为详细,绘制内地山河和道府,禹贡图和明代图其次,禹贡图着重绘制山河,明代图侧重标注各府,其他图皆较为简略。卷一至三论述上古至明代中国历代疆域沿革,卷四至六论述明代各府沿革。江户精写彩绘本,图色艳丽。钤印"阿波国文库"。

8 图,彩绘本,中文,27 cm×36 cm

Harvard Yenching Library | Rare Book | T 3020/5490, Hollis Number: 008110520

1117 阅史约书:历代地理图僭伪谱系附

1793 年,(明)王光鲁著,(日)松元慎翻印,日本京都:北村四郎兵卫

内有自西周至南宋时期的历代舆图共计 16 幅,古墨今朱标注地名。由于该书编撰的主要目的是为读史提供参考,因而地图绘制精度较低。该书原为王光鲁于崇祯七年(1634)编,后于宽政五年由日本松元慎翻印而成。京都松元氏家塾定本,愚山书屋藏板。

16 图,朱墨套印,中文,26 cm×32 cm

Harvard Yenching Library | Rare Book | TJ 3180 1920, Hollis Number: 008301082

1118 礼记王制地理图说

1794 年，(日)长久保赤水，日本江户：青藜阁

主要为《礼记》制度示意图，内有《方万里图》和《中国九州方三千里图》，分别为中国舆图和黄河长江流域舆图。

2 图，墨刻本，日文，26.5 cm×18.5 cm

Harvard Yenching Library | Rare Book | TJ 4396.1 7224 #053，Hollis Number：010598981

1119 *Tableaux Historiques de l'Asie, depuis la Monarchie de Cyrus jusqu'à Nos Jours, Accompagnés de Recherches Historiques et Ethnographiques sur cette Partie du Monde*［亚洲历史地图集：从居鲁士王朝至今，兼及对亚洲历史和民族的研究］

1826 年，(德)柯恒儒(Julius von Klaproth)，法国巴黎：A. 舒巴特(Paris：A. Schubart)

亚洲历史地图集，采用 19 世纪初期的亚洲地形图为底图，分别绘制了公元前 530 年、前 500 年、前 322 年、前 281 年、前 210 年、前 31 年以及公元 116 年、232 年、302 年、425 年、565 年、632 年、679 年、745 年、865 年、912 年、952 年、1000 年、1125 年、1226 年、1290 年、1368 年、1404 年、1479 年、1725 年及 1825 年 26 个年份亚洲各国历史疆域范围，可反映 19 世纪初期欧洲对中国历史疆域的认知和观念。

26 图，彩色，铜版，法文，35.0 cm×42.5 cm，1∶25000000，20°—180°E/0°—80°N

Harvard Map Collection | MAP-LC | DS33. K63 = Atlas f *；Widener | Off-site Storage (HD) | AH 1457.5，Hollis Number：005583632

1120 古今沿革地图

1835 年，(日)长久保赤水，日本大阪：京屋浅二郎

日本长久保赤水绘制的中国历史舆图集，内有《大清国道程图》《禹贡九州图》《周职方氏图》《春秋列国图》《战国七雄地图》《秦三十六郡并越四郡》《西汉州郡图》《东汉郡国图》《三国鼎峙图》《两晋南北朝州郡图》《唐十道图》《明一统二京十三省图》及《亚细亚小东洋图》等，图中对相关历史事件有文字注释，地名舛误较多。

13 图，彩色，中文、日文，35 cm×40 cm

Harvard Yenching Library | Rare (W) | G2306.S1 N34 1835，Hollis Number：99153703272103941

1121 唐土中兴沿革地图说

1848 年，(日)河内屋喜兵卫等，日本大阪：浪华书林

日本绘制的中国秦代至西晋的历史地图集，包括《秦始皇廿七年卅六郡建置之图》《秦二世皇帝元年诸国蜂起之图》《秦三世即位年汉楚兴亡之图》《汉王五年大汉一统之图》《东汉中平年中郡国之图》《吴主江东平治之图》《建安廿五年三国鼎峙之图》《孔明南征并魏蜀交战之图》《蜀炎兴二年魏并益州之图》及《西晋大康元年一统之图》，每图附图说。

10 图，彩色，日文，31 cm×44 cm

Harvard Yenching Library | Rare Book | TJ 3080 4448 Oversize，Hollis Number：013321340

1122 东汉郡国图

约 1850—1859 年，(日)长久保赤水

该图是长久保赤水绘编的《唐土历代州郡沿革图》中的脱页。分色绘制东汉十三刺史部，标注州、郡国和部分县。馆藏《古今沿革地图》(见条目 1120)和《唐土中兴沿革地图说》(见条目 1121)有相似图幅。

1 图，彩色，日文，34 cm×45 cm

Harvard Yenching Library | Rare (W) | G7810 1850. T6，Hollis Number：99153729604403941

1123 禹贡山川地理图

同治十二年(1873)，(南宋)程大昌，粤东书局

原图为南宋程大昌所撰《禹贡论》附图，此本为清同治年间粤东书局重刻《通志堂经解》本(第 151 卷)。内有《禹贡山川总会之图》《九河既播同为逆河之图》《三江既入震泽底定之图》《九江东陵彭蠡北江之图》《大河经历图》《汉以后九河旧图》《新定九河逆河碣石图》《水经济汴互源图》《今定沇荥济图》《寻阳旧九江图》《郑元小九江图》《今定三江图》《孔安国三江图》《班固三江图》《韦昭三江图》《今定九江图》《三条荆山图》《古漾汉图》《甘肃二州弱水图》《唐史西南夷弱水图》《今定弱水图》《郦道元张掖黑水图》《汉志劳水会叶榆入南海图》《水经叶榆入南海图》《樊绰黑水图》《今定黑水图》《雍梁荆三州贡道相因图》《兖青徐扬四州贡道图》《冀州夹石碣石图》《汴济分合图上》《汴济分合图下》及《宋武开汳入渭取长安图》。

32 图，重刊本，中文，19 cm×28 cm

Harvard Yenching Library | Offsite Storage (HD) | 110 2452 (151)，Hollis Number：009168666

1124 禹贡山川地理图

民国二十五年(1936),(南宋)程大昌,上海:大东书局

此为民国上海大东书局《影印指海》本。据书前《四库提要》载,该本底本为《永乐大典》本。内有《历代大河误证图》《汉以后九河旧图》《新定九河逆河碣石图》《水经济汴互源图》《今定沇荥济图》《浔阳旧九江图》《郑元小九江图》《今定九江图》《孔安国三江图》《班固三江图》《韦昭三江图》《今定三江图》《三条荆山图》《古漾汉图》《甘肃二州弱水图》《唐史西南夷弱水图》《今定弱水图》《郦道元张掖黑水图》《汉志劳水会叶榆入南海图》《水经叶榆入南海图》《樊绰黑水图》《今定黑水图》《雍梁荆三州贡道相因图》《兖青徐扬四州贡道相因图》《冀州夹右碣石图》《汴济分合图上》《汴济分合图下》及《宋武开汳入渭取长安图》28 图,图后附说,缺《九州山川实证总图》和《今定禹河汉河对出图》,与同治粤东书局重刻本稍有不同。

28 图,影印本,中文,14 cm×20 cm

Harvard Yenching Library | Offsite Storage (HD) | 9100 5635 (1-2), Hollis Number:007233157

1125 历代舆地沿革险要图

光绪五年(1879)初刻初印,(清)杨守敬、饶敦秩撰,东湖饶氏雕版

杨守敬编印的历史地图集,目的是为读史提供参考。地名以古墨今朱方式标绘,并注明各地重要历史事件。内有《禹贡九州图》《尔雅殷制图》《职方周制图》《春秋列国图》《七国形势图》《秦三十六郡县图》《楚汉之际诸侯王图》《前汉地理志图》《西汉末割据图》《后汉郡国志图》《后汉末割据图》《三国疆域图》《三国形势图》《晋地理志图》《东晋疆域图》《前赵疆域图》《后赵疆域图》《前燕疆域图》《后燕疆域图》《南燕疆域图》《北燕疆域图》《前秦疆域图》《后秦疆域图》《西秦疆域图》《前凉疆域图》《前后蜀疆域图》《南凉疆域图》《后凉疆域图》《西凉疆域图》《北凉疆域图》《西夏疆域图》《杨氏疆域图》《南宋州郡志图》《南齐州郡志图》《梁疆域图》《陈疆域图》《北魏地形图》《东魏疆域图》《西魏疆域图》《北齐疆域图》《北周疆域图》《隋地理志图》《隋末割据图》《唐地理志图》《唐藩镇图》《李茂贞割据图》《夏元昊疆域图》《后梁并十国图》《后唐并七国图》《后晋并七国图》《后汉并六国图》《后周并七国图》《宋地理志图》《宋南渡疆域图》《辽地理志图》《金地理志图》《元地理志图》《元末割据图》《明地理志图》《明九边图》,另附《两汉四裔图》《南北朝四裔图》《隋四裔图》《唐四裔图》《元四裔图》《明四裔图》和《地球图》,共计67 幅。目录和正图在图名及排序上略有不同,如目录中《后汉末割据图》在正图标为《西汉末割据图》;目录中《夏元昊割据图》在正图标为《夏元昊疆域图》;《宋四裔图》目录有著,但未刊刻,无图;北朝地图排序多有不同。题名和排序以正图为准。

杨守敬(1839—1915),字惺吾,号邻苏,湖北宜都人,清末著名历史地理学家、金石文字学家、藏书家。

1 集 67 图,古墨今朱,中文,29 cm×41 cm

Harvard Yenching Library | Offsite Storage (HD) | G2306.S1 Y28 1879,Hollis Number:011942317

1126 订正李氏历代地理沿革图

1880 年,(清)六严撰,马征麟增订,(日)林丑人点校,酒井舍彦制图,日本东京:奎文堂

上古至明代的中国历史地图。李鸿章在同治十年(1871)汇刻《李氏五种合刊》时,收录了由李兆洛编撰的《历代地理志韵编今释》,同时刊刻了由江阴六严绘制、马征麟增订的《历代地理沿革图》,以之作为李兆洛《今释》的注图。日本在翻刻此图集时,进行了修订,将原图并不精准的底图替换成了明治时期已经较为精确的现代地图,同时增加了一幅清代地图。这幅清代地图用晕滃法绘制山脉,标绘沿海等深线,添加了经纬度和比例尺,对海岸线的绘制也较为准确。

内有《禹贡九州图》《殷九有图》《职方九州图》《尔雅释地图》《春秋列国图》《战国七雄图》《秦三十六郡图》《汉地理志图》《东汉郡国志图》《三国疆域图》《晋地理志图》《南宋州郡志图》《南齐州郡志图》《北魏地形志图》《隋地理志图》《唐地理志图》《五代十国图》《宋地理志图》《辽地理志图》《金地理志图》《元地理志图》《明地理志图》及《清地理志图》,前有李鸿章和马征麟序。古墨今朱、双色套印。

23 图,朱墨套印,中文,20.5 cm×26.8 cm

Harvard Yenching Library | Offsite Storage (HD) | 3020 0864.72b, Hollis Number:005471778

1127 历代地理沿革图

光绪十八年(1892),(清)六严撰、马征麟增订,长沙:竹素书局

此图集原为江阴六严绘制、马征麟增订的《历代地理沿革图》,收入在李鸿章同治十年(1871)汇刻的《李氏五种合刊》。光绪十八年由长沙竹素书局重刊,内容无变动,包括《禹贡九州图》《殷九有图》《职方九州图》《尔雅释地图》《春秋列国图》《战国七雄图》《秦三十六郡图》《汉地理志图》《东汉郡国志图》《三国疆域图》《晋地理志图》《南宋州郡志图》《南齐州郡志图》《北魏地形志图》《隋地理志图》《唐地理志图》《五代十国图》《宋地理志图》《辽地理志图》《金地理志图》《元地理志图》《明地理志图》等图。

22 图,朱墨套印,中文,19.2 cm×26.8 cm

Harvard Yenching Library | Offsite Storage (HD) | 3020 0864a, Hollis Num-

ber:009242495

1128 “支那”歷代沿革圖說［中国历代沿革图说］

1881年,(日)河村与一郎,日本大阪:前川文荣堂、柳原积玉圃

日本民间出版的中国历史地图册,以清代中期内地十八省为底图,绘制中国自夏商周时期开始的历代中国疆域图,包括夏殷、西周、春秋、战国、秦、前汉、后汉、三国、南北朝、唐、宋、元、明、清等疆域图,后有汉、南北朝、唐、元四个时期的西域图。虽然已到明治年间,但该图仍沿用传统舆图绘制风格。

18图,彩色,日文,25.5 cm×36.5 cm

Harvard Yenching Library | J 3080 3471,Hollis Number:008267326

1129［中国历史地图］

年代和作者信息缺

日本绘制的中国内地省级行政区划简图。一省一色,对省级行政区轮廓绘制粗略。图中陕甘、湖广、江南等尚未分省,但多处标注“乾隆”字样。标注各地的简要历史和铸造的钱币等要素。

1图,手绘彩图,日文,86 cm×81 cm

Harvard Yenching Library | Rare Book | TJ 3080 5575, Hollis Number:009406628

1130 春秋舆图

清末,(清)顾栋高,苏州:万卷楼

此图为《春秋大事年表》的配图。作者按照“左图右史”的传统,于乾隆十年(1745)绘此春秋舆图,今地名用墨色,古地名用朱色。共有《总图》《河南图》《山东图》《山西图》《直隶图》《陕西图》《江南图》《湖广图》《浙江图》《河未徙图》《河初徙图》《淮水图》和《江水汉水图》等图。

13图,刻本,朱墨套印,中文,21.5 cm×31.0 cm,计里画方

Harvard Yenching Library | Offsite Storage (HD) | 701 3840a,Hollis Number:009228446

1131 禹贡图说:全

年代不详,(明)汪应魁识

禹贡九州图,前有九州总图一幅,后为各州疆界图、贡道图以及导山导水图。此为日本抄本,有假名注音。

22 图，抄本，中文、日文，20.5 cm×28.0 cm

Harvard Yenching Library | Rare Book | TJ 345 2160, Hollis Number: 009031868

1132 教研适用东洋历史地图

1906 年，(日)桑原隲藏，东京：开成馆藏版

日本明治时期出版的中国历史地图集，作为中学和高等女学校教材。内含 10 图，包括秦、汉、三国、朝鲜、淝水战前、淝水战后、唐、元、清、现代亚洲图等，内容相对简略。反映近代日本对中国历史疆域的认识。

10 图，彩色，日文，22.4 cm×27.6 cm

Widener | Offsite Storage (HD) | G2201. S1 K8 1906, Hollis Number: 008061967

1133 历代舆地沿革险要图

光绪三十二年至宣统三年(1906—1911)重校订，(清)杨守敬撰，熊会贞校，观海堂刻

杨守敬主持编印的大型历史地图集。分 3 函 34 册，包括《历代舆地沿革险要图》、《春秋列国图》、《战国疆域图》、《嬴秦郡县图》、《前汉地理图》、《续汉郡国图》、《三国疆域图》、《西晋地理图》、《东晋疆域图》、《前赵疆域图》《后赵疆域图》(合一册，题签《二赵疆域图》)、《前燕疆域图》《后燕疆域图》《南燕疆域图》《北燕疆域图》(合一册，题签《四燕疆域图》)、《前秦疆域图》《后秦疆域图》《西秦疆域图》(合一册，题签《三秦疆域图》)、《前凉疆域图》《后凉疆域图》《南凉疆域图》《北凉疆域图》《西凉疆域图》(合一册，题签《五凉疆域图》)、《后蜀疆域图》《夏疆域图》(合一册，题签《后蜀夏疆域图》)、《刘宋州郡图》、《南齐州郡图》、《萧梁疆域图》、《陈疆域图》、《北魏地形志图》、《北齐疆域图》、《西魏疆域图》、《北周疆域图》、《隋地理志图》、《唐地理志图》、《后梁并十国图》、《后唐并七国图》、《后晋并七国图》、《后汉并六国图》、《后周并七国图》、《宋地理志图》、《辽地理志图》、《金地理志图》、《元地理志图》、《明地理志图》。每册刊刻时间不同。

杨图是以胡林翼编纂的《大清一统舆图》为底图，而《大清一统舆图》又是据康熙《皇舆全览图》和乾隆《皇舆全图》编制而成。朱墨套印，古墨今朱。

在此图集之前，杨守敬曾与邓承修同撰《历代舆地沿革险要图》，又与饶敦秩合刊此图集，随后上海、湖北、四川和日本等多地出现翻刻本，但翻刻多有舛谬，于是杨守敬与其门生熊会贞重新修订，于光绪三十二年至宣统三年间陆续刊刻成书。与饶敦秩合刊本相比，除了修订总图外，对每朝代绘制分图，规模和精度也大幅度提高，成为中国历史上最重要、最完整的历史地图集，被谭其骧先生称为中国历史地图绘制史上的里

程碑。

34 册 45 图，朱墨套印，中文，22.0 cm×16.5 cm，计里画方

Harvard Yenching Library | Offsite Storage (HD) | 3080.8 4234，Hollis Number：007462310

1134 东洋读史地图

1925 年，(日) 箭内亙，日本东京：富山房

近代日本编纂的中国历史地图集，包括从禹贡九州图开始至清末的历代王朝疆域图，反映近代日本人对中国历史疆域的认知和观念。

30 图，彩色，日文，26 cm×40 cm

Harvard Yenching Library | Offsite Storage (HD) | J 2410 841R，Hollis Number：008133407

1135 东洋读史地图

1941 年，(日)箭内亙，日本东京：富山房

近代日本人编纂的中国历史地图集，大正十四年(1925)的修订版，见前图(条目1134)。

30 图，彩色，日文，26 cm×40 cm

Harvard Yenching Library | J 2410 8412，Hollis Number：008133322

1136 中国历代疆域战争合图

民国十四年(1925)，武昌：亚新地学社

绘制了上自三皇五帝、下至民国各朝代的疆域政区图和战争形势图，图后附说，记述重要战争过程。

47 图，彩色，中文，26 cm×37 cm

Harvard Yenching Library | Offsite Storage (HD) | MLC-C，Hollis Number：007655602

1137 历代疆域形势一览图：坿说

民国十五年(1926)第七版，童世亨，上海：商务印书馆

绘制自三代以降至清季历代疆域范围。形式上采用现代地图的绘制方法，内容相对简略，图后附说。

25 幅，彩色，中文，29.5 cm×22.5 cm

Harvard Yenching Library | 3020 0140；Harvard Yenching Library | Offsite

Storage (HD) | 3020 0140, Hollis Number: 005461267

1138 中外历史地图

民国时期，马冀编绘，台北：文海出版社印行，乐人出版社发行

中国历史疆域地图集，分为《战国时代图》《秦代疆域图》《两汉时代图》《三国时代图》《两晋时代图》《南北朝时代图》《盛唐疆域图》《五代十国图》《两宋时代图》《元代盛时疆域图》《明代疆域图》《盛清疆域图》等。地图所载信息简略，绘图亦较粗疏。

12 图，彩色，中文，54.0 cm×77.5 cm

Harvard Yenching Library | Offsite Storage (HD) | 2368 7218 FOLIO, Hollis Number: 004989853

1139 历史地图

1946 年，叶蠖生，新华书店

《初中历史课本》的附图，主要为从殷周到清代的历史地图，包含部分古希腊、波斯、罗马、印度等世界历史地图，内容较为简略。

28 图，黑白，中文，14.0 cm×10.5 cm

Harvard Yenching Library | Rare Book | T 2516/4952.2, Hollis Number: 005220907

1140 河北省沿革图稿

民国二十二年(1933)，陈铁卿，河北省政府《河北月刊》社

以民国河北分县图为底图，绘制春秋至清朝历代河北地区州郡疆界变迁。古地名用红色，今地名用黑色。虽绘制详细，但古代府、州、郡、国等边界基本上是按照民国县级政区绘制，与历史实际情况有所偏差。

106 图，彩色，中文，22.0 cm×32.5 cm

Harvard Yenching Library | Offsite Storage (HD) | 3086 7982, Hollis Number: 012117371

1141 河套图志

民国六年(1917)，张鹏一，在山草堂

该志记述了河套地区的历史沿革、交通物产等，内含 6 幅地图：《河套两汉郡县图一》，标注河套地区汉代与民国对照地名；《河套北魏周隋郡县图二》，标注河套地区北魏至隋的古今地名对照；《河套唐州郡图三》，标注河套地区唐代古今地名对照；《河套辽金元军州图四》，标注河套地区辽金元时期的古今地名对照，以上 4 幅图，地名标注

古墨今朱，河流湖泊用蓝色。《河套前清伊盟七旗图五》，绘制清代河套地区盟旗分布，黑白，以上 5 图尺寸 46.5 cm×36.5 cm。《后套渠利图六》，绘制巴彦淖尔平原等后套地区的河渠分布情况，黑白，尺寸 38.4 cm×44.3 cm。

该志原 6 卷，馆藏本存前 2 卷，为建制沿革和山川池泊以及书前 6 幅地图。

6 图，石印本，中文

Harvard Yenching Library | 3262 6124，Hollis Number：007493614

1142 山东省历史地图

1922 年第二版，青岛：大宫権平

以北洋政府时期山东道级政区为底图，标注山东各地历史上的著名人物与事迹，上至上古传说时期，下至绘图之时，如秦始皇东巡建碑处、孟子墓、光武帝出生地、胶州湾租界地等，部分市镇标注其历代沿革简介。根据地图绪言，图中所注历史事迹，是根据作者本人在山东游历的数年间所见所闻编撰而成。另标注了当时山东的铁路、公路、电报线、河流等。

附插图 1 幅：《铁道一览》，简要绘制津浦线（天津—浦口）、山东线（青岛—济南）的走向、站点、里程和通车时间。

1 图，彩色，日文，54.5 cm×77.5 cm，1∶1000000，115°—123°E/34°—39°N

Harvard Yenching Library | Offsite Storage（HD） | 3087 4341，Hollis Number：012108543

1143 汉西域图考

同治九年（1870），（清）李光廷，广州刊刻

该图考主要论述汉代西域地理沿革，内含《汉西域图》和《地球全图》。《汉西域图》实际上是清同治年间的近代地图，空间范围涉及中国新疆、中亚、西亚、地中海沿岸、南亚等地，分为上四图和下四图；《地球全图》则是欧洲为中心的世界地图，墨卡托投影。图上各大洲的轮廓已较为准确，这两幅图应是取自同时代西方出版的世界地图。

2 图，墨刻本，中文，15.5 cm×26.0 cm

Harvard Yenching Library | Offsite Storage（HD） | 3079 4490，Hollis Number：005678556

探险地图

1144 *Great Tartary: with the Tract of the Moscovite Ambassador's Travels from Moscow to Pekin in China, above 4600 Eng. Mi.*[大鞑靼:莫斯科公使从莫斯科到北京 4600 余英里的路线]

1736 年,(英)赫尔曼·莫尔(Herman Moll),英国伦敦:托马斯·鲍尔斯和约翰·鲍尔斯(London: Thomas Bowles and John Bowles)

莫斯科经贝加尔湖到北京的路线图,空间范围包括整个中国东北、蒙古、中亚、西伯利亚及俄国欧洲部分。

1 图,彩色,英文,19 cm×25 cm,1∶26000000,40°—140°E/40°—80°N

Harvard Map Collection | MAP-LC | G7115 1732. M6, Hollis Number: 014511727

1145 *An Authentic Account of and Embassy from the King of Great Britain to the Emperor of China*[英使谒见乾隆纪实地图]

1796 年,(英)斯当东(George Leonard Staunton)、约翰·巴洛(J. Barrow),英国伦敦:乔治·尼科尔(London: George Nicol)

1793 年,马戛尔尼(George Macartney)以庆贺乾隆帝八十大寿为名,率英国使团出访中国,希望与中国通商,本图集作者斯当东(George Leonard Staunton)担任使团副使。这本图集逐日记录了马戛尔尼使团从英国出发到北京的航线,从北京到承德觐见乾隆帝的路线,以及后来经大运河南下杭州,进而沿赣江至广州、澳门的回程路线。从北京到广州,马戛尔尼使团穿过了中国核心腹地,并对途经所见的中国社会场景进行了细致的描绘和刻画,成为观察和研究这一事件以及乾隆时期中国社会状况的重要资料。

该图集包括以下 10 幅地图:

1. *A General Chart, on Mercatior's Projection, to Shew the Track of the Lion and Hindostan from England to the Gulph of Pekin in China, and of their return to England, with the daily statement of the BAROMETER and THERMOMETER as observed at noon containing also limits of CHINESE Empire, as extended by the Conquests of the present Emperor TCHIEN-LUNG*[马戛尔尼使团从英格兰前往北京及返程的航行路线总图]

该图绘制马戛尔尼使团从英国伦敦出发，南下绕过好望角，经印度洋，穿过巽他海峡，进入南海和珠江口，后北上至北京的航行路线，以及从广州出发，经巽他海峡、印度洋、好望角、巴西再返回英格兰的航行路线。航线上逐日标注航行日期和船队方位。54 cm×95 cm，1：20000000，45°—138°W/40°—60°S；

2. *Sketches of the Island of Santo Paulo, Commonly called Amsterdam, in the Indian Ocean in Latitude 38°42′ South, Longitude 76°54′ East*[南印度洋圣保罗岛(阿姆斯特丹岛)简图]

绘制航行经过的南印度洋的阿姆斯特丹岛地形图。下方为该岛素描景观图。42 cm×56 cm，76°54′E/38°42′S；

3. *A Chart of part of the Coaft of Cochin-China indcuding Turon Harbor and the Island Callao*[越南岘港及占岛图]

绘制航行所经越南岘港及占岛地形，为1793年6月实测，下方有港口素描景观图。46 cm×41 cm，1：160000，108°12′—108°32′E/15°56′—16°07′N；

4. *CHART ON MERCATOR'S PROJECTION, containing the Track and soundings of the LION, the HINDOSTAN and TENDERS, from TURON-BAY in COCHIN-CHINA to the mouth of the PEI - HO RIVER in the GULPH of PE-TCHE-LEE or PEKIN*[从越南岘港到渤海湾白河口的航线]

绘制船队从越南岘港经珠三角、台湾海峡、舟山群岛、山东半岛到天津港的航行路线，逐日标注航行路线、经纬度以及若干重要事件等。底图为中国东部省级行政区划图。71.0 cm×49.5 cm，1：4000000，108°—127°E/16°—41°N；

5. *A Chart of the Islands to the Southward of Tchu-San on the Eastern Coast of China generally laid down from one published by Alexander Dalarymple Esq. Re with additions and alterations*[舟山群岛图]

绘制舟山群岛附近地形，标注岛礁和附近水深。下方为定海港区插图。40.5 cm×34.5 cm，1：435000，121°50′—122°45′E/36°20′—38°20′N；

6. *Part of the Province of Shan -Tung in China*[山东半岛图]

绘制山东半岛海岸地形，上方为芝罘湾素描景观图，下方有苏门岛、桑沟湾、登州府等山东半岛沿岸港湾素描景观图。51.5 cm×49.5 cm，1：370000，120°35′—122°45′E/29°11′—30°30′N；

7. *SKETCH of the PAY-HO or WHITE RIVER and of the Road from PE-KIN to GEHO*[白河口至北京的河道及北京至承德的路线略图]

绘制使团从白河口至北京，以及从北京到承德觐见乾隆帝的路线。44.0 cm×33.5 cm，1：630000，116°00′—118°10′E/38°50′—41°00′N；

8. *A Sketch of a Journey from Zhe-Hol in Tartary by land to Pekin and from*

thence by water to Hang-Tchoo-Foo in China[从热河陆路至北京及从北京沿运河南下至杭州府的路线简图]

绘制使团在承德觐见乾隆帝之后，返回北京，并从北京沿运河南下至杭州的路线图，逐日标注行程位置以及运河沿岸地名、地形，并加以文字解说。63 cm×45 cm，1∶1800000，114°00′—122°50′E/30°10′—41°10′N；

9. *A Sketch of a Journey from Hang-Tchoo-Foo to Quang - Tchoo - Foo or Canton in China*[从杭州府至广州府路线简图]

绘制使团从杭州向西南沿富春江、信江，经鄱阳湖，沿赣江、北江到广州的路线图，逐日标注行程位置以及河流沿岸地名、地形，并加以文字解说。63 cm×45 cm，1∶1800000，112°30′—120°30′E/21°20′—32°40′N；

10. *A PLAN of the CITY AND HARBOUR OF MACAO COLONY OF THE PORTUGUEZE situated at the southern extremity of the CHINESE EMPIRE*[澳门地图]

澳门地形图，绘制澳门半岛街道结构，详细标注澳门港附近水深。70.0 cm×52.5 cm，1∶10000，113°31′37″—113°34′17″E/22°09′42″—22°12′50″N。

后有32幅插画，绘制马戛尔尼使团北京之行沿途所见事物，如乾隆帝在承德接见英国使团的场景、清军堡垒、武器装备、长城、圆明园、白塔、牌坊、京剧、邮差、囚犯、运河沿线城镇、运河水闸结构、帆船、水鸟等。

Harvard Map Collection | MAP-LC | DS708. S78 pf * ;Andover-Harv. Theol | Historical Collections - S.C.R. folio | G66 Staunton;Law School | 54 26.3.7,Hollis Number:003594392

1146 *Map of the Great Wall of China*[长城考察路线图]

1920年，美国纽约：美国地理学会(New York: American Geographical Society of New York)

绘制从山海关至嘉峪关整个长城走势，并标绘地质学家弗雷德里克·克拉普(F. G. Clapp)、富勒(M. L. Fuller)、巴尼特(V. H. Barnett)、埃斯塔布鲁克(E. L. Estabrook)及赫勒尔德(F. H. Herald)等人在长城附近的考察路线。底图为区域范围的河流图。

该图来自弗雷德里克·克拉普:《中国长城沿线的考察》,《地理评论》,1920年4—6月，9卷第4号，221—249页(Clapp, Frederick G. Along and Across the Great Wall of China, *The Geographical Review*, Vol. IX, no. 4, 1920, PL III.)。

附插图2幅，分别绘制山海关外的东北长城和嘉峪关以西的古长城。

1图，黑白，英文，43 cm×97 cm，1∶2000000，98°—120°E/34°—41°N

Harvard Map Collection | MAP-LC | G7822.G75 1920. A6, Hollis Number: 013359789

1147 "满洲"の探険及鑛物資源地圖[中国东北探险及矿产资源分布图]

1939 年,南满洲铁道株式会社北满经济调查所,日本东京:兴亚书院、学艺社

该图册主要分为两部分,第一部分是关于东北地区历史变迁简要图,包括肃慎、鲜卑、扶余、靺鞨、渤海、契丹、女真、元朝、明朝、清朝等历史上不同时期、不同民族在东北的活动范围简图,共计 14 幅,图幅较小,25 cm×22 cm。第二部分是关于近代以来各国对东北的考察路线图及矿产分布图,包括伪满洲国 1932 年和 1937—1938 年行政区划简图、1640—1900 年间各国探险家在东北的徒步路线图、1864 年以来俄国军官在东北探险路线图、1845—1913 年间西方各国在东北的科考路线图、1914—1937 年西方各国在东北的科考路线图、日本对东北的地质调查路线图、日本对东北的矿产调查路线图、东北古代和现代各类矿产分布图、东北地质图等 10 幅,图幅 48 cm×32 cm。本图册是作为《满洲の探检と矿业の歷史》一书的附录。

24 图,彩色,日文,探险图和矿产图 1:4000000,117°—135°E/38°—53°N

Harvard Yenching Library | J 8621.1 0200, Hollis Number: 007453779

1148 *Southern China*[中国南方]

约 1900 年

英国韦礼敦爵士(Ernest C. Wilton, 1870—1952)从香港沿西江经南宁、大理至缅甸八莫的往返路线图。韦礼敦是清末英国政府代表,此次行程目的是前往印度签订西藏相关条约。

1 图,黑白,英文,12 cm×17 cm,1:12000000,98°—116°E/18°—29°N

Harvard Map Collection | MAP-LC | G7822.C47 1920. S6, Hollis Number: 013364096

1149 *Map of Further India and South Western China*[印度东部与中国西南地区图]

1875 年,(德)欧内斯特·拉文施泰因(Ernst Georg Ravenstein),英国伦敦:特吕布纳公司(London: Trübner & Co.)

中国西南地区、中南半岛和印度东部地区分层设色地形图,标绘欧洲旅行者的旅行路线。该图出自《地理杂志》(*Geographical Magazine*)1875 年 4 月。

1 图,彩色,英文,52 cm×45 cm,1:5000000,90°03′—113°13′E/7°41′—30°06′N

Harvard Map Collection | MAP-LC | G8000 1875. R3, Hollis Number:

014489390

1150 *Itinéraires dans l'ouest de la Chine，1895*［中国西部考察路线，1895年］

1900年，(法)克洛迪于斯·马德罗(Claudius Madrolle)，法国巴黎：奥古斯丁·沙拉梅尔(Paris：Augustin Challamel)

此图册分18图绘制了马德罗于1895年在云南和四川西部考察的路线图。考察从云南蒙自出发，一路向北经临安府至云南府，再经武定州后跨过金沙江进入四川会理州，之后继续北行，经宁远府后向西北绕经打箭炉厅，东行至雅州府，后向东北，最终抵达成都。绘制沿途河流、湖泊、城镇，用红色等高线绘制地形。图册前另有一幅云南省全图和省城图。

20图，彩色，法文，26.3 cm×34.0 cm

Widener | Offsite Storage（HD）| G2306. P2 M2 1900，Hollis Number：005953476

1151 *Chine，Cartes Itinéraires d'I Tch'ang a Yun Nan Fou et Li Kiang par le Yang Tseu Kiang et la Vallée du Kien Tch'ang：Voyage du Comte CH. de Polignac，Levés du Capitaine de Frégate Audemard，1910*［法国查理·波利尼亚克伯爵和探险家路易·奥德马尔于1909—1910年从湖北宜昌沿长江溯流而上至云南府和丽江的考察路线图］

1910—1913年，(法)路易·奥德马尔(Louis Audemard)调查、R. 奥塞尔曼(R. Hausermann)刻板，法国巴黎：奥古斯丁·沙拉梅尔(Paris：Augustin Challamel)

法国查理·波利尼亚克伯爵和探险家路易·奥德马尔于1909—1910年从湖北宜昌沿长江溯流而上至云南府和丽江的考察路线图。分段绘制了从宜昌至丽江的长江干道以及岷江、雅砻江、大渡河等上游主要支流的河道走势，并绘制河道剖面图。另有一幅从上海到宜昌的长江河道及附近交通路线图。

17图，彩色，法文，25 cm×96 cm，97°22′—122°46′E/25°57′—32°49′N

Harvard Map Collection | MAP-LC | G7822. Y3 svar. A8 vf，Hollis Number：014012420

1152 *Route from Burma to Szechwan Through Western Yunnan*［从缅甸经滇西入川路线图］

1922年9月，(英)弗朗西斯·金顿·沃德(F. Kingdon Ward)，英国伦敦：皇家地理学会(London：Royal Geographical Society)

绘制1921年英国植物学家弗朗西斯·金顿·沃德在西南横断山脉地区考察的路线和测绘结果。分3幅，一幅总图，绘制弗朗西斯·金顿·沃德从缅甸经云南西部到四川西南的考察路线，两幅分图放大绘制了云南永胜县程海向北至永宁海(泸沽湖)的考察路线以及沿途的地形、河流与测绘点。该图出自《地理杂志》(*The Geographical Journal*)1922年9月刊。

1图，彩色，英文，21.8 cm×30.2 cm，1∶300000，99°—101°E/23°—28°N

Harvard Map Collection | MAP-LC | G7823.Y8 P2 1922. W3，Hollis Number：013379029

1153 *Part of North West Yunnan*［云南西北部］

1922年9月，(英)约翰·格雷戈里(John Walter Gregory)，英国伦敦：皇家地理学会(London：Royal Geographical Society)

底图为川滇交界横断山脉地形图，重点绘制约翰·格雷戈里和他的儿子克里斯托弗·格雷戈里(Christopher J. Gregory)1922年5—9月间在这一地区的考察路线。他们从腾冲出发，向东北经永平、大理，再向北到丽江后沿金沙江、湄公河溯江而上进入西藏地区。该图载于《地理杂志》(*The Geographical Journal*)1923年9月刊。

1图，彩色，英文，43 cm×21 cm，1∶1000000，98°30′—100°30′E/24°50′—28°40′N

Harvard Map Collection | MAP-LC | G7823.Y8S12 1923. R6，Hollis Number：013384410

1154 *Map of Great Tibet：Shewing the Route of the Trans-Himalayan Explorers Round Lake Tengri-Nor to Lhása，1872*［西藏地图：1872年纳木措至拉萨考察路线］

1875年，英国伦敦：地理杂志出版、T·佩蒂特公司印制(London：Geographical Magazine，T. Pettit & Co. Litho.)

标绘从日喀则往东北至纳木措，再南向至拉萨的考察路线，并绘制了沿线河流和地形，Lake Tengri-Nor即纳木措。图中还绘制了日喀则南向绕至拉萨的路线。该图出自伦敦《地理杂志》(*Geographical Magazine*)1875年2月刊。

1图，彩色，英文，24.4 cm×27.9cm，1∶1000000，88°42′—91°34′E/28°42′—31°04′N

Harvard Map Collection | MAP-LC | G7823.T5S12 1875. M3，Hollis Number：013822660

1155 *Part of North-eastern Frontier and Tibet*, *Showing the Routes of Captains Morshead and Bailey*[印度东北边境和中国西藏考察路线]

1914 年,英国伦敦:皇家地理学会(London: Royal Geographical Society)

绘制英国上尉莫斯黑德(H. T. Morshead)和贝利(F. M. Bailey)于 1913 年在雅鲁藏布江(拉萨以东至大转弯段及南部河段)考察路线以及对地形测绘的结果。该图出自《地理杂志》(*The Geographical Journal*)1914 年 10 月刊。

1 图,彩色,英文,35.0 cm×50.5 cm,1 : 1000000,91°30′—96°00′E/27°30′—30°00′N

Harvard Map Collection | MAP-LC | G7823. T5 1913. R6, Hollis Number: 013812606

1156 *General Map of Eastern Turkestan and Tibet*. *Southern Tibet*[新疆和西藏总图系列:西藏南部]

1922 年,(瑞典)斯文·赫定(Sven Hedin),瑞典斯德哥尔摩:瑞典陆军参谋总部印刷所(Stockholm: Lithographic Institute of the General Staff of the Swedish Army)

斯文·赫定 1906—1908 年间在西藏南部考察路线图。空间范围包括青海西南部和西藏、新疆交界地带,绘制山地、湖泊和道路等。出自斯文·赫定:《1906—1908 年西藏南部科学考察报告》第 9 卷(Hedin, Seven. *Southern Tibet*: *Discoveries in Former Times Campared with My Own Researches in* 1906-08. Stockholm: Lithographic Institute of the General Staff of the Swedish Army, 1916-22, vol 9)。

1 图,彩色,英文,37.6 cm×58 cm,1 : 1000000,88°00′—93°30′E/34°30′—36°30′N

Harvard Map Collection | MAP-LC | G7823. T5 1922. H4, Hollis Number: 013836776

1157 *Part of Kam in Eastern Tibet*[西藏东部康区图]

1922 年,(英)台克满(Eric. Teichman),英国伦敦:皇家地理学会(London: Royal Geographic Society)

绘制英国外交官台克满在青藏高原东部、川藏交界地带的考察路线。着重绘制区域内的河流、沿河村镇及考察路线,未绘制山地。

出自台克满:《康区(西藏东部)旅行记》,《地理杂志》,伦敦:皇家地理学会,1922 年 1 月,59 卷第 1 号,1—19 页(Tichman, Eric. Journeys through Kam (Eastern Tibet), *The Geographical Journal*, London: Royal Geographical Society, January,

1922，vol. 59，no. 1，pp. 1—19）。

1 图，彩色，英文，51 cm×40 cm，1∶1000000，96°—100°E/29°—34°N

Harvard Map Collection | MAP-LC | G7823. T5 1922. T4，Hollis Number：013825165

1158 *The Geology of the Mount Everest Region*［珠穆朗玛峰地区地质图］

1922 年，（英）亚历山大·麦克米伦·赫伦（Alexander Macmillan Heron），英国伦敦：皇家地理学会（London：Royal Geographical Society）

1921 年英国皇家地理学会、印度测绘局等组织了不列颠珠穆朗玛峰勘测探险队，试图探索经锡金和中国西藏登上珠穆朗玛峰的可行路线，并对珠穆朗玛峰周边地区进行地质勘探，本图即为此次探险测绘行动的成果。该图的主要作者苏格兰地质学家亚历山大·麦克米伦·赫伦（1884 —1971）是当时印度测绘局的负责人。该图空间范围东起锡金、西至加德满都、南抵尼泊尔边界、北达雅鲁藏布江，绘制了区域内喜马拉雅山的地形地貌。该图发表于《地理杂志》（*The Geographical Journal*）1922 年 6 月刊。

1 图，彩色，英文，30 cm×51 cm，1∶750000，85°30′—89°30′E/27°30′—29°30′N

Cabot Science | Offsite Storage (HD) | G7822.E8C5 1921. H4，Hollis Number：010080399

1159 *Parts of Bhutan and Southern Tiber*［不丹和藏南地区］

1924 年 10 月，（英）F. M. 贝利（F. M. Bailey）、H. R. 米德（H. R. Meade），英国伦敦：皇家地理学会（London：Royal Geographical Society）

英国军官 F. M. 贝利和 H. R. 米德在中国藏南羊卓雍措—不丹—亚东的考察路线图及沿线地形图，同时也绘有若干其他考察路线。原图绘于 1922 年，发表于《地理杂志》，伦敦：皇家地理学会，1924 年 10 月，64 卷第 4 号，291—297 页（*The Geographical Journal*，London：Royal Geographical Society，October 1924，vol. 64，no. 4，pp. 291-97）。

1 图，彩色，英文，49.6 cm×54.5 cm，1∶750000，89°—92°E/27°—29°N

Harvard Map Collection | MAP-LC | G7823. T5 1924. B3，Hollis Number：013825143

1160 *Map Showing the Plane-Table and Compass Traverse by F. Kingdon Ward and Earl Cawdor in Southeastern Tibet*[西藏东南探测路线图]

1926年,(英)弗朗西斯·金顿·沃德(F. Kingdon Ward)、考多公爵约翰·邓肯·沃恩·坎贝尔(John Duncan Vaughan Campbell, Earl of Cawdor),英国伦敦:皇家地理学会(London: Royal Geographical Society)

该图为英国植物学家沃德和考多公爵坎贝尔利用平板仪和罗盘仪导线对西藏东南(今山南地区至林芝之间的雅鲁藏布江沿江一带)实地测绘的结果,绘制了考察路线、沿线地名、河流和部分山地。

出自弗朗西斯·金顿·沃德:《西藏东南地区考察》,《地理杂志》,伦敦:皇家地理学会,1926年67卷第2号,第97—123页(F. Kingdon Ward. Explorations in South-eastern Tibet, *The Geographical Journal*, London: Royal Geographical Society, February 1926, vol. 67, no. 2, pp. 97—123)。

1图,彩色,英文,38 cm×53 cm,1∶1000000,91°—96°E/28°—31°N

Harvard Map Collection | MAP-LC | G7823.T5 1926. W3, Hollis Number: 013825095

1161 *Tibet, the Himalaya East of the Tsangpo*[西藏喜马拉雅东部]

1934年11月,(英)弗朗西斯·金顿·沃德(Francis. Kingdon Ward),英国伦敦:皇家地理学会(London: Royal Geographical Society)

英国植物学家沃德在今西藏昌都八宿县安目错、然乌湖一带考察路线图。出自弗朗西斯·金顿·沃德:《喜马拉雅:雅鲁藏布江以东》,《地理杂志》,伦敦:皇家地理学会,1934年84卷第5号,第309—397页(F. Kingdon Ward. The Himalaya east of the Tsangpo. *The Geographical Journal*, London: Royal Geographical Society, 1934, vol. 84, no. 5, pp. 309—397)。

1图,蓝黑双色,英文,23 cm×21 cm,1∶500000,96°10′—97°30′E/29°00′—30°00′N

Harvard Map Collection | MAP-LC | G7823.T5 1934. W3, Hollis Number: 013824985

1162 *Surveys and Explorations: Himālayas and Central Asia*[喜马拉雅和中亚的探险测绘图]

1934年,印度德拉敦:印度测绘局(Dehra Dūn: Survey of India Office)

该图绘制了1864—1933年间不同探险队在青藏高原、天山及葱岭等地开展的共计91次的考察路线,以及1841—1932年间不同机构和探险队52次对这一地区的地理测绘范围，其中包括斯文·赫定、斯坦因等人的考察路线，是近代对青藏高原及周边地区探测历程的重要参考。

1 图，彩色，英文，38.0 cm×63.5 cm，1：800000，72°—104°E/24°—44°N

Harvard Map Collection | MAP-LC | G7823.T5 1934. S8, Hollis Number：013825070

1163 *Map Showing M. Bonvalot's Route*［加布里埃尔·邦瓦洛的探险路线图］

1892 年，埃哈德兄弟公司（Erhard Bros），美国纽约：卡斯尔出版公司（New York：Cassell Publishing Company）

法国探险家加布里埃尔·邦瓦洛（1853—1933）于 1889—1890 年的在新疆、西藏和云南等地的探险路线图。在法国沙特尔公爵的资助下，邦瓦洛从俄国进入伊犁河谷，沿天山进入塔里木盆地东部沙漠，经罗布泊后南下进入青藏高原，在此之前，西方对青藏高原内部的了解十分有限。在被拒绝进入拉萨后，邦瓦洛转向东行，穿过横断山脉后，沿湄公河南下，经云南抵达河内。邦瓦洛是最早穿越青藏高原的欧洲人之一。

1 图，彩色，英文，38 cm×48 cm，1：10000000，70°—130°E/18°—53°N

Harvard Map Collection | MAP-LC | G7821.S12 1892. E7, Hollis Number：013822639

1164 *Отчетная Карта, Къ Описанію Путешествія, П. К. Козлова, Въ Монголію И Камь*［彼得·库兹米奇·科兹洛夫在蒙古和西康的考察路线图］

1905 年，俄罗斯皇家地理学会（Императорское Русское Географическое Общество）

1899—1901 年间俄罗斯探险家彼得·库兹米奇·科兹洛夫（Пётр Кузьмич Козлова）率队对蒙古和青藏高原东部康区的考察路线图。考察队从西北向东南沿阿尔泰山至巴丹吉林沙漠后，南向至青海湖，再西南向至扎陵湖、鄂陵湖以及今玉树一带，之后原路返回至巴丹吉林沙漠后，北向经蒙古返回。该图同时绘制了考察队由亚历山大·尼古拉耶维奇·卡兹纳科夫（Александр Николаевич Казнакова，1871—1933 年，俄国军官）和韦尼亚明·费多罗维奇·雷迪金（Вениамин Фёдорович Ладыгина，1860—1923 年，俄国植物学家）带领的另外两条稍有不同的考察路线。

该图经纬网以过俄国首都圣彼得堡（格林威治 30°19′40″E）的经线为本初子午线。

彼得·库兹米奇·科兹洛夫（1863—1935），俄国探险家、考古学家，曾发现西夏黑水城遗址。

1 图，彩色，俄文，62 cm×42 cm，1：4200000，86°—109°E/28°—50°N

Harvard Map Collection | MAP-LC | G7895 1905. I5, Hollis Number：

014012552

1165 *Восточный Тибеть(Камъ)*[西藏东部(康区)]

1905年,俄罗斯皇家地理学会(Императорское Русское Географическое Общество)

彼得·库兹米奇·科兹洛夫考察队于1900—1901年在扎陵湖、鄂陵湖以南至玉树一带的考察路线以及测绘的地形图。

1图,彩色,俄文,80 cm×62 cm,1∶840000,95°00′—100°00′E/31°30′—36°30′N

Harvard Map Collection | MAP-LC | G7823.T5 1905.I5, Hollis Number: 015061526

1166 *Карта путей А.Н.Казнакова*[卡兹纳科夫在甘孜德格附近考察路线图]

1905年,俄罗斯皇家地理学会(Императорское Русское Географическое Общество)

亚历山大·尼古拉耶维奇·卡兹纳科夫在甘孜德格附近考察路线图。

1图,彩色,俄文,14 cm×23 cm,1∶840000,96°48′—99°00′E/30°52′—32°29′N

Harvard Map Collection | MAP-LC | G7823.T5 1905.I51, Hollis Number: 014012677

1167 *Монгольскiй Алтай*[蒙古阿尔泰山]

1906年,俄罗斯皇家地理学会(Императорское Русское Географическое Общество)

彼得·库兹米奇·科兹洛夫考察队于1899年8—10月在蒙古阿尔泰山考察路线及测绘地形图。

1图,彩色,俄文,40 cm×68 cm,1∶840000,91°25′—97°26′E/45°28′—48°26′N

Harvard Map Collection | MAP-LC | G7212.A4 1906.I5, Hollis Number: 015061583

1168 *Центральная Гоби*[内蒙古中央戈壁]

1906年,俄罗斯皇家地理学会(Императорское Русское Географическое Общество)

彼得·库兹米奇·科兹洛夫考察队于1899年11月—1900年1月在内蒙古中央戈壁考察路线及测绘地形图。

1图,彩色,俄文,97 cm×66 cm,1∶840000,101°11′—117°01′E/40°43′—47°54′N

Harvard Map Collection | MAP-LC | G7897.G6 1905.I5, Hollis Number: 014013508

1169 *Монгольскiй Алтай*[蒙古阿尔泰山]

1906 年，俄罗斯皇家地理学会（Императорское Русское Географическое Общество）

彼得·库兹米奇·科兹洛夫考察队于 1899 年 10—11 月在蒙古阿尔泰山考察路线及测绘地形图。

1 图，彩色，俄文，42 cm×78 cm，1∶840000，78°52′—105°48′E/42°24′—54°29′N

Harvard Map Collection | MAP-LC | G7212.A4 1906. I51, Hollis Number: 014012807

1170 *Монгольскiй Алтай*[蒙古阿尔泰山]

1906 年，俄罗斯皇家地理学会（Императорское Русское Географическое Общество）

亚历山大·尼古拉耶维奇·卡兹纳科夫考察队于 1899 年 7—8 月在阿尔泰山考察路线及测绘地形图。

1 图，彩色，俄文，28 cm×51 cm，1∶840000，86°50′—91°57′E/46°42′—48°16′N

Harvard Map Collection | MAP-LC | G7212.A4 1907. I5, Hollis Number: 014012784

1171 *Монгольскiй Алтай*[蒙古阿尔泰山]

1906 年，俄罗斯皇家地理学会（Императорское Русское Географическое Общество）

亚历山大·尼古拉耶维奇·卡兹纳科夫考察队于 1899 年 9—11 月在阿尔泰山考察路线及测绘地形图。

2 图，彩色，俄文，51 cm×69 cm，1∶840000，84°27′—107°34′E/41°21′—54°29′N

Harvard Map Collection | MAP-LC | G7212.A4 1907. I51, Hollis Number: 014012750

1172 *Центральная Гоби*[内蒙古中央戈壁]

1906 年，俄罗斯皇家地理学会（Императорское Русское Географическое Общество）

亚历山大·尼古拉耶维奇·卡兹纳科夫考察队于 1899 年 12 月—1900 年 1 月在内蒙古中央戈壁考察路线及测绘地形图，其路线相对于科兹洛夫偏西。

2 图，彩色，俄文，110 cm×69 cm，1∶840000，101°11′—117°01′E/40°43′—47°54′N

Harvard Map Collection | MAP-LC | G7897.G6 1907. I5 oversize, Hollis Number: 014013513

1173 *Provisional Sketch Map Showing Portions of Chinese Turkestan, Kansu and Oxus Regions, to Illustrate the Explorations of Sir Aurel Stein*［中国新疆、甘肃和阿姆河地区概图:斯坦因的考察路线］

1916 年 9 月,(英)斯坦因(Aurel Stein),英国伦敦:皇家地理学会(London: Royal Geographical Society)

该图东起甘肃甘州(今张掖),经河西走廊,至塔里木盆地,再往西至葱岭和阿姆河流域,绘制斯坦因考察区域的地形地貌,标示河流、道路、古瞭望台及其他古迹。

该图出自斯坦因:《中亚的第三次探险,1913—1916 年》,《地理杂志》,伦敦:皇家地理学会,1916 年 9 月,48 卷第 3 号,193—229 页(Aurel Stein. A Third Journey of Exploration in Central Asia, 1913—16, *The Geographical Journal*, London: Royal Geographical Society, September, 1916, vol. 48, no. 3, pp. 193-229)。

1 图,彩色,英文,24.3 cm×48.6 cm,1∶7500000,66°—105°E/34°—44°N

Harvard Map Collection | MAP-LC | G7823. X6 1916. S7, Hollis Number: 013806000

1174 *Chinese Turkestan and Kansu: from Surveys Made During the Explorations of Sir Aurel Stein, K.C.I.E., 1900—01, 1906—08, 1913—15*［新疆和甘肃:基于斯坦因 1900—1901 年、1906—1908 年和 1913—1915 年的三次考察］

1918—1922 年,(英)斯坦因(Aurel Stein),印度加尔各答:印度测绘局(Calcutta: Survey of India)

斯坦因 1900—1901 年、1906—1908 年、1913—1915 年三次新疆甘肃考察路线图,详细绘制这三次考察路线、露营地以及考察队沿途的山地、冰川、河流、绿洲、沙地、盐碱地、城镇、烽燧、古迹、寺庙等,内容详尽,重现斯坦因在新疆甘肃等地的考察历程,空间范围西起葱岭,东至甘肃甘州。

该图出自斯坦因 1923 年出版的著作《中国新疆及甘肃地图集》(*Memoir on Maps of Chinese Turkestan and Kansu*)。

48 图,彩色,英文,58 cm×42 cm,1∶500000,74°—102°E/34°—44°N

Harvard Map Collection | MAP-LC | G7823. X6 s500. S7, Hollis Number: 013863636

1175 *Lop Desert and Adjacent Parts of the Tarim Basin*［罗布沙漠和塔里木盆地毗邻区域］

1925 年,(英)斯坦因(Aurel Stein),英国伦敦:皇家地理学会(London: Royal

Geographical Society)

斯坦因 1914 年对罗布泊一带的探察地图，主要包括罗布泊南北山脉、东北向盐壳沙地、塔里木盆地东部等区域。用红线绘制了斯坦因的考察路线，标注沿途的地形、古堡、遗迹、佛塔、土丘等。

该图出自《地理杂志》，伦敦：皇家地理学会，1925 年 5 月（*The Geographical Journal*，London：Royal Geographical Society，May 1925）。

1 图，彩图，英文，20.5 cm×23.6 cm，1∶2000000，87°—92°E/39°—42°N

Harvard Map Collection | MAP-LC | G7822.L7 1925.S7，Hollis Number：013806361

1176 *Chinese Turkistan and Adjacent Parts of Central Asia and Kansu*［中国新疆以及中亚、中国甘肃毗邻区域］

1925 年，（英）斯坦因（Aurel Stein），英国伦敦：皇家地理学会（London：Royal geographical Society）

斯坦因于 1900—1901 年、1906—1908 年、1913—1915 年在新疆及周边地区的探测地图。绘制了自中国甘肃甘州以西至天山、昆仑山、塔里木盆地，再到葱岭、中亚一带的地形，标绘沙漠、河流、绿洲、冰川等，并用红线绘制历史上该区域主要交通路线以及沿途的古迹遗址。

该图载于斯坦因：《亚洲腹地：其作为历史要素之一的地理》，《地理杂志》，伦敦：皇家地理学会，1925 年 6 月，48 卷第 6 号，473—501 页（Aurel Stein. Innermost Asia, its Geography as a Factor in History，*The Geographical Journal*，London：Royal Geographical Society，June，1925，vol. 48，no. 6，pp. 473-501）。

1 图，彩色，英文，23.0 cm×47.6 cm，1∶6000000，70°—100°E/34°—44°N

Harvard Map Collection | MAP-LC | G7823.X6 1925.S7，Hollis Number：013806237

1177 *The Turfan Basin from Surveys Made During the Explorations of Sir Aurel Stein in the Years 1907 and 1914－15*［1907 年和 1914—1915 年间斯坦因对吐鲁番盆地的调查］

1933 年，（英）斯坦因（Aurel Stein），英国伦敦：皇家地理学会（London：Royal Geographical Society）

基于斯坦因 1907 年和 1914—1915 年两次对吐鲁番盆地进行探测的基础上绘制等高线地形图。着重绘制吐鲁番盆地北侧的山脉及标高、河流、井泉、道路、城镇、堡垒、古瞭望台等。

该图出自斯坦因:《吐鲁番盆地笔记》,《地理杂志》,伦敦:皇家地理学会,1933 年 82 卷第 3 号,236—246 页(Note on a Map of the Turfan Basin. *The Geographical Journal*, London: Royal Geographical Society, September, 1933, vol. 82, no. 3, pp. 236-46)。

1 图,彩色,英文,29 cm×43 cm,1∶500000,88°30′—90°30′E/42°30′—43°00′N

Harvard Map Collection | MAP-LC | G7822.T87 1933. S7,Hollis Number: 013806190

1178 *The Ts'ung-Ling and the Lop-Nor Region According to the Ta-Ch'ing Map of 1899*[葱岭和罗布泊地区图:依据 1899 年大清地图]

1922 年,(德)阿尔贝特·赫尔曼(Albert Herrmann),斯德哥尔摩:瑞典陆军参谋总部印刷所(Stockholm: Generalstabs Litografiska Anstalt)

以罗布泊为中心的新疆东部地形图,包括天山和塔里木盆地东部,绘制河流、湖泊、山地和城镇。该图出自斯文·赫定的著作《1906—1908 年西藏南部科学考察报告》,斯德哥尔摩:瑞典陆军参谋总部印刷所,1916—1922,第 8 卷 28b 图(*Southern Tibet: Discoveries in Former Times Compared with My Own Researches in* 1906-08. Stockholm: Lithographic Institute of the General Staff of the Swedish Army, 1916-22, 9 vols. vol. 8, plate no. 28b)。

附插图 1 幅,*The Province of Hsin-Chiang and its Divisions*,为新疆全省缩略图。

1 图,彩色,英文,38 cm×58 cm,1∶2000000,83°—95°E/36°—44°N

Harvard Map Collection | MAP-LC | G7823.X6 1922. T7,Hollis Number: 013806008

1179 *Ch'ing-Hai Upper Yellow River Expedition, 1925-27*[青海黄河上游探险,1925—1927 年]

1925—1927 年,(美)约瑟夫·洛克(Joseph F. Rock)、威廉·埃克瓦尔·辛普森(William Ekvall Simpson)

黄河青海东南部(青海湖东南)河段探测地图,由植物学家洛克和传教士辛普森等在 1925—1927 年间探测。绘制黄河干道和各支流、探测路线以及村镇、寺庙、桥梁、隘口等,同时标绘了简单的等高线及若干山峰。

10 图,手绘彩图,英文、中文、藏文,单幅 69 cm×54 cm,拼合 270 cm×228 cm,1∶250000,99°45′—104°30′E/32°00′—36°00′N

Harvard Map Collection | MAP-LC | G7823.T8 1927. R59 * ,Hollis Number:

008954977

1180 *China, Map Showing Routes in the Province of Shensi*[陕西考察路线图]

1918 年 12 月,(英)台克满(Eric Teichman),英国伦敦:皇家地理学会(London: Royal Geographical Society)

英国外交官台克满在陕西的考察路线图,着重绘制区域内的河流、沿河村镇及考察路线,未绘制山地。

出自《地理杂志》,伦敦:皇家地理学会,1918 年 12 月(*The Geographical Journal*, London: Royal Geographical Society, Dec.1918)。

1 图,彩色,英文,30 cm×30 cm,1∶2000000,106°—111°E/32°—37°N

Harvard Map Collection | MAP-LC | G7823.S3P2 1918. T4,Hollis Number: 013379126

1181 *China: Provinz Kan-su*[中国:甘肃省]

1910 年,(德)G. 朔尔策(G. Scholz)绘,威廉·菲尔希纳(Wilhelm Filchner)编辑,德国柏林:恩斯特·西格弗里德·米特勒父子公司(Berlin: Ernst Siegfried Mittler und Sohn)

此图为 1903—1905 年德国军官、探险家菲尔希纳在中国西部考察的成果,细致地绘制了清末甘肃河网分布和各地地名。

1 图(裂为 2 幅),黑白,德文,96.5 cm×105.0 cm,1∶1000000,93°—111°E/32°—43°N

Harvard Map Collection | MAP-LC | G7823.G3 1910. S2,Hollis Number: 013177962

1182 *China, Kan-Su Province, Showing Route Traversed and Mapped by Eric Teichman, B.A*[台克满在甘肃的考察路线图]

1916 年 12 月,(英)台克满(Eric Teichman),英国伦敦:皇家地理学会(London: Royal Geographical Society)

英国外交官台克满在兰州、平凉、宁夏、西宁一带的考察路线图。

1 图,彩色,英文,46.8 cm×48.2 cm,1∶2000000,99°—109°E/33°—40°N

Harvard Map Collection | MAP-LC | G7823.G3S12 1916. R6,Hollis Number: 013397109

气象地图

1183 *China*: *Climatic Regions*[中国气候分区简图]

1942 年 6 月 5 日,美军情报协调局地理处(United States. Office of Coordinator of Information. Geographic Division)

中国内地气候区简图,示意性地划分亚热带季风区、亚热带湿润区、亚热带半湿润区、温带大陆性湿润区、大陆性半干旱区等。

1 图,黑白,英文,17.8 cm×22.0 cm,1∶20000000,100°—126°E/20°—42°N

Harvard Map Collection | MAP-LC | G7821.C813 1942. U5,Hollis Number:013194290

1184 中国气候图集

1946 年,卢鋈,重庆:中央气象局

逐月绘制中国气温、气压和降水的等值线。

96 图,黑白,中文,38 cm×31 cm

Cabot Science | Offsite Storage (HD) | AS3IS1,Hollis Number:014414608

1185 华北(天津)华津义赈会查放股地图

民国九年(1920),华北(天津)华津义赈会

1920—1921 年间,华北地区持续干旱,引发自光绪"丁戊奇荒"以来最严重的饥荒。该图展示了 1920 年直隶全省分县受灾情况(被灾人数和比例)以及华北(天津)华津义赈会的赈济范围,底图为直隶县级行政区划图。该图为华北(天津)华津义赈会办理赈务报告书的附图,对研究此次大饥荒有参考价值。此条列在《哈佛燕京图书馆藏社团数据》条目下。

1 图,黑白,中文,48.5 cm×38.5 cm

Harvard Yenching Library | Offsite Storage (HD) | 4180 6262,Hollis Number:009426080

1186 一九三九年河北山东两省各县水灾图

1939 年 10 月

1939 年秋,华北发生严重水灾,《申报》(1939 年 9 月 2 日)称此次洪灾乃"八十年来仅见之灾情,无家可归者数百万人"。该图反映河北、山东两省此次灾情分布,底图

为两省县级行政区图，标绘水灾、虫灾、旱灾和风雹四类灾害的空间分布，其中水灾主要集中于大运河以西的河北地区，旱灾和风雹相间分布于山东半岛，虫灾以鲁西南居多。

1 图，蓝图，中文、英文，45.5 cm×45.5 cm

Harvard Map Collection | MAP-LC | G7823.H26C32 1939. M3，Hollis Number：013350195

1187 *Sketch Map*，*Average Precipitation in Summer* （*May-October*） *in Hopeh and Shantung*，*China*［河北山东夏季(5—10 月)平均降水量简图］

1945 年 7 月 28 日，美国战略情报局(U. S. Office of Strategic Services)

河北山东两省夏季平均降水量简图，河北中部夏季降水量小于 18 英寸，鲁西北降水量在 18—22 英寸之间，山东东南部降水量大于 22 英寸。

1 图，黑白，英文，33 cm×37 cm，1∶2700000，114°—122°E/37°—40°N

Harvard Map Collection | MAP-LC | G7823.H26C88 1945. U5，Hollis Number：013346066

1188 *Sketch Map*，*Average Precipitation in Winter* （*Nov.-April*） *in Hopeh and Shantung*，*China*［河北山东冬季(11—4 月)平均降水量简图］

1945 年 7 月 28 日，美国战略情报局(U. S. Office of Strategic Services)

河北山东两省冬季平均降水量简图，北纬 38°以北冬季平均降水量小于 2 英寸(约 50.8 毫米)，鲁西北到北纬 38°区域降水量在 2—4 英寸(约 50.8—101.6 毫米)之间，山东东南部降水量大于 4 英寸(约 101.6 毫米)。

1 图，黑白，英文，33 cm×37 cm，1∶2700000，114°—122°E/37°—40°N

Harvard Map Collection | MAP-LC | G7823.H26C88 1945. U51，Hollis Number：013349696

1189 畿辅义仓图

乾隆十八年(1753)，(清)方观承

清代直隶义仓分布图。每州县一图，详细标注县内义仓和村镇，注明每个村镇距义仓的路程，绘制各仓赈济的范围，累计标注了全省 39687 个村庄和 1005 个义仓，每图上方附有有关于该县距离周边州县里程数和县内所辖村庄和义仓数。

144 图，墨刻本，中文，23 cm×32 cm，计里画方，州县每方五里

Harvard Yenching Library | Rare Book | T 8085/0241，Hollis Number：008053950

1190 满蒙雨量分布图

1927 年 9 月,(日)村越信夫,大连:南满洲铁道株式会社农务课

东北及周边地区等降水量线分布图,大体趋势是东南向西北递减。

1 图,彩色,日文,104.5 cm×70.0 cm,1∶1750000,116°—135°E/37°—50°N

Harvard Map Collection | MAP-LC | G7822.M2C88 1927. M3 oversize,Hollis Number:013744423

1191 *Carte de l'Extrême Orient pour Suivre le Code des Signaux de l'Observatoire de Zi-ka-wei*[远东台风地图:根据徐家汇天文台信号编码绘制]

约 1900 年,徐家汇天文台

该图将东亚海域划分为 6 个台风区。

1 图,黑白,法文,60 cm×51 cm,1∶10000000,100°—150°E/5°—55°N

Harvard Map Collection | MAP-LC | G7801.C8 1900. X8,Hollis Number:013317622

物产地图

1192 *Production Map of China*[中国物产地图]

1911 年,(英)诺曼·肖(Norman R. M. Shaw)

清末中国内地省份农业、手工业、牧业、矿业等物产分布图。底图为河网分布图,橙色,黑色字体标注主要地名,红色字体标注各地物产,绘有铁路线。出自《中国贸易报告,1911》(*Trade Report on China*, 1911)。

1 图,彩色,英文、中文,61 cm×53 cm

Harvard Map Collection | MAP-LC | G7821.J1 1911. S5,Hollis Number:011791970

1193 中华民国新地图:交通及物产详记

1929 年 12 月修订再版,秋田制图所,日本东京:神谷书店

红色字体标注全国各地主要农牧产品和矿产,同时标注开埠口岸、沿海航线、灯塔、无线电、矿山、关隘、古迹、寺庙等信息。底图为中华民国省级行政区图,一省一色,

绘有道级政区分界线，标注县名。

附插图 2 幅：《北平附近图》和《扬子江下流附近图》。

1 图，彩色，日文，79 cm×109 cm，1∶5600000，72°—144°E/18°—53°N

Harvard Map Collection | MAP-LC | G7820 1937. A5 ultrasize，Hollis Number：012611796

1194 新东亚资源开发解说地图

1939 年 1 月 1 日，（日）相马基，东京：日日新闻社

东亚资源分布图，以中国省级行政区为主，兼及周边日本、朝鲜、尼泊尔、不丹等地，用形象图形，标注各地主要的农业、牧业、矿业资源。地图背面为中国各省简介。

1 图，彩色，日文，54.6 cm×79.2 cm，1∶8000000，68°—148°E/18°—53°N

Harvard Yenching Library | Manchuguo J-0825，Hollis Number：014623812

1195 *China Coal Production and Consumption*［中国煤炭生产和消费图］

1945 年 12 月 31 日，美国国务院临时研究情报部（United States. Department of State. Interim Research and Intelligence Service），美国华盛顿：美国陆军战略情报组（Washington，D. C.：War Department. Strategic Services Unit）

绘制全国各地煤炭生产和消费情况（分短缺和剩余两种），并标注煤炭的主要流转方向。河北、山东、山西是产煤大省，大量北方煤炭沿着京汉铁路、京沪铁路以及沿海航线南下至武汉、长三角、珠三角及沿海各城市。

1 图，彩色，英文，78 cm×65 cm，1∶3850000，103°—123°E/18°—42°N

Harvard Map Collection | MAP-LC | G7821. H9 1945. U5，Hollis Number：013194197

1196 东北富源图

民国二十年（1931）初版，张鸿编，赵云忠绘，上海：东北舆地学刊行社

九一八事变之后，东北沦陷。东北舆地学刊行社特绘制这张地图，重点标注东北各地农、牧、渔、林及煤、铁、金、铅等资源分布，以彰显东北物产之丰饶，希望藉以促使国人痛定觉醒，团结一致，共同抗日。该图同时绘制了朝鲜半岛资源图，以为前车之鉴。由于该图主要是面向普通民众宣传救亡图存，故而其绘制风格生动形象，各地农牧渔资源皆以图像绘制，且色彩鲜明，直观展示了东北的丰富资源，具有很强的视觉冲击力。

1 图，彩色，中文，109 cm×78 cm

Harvard Yenching Library | Offsite Storage（HD）| 3082 1332，Hollis Num-

ber:008725807

1197 “日满”物产地图:小学六年生四月号特辑

1937—1939 年间,(日)山上喜司绘制、斋藤英夫校阅

空间上包括日本、中国东北、朝鲜、中国台湾和库页岛南部等日占区。功能上,作为日本小学六年级地理教学用图。绘图风格上,以卡通画的方式,绘制了农、林、牧、渔、矿等各类资源以及工厂分布。由于是用于小学教学,所以各地尺寸不一,日本本岛比例明显放大,而东北缩小,海洋被压缩,以便于将陆地部分紧凑地排在一起。

原图未标注时间,成立于 1937 年 7 月 1 日的牡丹江省、通化省已在图上标出,而成立于 1939 年 6 月 1 日的东安、北安省在图上尚未出现,据此推测,该图成图时间应在 1937 年 7 月至 1939 年 6 月之间。

1 图,彩色,日文,110 cm×79 cm

Harvard Yenching Library | Manchuguo J-0855,Hollis Number:014629906

1198 *Manchuria Coal Deposits*[中国东北煤矿分布图]

1943 年 3 月 5 日,美国经济战争委员会(United States, Board of Economic Warfare),美国战略情报局(U. S. Office of Strategic Services)

东北地区煤矿分布简图。煤矿主要位于长白山和辽东地区。

1 图,黑白,英文,27.6 cm×21.5 cm,1∶8100000,116°—136°E/38°—53°N

Harvard Map Collection | MAP-LC | G7822.M2H9 1943. U5,Hollis Number:013759618

1199 *Manchuria Mineral Deposits*[中国东北矿产分布图]

1943 年 3 月 24 日,美国经济战争委员会(United States, Board of Economic Warfare),美国战略情报局(U. S. Office of Strategic Services)

东北地区银矿、铜矿、铅矿和锌矿分布简图。主要集中于长白山南部,反映当时对矿产的勘探更多地集中于辽东地区。

1 图,黑白,英文,36.6 cm×26.5 cm,1∶6336000,116°—136°E/38°—53°N

Harvard Map Collection | MAP-LC | G7822.M2H1 1943. U5,Hollis Number:013759607

1200 *Manchuria Gold Deposits*[中国东北金矿分布图]

1943 年 3 月 30 日,美国经济战争委员会(U. S. Board of Economic Warfare),美国战略情报局(U. S. Office of Strategic Services)

东北地区金矿分布简图。标注了 15 处金矿所在位置，主要位于小兴安岭和长白山。

1 图，黑白，英文，36.5 cm×28.0 cm，1∶6200000，116°—136°E/38°—53°N

Harvard Map Collection | MAP-LC | G7822.M2H2 1943. U5，Hollis Number：013759638

1201 "*Manchuria*", *Natural Availability of Water*［中国东北水资源分布图］

1946 年 1 月，美国国务院地图情报与制图处（United States. Department of State, Division of Map Intelligence and Cartography）

东北各地水资源分布等级图，同时按地表水丰富程度分为 1—4 等进行标注。

1 图，彩色，英文，33 cm×32 cm，1∶5800000，117°—133°E/38°—53°N

Harvard Map Collection | MAP-LC | G7822.M2C3 1946. U5，Hollis Number：013753803

1202 *Manchuria*, *Water Supply and Sewage Disposal*［中国东北供水与污水处理系统］

1946 年 1 月，美国国务院地图情报与制图处（United States. Department of State, Division of Map Intelligence and Cartography）

东北地区水厂和污水处理系统的分布图。从图上看，现代化的水厂和污水处理系统主要集中于辽东地区。

1 图，彩色，英文，33 cm×32 cm，1∶5800000，117°—133°E/38°—53°N

Harvard Map Collection | MAP-LC | G7822.M2N44 1946. U5，Hollis Number：013753775

1203 *Manchuria*, *Construction Materials*［中国东北建筑材料分布图］

1946 年 3 月，美国国务院地图情报与制图处（United States. Department of State, Division of Map Intelligence and Cartography）

东北地区各地出产的主要石料，以及砖厂、水泥厂、采石场的分布图。

1 图，彩色，英文，33 cm×32 cm，1∶5800000，117°—133°E/38°—53°N

Harvard Map Collection | MAP-LC | G7822.M2N23 1946. U5，Hollis Number：013753668

农业地图

1204 *China: Agricultural Statistical Areas*[中国农业统计区简图]

1942 年 10 月 23 日，美国战略情报局(U. S. Office of Strategic Services)

结合省级政区将中国划分为 9 个农业统计区，但未注明各区诸如农业品种或产量等信息。绘制了日占区。

1 图，黑白，英文，27.3 cm×42.3 cm，1∶14000000，70°—120°E/20°—45°N

Harvard Map Collection | MAP-LC | G7821.J1 1942. U5，Hollis Number：013222937

1205 *China Food Surpluses and Deficiencies*[中国粮食盈余和短缺地区图]

1945 年 12 月 31 日，美国国务院临时研究情报部(United States. Department of State. Interim Research and Intelligence Service)，美国华盛顿：美国陆军部战略情报组(Washington，D. C.：War Department. Strategic Services Unit)

中国内地粮食盈余和短缺分布图，用绿色和浅绿色绘制粮食严重短缺区和一般短缺区，珠三角、汕头、厦门、杭州、重庆等地粮食严重短缺，陕西、河南、湖北、湖南南部、广东、贵州东部为一般短缺区，深浅两种粉红色绘制粮食盈余区和自足区。另外，绘制了若干区域性粮食贸易中心以及粮食的主要流向。

1 图，彩色，英文，78 cm×65 cm，1∶3850000，103°—123°E/18°—42°N

Harvard Map Collection | MAP-LC | G7821.E59 1945. U5，Hollis Number：013194228

1206 *North China: Agricultural Areas*[华北农业区图]

1945 年 1 月 19 日，美国战略情报局(U. S. Office of Strategic Services)

河北、山东、山西、陕西、河南北部等地主要农作物种植类型，包括春小麦、冬麦—小米轮种、冬麦—高粱轮种、棉花、花生、烟草等。

1 图，彩色，英文，33.0 cm×47.6 cm，1∶3700000，110°—122°E/34°—41°N

Harvard Map Collection | MAP-LC | G7823.H26J1 1945. U51，Hollis Number：013345998

1207 *North China Percentage of Cultivation by Hsien*[华北分县耕地比例图]

1945 年 8 月 1 日,美国战略情报局(U. S. Office of Strategic Services)

河北、山东分县耕地比重等级图。

1 图,彩色,英文,33 cm×40 cm,1∶2600000,114°—124°E/34°—41°N

Harvard Map Collection | MAP-LC | G7823.H26J1 1945. U5,Hollis Number:013345925

1208 "满洲"农业图志

1941 年,南满洲铁道株式会社弘报课,日本东京:非凡阁

该志主要内容为东北农业生产方面的照片,如耕作、作物、农具、农产品销售等,其中一部分为满洲农业土地利用地图,包括东北土地利用类型图和高粱、玉米、小米、大豆、小麦、水稻等作物种植点状分布图。

7 图,红黑双色,日文,25.5 cm×17.5 cm

Harvard Yenching Library | J 8069.11 4338.3,Hollis Number:007431718

1209 *Sketch Map. Rice: Distribution of Planted Acreage, "Manchuria" 1935*[中国东北稻米种植分布简图,1935]

1945 年 12 月 31 日,美国国务院临时研究情报部(United States. Department of State. Interim Research and Intelligence Service),美国华盛顿:美国陆军部战略情报组(Washington, D. C.: War Department. Strategic Services Unit)

1935 年左右东北水稻和旱稻种植分布简图。数据来自"满洲农业统计局"1935 年数据。

1 图,黑白,英文,30 cm×27 cm,1∶5600000,95°—130°E/38°—53°N

Harvard Map Collection | MAP-LC | G7822.M2J6 1945. U5,Hollis Number:013759408

1210 *Sketch Map. Wheat: Distribution of Planted Acreage, "Manchuria" 1935*[中国东北小麦种植分布简图,1935]

1945 年 12 月 31 日,美国国务院临时研究情报部(United States. Department of State. Interim Research and Intelligence Service),美国华盛顿:美国陆军部战略情报组(Washington, D. C.: War Department. Strategic Services Unit)

1935 年左右东北小麦种植分布简图。数据来自"满洲农业统计局"1935 年数据。

1 图,黑白,英文,30 cm×27 cm,1∶5600000,95°—130°E/38°—53°N

Harvard Map Collection | MAP-LC | G7822.M2J6 1945. U52,Hollis Number:

013759431

1211 *Sketch Map. Corn: Distribution of Planted Acreage, "Manchuria" 1935*[中国东北玉米种植分布简图,1935]

1945年12月31日,美国国务院临时研究情报部(United States. Department of State. Interim Research and Intelligence Service),美国华盛顿:美国陆军部战略情报组(Washington, D. C.: War Department. Strategic Services Unit)

1935年左右东北玉米种植分布简图。数据来自"满洲农业统计局"1935年数据。

1图,黑白,英文,30 cm×27 cm,1∶5600000,95°—130°E/38°—53°N

Harvard Map Collection | MAP-LC | G7822.M2J6 1945. U53,Hollis Number: 013759508

1212 *Sketch Map. Soyabeans: Distribution of Planted Acreage, "Manchuria" 1935*[中国东北大豆种植分布简图,1935]

1945年12月31日,美国国务院临时研究情报部(United States. Department of State. Interim Research and Intelligence Service),美国华盛顿:美国陆军部战略情报组(Washington, D. C.: War Department. Strategic Services Unit)

1935年左右东北大豆种植分布简图。数据来自"满洲农业统计局"1935年数据。

1图,黑白,英文,30 cm×27 cm,1∶5600000,95°—130°E/38°—53°N

Harvard Map Collection | MAP-LC | G7822.M2J6 1945. U54,Hollis Number: 013759511

1213 *Sketch Map. Kaoliang: Distribution of Planted Acreage, "Manchuria"*[中国东北高粱种植分布简图]

1945年12月31日,美国国务院临时研究情报部(United States. Department of State. Interim Research and Intelligence Service),美国华盛顿:美国陆军部战略情报组(Washington, D. C.: War Department. Strategic Services Unit)

1935年左右东北高粱种植分布简图。数据来自"满洲农业统计局"1935年数据。

1图,黑白,英文,30 cm×27 cm,1∶5600000,95°—130°E/38°—53°N

Harvard Map Collection | MAP-LC | G7822.M2J6 1945. U55,Hollis Number: 013759536

1214 *Sketch Map. Millet: Distribution of Planted Acreage, "Manchuria" 1935*[中国东北小米种植分布简图,1935]

1945 年 12 月 31 日,美国国务院临时研究情报部(United States. Department of State. Interim Research and Intelligence Service),美国华盛顿:美国陆军部战略情报组(Washington, D. C.: War Department. Strategic Services Unit)

1935 年左右东北小米种植分布简图。数据来自"满洲农业统计局"1935 年数据。

1 图,黑白,英文,30 cm×27 cm,1∶5600000,95°—130°E/38°—53°N

Harvard Map Collection | MAP-LC | G7822.M2J6 1945. U51,Hollis Number: 013759421

1215 *China, South Coast, Intensity of Cultivation by Hsien*[中国南部分县农业开发情况]

1945 年 1 月 24 日,美国战略情报局(U. S. Office of Strategic Services)

广东和海南县级单位土地开垦比例的分段设色图。珠三角地区开发程度最高,其次为潮汕地区。图上标注各县土地开垦比例以及每平方千米耕地承载人口数。

1 图,彩色,英文,32.0 cm×48.2 cm,1∶2400000,109°—117°E/19°—25°N

Harvard Map Collection | MAP-LC | G7822.C47J1 1945. U5,Hollis Number: 013396905

1216 *Hai-Nan Tao Agricultural Regions (Generalized)*[海南岛农业区地图]

1945 年 1 月 15 日,美国战略情报局(U. S. Office of Strategic Services)

海南岛的农作物种植区分布图,包括水稻、甘蔗、椰子、大豆、番薯等。数据来自 1939 年尼尔·鲍尔斯(Neil Bowers)在密歇根大学的硕士论文。

1 图,黑白,英文,16.5 cm×21.0 cm,1∶1700000,108°30′—111°00′E/18°00′—20°12′N

Harvard Map Collection | MAP-LC | G7822.H3J1 1945. U5,Hollis Number: 013383935

1217 *Northwest China, Generalized Soil Types*[中国西北土壤类型图]

1945 年 3 月 9 日,美国战略情报局(U. S. Office of Strategic Services)

黄河中上游地区和长江中上游地区的土壤类型分布图。

1 图,彩色,英文,81.5 cm×65.2 cm,1∶3000000,92°—112°E/28°—43°N

Harvard Map Collection | MAP-LC | G7822.C45J3 1945. U5,Hollis Number: 013346043

1218 "*Manchuria*", *Production of Staple Food Crops*: *Average for the Years 1934－1938*[中国东北主要粮食产量图,1934—1938]

1946年3月,美国国务院地图情报与制图处(United States. Department of State, Division of Map Intelligence and Cartography)

东北各省主要粮食(包括大米、小麦、高粱、大豆、玉米、小米、土豆)在1934—1938年间平均产量柱状统计图。

1图,彩色,英文,33 cm×32 cm,1∶5800000,117°－133°E/38°－53°N

Harvard Map Collection | MAP-LC | G7822.M2J6 1946. U5,Hollis Number:013753648

致谢

本提要主要是笔者于2018年在哈佛大学哈佛燕京图书馆访问交流期间完成的。这项工作顺利开展，首先归功于哈佛燕京图书馆郑炯文馆长开阔的学术服务视野和宽广的胸襟。长期以来，郑炯文馆长秉持着“学术为天下公器”的理念，积极推动燕京图书馆藏资料的整理和数字化，以为海内外学术研究提供服务。哈佛燕京图书馆历来有整理自己馆藏资料以服务学林的传统，读者从此前燕京图书馆推出的书目系列即可见一斑。其实，这个地图项目最初的想法，也是系统梳理燕京图书馆所藏的中国古旧地图，但经过笔者对哈佛大学所属的七十多个图书馆所藏的地图进行搜索和整理后发现，中国古旧地图并不仅仅藏于燕京图书馆，哈佛地图馆及其他分馆同样藏有数量庞大的中国古旧地图，于是，郑馆长果断提出，眼光不要局限于燕京图书馆，而应立足于整个哈佛大学的馆藏进行整理，因为这样更有利于研究者对古旧地图的利用。因此，尽管我是受燕京图书馆的资助，但整理的却是整个哈佛大学的中国古旧地图馆藏。郑馆长这种纯粹基于学术服务的心胸和精神令人动容。同时，感谢郑馆长的知人善任，充分发挥了我历史地理的专业知识背景，并给了我充分的时间自由，让我在这一年的访学期间，得以心无旁骛地投入到古旧地图的整理和研究中来，从而高效率地推进项目研究。

感谢合作导师杨丽瑄这一年来的指导和关怀。杨老师引导我深度参与燕京图书馆的各项数字人文项目中，从而启发我在地图整理过程中不断思考如何应用数字人文的方法进行古地图的研究。除了在研究上给了充分的肯定和鼓励外，细心的杨老师对我在波士顿的生活悉心照料，常令我感到十分暖心。感谢善本室王系老师的高度信任，让我能够以最便捷的方式查阅所需的善本地图，从而极大地提高了我的研究效率。王老师还经常驱车带着我到波士顿各地参观，领略美国文化。王老师的照顾使得这一年的他乡生活充满了人情味。感谢马小鹤先生对地图项目在设计和研究过程中的指导，对于我在地图研究中的问题，马先生总是给予热情的响应。感谢日文部 Kuniko Yamada McVey 在日文地图方面提供的热心帮助和便利。感谢邱玉芬、邹宗光等的照顾。感谢流通部的 Adrianne Gren 和 Andrew Burke，他们常常帮我把预约的书搬到我的办公室，并且总是能热情而快速地找到我所需的数据，为我提供了很大的方便。

由于半数的古旧地图在哈佛地图馆，因此我有很长一段时间几乎天天在地图馆度过。感谢地图馆的 David Weimer、金嘉琳等提供的专业服务。感谢 Botany Libraries、Cabot Science Library、Fine Arts Library、Harvard Law School Library、Widener Library、Tozzer Library 等提供的帮助。

系统整理哈佛燕京图书馆藏中国古旧地图的倡议，最初是由浙江大学宁波理工学院王一帆向郑炯文馆长提出。王一帆在后期项目的实行过程中给予了诸多帮助。感谢复旦大学历史地理研究所徐建平老师在项目设计和实行过程中提供的宝贵意见。

书稿清样后，上海师范大学钟翀教授和复旦大学韩昭庆教授对书稿进行了仔细的评阅，指正了存在的问题，提出了许多宝贵建议，他们对学术一丝不苟的严谨和奖掖后学的热忱令人深为感动。

此次访学的成行，需特别感谢复旦大学图书馆提供的访学机会，感谢中华古籍保护研究院的支持和理解。特别感谢复旦大学龙向洋老师对我的关心和帮助，龙老师从最初的数据检索、方案设计到后期提要的撰写编排以及项目申报等过程全都给予了大力支持，离开龙老师的帮助，这个项目是难以完成的。

同时，感谢广西师范大学出版社集团有限公司支持本书的出版，以及编辑肖爱景和祝进为本书的编校出版付出了巨大的努力和心血，他们的耐心、细致和高质量的工作让本书得以顺利完成，特此向他们表示由衷的感谢。

本项目获得 2018 年度国家社会科学基金项目(青年项目)“哈佛大学馆藏中国相关古地图的整理、编目与研究”(18CTQ005)资助，特此鸣谢。

世界一流大学必须有世界一流的图书馆作为支撑，而一流的图书馆首先要有充沛且专业的文献资料，其次要能提供快捷而令人舒心的服务。哈佛大学之所以成为世界一流大学，显然与其拥有一批像哈佛燕京图书馆、地图馆等既有一流馆藏又能提供一流服务的图书馆密不可分。